Finanzmarktsoziologie

Jürgen Beyer · Konstanze Senge
(Hrsg.)

Finanzmarktsoziologie

Entscheidungen, Ungewissheit
und Geldordnung

 Springer VS

Herausgeber
Jürgen Beyer
Hamburg, Deutschland

Konstanze Senge
Halle (Saale), Deutschland

Kooperationsprojekt der Sektionen Organisationssoziologie und Wirtschaftssoziologie

ISBN 978-3-658-17917-5   ISBN 978-3-658-17918-2   (eBook)
https://doi.org/10.1007/978-3-658-17918-2

Die Deutsche Nationalbibliothek verzeichnet diese Publikation in der Deutschen National-
bibliografie; detaillierte bibliografische Daten sind im Internet über http://dnb.d-nb.de abrufbar.

Springer VS
© Springer Fachmedien Wiesbaden GmbH 2018

Lektorat: Katrin Emmerich

Gedruckt auf säurefreiem und chlorfrei gebleichtem Papier

Springer VS ist Teil von Springer Nature
Die eingetragene Gesellschaft ist Springer Fachmedien Wiesbaden GmbH
Die Anschrift der Gesellschaft ist: Abraham-Lincoln-Str. 46, 65189 Wiesbaden, Germany

Inhalt

Vorwort

Der vorliegende Sammelband geht zurück auf bereits seit längerer Zeit bestehenden Forschungskooperationen und Arbeitskontakten einiger der in diesem Band veröffentlichenden Autoren und Autorinnen. Das gemeinsame Interesse für ein tieferes Verständnis der Funktionsweise der Finanzmärkte wurde mit der Gemeinschaftstagung der Sektionen *Wirtschaftssoziologie* und *Organisationssoziologie* der *Deutschen Gesellschaft für Soziologie*, die 2013 in Hamburg stattfand, systematisch zusammengeführt. Einige der damals Vortragenden haben sich gemeinsam mit den Veranstaltern dafür ausgesprochen, Beiträge in einem Band festzuhalten, die das Tagungsthema „Soziologie der Finanzmärkte: Institutionelle Einbettung, organisationale Strukturen und Konturen einer Geldordnung" weiterführen. Mit den hier versammelten Artikeln wollen wir nun dieses Vorhaben dokumentieren.

Für die Unterstützung des Vorhabens danken wir den Sektionen *Wirtschaftssoziologie* und *Organisationssoziologie* sowie dem *Centre for Globalisation and Governance* (CGG) an der *Universität Hamburg*. Für die Organisation und Koordination der gemeinsamen Tagung der Sektionen danken wir Frau Audrey Terracher-Lipinski. Unser Dank gilt insbesondere auch dem Verlag „Springer VS" und vor allem Frau Katrin Emmerich für die konstruktive Zusammenarbeit und das Lektorat. Ferner danken wir Herrn Dr. Egbert Scheunemann für das sorgfältige Korrektorat. Last but not least waren Frau Karla Rott (*TU Darmstadt*) und Frau Terry-Ann Branch (*Martin-Luther-Universität Halle-Wittenberg*) maßgeblich an der Redaktion des Manuskriptes beteiligt und übernahmen wichtige Aufgaben wie die Überprüfung der Literaturverzeichnisse sowie die Recherchen bei fehlenden Angaben. Auch ihnen gilt unser Dank.

Halle und Hamburg   Konstanze Senge und Jürgen Beyer

I

Einleitung

Finanzmarkt und Geldordnung
Soziologische Perspektiven nach der Wirtschafts- und Finanzkrise

Konstanze Senge und Jürgen Beyer

Die Finanzmärkte verdienen heute mehr Aufmerksamkeit, als es bislang der Fall war. Und vor allem: Die Finanzmärkte verdienen heute Aufmerksamkeit in anderer Weise. Die Wirtschafts- und Organisationssoziologie widmen sich seit Beginn der 1990er Jahre intensiver der Analyse der Finanzmärkte. Seit diesen Jahren konnten wir ein zunehmendes Interesse für die Finanzmärkte, ihre Funktionsweise und Strukturen in den besagten soziologischen Subdisziplinen beobachten. Motiviert von der wachsenden Bedeutung der Finanzmärkte für Ökonomie und Gesellschaft, entdeckte man quasi „around the corner" zunächst die unbekannten, exotischen Kulturen von Daytradern, Finanzanalysten, Investmentfonds und anderen Finanzmarktakteuren als neues Forschungsfeld. In ethnografisch angelegten Studien trug man Wissen über Handlungsweisen, Rationalitäten und Motive von Finanzmarktakteuren zusammen (Abolafia 2002; Brügger 1999; Hassoun 2005; Knorr Cetina/Brügger 2005). Spätestens seit der letzten großen Finanzkrise hat sich der Blick auf die Finanzmärkte derart verändert, dass neben einer Erklärung der grundlegenden Funktionsweise der Finanzmärkte zunehmend kritisch hinterfragt wird, ob die wachsende Finanzialisierung zu einer gesunden und vernünftigen Ökonomie beiträgt („Casino-Kapitalismus"), inwiefern die moderne Finanztheorie noch geeignet ist, die Dynamik der Finanzmärkte abbilden zu können und inwiefern das Verständnis der Banken und die Rolle des Geldes neu überdacht werden sollten (Crouch 2015; Dörre et al. 2009; Honegger et al. 2010; Kalthoff/Vormbusch 2012; Kraemer/Nessel 2012; Langenohl 2011). Zu destruktiv waren die Folgen der Finanzkrise, zu weitreichend ihre Verflechtungen mit anderen gesellschaftlichen Bereichen. Was als Immobilienkrise begann, wurde zur weltweiten Wirtschaftskrise und mündete letztendlich in eine Staatsschuldenkrise, deren politische und integrative Konsequenzen insbesondere die Länder Europas vor massive Herausforderungen stellt. Langfristig stellen die zum Auffangen der Krise bereitgestellten Kredite für verschuldete Staaten für nachfolgende Generationen ein schweres Erbe dar, sowohl in den Gläubiger- als auch den Schuldner-Staaten, da Rückzahlungskonflikte unvermeidlich sein werden.

Dabei stehen die Finanzmärkte noch nicht sehr lange unter Legitimationsdruck, denn Krisen und Konjunkturzyklen sind nach den Prämissen der klassischen Finanztheorie notwendige und natürliche Korrektive ineffizienter Märkte. Die mit dieser Vorstellung einhergehende Annahme einer grundsätzlichen Effizienz der Märkte hatte zahlreiche turbulente Dekaden seit den 1970er Jahren überlebt: Sie überlebte die inflationären Jahre während der Siebziger; sie wurde erneut gestärkt durch den Haussemarkt Anfang 1980; selbst der Crash im Oktober 1987, als die Aktienmärkte um bis zu 20 Prozent einbrachen, führte nicht zum Niedergang der Finanztheorie, denn die Hausse zum Jahrtausendwechsel schürte erneut Optimismus, der zwar durch das Platzen der Hightech-Blase wieder gedämpft wurde, aber letztlich die Vorstellung erwartbarer Konjunkturzyklen mit Aufschwung, Boom, Abschwung, Krise und Anomalien festigte (Hedtke 2008; Kondratieff 1926; Schumpeter 1939; vgl. auch Windolf 2009). Erst der durch die Asienkrise im August 1998 ausgelöste Crash, in dessen Folge die Aktienkurse um 14 Prozent einbrachen, ließ den Glauben an ein Marktgleichgewicht ins Wanken geraten:

Denn die von der informellen Aufkündigung der Übereinkunft, südostasiatische Währungen an den Dollar zu binden, ausgelöste Krise blieb nicht auf Asien beschränkt, sondern zog insbesondere Russland, Südafrika, Brasilien und andere aufstrebende Märkte mit sich (Soros 1998: 178 ff.). Dies wurde als ein Indikator gewertet, dass die Finanzmärkte nicht nur fluktuieren, um sich dann auf ein Gleichgewicht einzupendeln, sondern eine Dynamik auslösen können, die von Land zu Land reicht und die die schwächsten Märkte zusammenbrechen lässt. Als Russland die Zahlung seiner Staatsanleihen unerwartet einstellte, wurde der Rubel quasi über Nacht (Montag, 24. August 1998) um 25 Prozent entwertet. Die russischen Banken setzten ihre Zahlungsverpflichtungen gegenüber dem Ausland für eine Dauer von drei Monaten aus, aufgrund dessen die Halter der russischen Anleihen diese zu jedem Preis zu verkaufen versuchten (Soros 1998: 196 ff.). Als Konsequenz dieser Krise und Zusammenbrüche wurden Investitionsrisiken reduziert und sichere Anleihen stiegen in ihrem Wert. Es kam zu einer Kettenreaktion im Finanzsektor, immer mehr Händler lösten ihre unsicheren Positionen auf, um in sichere zu investieren. So ging man vor der Europäischen Währungsunion noch von einem einheitlichen Zinssatz im Euroraum aus, in dessen Folge zum Beispiel die Zinsen für italienische Staatsanleihen höher werden sollten, die Zinsen für deutsche Staatsanleihen niedriger – infolge der Krise stiegen jedoch die Zinsen deutscher Papiere und die Zinsen für italienische fielen. Der Hedgefonds Long-Term Capital Management (LTCM), einer der größten Hedgefonds mit einem Eigenkapital von vier Mrd. US-Dollar Anfang 1998, dem ein Portfolio von 125

Mrd. US-Dollar als Leerverkäufe gegenüberstand, war zu dieser Zeit in den USA und Europa sehr aktiv. LTCM konnte seine mit Leerverkäufen gekauften europäischen Anleihen nicht zurückzahlen und verlor bis Mitte August 1998 eine Mrd. US-Dollar und weitere zwei Mrd. US-Dollar während September und Oktober. Dieser Verlust hätte LTCM im Prinzip nicht in den Bankrott getrieben, jedoch wurde befürchtet, dass LTCM zahlungsunfähig wird, da die Anleihen des Fonds nicht mehr gehandelt wurden, weil zu viele andere Fonds, welche die Strategie von LTCM kopiert hatten, ebenfalls ihre Positionen auf den Markt brachten (MacKenzie 2003). Aufgrund des monatlichen Finanzreports war die Lage von LTCM öffentlich: Andere Händler wetteten auf den Verlust von LTCM's Positionen. Über Kreditmechanismen wirkte die Hebelwirkung so stark in die Verlustrechnung, dass letztlich mit einer entsprechenden Beeinflussung auf die globalen Finanzmärkte gerechnet werden musste. Die Zahlungsunfähigkeit von LTCM wurde immer wahrscheinlicher, sodass die *Federal Reserve Bank of New York* zusammen mit 13 weiteren nationalen und internationalen Banken einen Notverkauf organisierte, der die Handelsaktivität wieder normalisierte. Diese vereinte Rettungsaktion war bis zur Finanzkrise 2008 einzigartig in der Geschichte der Banken. Das Scheitern von LTCM im Jahre 1998, der 1996 noch eine Rendite von 41 Prozent erzielte, wurde von der Finanzwelt als katastrophal eingestuft. Denn zu den Direktoren von LTCM gehörten Myron Samuel Scholes und Robert C. Merton, denen 1997 der Nobelpreis für Wirtschaftswissenschaften verliehen wurde und bei denen es sich damit um zwei der renommiertesten Vertreter der modernen Finanztheorie handelte. Der Glaube an die Effizienz der Märkte und die – einst als unumstößlich erachtete – Rationalität der Investoren geriet ins Wanken, doch zu Fall gebracht wurden die Dogmen der Finanzwelt erst zehn Jahre später nach weiteren Blasen und Crashs durch die weltweite Finanz- und Wirtschaftskrise 2008 ff.

Der Ausgangspunkt der Weltwirtschaftskrise wird in dem weltweiten Immobilienboom gesehen. Insbesondere während der Jahre 2003 bis 2006 erlebten zahlreiche Industrienationen ein überdurchschnittliches Wirtschaftswachstum. Der US-Immobilienmarkt profitierte außergewöhnlich von diesem Aufschwung. Die Banken gewährten Kredite zum Kauf von Häusern, deren Wert kontinuierlich stieg, was wiederum die Sicherheiten in den Bilanzen der Kredit gewährenden Institute vergrößerte. Resultat war eine stets freizügigere Kreditvergabe mit niedrigen, aber variablen Zinsen für kurzfristige Hypothekenkredite zugunsten weiterer Immobilienkäufe. Es schien, als würde der Wert von Immobilien immer weiter steigen. Der gefühlte Wohlstandsgewinn wurde in einen gesteigerten Konsum – auf Pump – umgesetzt. Gegen Ende des Jahres 2007 begannen die Preisindizes für zweitklassige Hypotheken („Subprime") auf dem US-amerikanischen Markt zu fallen. Die variablen Zinsen für Hypotheken stiegen von ca. 1 Prozent im Jahr

2003 auf 5,75 Prozent im Jahr 2007. Der Häusermarkt an der Ost- und Westküste der USA begann zu stagnieren. Langsam wurden Ratings zurückgesetzt. Einzelne Hedge-Fonds mussten Abschreibungen hinnehmen, die mit Subprime-Hypotheken unterlegt waren. Die involvierten Geschäftsbanken erlitten Verluste in Milliarden- höhe. Die New Century, der zweitgrößte Subprime-Kreditgeber, meldete bereits im April 2007 Insolvenz an, im August folgte ihr der zehntgrößte Kreditgeber, die *American Home Mortgage*, und 2008 die *Independent National Mortgage Cor- poration*. Eine Vertrauenskrise setzte ein, von der auch europäische Banken mit US-Gesellschaften betroffen waren, etwa die britische Hypothekenbank *Northern Rock*, die 2008 verstaatlicht wurde, sowie *Fortis* in Belgien und den Niederlanden, die zu 49 Prozent in Staatsbesitz überging. Anfang 2008 sah sich die US-Regie- rung veranlasst, Bankenübernahmen staatlich zu unterstützen, um Insolvenzen zu vermeiden, beispielsweise *Bear Stearns* durch *JP Morgan* für ein Zehntel des Börsenwertes. Ebenso beteiligte sich die britische Regierung im Oktober 2008 mit einer Rekapitalisierung von 50 Mrd. Pfund an den acht größten Banken[1] in Großbritannien. Im September verstaatlichte die US-Regierung die *Federal Home Mortgage Association* (*Fannie Mae*) und die *Federal Home Mortgage Corporation* (*Freddie Mac*). Die *Bank of America* übernahm *Merrill Lynch*. Am 15. September 2008 ging die US-amerikanische Bank *Lehman Brothers* Bankrott, ohne dass die Finanzbehörden eingriffen, was von den Finanzmärkten als eine Ausweitung der Immobilienkrise auf die Aktienmärkte gedeutet wurde und die Volatilität der Kurse vehement anstiegen ließ (Langenohl 2011). Das US-amerikanische Versicherungsun- ternehmen *American International Group* (AIG), das über immense Short-Positionen an *Credit Default Swaps* (CDS) verfügte, stand vor dem Konkurs und wurde durch massive Unterstützungsleistungen seitens des US-amerikanischen Finanzministe- riums am Leben gehalten. Ein unabhängiger Geldmarktfonds, der wesentlich auf Lehman Brother-Papiere setzte, garantierte nicht mehr die Rücknahme der Anteile zum Nennwert, was für einen Geldmarktfonds, der auf das Vertrauen der Anleger angewiesen ist, verheerende Folgen hat (Soros 2009: 30). Infolgedessen wurde eine große Verunsicherung ausgelöst und der „run" auf die Geldmarktfonds setzte am 18. September 2008 ein. Die US-amerikanische Notenbank gab daraufhin Garantien für alle Geldmarktfonds ab, Leerverkäufe von Finanztiteln wurden untersagt (vgl. Soros 2009: 30 ff.). Um die Verunsicherung aus den Märkten zu nehmen und um einen Zusammenbruch der Wirtschaft zu vermeiden, verabschiedeten die USA und Europa ein Rettungsprogramm in Höhe von 700 Mrd. US-Dollar bzw. 1,6 Bill. Euro. Aber die Finanzmärkte gerieten weiter aus den Fugen. Der Geldmarkt stagnierte fast

---

1   Dazu gehören: *Barclays, HSBC, HBOS, Lloyds TSB, Royal Bank of Scotland, Standard Chartered, Abbey National, Nationwide Building Society.*

völlig. Das Ausfallrisiko von Staatsanleihen stieg und Finanzinstitute, die keinen direkten Zugang zur US-Notenbank hatten, bekamen keine kurzfristigen Kredite mehr, um ihre Ausfälle zu glätten. Im Oktober 2008 beschlossen der US-amerikanische und die europäischen Finanzminister eine Garantie für nationale Banken zu geben, was dazu führte, dass kleinere Länder wie Island oder Ungarn, die weniger glaubhaft Sicherheiten bieten konnten, tiefer in die Krise hineingezogen wurden. Auch außereuropäisch kam es zu Verwerfungen: Mexiko, Brasilien, Indien und andere asiatische Staaten, Australien, Neuseeland und Südafrika gerieten ebenfalls in den Sog einer starken Verunsicherung, von der insbesondere auch die Bürger, Unternehmen und Finanzinstitute betroffen waren. Die Weltwirtschaft brach ein. Pensionskassen, Universitätsstiftungen und Wohlfahrtsverbände verloren in den wenigen Monaten Ende 2008 bis zu 40 Prozent ihrer Vermögen (vgl. Honegger et al. 2010; Soros 2009: 32 f.).

Der durch den Bankrott von *Lehman Brothers* ausgelöste Einbruch der Weltwirtschaft belegt die Schwächen der Effizienzmarkthypothese und damit die verheerenden Lücken der modernen Finanztheorie. Zum einen zeigen die Entwicklungen, dass fehlerhafte Wertsetzungen von Finanzinstrumenten sich auf Fundamentaldaten auswirken, die eigentlich von den Finanzmarktpreisen abgebildet werden sollen. Zum anderen wäre das Untersagen von Leerverkäufen 2008 nicht notwendig gewesen, träfe die Effizienzmarkthypothese zu (Soros 2009: 36 ff.).

Legt man die Vorstellung von der Effizienz der Märkte zugrunde, fällt es schwer, die seit 2008 beobachtbaren Dynamiken an den Finanzmärkten lediglich als Ausnahmefälle, als zwar erwartbare, aber doch seltene Anomalien zu beschreiben. Vielmehr ist es naheliegend, zur Beschreibung und Erklärung der Entwicklungen an den Finanzmärkten ebenso auf Ideen und Konzepte wie Herdenverhalten, Panikverkäufe, „lucky fools", den sogenannten „Schwarzen Schwan" sowie auf Gefühle wie Angst, Gier und auf Aspekte wie Ungewissheit, Risiko und Nichtwissen, Kompromisse und Vermutungen etc. zu rekurrieren. Finanzmärkte und deren Akteure operieren nicht notwendigerweise rational, sondern sind unaufhörlich durch asymmetrische Dynamiken geprägt. Kurz: Man beweist heutzutage wohl wenig Mut mit der Behauptung, die Wirtschaftskrise und ihre Folgen haben die orthodoxe Kapitalmarkttheorie empirisch widerlegt, sodass wir zum Verstehen des Handelns auf den Finanzmärkten weitere theoretische Konzepte in unsere Erklärungen einbeziehen müssen. Die Ereignisse seit 2008 können nicht mehr mit der Idee der Effizienz der Märkte in Einklang gebracht werden. Vielmehr wird die Vorherrschaft der Effizienzmarkthypothese mittlerweile von international renommierten Experten sogar für die Weltwirtschaftskrise verantwortlich gemacht. So urteilt der Finanzmarktexperte Jeremy Grantham, dass der Glaube an die Effizienzmarkthypothese Finanzmarktakteure zu „chronic underestimation of the dangers of asset bubbles breaking" verleite (The New York Times 2009: B1). Auf dem jährlichen Treffen der *International Organization of Securities Commission* im Jahre 2009 urteilte Martin Wolf, Chefanalyst der *Financial Times*, dass die Effizienzmarkthypothese nicht hilfreich für die Einschätzung sei, wie Märkte in der Realität funktionieren (ebd.). Es fehle ihr ferner an „human nature", so die Kritik von Paul McCulley, Direktor der internationalen Investmentfirma *PIMCO* (ebd.). Auch in Europa, wo die Auswirkungen der Finanzmarktkrise auf die europäischen Länder längere Zeit unterschätzt wurden, wird die Rolle der Wirtschaftswissenschaften mit Blick auf die Finanzkrise kritisch diskutiert (Wetzel 2010). So titelte die *Süddeutsche Zeitung* im September 2009 „Die schwerste Stunde für Ökonomen. Was die globale Krise für die Wirtschaftswissenschaften bedeutet" und benannte als wichtigste Erkenntnis aus der Krise, dass die Theorie der effizienten Kapitalmärkte „spektakulär gescheitert" sei (Süddeutsche Zeitung 2009: 18). Wegweisend dürfte auch der Appell von 83 Professoren der Volkswirtschaftslehre gewesen sein, die in einem Artikel in der *Frankfurter Allgemeinen Zeitung* streng mit den Methoden ihrer Disziplin ins Gericht gingen (Frankfurter Allgemeine Zeitung 27.5.2009: 12). Darin wird u. a. kritisch gefragt, ob die Mathematik sich innerhalb der Ökonomie verselbstständigt und das Fach noch genug Praxisbezug hat. Der Gegenaufruf im *Handelsblatt* von 145 Professoren und Professorinnen der Volkswirtschaftslehre wendet sich gegen das „Zerrbild der modernen Ökonomik" im o. g. Artikel und ehrt akademische Spitzenökonomen wie *Ben Bernanke*[2], *Lawrence Summers*[3], *Olivier Blanchard*[4] und *Christina Romer*[5], die als Wissenschaftler „modelltheoretisch-quantitative

---

2   *Ben Barnanke* ist ein US-amerikanischer Ökonom, der von 2006 bis 2014 – als Nachfolger von *Alan Greenspan* – unter der Bush- und Obama-Regierung Chef der US-amerikanischen Notenbank war (Federal Reserve Bank). Seit 2015 hat Bernanke einen Beraterposten beim Hedgefonds *Citadel* inne, wodurch er jährlich Millionen US-Dollar verdient. Bernanke hat die Liberalisierungspolitik seines Vorgängers weitergeführt.

3   *Lawrence Summers*, Ökonom, war von 2001 bis 2006 Präsident der *Harvard University* und Finanzminister unter *Bill Clinton*. 2008 war *Sumners* Wirtschaftsberater von *Obama* und eine bedeutender Architekt der Deregulierung. Zudem verdiente Sumners mehrere Millionen US-Dollar mit der Beratung von Hedgefonds.

4   *Olivier Blanchard* ist ein bedeutender französischer Ökonom, der in den USA am *MIT*, Cambridge, lehrt. Er war von 2004 bis 2007 Berater der *Federal Reserve Bank* in New York und von 1997 bis 2008 Mitglied im französischen *Rat für Wirtschaftsanalyse*. Seit 2008 ist er Chefökonom des *Internationalen Währungsfonds*. Ähnlich wie Romer gilt *Blanchard* als Neukeynesianer. Er argumentierte 2010 in dem Beitrag „Rethinking Macroeconomic Policy" (Blanchard et al. 2010) für eine wirtschaftspolitische Kursänderung in Richtung antizyklischer Fiskalpolitik zur Reduzierung von Marktinstabilitäten.

5   *Christina Romer* ist eine US-amerikanische Professorin für Wirtschaftswissenschaften an der *University of California*, Berkeley, und war Vorsitzende des *Council of Economic*

Untersuchungen zur Wirtschaftspolitik in führenden Journalen" publizierten und mittlerweile bedeutende Entscheidungsträger in politischen Ämtern sind (Handelsblatt 8.6.2009: 9). Die Unterzeichner kritisieren damit die Trennung der deutschen Fakultäten in „Wirtschaftstheorie" und „Wirtschaftspolitik", während der Präsident des *Kieler Instituts für Weltwirtschaft*, Dennis Snower, wiederum kompromisslos urteilt: „Es ist eine Katastrophe. Was wir in den letzten zehn bis 15 Jahren in der Makroökonomie gemacht haben, ist durch die Krise komplett über den Haufen geworfen worden." (zitiert aus Wetzel 2010: 295)

Fazit derartiger Kritiken ist eine ernsthafte Hinterfragung der ökonomischen Modelle zur Beschreibung und Prognose von Kursentwicklungen und den damit einhergehenden Entscheidungsstrukturen von Investoren. So wie bislang von der Makroökonomie berechnet, spiegeln die Prognosen nicht die realen Entwicklungen wider und bergen aufgrund ihrer nicht hinreichenden Berücksichtigung von extremen Aufschwung- und Abschwungphasen große volkswirtschaftliche Gefahren. Dreh- und Angelpunkt der theoretischen Leerstelle ist – wie oben auch Martin Wolf urteilt – der Aspekt der „human nature". Denn nicht die ökonomische Vorstellung intendierten rationalen Handelns ist zu kritisieren, sondern das Dogma einer stabilen, einheitlichen handlungsleitenden Präferenzordnung von Finanzmarktakteuren (Beckert 1996; Kalthoff 2004: 154). Es ist das Verdienst der neuen Wirtschaftssoziologie, ökonomisches Handeln als sozialen Prozess positiv problematisiert und damit die von den Wirtschaftswissenschaften vernachlässigten Aspekte in das Licht soziologischer Forschung gerückt zu haben. Im Besonderen steht im Zentrum der wirtschafts- und organisationssoziologischen Kritik die Vorstellung von Handlungsmaximen und Präferenzordnungen, die von sozialen Kontexten und Organisationsdynamiken unabhängig seien, sowie die nicht ausreichende Berücksichtigung des Problems der doppelten Kontingenz und damit die grundlegend gegebene Ungewissheit in ökonomischen Handlungs- und Entscheidungsprozessen.[6] Vielmehr gilt es, ökonomisches Handeln im Allgemeinen sowie Handeln auf den Finanzmärkten im Besonderen mittels einer „Embeddedness-Perspektive" zu analysieren. Hervorgehoben wird damit, dass ökonomisches Handeln multiplen Präferenzordnungen unterliegen kann und dass diese von

---

Advisers unter US-Präsident *Barack Obama*. 2010 ist sie als Dozentin nach Berkeley zurückgekehrt. Romer ist möglicherweise die unabhängigste Persönlichkeit in dem Quartett. Eine Berufung an die *Harvard University* wurde 2008 durch den damaligen Präsidenten *Drew Gilpin Faust* aufgrund ihrer neu-keynesianischen Annahmen verweigert.

6   Eine Kritik übrigens, die sich die Soziologie lange Zeit selbst zum Vorwurf hätte machen sollen: das Problem der Ungewissheit nicht ausreichend analysiert und theorisiert zu haben.

sozialen Strukturen, Organisationszusammenhängen, Situationsdefinitionen und Persönlichkeiten abhängig sind. Ferner gilt, da Individuen in soziale Gruppen, Netzwerke und Beziehungen eingebunden sind und ihr Handeln sinnhaft auf andere beziehen, dass (ökonomische) Entscheidungen aufgrund der Reflexivität sozialer Handlungen – zu unterschiedlichen Graden – mit dem Problem der Ungewissheit konfrontiert sind.

1   Wirtschafts- und organisationssoziologische Perspektiven auf die Finanzmärkte

Aktuelle wirtschafts- und organisationssoziologische Analysen der Finanzmärkte folgen den Prämissen einer solchen „Embeddedness-Perspektive". Beide Subdiszi-plinen vereinigen in ihrem Kanon komplexe und empirisch aufgeklärte Handlungs-modelle und wenden sich damit kritisch gegen die Limitierungen der Vorstellung eines *Homo oeconomicus*. Der *Homo oeconomicus* wurde von der Soziologie und besonders von der neuen Wirtschaftssoziologie durch den „institutionalized rational man" abgelöst. Der „institutionalized rational man", den eigenen Präfe-renzen verpflichtet und nach Nutzenmaximierung strebend, trifft zwar ebenso rationale Entscheidungen wie der in der Kritik stehende *Homo oeconomicus*, aber seine Präferenzen sind nicht mehr ontologisch vorgegeben, sondern durch Kultur, Organisationen, Institutionen, soziale Beziehungen und Persönlichkeiten geprägt und veränderbar (Beckert 1996; Granovetter 1985; Smelser/Swedberg 2005). Die nutzenmaximierende Perspektive wird ferner in Abhängigkeit von der Situation spezifiziert, mit dem Resultat, dass Kategorien wie Altruismus, Moral, Kultur, Identität etc. zur Erklärung sozialen Handelns herangezogen werden. Rationales Handeln wird also von der Wirtschaftssoziologie als grundsätzliche Handlungs-maxime nicht geleugnet, aber die Kriterien für Rationalität und Präferenzen sind kontingent. Das heißt, den „freien" *rational man* gibt es nicht mehr, sondern er agiert innerhalb eines sozialen Kontextes.

Konsequenterweise argumentieren Vertreter wie Beckert (1996), Granovetter (1985), Fligstein (2002), Burt (1982), DiMaggio (2002), White (1981), Smelser/ Swedberg (2005), Zelizer (1989) u. a. seit den 1980er Jahre vehement für eine „Embeddedness-Perspektive", der zufolge ökonomisches Handeln nicht losgelöst vom sozialen Kontext betrachtet werden kann. Einerseits ging es den neuen Wirt-schaftssoziologen darum, auf einer Makroebene die gesellschaftliche Umwelt im Allgemeinen – etwa politische Veränderungen, Mentalitäten und kulturelle Werte – wieder in die Analyse ökonomischen Handelns mit einzubeziehen. Zum anderen aber ging es bei der Analyse von Mikroprozessen darum, ökonomische Interaktionsprozesse nicht ohne deren Einbettung in soziale Netzwerke, Beziehungen, zwischenmenschliche Bindungen zu analysieren. So schrieb Mark Granovetter in seinem für die neue Wirtschaftssoziologie zentralen Beitrag „Economic action and social structure: The problem of embeddedness", dass „the behavior and institutions are so constrained by ongoing social relations that to construe them as independent is a grievous misunderstanding" (Granovetter 1985: 481 f.).

Stattdessen kontextualisieren die neue Wirtschaftssoziologie und die Organisationssoziologie das utilitaristische Handlungsmodell der Ökonomie, indem sie Akteure und deren Interessen sowie das soziale Umfeld, in das sie immer eingebunden sind, in die Analyse mit einbeziehen. Diese theoretische Weiterentwicklung wurde dabei auf die Analyse verschiedener zentraler Forschungsfelder übertragen. Als wichtige Forschungsfelder innerhalb der neuen Wirtschaftssoziologie gelten Geld und Konsum, Märkte und ihre institutionellen, politischen und kulturellen Grundlagen sowie speziell Finanzmärkte – auch in wissenssoziologischer Perspektive. Grundsätzlich wird in diesen Untersuchungen soziologisch hinterfragt, inwiefern Finanzorganisationen, Banker, die Politik oder die Mittelklasse sowie Rating-Agenturen und individuelle Finanzmarktakteure an dem Zusammenbruch der Märkte beteiligt waren und ob eine Re-Regulierung der Märkte zukünftige Krisen verhindern kann (Beyer 2009b; Beyer/Hassel 2002; Neckel 2010; Lütz 2008; Ötsch et al. 2009; Windolf 2005a). Die zentrale Kritik richtet sich dabei auf die weitgehende ökonomische Abkopplung der Finanzmärkte von der Realökonomie, deren Rückbindung zwar immer wieder erfolgt, jedoch zeitversetzt in Form von Quartalsberichten und Jahresbilanzen (Dörre et al. 2009; Lütz 2008: 357; Windolf 2005b: 20 ff.). Diesbezüglich lassen sich an den Finanzmärkten sehr hohe Umsätze erzielen, die nicht notwendigerweise mit Akkumulationsentwicklungen der Realökonomie einhergehen und so zu spekulativen Blasen führen können (Deutschmann 2005: 58 ff.; Huffschmid 2009: 38 f.; Altvater 2009). Umgekehrt haben Krisen auf den Finanzmärkten negative Auswirkungen auf reale wirtschaftliche Entwicklungen, deren Ausmaß durch politische Deregulierungsentscheidungen verstärkt werden können (Cioffi/Höpner 2006; Deutschmann 2005: 64; Hengsbach 2009).

Ferner entstanden eine Reihe kritischer Studien, welche die grundlegende Ungewissheit mit dem Handel von Zahlungsversprechen auf den Finanzmärkten zum Gegenstand haben. Hinterfragt wurden in diesem Zusammenhang die Bedeutung von Risiko, Ungewissheit und der Umgang mit finanztheoretischen Modellen (Vogl 2010: 9 ff., 146 ff.; Windolf 2005b). Derartige Analysen der Ineffizienz der Märkte werden unterstützt durch Studien über individuelles Fehlverhalten der beteiligten Akteure und Organisationen (Berger 2008: 372; Hengsbach 2009; Huffschmid 2009: 35; Neckel 2010).

Aus den oben vorgestellten Themen und Studienschwerpunkten haben sich
während der letzten Jahre zentrale Forschungsthemen der wirtschafts- und organisationssoziologischen Finanzmarktforschung herauskristallisiert. Mit dem
vorliegenden Band wollen wir einen Teil der oben genannten Debatten und Fragestellungen aufgreifen und die Weiterentwicklung der wirtschafts- und organisationssoziologischen Finanzmarktforschung ein Stück weit dokumentieren. Wie
wir anhand der in diesem Buch versammelten Texte zeigen wollen, sind gerade die
Finanzmärkte durch unterschiedliche und zum Teil widersprüchliche Erwartungen,
Rationalitäten, Praktiken und „institutional logics" geprägt, die das Geschehen auf
der Vorder- und Hinterbühne prägen. Mit diesem Buch möchten wir zumindest
einen kleinen Teil dieser Dynamiken nachvollziehbar machen, um derart zu einem
besseren Verständnis des Aufbaus und der Funktionsweise der Finanzmärkte bei-
zutragen. Dabei widmen wir drei Themenbereichen besondere Aufmerksamkeit:

- den Entscheidungen von Finanzmarktakteuren (Teil 2),
- der Bedeutung von Risiko und Ungewissheit für die Finanzmärkte (Teil 3) sowie
- der Diskussion über die Geldordnung (Teil 4).

Im Folgenden Teil der Einleitung werden wir diese Themen genauer vorstellen und
die einzelnen Beiträge dadurch thematisch einbetten.

2   Entscheidungen, Ungewissheit und Geldordnung: Die drei zentralen Themen des Buches

2.1   Entscheidungen von Finanzmarktakteuren: Emotionen, Konventionen und Praktiken

Der erste Teil des Buches widmet sich Analysen der Koordination von individuel-
lem und organisationalem Akteurshandeln auf den Finanzmärkten. Im ersten Teil
steht die Frage im Vordergrund, wie individuelle und organisationale Akteure auf
den Finanzmärkten Entscheidungen treffen und derart miteinander ihr Handeln
koordinieren. Was genau tun Finanzmarktakteure? Wie treffen sie ihre Entscheidungen? Welche Praktiken und Konventionen lassen sich beobachten? Welche
spezifischen organisationsstrukturellen Anpassungen haben die identifizierten
Koordinationsformen zur Folge?
    Entscheidungen auf den Finanzmärkten wurden noch bis vor Kurzem als rati-
onale und – im Sinne der Nutzenmaximierung – effiziente Prozesse beschrieben,

in deren Folge die Finanzmärkte – durchaus nach Konjunkturzyklen – zu einem Gleichgewicht tendieren (Fama 1965; Laux/Liermann 2003). Mittlerweile geht man in der soziologischen Finanzmarktforschung davon aus, dass die Effizienz von Entscheidungen auf den Finanzmärkten und die in den ökonomischen Modellen zugrunde gelegte ökonomische Rationalität von Entscheidungen und deren Ergebnisse überschätzt wurde. Insbesondere seit den 2000er Jahren mehren sich die Erkenntnisse, dass komplexere Handlungsmodelle, die multiple Rationalitäten, Ungewissheit und Nichtwissen, Bauchgefühle und Emotionen berücksichtigen, bedeutsam für Entscheidungen im Allgemeinen und Investitionsentscheidungen im Besonderen sind (Abolafia 2002; Brügger 1999; Deppe et al. 2005; Hassoun 2005; Knorr Cetina/Brügger 2005; Loewenstein/Lerner 2003: 619; Lerner/Keltner 2000; Neckel 2011; Pixley 2004; Senge 2012; Senge/Dombrowski 2014; Shefrin 2007; Shiller 2000, 2003; von Lüde 2012). Insbesondere die Dominanz der neoklassischen Kapitalmarkttheorie festigte die Sicht, dass es für Investoren im Prinzip kein Entscheidungsproblem gibt. Investoren agieren nach dieser Theorie in einem sterilen Raum, dessen Türen für Emotionen, Fehler, Gerüchte, Unstimmigkeiten und eine stets ungewisse Zukunft verschlossen bleiben: Die grundlegende Struktur der modernen Finanztheorie weist keinen theoretischen Ort für den Einfluss individueller Persönlichkeiten, ihrer Gefühle, ihres Nichtwissens und der Ungewissheit einer stets offenen Zukunft auf.

Die moderne Finanztheorie geht im Kern davon aus, dass Finanzmärkte informationseffizient sind und die für Investitionsentscheidungen notwendigen Informationen in den Preisen für Wertpapiere enthalten sind. Die Kurse von Wertpapieren beruhen damit zu jeder Zeit auf der richtigen Bewertung aller verfügbaren Informationen (Fama 1965: 94). Im Ergebnis bedeutet dies, dass niemand über einen längeren Zeitraum in der Lage ist, „den Markt zu schlagen", d. h. überdurchschnittliche Gewinne zu erzielen. Finanzinvestoren, sowohl Käufer als auch Verkäufer, agieren demnach rational auf der Basis eines kongruenten Wissensstandes (Schriek 2009: 112). Diese Annahmen spiegeln die Erkenntnisse der Effizienzmarkthypothese wider (Fama 1970; Fox 2009: 89 ff.). Die Aktienkurse sind somit der synthetisierte Ausdruck für zukünftige Gewinnerwartungen, Marktanteile, Absatzzahlen und die Entscheidungen anderer Finanzmarktakteure. Theoretisch wurde diese Vorstellung von *Eugene Fama* mit der *Efficient Market Theory* formuliert (Fama 1970). Fama unterschied dabei drei Formen von Markteffizienz: schwach, mittelstark und stark (Fama 1970: 383 ff.).[7]

---

7 Diese drei Arten von Effizienz unterscheiden sich hinsichtlich der für die Preisbildung berücksichtigten Informationen. Von „schwacher Effizienz" wird dann gesprochen, wenn nur die zurückliegende Kursentwicklung in den Preisen berücksichtigt wird, weil aus

Implizit in diesen Annahmen über die Effizienz der Märkte sind die Prämissen der klassischen Entscheidungstheorie, gepaart mit der Annahme, dass sich Finanzmarktakteure ausschließlich an Kursverläufen und Zahlungsgrößen orientieren. Investoren am Finanzmarkt evaluieren diese Kursverläufe rational, um dann nach Abwägen möglicher Ertragschancen und Verlustrisiken Kauf- oder Verkaufsentscheidungen nutzenmaximierend zu treffen. Der neoklassische Investor verfügt demnach über die Fähigkeiten, die Außenwelt sicher und ohne Informationsverlust zu interpretieren. Er kann die „Fakten" der „äußeren" Welt direkt verarbeiten und in Handeln (z. B. auf Märkten) umsetzen. Veränderungen „außen", zum Beispiel Preisänderungen, haben kausale Reaktionen im Handeln zur Folge. Die Attraktivität dieses Handlungstyps des *Homo oeconomicus* besteht in seiner eindeutigen Handlungsmaxime, der Nutzenmaximierung: Nur wenn der antizipierte Nutzen seines Handelns im Sinne seiner Präferenzen die Kosten übersteigt, handelt der risikoaverse Akteur. Dabei sind die Präferenzen stabil, exakt gegeben und eindeutig. Präferenzen gelten in der Regel als „Innen-Welt" des Menschen, die sich nicht autonom ändern kann. Auf Basis dieser stabilen Präferenzen trifft der neoklassische Investor stets eine rationale nutzenmaximierende Wahl, die sogenannte *rational choice* (Laux/Liermann 2003). Die Theorie geht also davon aus, dass Entscheider die potenziellen Konsequenzen ihrer Entscheidungen erkennen, bewerten und auch umsetzen können und dann leidenschaftslos jene Alternative wählen, die den größten Nutzen verspricht. Über die Klassifizierung möglicher Nutzen wurde zwar lebendig disputiert (Becker 1992; Kunz 2004; Sen 1982; Simon 1993), dennoch galt, dass die nutzenmaximierende Alternative quasi automatisch aus dem vorangegangenen Evaluationsprozess in die Tat umgesetzt werden kann.

Seit den 1960er Jahre entwickelt sich mit dem Aufkommen der verhaltenswissenschaftlichen Entscheidungstheorie zwar eine ernst zu nehmende Kritik an dem traditionellen Entscheidungsmodell, doch blieben ihre Vertreter dem rationalen Entscheidungsmodell weitgehend verhaftet (Cohen et al. 1972). Man erkannte die kognitiven Unzulänglichkeiten von Entscheidern, etwa fehlende kognitive Fähigkeiten der Informationsverarbeitung, fehlende Aufmerksamkeit bei der Bewertung von Alternativen oder die im Alltag anzutreffenden simplifizierenden Mechanismen der Problemlösung („satisfycing" anstelle von „maximizing utility"). Im Kern aber galten Entscheidungen nach wie vor als Ergebnis eines rationalen

---

den Kursen der Vergangenheit nicht auf zukünftige Kurse geschlossen werden kann. Der aktuelle Preis wäre dann der beste Indikator für zukünftige Preise. Kursbewegungen würden vermeintlich zufällig entstehen. Werden zusätzlich alle marktrelevanten und allgemein verfügbaren Informationen im jeweiligen Preis berücksichtig, so spricht man von „mittlerer Effizienz". Schlägt sich zudem Insiderwissen im Kurs wider, so spricht man von „starker Effizienz" (Fama 1970: 383 ff.).

– wenn auch „boundedly rational" – kognitiven Prozesses (March 1994; Tversky/ Kahneman 1974). Ausgeblendet blieben von der verhaltenswissenschaftlichen Entscheidungstheorie und den Modellannahmen der modernen Finanztheorie nach wie vor die Rolle von Gefühlen, der Einfluss individueller Persönlichkeiten sowie die Bedeutung von umfassendem Nichtwissen und Ungewissheit (wenn es z. B. um Investitionen in eine unbekannte Zukunft ging).

Der Anspruch der Theorie, stets rationale – wenn auch „boundedly rational" – Entscheidungen zu treffen, die von den genannten multiplen Rationalitäten unberührt bleiben, erweist sich bei Investitionsentscheidungen an den Finanzmärkten als besonders problematisch, da an den Finanzmärkten Unsicherheiten und Risiko gehandelt werden. Zwar gilt für grundsätzlich alle Entscheidungen, dass ihr Resultat ungewiss ist, da sie auf eine unbekannte Zukunft gerichtet sind. Doch sind Ungewissheiten für ökonomische Entscheidungen aufgrund der Orientierung an nutzenmaximierenden Handlungsresultaten besonders problematisch (Beckert 1996; Granovetter 1985; Granovetter/Swedberg 1992). Denn wie sollen Akteure in hochgradig kontingenten Situationen ihre Entscheidungen von ihren Präferenzen ableiten, um derart ihren Nutzen zu maximieren (Beckert 1996: 126)? In durch starke Ungewissheit charakterisierten Entscheidungssituationen an den Finanzmärkten ist es Akteuren nur bedingt möglich, auf der Basis rationaler Strategien ihren Nutzen zu maximieren, da die Konsequenzen der eigenen Handlungen nicht vollständig antizipiert werden können und auch Wahrscheinlichkeitsberechnungen auf subjektiven Nutzenfunktionen beruhen, sodass stets wandelnde Nutzenerwartungswerte berechnet werden müssten (Taleb 2008a, 2008b). Es ist anzunehmen, dass Investoren sowohl richtige als auch falsche Entscheidungen treffen, und zwar auf der Grundlage von sowohl richtigen als auch falschen Annahmen und vice versa (Beckert 1996: 126 ff.).[8] Diese grundlegenden Zweifel an der Berechenbarkeit der Märkte, die Ungewissheit bei Prognosen hochkomplexer und dynamischer Szenarien und der stets ausgesparte, nicht rational begründbare Rest individueller Entscheidungen führten zu einer grundlegenden, von der Soziologie ausgehenden Infragestellung finanzmarktbezogenen Wissens in Bezug auf Preisbildungsmechanismen, Wertorientierungen und das Verhältnis von Wissen zu Nichtwissen (Kalthoff/Maeße 2012; MacKenzie 2006; MacKenzie/Millo 2003).

---

8   Beispielsweise antworteten 83 Prozent aus einer Gruppe von befragten Investoren auf die Frage, wie zuversichtlich sie seien, die besten Markteinstiegs- und Ausstiegspunkte bei ihren Investitionsentscheidungen zu treffen, dass sie derartige Entscheidungen für äußerst komplex halten und angesichts ihrer Richtigkeit oft Zweifel hätten. Unter Praktikern wird die Effizienz der Märkte somit als bedingt zutreffend angesehen (Shiller 2000: 200 f.).

Empirisch wurden die moderne Finanztheorie und ihre grundlegenden Annahmen über die Effizienz der Märkte und die Rationalität der Investoren in
der Vergangenheit oft widerlegt. Obwohl es für die akademischen Urheber der
modernen Finanztheorie nie überraschend war, dass die Anwendung der Theorie
bei der Lösung von realen Investitionsentscheidungen oftmals versagte, wurde
die finanztheoretische Diskussion während der letzten Dekaden durch Studien
geprägt, welche die Effizienzmarkthypothese widerlegen (vgl. Rosenberg et al.
1985: 9 ff.; sowie den Überblick bei Beechey et al. 2000). Die Mitbegründer der
modernen Finanztheorie schätzten mitunter die argumentativen Angriffe auf ihre
„basic ‚mythodology'" (Merton 1975: 659), motivierten sie doch zu Versuchen, die
Schwächen der modernen Finanztheorie zu schmälern (vgl. Millo 2003). Ihnen war
bewusst, dass die empirische Welt eine andere Welt war als die, die sie konstruier-
ten. Auf ihrer Suche nach einem fundamentalen Verständnis der Funktionsweise
der Finanzmärkte, unter besonderer Berücksichtigung der Bedeutung von Risiko
und Ertrag, entwickelten sie ein theoretisches Fundament, auf dem sie weiter
aufbauen wollten. Denn die Schwachstellen der Theorien wurden wiederkehrend
durch extreme Baisse- und Haussephasen, Crashs und Blasen, die Fokussierung
auf kurzfristige Renditesteigerung, extreme Volatilität der Kurse sowie unlösbare
Fragen bezüglich der Informationsverarbeitung von Investoren offensichtlich.
Trotz dieser fundamentalen Verunsicherung blieben und bleiben – selbst nach der
Finanz- und Wirtschaftskrise 2008 – die Annahmen der modernen Finanztheorie
und insbesondere die Effizienzmarkthypothese die Norm, an der sich Akademiker
und Investoren orientierten und orientieren (Bernstein 2009).

Allerdings entwickelte sich mit der zunehmenden Profilierung der *Behavioral Finance*, einer Subdisziplin der Wirtschaftswissenschaften, nicht nur ein theoretisches
Rüstzeug, mit dem man die empirischen „Anomalien" und die Schwachstellen der
Theorie erklären konnte, sondern zudem ein wichtiger Gegenpol zu der ansonsten
dominanten Effizienzmarkthypothese. Denn die *Behavioral Finance* bildet einen
grundlegend neuen Ansatz der Kapitalmarktanalyse, der ökonomische Prozesse
mithilfe finanztheoretischer, psychologischer und kognitionswissenschaftlicher
Erkenntnisse beschreibt. Vertreter der *Behavioral Finance* gehen nicht davon aus,
dass sich Marktteilnehmer grundsätzlich rational verhalten (können). Entsprechend
kritisieren sie das den Wirtschaftswissenschaften zugrunde liegende Menschenbild
des *Homo oeconomicus*. Ergo: Anleger sind nicht vollständig informiert (DeBondt/
Thaler 1995; Rapp 1997). Sie betonen vielmehr, dass wichtige Informationen falsch
wahrgenommen werden können und Akteure mitunter keinen bzw. nur einen
begrenzten Zugang zu wichtigen Informationen haben. Anhänger der *Behavioral
Finance* gehen zudem von mehrdimensionalen Handlungsmotiven für das En-
gagement am Finanzmarkt aus. Gewinnmaximierung ist zwar das wichtigste, aber

ebenso werden Spannung, Unterhaltung und der Wunsch nach Kommunikation als simple menschliche Bedürfnisse in Betracht gezogen, aufgrund derer sich die Menschen für die Börse interessieren (Goldberg/von Nitzsch 1999: 24). Die *Behavioral Finance* interessiert sich aber nicht nur dafür, wie Marktteilnehmer Informationen wahrnehmen und verarbeiten, sondern auch dafür, wie diese in Entscheidungen umgesetzt werden. Denn wenn Informationen mitunter unvollständig, fehlerhaft oder selektiv ausgewählt werden und Wahlmöglichkeiten ebenfalls unbekannt, uneindeutig und überkomplex sein können, erweisen sich Entscheidungen in der Praxis oftmals als weniger rational, als von der modernen Finanztheorie unterstellt.

Dreh- und Angelpunkt der Behavioral Finance-Debatte ist eine Kritik an den Modellannahmen eines rationalen nutzenmaximierenden Investors, wie er von der modernen Finanztheorie unterstellt wird. Zwei ihrer prominentesten Vertreter, Amos Tversky und Daniel Kahneman, entwickelten in den 1980er Jahren in einem zunächst informalen produktiven Austausch über ihre Forschungsergebnisse sukzessive eine Vision, wie eine realistischere Beschreibung dessen auszusehen habe, wie Finanzmarktakteure ihre Entscheidungen treffen. Die von ihnen über Jahre entwickelte *Neue Erwartungstheorie* (prospect theory), für die – unter anderem – Kahnemann 2002 mit dem Nobelpreis für Wirtschaftswissenschaften geehrt wurde,[9] ermöglicht eine Erklärung individuellen Entscheidungsverhaltens in Situationen, die von großer Ungewissheit geprägt sind. Untersucht wurden vor allem Situationen, in denen unkalkulierbare Risiken vorliegen und die Eintrittswahrscheinlichkeit zukünftiger relevanter Zustände als unbekannt vorausgesetzt wird (Kahneman/ Tversky 1979). Provokant formulierten sie damals, dass „[d]ecision making under risk can be viewed as a choice between prospects or gambles" (ebd.: 263).

Auf der Grundlage psychologischer experimenteller Studien deckten die Wissenschaftler eine Reihe von Verhaltensweisen auf, die den Rationalitätsannahmen der modernen Finanztheorie widersprachen und die sich mathematisch modellieren ließen, was den Erfolg der *Neuen Erwartungstheorie* innerhalb der Verhaltensökonomik maßgeblich beförderte. Zu den wichtigsten heuristischen Erkenntnissen von Tversky und Kahneman gehören die Heuristiken zur Komplexitätsreduzierung und zur Entscheidungsfindung wie etwa a) die Wahrnehmungsheuristik *mental accounting*[10] und b) die sogenannte Verfügbarkeitsheuristik, bei der häufig auch der

---

9 Tversky verstarb im Jahr 1996.

10 Mit *mental accounting* meint man sogenannte „geistige Konten", die Menschen für einzelne Projekte wie den Kauf der Aktie X, den Kauf der Aktie Y, die Investition in eine Immobilie etc. führen. Der Mensch konzentriert sich in der Regel meist nur auf ein geistiges Konto, ohne die Gesamtheit aller Konten im Blick zu haben. Diese Komplexitätsreduzierung ist bei Finanzinvestitionen problematisch, da so eine eventuell gegebene Risikodiversifizierung nicht berücksichtigt wird. Zum Beispiel kann das Risiko

Priming-Effekt eine wichtige Rolle spielt.[11] Wichtige Urteilsheuristiken sind c) das *anchoring*,[12] d) die Repräsentativitätsheuristik[13] und e) die relative Bewertung von Verlusten und Gewinnen, zu der auch die für Investitionsentscheidungen wichtige Verlustaversion zählt.[14] Triebe, Commitment, Emotionen, Nichtwissen und Intu-

---

des Kaufes der Aktie eines Solarenergieunternehmens ausgeglichen werden durch den Kauf einer Aktie eines Atomstromenergieunternehmens.

11 Die *Verfügbarkeitsheuristik* besagt, dass Entscheider die Eintrittswahrscheinlichkeit eines Ereignisses umso höher einschätzen, je mehr Informationen über und Beispiele für dieses Ereignis verfügbar sind. Verfügbarkeit ist vor allem abhängig von Aktualität, Anschaulichkeit, Auffälligkeit und affektiver Kongruenz (Tversky/Kahneman 1973). Der Priming-Effekt beschreibt die Erkenntnis, dass zuerst genannte Informationen die Wahrnehmung stärker beeinflussen als später genannte Informationen. Unterschieden werden hier also die Phasen, in denen eine Information verfügbar ist. In gewissen Situationen allerdings überwiegt die Aktualität der Informationen den Priming-Effekt (s. o.) (Gollwitzer/Bargh 1996).

12 *Anchoring* oder Ankerheuristik beschreibt die Neigung, dass einst getane Äußerungen von Informanten leicht übernommen werden und so als mentaler Anker dienen, an dem sich spätere Schätzungen und Bewertungen orientieren, selbst wenn die neuen Informationen den Anker als unrealistisch aussehen lassen. Werden zum Beispiel externe Informationen von Rating-Agenturen eingeholt, so können diese als mentaler Anker funktionieren, an dem sich eigene spätere Einschätzungen tendenziell festmachen. Einst wahrgenommene Informationen können so zur *self fulfilling prophecy* werden, selbst wenn der Informant nicht richtig informiert (Tversky/Kahneman 1974).

13 *Repräsentativitätsheuristik* beschreibt eine Urteilsverzerrung, durch die wir Wahrgenommenes in ein etabliertes Denkschema einordnen. Zum Beispiel ist ein etabliertes Denkschema gewesen, Aktiengänge von Unternehmen im „Neuen Markt" mit hohen Wachstumsraten in Verbindung zu bringen. Dieses Denkschema sorgte dafür, dass sich die Kurse der Unternehmen anfangs tatsächlich so entwickelten. Der spätere Kursrückgang zeigte, dass dies eine Scheinkorrelation war (Goldberg/von Nitzsch 1999: 78 f.).

14 Kahneman und Tversky (1979) haben herausgefunden, dass die Bewertung von Verlusten und Gewinnen von einem Bezugspunkt abhängt und damit relativ zu diesem erfolgt. Sie stellten eine abnehmende Sensitivität fest, je weiter ein Verlust oder Gewinn vom ursprünglichen Bezugspunkt entfernt ist. Dabei werden Verluste grundsätzlich mit einer größeren Sensitivität wahrgenommen, d. h., Investoren gewichten Verluste stärker als Gewinne in gleicher Höhe und sie fürchten Verluste stärker, als sie Gewinne in gleicher Höhe begrüßen. Dies führt in der Praxis häufig dazu, dass Anleger Gewinne zu schnell realisieren und sich damit gegen die Chance entscheiden, eventuell noch höhere Gewinne mitzunehmen. Sehen sie sich hingegen Verlusten gegenüber, so tendieren Anleger dazu, die entsprechenden Wertpapiere noch länger zu halten. Diese irrationalen Verhaltensweisen werden auch als „Dispositionseffekt" bezeichnet (Shefrin/Statman 1985). Bei extremen Verlusten oder Gewinnen nimmt die Sensitivität in der Regel wieder zu (Kahneman/Tversky 1979). Dabei ist stets zu beachten, dass Bezugspunkte durch verschiedene Darstellungen (anchoring) verschoben werden können.

ition werden demnach im Rahmen der *Behavioral Finance* nicht negiert, sondern als Erklärungsgrundlage herangezogen, um zu einer realistischeren Beschreibung des Entscheidungsverhaltens von Finanzmarktakteuren zu gelangen (Akerlof/ Shiller 2009; Goldberg/von Nitzsch 1999: 120; Brehm/Cohen 1962; Shiller 2000).

Ob die *Behavioral Finance* in der Tat das theoretische „KO" für die moderne Finanztheorie und die Effizienzmarktthese mit sich bringt, wird vehement diskutiert. Von Fama wird das Argument angeführt, dass die von der *Behavioral Finance* thematisierten irrationalen Übertreibungen der Märkte sowohl nach oben als auch nach unten eintreten und dass sich derart Anomalien ausgleichen, Markteffizienz also hergestellt wird:

> "Subjected to scrutiny, however, the evidence does not suggest that market efficiency should be abandoned. Consistent with the market efficiency hypothesis that the anomalies are chance results, apparent overreaction of stock prices to information is about as common as underreaction. And post-event continuation of pre-event abnormal returns is about as frequent as post-event reversal. Most important, the long-term return anomalies are fragile. They tend to disappear with reasonable changes in the way they are measured." (Fama 1998: 304)

Andere argumentieren, dass gerade durch die *Behavioral Finance* der Markt erzeugt wird, der von dieser Disziplin kritisiert wird, dass sich nämlich durch die Erkenntnisse der *Behavioral Finance* der Markt der realen Welt den theoretischen Vorstellungen immer mehr annähern wird und „die Behavioral Finance somit der Vorbote ihres eigenen Untergangs" sind (Bernstein 2009: 51). Für eine solche These sprechen Erkenntnisse, nach der sich Anomalien nach ihrer Entdeckung merklich reduzierten oder gänzlich obsolet wurden (Marquering et al. 2006: 291 ff.). In dieser Interpretation wäre die *Behavioral Finance* ein weiteres Werkzeug zur Rationalitätssteigerung und nicht die Grundlage für die Erklärung von Anomalien prinzipiell rationaler Entscheidungen.

Aus der Perspektive einer Wirtschafts- und Organisationssoziologie befindet sich die *Behavioral Finance* durchaus im „Freundeslager". Sowohl innerhalb der Soziologie als auch innerhalb der genannten Subdisziplin der Wirtschaftswissenschaften teilt man – trotz grundlegender methodologischer Unterschiede – die Kritik an der neoklassischen Effizienzmarkttheorie. In kritischer Abgrenzung zur Effizienzmarkttheorie propagieren die disziplinären neuen Freunde eine realistischere und durchaus komplexere Sicht auf die Finanzmärkte und die sie konstituierenden Praktiken. Eine solche kritische Sicht auf die konstituierenden Praktiken und das Handeln von Finanzmarktakteuren bieten im ersten Teil dieses Buches vier Beiträge, die sich im Kern um Fragen der Rationalität von Entscheidungen drehen und sich den daraus resultierenden Handlungen und Handlungsresultaten widmen.

Die Untersuchung von *Markus Lange* und *Christian von Scheve* richtet sich auf Emotionen als Form der Koordination beim Handel mit Zahlungsversprechen im Investmentbanking. Mittels empirischer und theoretischer Ansätze ergründen die Autoren die Rolle von Emotionen in der Finanzwelt sowie die Bedeutung von emotionalem Handeln für die soziale Ordnung der Finanzmärkte. Nach einer kurzen Einführung zur Beziehung zwischen Gefühlen und sozialen Koordinationsmechanismen entwerfen die Autoren ein Emotionsmodell anhand qualitativer Untersuchungen im Bereich des Investmentbankings. Dieser Ansatz soll die Einbettung von Emotionen in finanzielles Handeln erklären. Von Scheve und Lange stellen mit ihrer Forschung fest, dass vor allem in sehr ungewissen Situationen das finanzmarkthandelnde Subjekt auf emotionale Herangehensweisen, Sinnstiftungen und soziale Praktiken zurückgreift.

Anknüpfend an die Auseinandersetzung mit Handlungsoptionen in ungewissen Finanzmarktsituationen, rekonstruiert *Konstanze Senge*, inwiefern Finanzmarktakteure angesichts ihrer Kritik an den Prognosen ökonomischer und finanzmathematischer Berechnungen dennoch zuversichtlich zukünftige Entwicklungen antizipieren, um auf die Zukunft gerichtete Investitionsentscheidungen treffen zu können. Auf der Basis qualitativ erhobener Daten kann gezeigt werden, dass professionelle Anleger sich in für sie problematischen Entscheidungssituationen auf ihr „gutes Gefühl" verlassen können. Die Akteure setzen damit situationsspezifisch rationale Entscheidungsstrategien außer Kraft. Die Erkenntnisse der Untersuchung werden mit Blick auf die Theorie reflexiver Modernisierung diskutiert.

Mit dem Thema der Unsicherheiten in der Finanzwelt beschäftigt sich auch *Uwe Vormbusch* in seinem Beitrag „Performative Entdeckungsverfahren und die Krise von Wert". Der Zugang erfolgt über eine theoretische Auseinandersetzung mit der zentralen Fragestellung, wie gegenwärtige Handlungen bestimmte Zukünfte bestimmen können. Die wichtigsten Grundlagen der performativen Entdeckungsverfahren bilden Kalkulationen, Narrationen und Fiktionen. Sie bilden wichtige soziale Entscheidungs- und Koordinationsmechanismen, mit denen der Wert immaterieller und epistemischer „Dinge" hervorgebracht wird.

Lisa Knoll untersucht in ihrem Beitrag „Konventionen und Kompromisse auf Finanzmärkten" das Geschehen auf den Finanzmärkten anhand der „Économie des conventions". Hierbei möchte Knoll aufzeigen, dass das Handeln in Finanzsektoren nicht trennbar ist von anderen Handlungen in Wirtschaftssektoren. Ausgehend von der Annahme, dass Finanzmärkten eine analytische Sonderstellung in der Wirtschaftssoziologie zukommt und diese in Kontrast zu Produzentenmärkten stehen, entwirft die Autorin theoretische Gegenargumente. So bildet die Theorie der „Économie de conventions" einen argumentativen Ausgangspunkt, der Auskunft über spezifische Handlungs- und Entscheidungsprozesse in der Finanzwelt

ermöglicht, die sich kaum von Handlungsmöglichkeiten in anderen Wirtschaftssektoren unterscheiden.

2.2 Umgang mit Ungewissheit:
Beratung, Vertrauen und Risiken

Der zweite Teil des Buches thematisiert das Konzept der Ungewissheit. Die hier
versammelten vier Beiträge tragen insbesondere der Beobachtung Rechnung, dass
Wissen über die Koordinationsmechanismen von Akteuren und Organisationen
wesentlich ist für eine Analyse der Risiken und Gefahren, die durch die zunehmende
Finanzialisierung entstanden sind. Die einzelnen Beiträge nehmen dabei verschiedene Akteure in den Blick, die mit dem Problem der Ungewissheit konfrontiert sind
(Berater, Ratingagenturen, professionelle und private Investoren). Zudem werden in
diesem zweiten Teil auch die „ungeschriebenen" Regeln der Praxis und des Wissens
analysiert, welche maßgeblich die Risiken von Finanzgeschäften beeinflussen, zum
Beispiel Vertrauenskulturen und kulturell geprägte Risikopräferenzen.

Das grundlegende Praxisproblem auf den Finanzmärkten resultiert aus der
Konfrontation mit Ungewissheit. Wie alle Entscheidungen sind auch Investiti-
onsentscheidungen auf den Finanzmärkten in eine ungewisse Zukunft gerichtet.
Im Unterschied zu realökonomischen Märkten werden auf den Finanzmärkten
Kapital- und Zahlungsversprechen gehandelt und keine Güter produziert oder
Dienstleistungen angeboten. Finanzmärkte dienen nicht dem Konsum, sondern
dem gewinnbringenden Handel mit Finanzprodukten und den daran gebun-
denen zukünftigen Kapital- und Zahlungsversprechen. Derartige Kapital- und
Zahlungsversprechen können aber immer nur geschätzt werden, sie sind immer
mit Ungewissheit bezüglich der Korrektheit ihrer Schätzungen verbunden und
beinhalten damit immer die Gefahr von Verlusten. Formal und real agieren Finanzmarktakteure aufgrund der Reflexivität und damit Nichtvorhersagbarkeit
sozialer Handlungen und aufgrund fehlender kognitiver Kapazitäten stets unter
den Bedingungen *fundamentaler Unsicherheit* (Beckert 2013a und 2013b; Beckert/
Berghoff 2013; Dequech 1999; Orléan 2011; Apelt/Senge 2014; Senge/Dombrowski
2014; Windolf 2005b).

Anknüpfend an die in der Ökonomie geführte Debatte über Ungewissheit
(Camerer/Weber 1992; Dequech 2000, 2006; Langlois/Everett 1992; Knight 1921:
224 ff.) – die in den Sozialwissenschaften zwar mit ähnlichen Fragen geführt wird,
jedoch weit weniger systematisiert erscheint (Beckert 2013a und 2013b; Böhle/
Busch 2012; Hanf 1991; Wiesenthal 1990) – lassen sich im Anschluss an Dequech
(1999, 2000, 2006) unterschiedliche Grade an Ungewissheit differenzieren, die

mit je eigenen Problemen einhergehen. Zu unterscheiden sind die drei Formen *Risiko, Ungewissheit* und *fundamentale Ungewissheit.* Die drei Formen stellen ein Kontinuum dar, das von geringer Ungewissheit zu großer Ungewissheit reicht:

Risiko: In Situationen, die durch Risiko gekennzeichnet sind, liegt ein relativ geringer Grad an Ungewissheit vor (Knight 1921). In solchen Situationen sind dem Akteur die von seiner Entscheidung abhängigen Umweltzustände und die Eintrittswahrscheinlichkeiten der Umweltzustände bekannt. Er weiß aber nicht, welcher Umweltzustand tatsächlich eintreten wird. Eine solche Situation liegt beispielsweise beim Lotto-Spiel vor, dessen Eintrittswahrscheinlichkeiten mathematisch exakt definiert sind. Im hochkomplexen Wirtschaftsleben beruhen Eintrittswahrscheinlichkeiten jedoch auf Schätzungen, die wiederum auf vorangegangenen Erfahrungen basieren (vgl. Hanf 1991).

Ungewissheit: Unter Bedingungen von Ungewissheit sind die von der Entscheidung abhängigen möglichen zukünftigen Zustände zwar bekannt, aber es können keine Aussagen über Eintrittswahrscheinlichkeiten gemacht werden. Diese Wissenslücke über eine Zuschreibung von Wahrscheinlichkeiten entsteht durch fehlende Informationen oder aufgrund fehlender kognitiver Kompetenzen.

Fundamentale Ungewissheit: Unter „fundamentaler Ungewissheit" soll ein größeres Maß an Ungewissheit bezeichnet werden, das durch die Reflexivität sozialer Interaktionen entsteht. In Situationen von fundamentaler Ungewissheit sind weder alle Umweltzustände bekannt, noch können den bekannten Umweltzuständen Wahrscheinlichkeiten zugerechnet werden. In Situationen von fundamentaler Ungewissheit sind Innovation und Kreativität wahrscheinlich (Dequech 1999: 415 f.). Von fundamentaler Ungewissheit sprechen wir beispielsweise bei Investitionsentscheidungen auf den Finanzmärkten. Zwar gehört es zu den Grundprinzipien des Finanzmarkthandelns, möglichen zukünftigen Umweltzuständen Wahrscheinlichkeiten zuzuschreiben, doch gehören Anomalien, Krisen und „Schwarze Schwäne" zum regulären Funktionsablauf der Finanzmärkte, sodass eine seriöse Berechnung nicht möglich ist. Auch das High Frequency Trading (HFT) kann beispielsweise durch algorithmisierte Entscheidungen nicht fundamentale Ungewissheit in Risiko verwandeln, denn das reflexive Zusammenspiel der HFT-Rechner erzeugt neue Ungewissheiten und Gefahren, etwa den Flash Crash am 6. Mai 2010, als die Kurse an den US-amerikanischen Aktienmärkten in wenigen Minuten um bis zu zehn Prozent einbrachen.

Die finanzmathematischen Modelle, auf denen die moderne Finanzwirtschaft aufbaut, ignorieren quasi das Problem der Ungewissheit und beruhen auf der Annahme einer vorhersehbaren Zukunft, die mittels mathematischer Modelle korrekt prognostiziert werden kann. Die Soziologie kritisiert eine solche Annahme, da Prognosen über zukünftige Kursverläufe, wie sie von Finanzmarktakteuren tagtäglich, stündlich oder in Sekundenschnelle verlangt werden, angesichts der Flut an (möglichen) Informationen seriös nicht geleistet werden können. Vielmehr handelt es sich im Kern um Spekulationen mit ungewissem Ausgang (Vogl 2010: 9 ff., 146 ff.; Windolf 2005b (Vogl 2010: 9 ff., 146 ff.; Windolf 2005b). Nach Vogl hat man bei der Berechnung von Kursentwicklungen mit regelmäßig auftretenden Unberechenbarkeiten zu tun, die in ihrer Struktur einem organisierten Chaos gleichen:

> „Auch wenn diese Bewegungsprofile [der Kursverläufe, K.S./J.B.] bestimmte Regelmäßigkeiten aufweisen, bleiben sie ohne prognostischen Wert. Als irreguläre patterns durchkreuzen sie die markttheoretische Hoffnung auf pattern predictions oder Katallaxien ...Wenn sie [Finanzmärkte, K.S./J.B.] deshalb als Grenzfiguren des Wissens erscheinen, liegt das nicht zuletzt daran, dass in ihnen eine effiziente, d. h. ökonomische Verteilung und Kommunikation von Informationen nicht mehr funktionieren." (Vogl 2011: 146 f.)

Es ist also ernsthaft in Zweifel zu ziehen, dass sich der spezifische Charakter finanzökonomischer Prozesse allein mit den Begrifflichkeiten und Theorien der Finanzökonomie erfassen lässt (ebd.: 151). Finanzmarktakteure, so der Wahrscheinlichkeitstheoretiker Taleb (2008a, 2008b), müssen sich auf das Unvorhersehbare einstellen – und er formuliert damit eine Paradoxie. Denn generell lässt sich bei der langfristigen Analyse von Finanzmarktdaten feststellen, dass unvorhergesehene, seltene Ereignisse – sogenannte „Schwarze Schwäne" – real zwar deutlich häufiger auftreten als in den gängigen Finanzmarktmodellen, die auf einer Normalverteilung der Renditen basieren, aber dennoch sind sie nicht kalkulierbar: „Schwarze Schwäne" sprengen alle Erwartungsparameter und jede Gaußsche Normalverteilung. Investoren müssten demnach, wollten sie solide Prognosen abgeben, auch eine Ahnung über Ausmaß und Zeitpunkt jener unvorhersehbaren seltenen Ereignisse haben, um so die Ungewissheit der Zukunft in sichere Prognosen verwandeln zu können – eine Forderung bzw. Hoffnung, die nicht systematisch verlässlich eingelöst werden kann.

Die Annahmen einer vorhersehbaren Zukunft wurde von zahlreichen Ökonomen und Soziologen kritisiert (Beckert 2013a, 2013b; Dequech 1999, 2000, 2006; Keynes 1936: 152; Simon 1957; Apelt/Senge 2014). Kognitive Einschränkungen, unvorhersehbare Kreativität und Innovation, die Komplexität und Reflexivität sozialer Interaktionen führen dazu, dass Entscheidungen und Aktivitäten auf den Finanzmärkten von fundamentaler Ungewissheit gekennzeichnet sind (ebd.). Fundamentale Ungewissheit bedeutet damit, dass negative Konsequenzen grundsätzlich sowohl beim Entscheiden zugunsten einer Möglichkeit als auch beim Verzicht darauf resultieren können (Esposito 2010: 50 f.). Zahlreiche soziologische Analysen zeigen, welche Risiken und negative Konsequenzen im Finanzsektor überhaupt in Betracht gezogen werden und wie darüber Objekte von Risikokalkulationen

(z. B. Unternehmen) neu konstituiert werden (Kalthoff 2005). Andere Studien beschäftigen sich mit der Verarbeitung von Informationen auf den Finanzmärkten und den dafür eingesetzten technischen Hilfsmitteln, die maßgeblich die Art der Risikokonstruktion konstituieren (Beunza/Stark 2004).

Am prominentesten wurde das Problem der Entscheidungsfindung von Investoren unter Ungewissheit von John Maynard Keynes in den vierziger Jahren des letzten Jahrhunderts analysiert. Zahlreiche gegenwärtige Wirtschaftssoziologen knüpfen an Keynes' Überlegungen an (DiMaggio 2002; von Lüde 2012; Windolf 2005b). Für Keynes gilt, dass Anleger zwar stets unter Berücksichtigung ökonomischer Daten Erwartungen über zukünftige Preisentwicklungen formulieren. Das Problem der korrekten Berechnung angesichts einer nicht bekannten Zukunft ließe sich dadurch aber nicht aus der Welt schaffen. So fragte Keynes in seinem Buch „Allgemeine Theorie der Beschäftigung, des Zinses und des Geldes" (2006: 129), wie die für einen Investor notwendigen stündlichen Bewertungen seiner Investitionen in Wirklichkeit vorgenommen werden. Keynes sah einen wesentlichen Mechanismus zur Bewältigung des Ungewissheitsproblems bei Investitionen in dem Rückgriff auf Konventionen (ebd.). Für ihn gilt „als hervorstechendste Tatsache die äußerste Unsicherheit der Wissensgrundlage, auf der unsere Schätzungen der voraussichtlichen Erträge gemacht werden müssen" (Keynes 2006: 127). Deshalb geht er davon aus, dass Investoren zunächst die Dauerhaftigkeit der aktuellen Wirtschaftsgrundlage unterstellen und nur bei relevanten neuen Informationen die ursprünglichen Erwartungen ändern.

Keynes wusste zwar auch, dass Finanzmarktakteure sich oft nicht mit langfristigen Erwartungen aufhalten, sondern versuchen, Gewinne mit kurzfristigen Kursveränderungen zu realisieren. Dabei prognostizieren sie zukünftige Ertragschancen anhand der Einschätzung, wie die anderen Marktteilnehmer, die sich ebenfalls an den anderen Marktteilnehmern und deren Reaktionen orientieren, auf zukünftige Ereignisse reagieren werden (Keynes 2006: 131 ff.; vgl. auch Huffschmid 2009: 47). Innerhalb der (Wirtschafts-)Soziologie wurde dieses Problem der doppelten Kontingenz mit dem Begriff „Erwartungs-Erwartungen-Theorem" beschrieben (Windolf 2005b: 28 ff; Luhmann 1977: 68). Das Erwartungs-Erwartungen-Theorem erklärt einige spezifische Phänomene an den Finanzmärkten, zum Beispiel die übereinstimmenden Schätzungen von professionellen Analysten und Ratingagenturen, „Herdenverhalten"[15] oder sich verstärkende Marktdynamiken wie

---

15 Spricht man von „Herdenverhalten" in Bezug auf das Verhalten von Finanzmarktakteuren, so meint man damit, dass Investoren sich in ihren Entscheidungen an dem Verhalten anderer Investoren orientieren und dieses nachahmen, sodass alle Anleger, einer Herde gleich, „in dieselbe Richtung laufen". Das heißt, Finanzmarktakteure würden in diesem

„Blasen" und „Crashs". Allerdings kann mittels des Prinzips der wechselseitigen Beobachtung die Ungewissheit angesichts einer unbekannten Zukunft auch bei kurzfristigen Investitionsentscheidungen nicht aufgehoben werden. Denn die Akteure auf den Finanzmärkten beobachten zum einen verschiedene Referenzobjekte, zum anderen ziehen sie unterschiedliche Schlüsse aus ihren Beobachtungen, und drittens divergieren die Ziele, die mit den am Finanzmarkt getätigten Investitionen erreicht werden sollen (z. B. kurzfristige Gewinnmitnahme vs. Ausübung von Eigentümer- und Kontrollrechten) (Kraemer 2009: 49; vgl. auch Lütz 2008: 341). Wie Finanzmarktakteure letztlich entscheiden und die Ungewissheit angesichts einer unbekannten Zukunft überbrücken, wird mittels dieses Theorems nicht erklärt. Es ist anzunehmen, dass Investoren in spezifischen und individuell zu interpretierenden Situationen sowohl den Erwartungen der anderen Marktteilnehmer folgen, als auch von ihnen abweichen können, und dass sie sowohl richtige als auch falsche Investitionsentscheidungen treffen.[16] Dies hat auch Keynes ähnlich gesehen: Derjenige, der versucht, „besser als die Masse zu raten, wie sich die Masse verhalten wird", wird sehr wahrscheinlich „verhängnisvollere Fehler" machen (Keynes 2006: 133). Für Keynes handelt es sich demnach um ein „Raten" und nicht so sehr um eine kalkulierende rationale Überlegung – und letztlich sieht Keynes darin ein Vorgehen, welches für auf „langfristiger Erwartung beruhende Investitionen" kaum anwendbar ist (ebd.).

Vielmehr glaubt Keynes, dass Investitionsentscheidungen typischerweise auf der Basis von Gegenwartserfahrungen getroffen werden, und zwar insofern, dass Investoren die Beständigkeit des gegenwärtigen Zustandes, mehr unbewusst als bewusst, unterstellen. In dieser Berufung auf den gegenwärtigen Zustand sieht Keynes eine Konvention, die Investoren zur Hilfe nehmen, um die Ungewissheit der Zukunft handhabbar zu machen (ebd.: 129 ff.). Dabei ist ihm bewusst, dass diese Konvention in der Regel zu Fehlkalkulationen führen kann und nie eindeutig richtig ist, zumal der überwiegende Teil unserer Handlungen mehr von spontanem Optimismus als von einer kalkulierenden Strategie abhängig ist (ebd.: 137). Zwar

---

Fall geneigt sein, in das gleiche Anlageobjekt zu investieren, ohne die Gründe dafür vollständig rationalisiert zu haben – aber der Annahme folgend, die anderen würden sich besser auskennen. In der Konsequenz kommt es zu deutlichen Preisschwankungen oder sogar Krisen der Märkte.

16 Die Beschreibung, dass Risikobewertungen und Investitionsentscheidungen über den Weg der Erwartungs-Erwartungen getroffen werden, erklärt die oft beschriebene Entkopplung der Finanzmärkte von der Realökonomie, da die Finanzmärkte ihre eigenen Erwartungen produzieren und sich nicht nur an fundamentalen Daten orientieren (Windolf 2005b: 31).

negiert Keynes gleichermaßen, dass Investitionen lediglich von irrationalen psy-
chischen Mechanismen getrieben werden, doch ist er überzeugt, dass

> „menschliche Entscheidungen, welche die Zukunft beeinflussen, ob persönlicher,
> politischer oder wirtschaftlicher Art, sich nicht auf strenge mathematische Erwar-
> tung stützen können, weil die Grundlage für solche Berechnungen nicht besteht"
> (Keynes 2006: 138).

Für ihn trifft das Individuum seine Entscheidung nach bestem Können, „rechnend,
wo es kann, aber oft für seine Beweggründe zurückfallend auf Laune, Gefühl oder
Zufall" (Keynes 2006: 138). Keynes bezweifelt also die korrekte Einschätzung des
zukünftigen Ertrages von Investitionen angesichts der Schwierigkeit, Prognosen
über Erwartungen an die Erwartungen anderer Marktteilnehmer geben zu können,
sowie auch angesichts der Eigenheit der menschlichen Natur und Persönlichkeit.[17]
Unter die Eigenart der Persönlichkeit fallen auch die berühmten von Keynes
identifizierten „animal spirits", die insbesondere von zahlreichen Autoren in der
jüngeren Keynes-Rezeption auch unter dem Einfluss der sich entwickelnden Ko-
gnitionswissenschaft und Emotionssoziologie hervorgehoben werden (Ashraf et
al. 2005; DiMaggio 2002; von Lüde 2012; Schluchter 2012; Wetzel 2010). „Animal
spirits" können als Triebe oder Antriebe gedeutet werden, bestimmte Handlungen
auszuführen und andere zu unterlassen. Dabei hat Keynes insbesondere die positiven
Tätigkeiten im Blick, die mehr von jenen „animal spirits" befördert werden und
mehr von spontanem Optimismus als von „einer mathematische[n] Erwartung".[18]
     Mit der Hervorhebung der „animal spirits" bricht Keynes mit der vorherrschen-
den Sichtweise, dass wirtschaftliches Handeln von einer kalkulativen Rationalität
gelenkt werden kann, denn das Problem der Ungewissheit stellt „eine systematische
Begrenzung für Erklärungen des Handelns unter Zugrundelegung des Modells
rationaler Wahlhandlungen" dar (Beckert 1996: 138). Die Leistungen einer wirt-
schafts- und organisationssoziologischen Analyse von Finanzmarktprozessen
zeigen – u. a. in den von der Soziologie identifizierten sozialen Mechanismen –, wie
ungewisse Entscheidungssituationen handhabbar gemacht werden können, indem
das Problem der doppelten Kontingenz durch den Aufbau von Erwartungsstrukturen

---

17 Zudem geht Keynes an prominenter Stelle ausführlich auf das Problem der Entwicklung
     und der Einschätzung des zukünftigen Zinssatzes ein, das für ihn ebenfalls eine korrekte
     Einschätzung zukünftiger Erträge nicht möglich macht (Keynes 2006: 140 ff.).
18 Keynes verdeutlicht dies mit dem Hinweis auf eine Forschungsreise zum Südpol, die
     wohl nicht aufgrund der Berechnung der zukünftigen Vorteile erfolgt, sondern aufgrund
     eines inneren Antriebes, der als „Laune, Gefühl und Persönlichkeit" zum Ausdruck
     kommt (Keynes 2006: 138 ff.).

„gelöst" werden kann. Dies bedeutet nicht, dass Ungewissheit reduziert wird, aber durch Mechanismen wie Normen und Werte, durch den Aufbau von Traditionen und die Entwicklung von Routinen und Konventionen, über Netzwerke, organisationale Strukturen und Mechanismen der Pfadabhängigkeit sowie aufgrund des Gebrauchs von Macht gelten gewisse Anschlusshandlungen von Alter für Ego als wahrscheinlicher als andere (Beckert 1996: 141 ff.). Als Konsequenz entwickeln die Akteure (bewusst oder unbewusst) Zuversicht hinsichtlich des zukünftigen Eintretens ihrer Erwartungen (Beckert 2016).

Prozesse, soziale Mechanismen und Strategien im Umgang mit Ungewissheit werden in den Beiträgen im zweiten Teil des Buches thematisiert und diskutiert. Dabei erscheint Ungewissheit zwar formal als Handlungsproblem, die Konsequenzen, die für die involvierten Akteure aus der Bearbeitung von Ungewissheit resultieren, können jedoch oft positiv im Sinne ökonomischer Gewinnmaximierung genutzt werden. Dabei interessieren wir uns in diesem Band sowohl für Fragen, die aus dem Problem der Ungewissheit für Anleger resultieren in Bezug auf die Generierung von Vertrauen in Beratungsbeziehungen, als auch für Möglichkeiten der Kontrolle der Institutionen des Finanzmarktes:

Als Ausgangspunkt seines Textes „Beraterdämmerung? Kritik an Anlageberatung durch Renegaten und Kunden" sieht *Andreas Langenohl* die Frage, welche sozialen und kulturellen Motivationsprozesse in Finanzkrisen vorliegen müssen, damit Kleinanleger auch weiterhin Investitionen tätigen. Neben bestehenden Untersuchungen zu außer-ökonomischen Handlungsprozessen von Kleinanlegern rückt Langenhohl primär das Beratungsverhältnis von Finanzanlagen in den Mittelpunkt. Dabei wird die Finanzberatung auf Grundlage von professionstheoretischer Charakterisierungen und deren sozialen Beziehungen konzipiert und hinterfragt. Anhand empirischer Analysen und der daraus resultierenden Hypothesen ermöglicht Langenohl einen neuen Zugang zum Verständnis von Handlungsmechanismen innerhalb des Verhältnisses zwischen Anleger und Finanzberater hinsichtlich ihrer Motivationen sowie Norm- und Wertebezüge.

Auch für *Jan Fleck* und *Rudolf von Lüde* markiert die globale Finanzkrise einen entscheidenden Wendepunkt hinsichtlich bestehender Handlungs- und Ordnungsmechanismen. Dementsprechend untersuchen die Autoren in ihrem Aufsatz „Finanzmarktinstitutionen und Vertrauensordnungen: Zur Notwendigkeit einer Kontrolle zweiter Ordnung" die Wechselwirkungen zwischen institutionellem Vertrauen sowie institutioneller Ordnung und Kontrolle. In einer analytischen Auseinandersetzung sollen dahingehend institutionelle Konstellationen in der Finanzwelt einer vertrauenstheoretischen Betrachtung unterzogen werden. Durch eine soziologische Verknüpfung von bestehenden Kontroll- und Regulationsmechanismen mit allgemein-theoretischen Ansätzen soll außerdem ein Beitrag zur Soziologie der Finanzmärkte geleistet werden.

Welche konkrete Rolle Ratingagenturen innerhalb der Finanzmärkte spielen, beleuchten *Stefanie Hiß* und *Sebastian Nagel* in ihrem Text „Ratingagenturen – Risikoprognostiker mit regulierungsresistentem Risikopotenzial". Nach einer kurzen Einführung in die Funktionsweise der Ratingagenturen und deren Versagen bei der Risikobewertung setzen sich die Autoren anhand eines neo-institutionalistisch geprägten Modells mit dem beobachteten institutionellen Wandel in der Ratingbranche auseinander. Dadurch können Erklärungen aufgezeigt werden, die sich auf den Wandel und die Legitimierung von Institutionen beziehen. Konkret bedeutet dies, dass eine kritische Auseinandersetzung mit dem Wirken, Handeln und Regulieren von Ratingagenturen ermöglicht wird.

Jürgen Beyer verdeutlicht in seinem Beitrag, dass auch professionelle Finanzinvestoren und Finanzinstitute den Unsicherheiten des Finanzmarktes ausgesetzt sind, weshalb sie vielfach Strategien anwenden, um sich dem transparenten und frei zugänglichen Markt zu entziehen. Indem sich diese Finanzmarktakteure wechselseitig voneinander abhängig machen, miteinander kooperieren und andere in systematischer Weise ausschließen, können sie Unsicherheiten reduzieren, profitablere Investmentstrategien wagen, abgegrenzte Bereiche mit hohen Gewinnmöglichkeiten schaffen, den gesellschaftlichen Ordnungsrahmen hinter sich lassen und negative Folgen riskanten Verhaltens externalisieren. Der Beitrag zeigt, dass die Liberalisierung der Finanzmarktregulierung von professionellen Finanzmarktakteuren genutzt wurde, um auffällig häufig soziale Schließungen herbeizuführen. Im Beitrag wird zum Beispiel auf die finanziellen Zugangshürden bei Hedgefonds, den „over-the-counter"-Handel von Derivaten und auf sogenannte „Dark Pools" hingewiesen. Gemeinsam ist diesen Wachstumsbereichen des Finanzwesens, dass der Zugang jeweils limitiert ist. In dem Beitrag werden zudem jene Betrugsallianzen thematisiert, die nur aufgrund der rechtlichen Aufarbeitung der Finanzkrise aufgedeckt wurden. Auch diese Allianzen beruhten auf „Wir-Strukturen" und Strategien der sozialen Schließung.

2.3   Geldordnung: Konstruktion, Fragilität und Neubestimmung

Teil III beschäftigt sich mit den Themen Geld und monetäre Ordnung und fragt nach den aktuellen Konstruktionsprinzipien der Geldordnung und der Rolle, die Kreditinstitute und Banken darin haben. Sind diese eher Distributoren oder Produzenten des Geldes? Ergeben sich durch die Erfahrungen der Finanz-, Wirtschafts-

und Eurokrise neue Erkenntnisse? Aufgrund der gewählten Problemlösungen zur Stabilisierung des Geld- und Finanzsystems wird zudem danach gefragt, welche Folgen die Festlegung von negativen Zinsen durch Zentralbanken hat. Sind negative Leit- und Einlagezinsen als Instrument zur Krisenüberwindung geeignet? Könnte eine Geldordnung, die grundsätzlich Negativzinsen vorsieht, die Probleme und Paradoxien des bestehenden monetären Systems lösen? Berücksichtigt die Soziologie des Geldes den Wandel der Geldordnung in angemessener Weise und hat sie die hierzu parallel verlaufenden Debatten in der Ökonomie im Blick?

Typischerweise wird die Geldordnung immer dann intensiv wissenschaftlich reflektiert, wenn es zuvor zu tief greifenden wirtschaftlichen Krisen gekommen ist (vgl. Brugger 2015). Vor der Finanz- und Wirtschaftskrise hatte sich im wirtschaftswissenschaftlichen Mainstream die Leitidee durchgesetzt, dass die Geldpolitik der Zentralbanken sich am Inflationsziel zu orientieren habe. Die noch in den 1970er Jahren gängige Ausrichtung der Zentralbankaktivität auf Inflation *und* Beschäftigung war mäßig erfolgreich gewesen, woraus die Schlussfolgerung gezogen wurde, sich auf eine kontrollierbare Zielgröße zu fokussieren. Ein stabiles Preisniveau ist dementsprechend als höchstes Ziel der Zentralbankpolitik definiert worden, wobei eine Inflationsrate von zwei bis drei Prozent als optimal eingestuft wurde, um schädliche Inflationseffekte zu vermeiden und zugleich den Zentralbanken einen Interventionsspielraum für geldpolitische Stimulierungen in Rezessionsphasen zu geben. Bei dieser Orientierung am „inflation targeting" (Bernake et al. 1999) gab es eine große Übereinstimmung zum Beispiel bei der *Federal Reserve*, der *Europäischen Zentralbank* und der *Bank of England*, die alle eine Inflationsrate von zwei Prozent (bzw. leicht darunter) anstrebten und dies bis heute noch tun. Zur Erreichung des Ziels hatte sich zudem bei den Zentralbanken als Maxime durchgesetzt, dass diese primär oder ausschließlich vom Instrument des Leitzinssatzes Gebrauch machen sollten. Unkonventionelle geldpolitische Maßnahmen wie die von der Fed zwischen 2008 und 2014 betriebenen und die von der EZB weiterhin verfolgte „quantitative Lockerung" mittels Ankauf von privaten oder öffentlichen Wertpapieren (z. B. Staatsanleihen) galten vor der Krise noch als Tabubruch. Im neoklassischen Mainstream der ökonomischen Theoriebildung hatte sich vor der Finanzkrise zudem die Annahme einer langfristigen Neutralität des Geldes gegen die davon abweichende keynesianische Sichtweise durchgesetzt, sodass in ökonomischen Modellen Geld in der Regel als neutrales Tauschmedium angenommen und damit aus der Betrachtung ausgeschlossen wurde. Nach der Finanzkrise wurden in der Ökonomie einige Debatten angestoßen, in denen zum Beispiel die angemessene Höhe des anzustrebenden Inflationsniveaus (Blanchard et al. 2010), ein „price targeting", das sich nicht an der Veränderung der Preise, sondern am Preisniveau orientiert (Mishkin 2011), eine Ausrichtung am Nominalwirtschaftswachstum (Sumner 2011), ein dauerhaftes Negativzinsniveau (Abo-Zaid/Garin 2015) und sogar die Abschaffung des Bargeldes (Rogoff 2016) diskutiert wurden. Die verschiedenen neuen ökonomischen Debatten haben noch nicht grundsätzlich zur Abkehr von der bisherigen Geldordnung geführt, aber den Möglichkeitsraum für zukünftige Entwicklungen deutlich erweitert.

In der Soziologie scheinen die Themen Geld und Geldordnung auf den ersten Blick hingegen keinen zentralen Stellenwert zu besitzen. Zumindest finden sich in vielen, auch aktuellen Schriften Verweise auf eine mangelnde Bearbeitung dieser Themen. So beklagen etwa Kraemer und Nessel (2015b: 10) die bislang unzureichende Erforschung der sozialen Grundlagen monetärer Ordnungen. Paul (2004: 13) stellt fest, dass der Soziologie leicht der Vorwurf gemacht werden kann, „in fremden Gefilden zu wildern oder zum Thema substanziell nichts beitragen" zu können. Und Wahl (2011: 12) konstatiert eine nur „zögerliche" Befassung der zeitgenössischen Soziologie mit dem Geld. Zuweilen wird allerdings auch auf eine aktuell größere Aufmerksamkeit verwiesen, die – wie auch die verstärkte Auseinandersetzung mit Geld in der Ökonomie – mit der Finanz- und Eurokrise in Verbindung gebracht wird. Für Deutschmann (2015: 133) hat die Soziologie „erst in der jüngsten Vergangenheit" wieder damit begonnen, „die Bedeutung des Geldes und einer intakten Währungsverfassung für die Integration der Gesellschaft systematisch zu untersuchen".

Bei genauerer Betrachtung kann man allerdings überrascht feststellen, dass die Vielzahl der zu beachtenden soziologischen Arbeiten vielleicht eher eine Systematisierung notwendig machen würde als Klagen über den mangelnden Publikationsstand. So gibt es einige soziologische Klassiker, von denen neben Weber (1985), der die Geldrechnung als wesentliches Merkmal der gesellschaftlichen Rationalisierung hervorgehoben hat, und Sombart (1922: 587), der den Wechsel von der Vormoderne zur Moderne als Wechsel vom „Machtreichtum" zur „Reichtumsmacht" beschrieb, insbesondere Marx (Stichwort: Verwandlung von Geld in Kapital) und vor allem Simmel (1989) bis heute als prägend für eine Soziologie des Geldes angesehen werden. An soziologischer Sekundärliteratur, die sich mit dem theoretischen Stellenwert dieser Klassiker und ihren unterschiedlichen Perspektiven auseinandersetzt, fehlt es nicht (z. B. Deflem 2003; Deutschmann 1995; Lichtblau 1986). Neuere Monografien zur Thematik gibt es sowohl im deutsch- (z. B. Ganßmann 1996; Kellermann 2014; Paul 2004; Reifner 2010; Wahl 2011; Wimbauer 2003) wie auch im englischsprachigen Raum (z. B. Carruthers/Ariovich 2010; Dodd 1994, 2014; Ganßmann 2011; Ingham 2004; Zelizer 1997). Gleiches gilt für deutsch- und englischsprachige Editionen (z. B. Bandelj et al. 2017; Deutschmann 2002; Ingham 2005; Kellermann 2005; Kraemer/Nessel 2015a). Zeitschriftenartikel gibt es in großer Zahl und verschiedene Überblicksartikel und Handbuchbeiträge fassen

den Stand der Forschung zu unterschiedlichen Zeitpunkten zusammen (Baker/
Jimerson 1992; Carruthers 2005; Heinemann 1987; Ingham 2011; Keister 2002;
Mizruchi/Brewster Stearns 1994; Zelizer 2007).

Bemerkenswert an der soziologischen Debatte ist, dass das Spektrum der
vertretenen Positionen und Gegenpositionen hierbei recht groß ist. Eine soziologische „Mainstream"-Sichtweise scheint sich nicht ausgebildet zu haben. Dies
zeigt sich beispielsweise an den Einschätzungen bezüglich der Kulturbedeutung
des Geldes. Von einer immens großen Kulturbedeutung des Geldes geht Georg
Simmel (1989/1900) in seinem Hauptwerk „Philosophie des Geldes" aus. Geld war
für ihn das Symbol der modernen Gesellschaft schlechthin und die Orientierung
der Menschen am „absoluten Mittel" Geld der Grund dafür, dass sich die Sozialbeziehungen entpersönlichen. Nach Simmel löst das Geld die Menschen aus der
Abhängigkeit von persönlichen Beziehungen und Gemeinschaftsbezügen, isoliert
sie dadurch einerseits, um die individualisierten Einzelnen andererseits in sachliche
Abhängigkeit von der Leistungserbringung potenziell unendlich vieler anderer Wirtschaftsakteure zu bringen. Geld in der Sicht von Simmel ist daher nicht einfach ein
neutrales, den Tausch erleichterndes Mittel, sondern eine gesellschaftsverändernde
Kraft von immenser Wirkung. Je mehr sich die Geldverwendung ausbreitet, umso
mehr Bereiche der Gesellschaft werden versachlicht. Geld erhöht die individuelle
Freiheit und führt zur Vergrößerung der sozialen Kreise der Menschen. Alle
Dinge erfahren durch das Geld eine quantifizierende Abstraktion, unterliegen der
Rechenhaftigkeit und werden durch die gleichmäßige Umsetzbarkeit in Geld auch
nivelliert. Da das Geld nach Simmel selbst keine Beziehung zu irgendeinem einzelnen Zweck hat, gewinnt es eine solche zu der Gesamtheit der Zwecke. Aufgrund
seiner Mittlerqualität, seiner kaum eingeschränkten Umsetzbarkeit in definitivere
Werte, wird Geld vom „absoluten Mittel" zum – das praktische Bewusstsein ganz
ausfüllenden – Endzweck, zum neuen Antrieb der Menschen. Nicht die Natur
bestimmt mehr nach Simmel den Lebensrhythmus, sondern die Geldwirtschaft.
Das Tempo des Lebens wird durch das Geld bestimmt: wann Menschen zu sparen
haben, wann sie zu verbrauchen haben, wann zu investieren, wann zu arbeiten und
vieles mehr. Die größere individuelle Freiheit der Menschen in der Geldwirtschaft
geht mit einem rastlosen Streben einher. Das Geld verspricht Glück, löst es aber
nach Simmel letztlich nicht ein, womit das Verlangen nach dem Glück durch Geld
aber nur noch größer und gleichzeitig noch weniger einlösbar wird. „Daher die
Unruhe, Fieberhaftigkeit, Pausenlosigkeit des modernen Lebens, dem im Gelde
das unabstellbare Rad gegeben ist, das die Maschine des Lebens zum Perpetuum
mobile macht" (Simmel 1983: 83).

Im Unterschied zu Simmel betont die neuere amerikanische Kultursoziologie
(Zelizer 1997; Carruthers/Babb 1996) hingegen den Aspekt, dass die Wirtschaft im

Allgemeinen und auch das Geld im Besonderen kulturell geprägt sind. Insofern wird genau die umgekehrte Wirkungsrichtung zwischen Geld und Kultur ins Zentrum der Überlegungen gerückt und anders als bei Simmel, der die „Farblosigkeit" des Geldes (Simmel 1983: 80) hervorhebt, werden die vielfältigen „Farben des Geldes" (Zelizer 2000) betont. Neben den Währungen als gesetzlichen Zahlungsmitteln wird auf das Geld in Form von Coupons, Gutschriften, Rabattmarken, Vielfliegerboni, Reiseschecks, Lokalwährungen und Internetwährungen sowie Digitalgeld hingewiesen. Aufgrund kultureller Differenzierungsbedürfnisse werden, nach Ansicht von Zelizer, fortwährend neue Formen von Geld geschaffen. Zudem werden auch die gesetzlichen Zahlungsmittel höchst spezifisch verwendet, je nachdem, ob das Geld zum Beispiel als Taschengeld dazuverdient, als Zweiteinkommen in den Haushalt eingebracht, illegal erworben, im Glücksspiel gewonnen oder als Preis ausgelobt wurde. Demzufolge machen die Kulturpraktiken nicht vor dem Geld halt, sondern sorgen vielmehr dafür, dass der gesellschaftliche und ökonomische Wandel in Gang gehalten wird.

Neben der Analyse der Kulturbedeutung des Geldes, wie sie etwa von Simmel und Zelizer vorgenommen wurde, hat sich die Soziologie insbesondere mit dem Geld als Kommunikationsmedium im Rahmen allgemeiner Gesellschaftstheorien befasst. So versteht Talcott Parsons (1980) beispielsweise Geld als typisches Interaktionsmedium im Bereich des funktional ausdifferenzierten Subsystems Wirtschaft. Neben dem Geld unterscheidet Parsons drei weitere Interaktionsmedien, wobei er Macht dem politischen Subsystem, die Wertbindung dem soziokulturellen System und Einfluss dem Subsystem der gesellschaftlichen Gemeinschaft zuordnet. Die verschiedenen Interaktionsmedien sind für Parsons Mittel, um im Handeln bestimmte Absichten deutlich zu machen und das damit verbundene Interesse durchzusetzen. Sie dienen der Mitteilung dessen, was man (Ego) möchte, und sollen den angesprochenen Adressaten (Alter) zu einem komplementären Handeln motivieren. Geld ist für Parsons also schlicht ein Medium unter anderen. Im Gegensatz zur allgemeinen Sprache vereinfachen die Interaktionsmedien die Handlungssituation allerdings entscheidend, da sie auf die sie tragenden Strukturen verweisen (eine Wirtschaftsordnung, ein politisches System, etc.) und die Kommunikation durch Symbole entlasten. Geld symbolisiert hierbei die Fähigkeit eines Individuums, an sozialen Tauschprozessen teilzunehmen, in denen es um den Handel mit Gütern und ökonomischem Nutzen geht. Geld kommt dem Versprechen eines ökonomischen Nutzens gleich, den Alter durch die Annahme der Selektionsofferte von Ego erlangen kann. Die Thematisierung von Geld bei Parsons weicht somit nicht grundsätzlich von dem Neutralitätsgedanken der neoklassischen Ökonomie ab (Deutschmann 2015: 117). Die primär ökonomische Funktion des Geldes wird nicht infrage gestellt, sondern durch den Verweis auf andere Interaktionsmedien und gesellschaftliche Subsysteme als Teilphänomen einer umfassenderen Gesellschaftstheorie eingeordnet und relativiert.

Gesellschaftskritisch gewendet wird die Idee der gesellschaftlichen Ausdifferenzierung hingegen bei Jürgen Habermas (1985). Seiner Ansicht nach haben sich in einem Prozess der soziokulturellen Evolution zwei funktionale Systeme, nämlich Wirtschaft (marktregulierte Ökonomie) und Politik (bürokratischer Verwaltungsstaat) entwickelt, die letztlich dominant werden und zu einer „Kolonialisierung der Lebenswelt" führen. Durch die Ausbildung der „generalisierten Steuerungsmedien" Geld und Macht wird den Menschen durch das System eine von gemeinsamen kulturellen Werten und Normen abgelöste Handlungslogik aufgezwungen – Habermas spricht von systemischen Imperativen: „[D]ie Imperative verselbständigter Subsysteme (dringen) in die Lebenswelt ein und erzwingen auf dem Weg der Monetarisierung und Bürokratisierung eine Angleichung des kommunikativen Handelns an formal organisierte Handlungsbereiche auch dort, wo der handlungskoordinierende Mechanismus der Verständigung funktional notwendig ist" (Habermas 1985: 593). Die Kolonialisierung der Lebenswelt beruht hierbei auf einer kapitalistisch geprägten Modernisierung und damit vor allem auch auf der Bedeutung des Geldes. Der Geldcode beinhaltet, nach Habermas, eine spezifische instrumentelle Rationalität, dementsprechend wird Geld nur in sachlichen und entpersönlichten Marktaustauschkontexten verwendet und nicht in lebensweltlichen Zusammenhängen. Das systemspezifische und zweckrationale Medium Geld steht dem kommunikativen Handeln in lebensweltlichen Zusammenhängen entgegen, es greift auf diese über und gefährdet somit die Sozialintegration der Gesellschaft.

Am radikalsten treibt Niklas Luhmann die Idee des Geldes als Kommunikationsmedium voran. In seiner Theorie beschreibt er „soziale Systeme im allgemeinen und Gesellschaftssysteme im besonderen als Systeme der Reproduktion von Kommunikation" (Luhmann 1988: 230). Die Gesellschaft besteht nach Luhmann somit nur noch aus Kommunikationen und nicht aus Menschen oder Handlungen. Das Grundproblem der Gesellschaft ist die Anschlussfähigkeit von Kommunikation an Kommunikation. Die Unwahrscheinlichkeit der Kommunikation wird durch Kommunikationsmedien, die eine evolutionäre Errungenschaft darstellen, in Wahrscheinlichkeiten transformiert (Luhmann 1981: 25 ff.). Das Kommunikationsmedium Geld hat es in der Sicht Luhmanns ermöglicht, ein spezifisches Funktionssystem für Wirtschaft auf der Basis der Grundoperation der Geldzahlung auszudifferenzieren. Geld regelt hierbei das Referenzproblem des Wirtschaftssystems, nämlich die Knappheit der Güter bzw. den Zugriff darauf. „Weil der Erwerber zahlt, unterlassen andere einen gewaltsamen Zugriff auf das erworbene Gut." (Luhmann 1988: 253) Geld wendet somit für den Bereich, den es ordnen kann, Gewalt ab. Das Geld zirkuliert und verteilt dadurch ständig die Knappheiten im System auf wechselnde Träger. Jeder kann seine individuelle Güterknappheit mindern, indem er sich mit Gütern eindeckt, aber nur, indem er Geld weiterleitet und dadurch seine Geldknappheit vergrößert. Geld vereinfacht hierdurch die Anschlussfähigkeit von Kommunikation an Kommunikation. Das Problem der Knappheit löst das Geld hingegen nicht, sondern es bringt es nur in eine Form, die mit einer höheren gesellschaftlichen Komplexität kompatibel ist. Kritische Einwände an der funktionalen Ausdifferenzierung oder den gesellschaftlichen Auswirkungen der Geldwirtschaft weist Luhmann nachdrücklich zurück. Seiner Ansicht nach wird „die Geldtheorie überlastet, wenn sie zugleich als Vehikel der Gesellschaftskritik dienen muß" (Luhmann 1988: 256). Insofern ist auch das Verständnis des Geldes als Kommunikationsmedium und Element einer größeren Gesellschaftstheorie in der soziologischen Debatte höchst uneinheitlich.

Als dritte Strömung neben der kulturbezogenen und der kommunikations-theoretischen Betrachtung des Geldes lässt sich eine produktionsorientierte Sicht hervorheben, in der die Rückbindung an die Arbeit als Werte schaffender Prozess zentral ist (Mikl-Horke 2008: 196). Heiner Ganßmann (1986) kritisiert die kultur- und kommunikationstheoretischen Positionen aufgrund ihrer Vernachlässigung der sachlichen Dimension. Hierdurch wird die Wirtschaft, seiner Ansicht nach, auf einen rein symbolischen Prozess reduziert, während es vielmehr um die Menge, die Art und die Qualität der Güter und Leistungen und um die Vorkehrungen der Menschen in Bezug auf ihre Lebenssicherung gehe. Ganßmann plädiert stattdessen auf den Bezug von Geld auf Arbeit, weil dies der Weg sei, auf dem die meisten Menschen sich Geld beschaffen (Ganßmann 1996). Damit rückt er die Herrschafts- und Konfliktbeziehungen zwischen jenen Menschen, die Geld besitzen oder über Geld verfügen können, und jenen, die nur über Arbeit zu Geld gelangen können, ins Zentrum seiner geldsoziologischen Überlegungen: „Preise definieren die Höhe der Mauern" (Ganßmann 1996: 151), die das Privateigentum vor den Nicht-Geldbesitzern schützt, und sie sind dadurch auch ein steter Anreiz, sich Geld zu beschaffen – selbst dann, „wenn man nicht weiß, was man damit anfangen will" (Ganßmann 1996: 246). Wie Ganßmann knüpft auch Kellermann an das Verhältnis von Geld und Arbeit an. Geld sei im Grunde vor allem ein Mittel zur Organisation von erforderlicher Arbeit. Um diesen Sachverhalt zu verschleiern, würden in der Öffentlichkeit allerdings andere Sichtweisen auf das Geld dominieren. Durch eine Geldmythologie würde die fundamentale Bedeutung der Arbeit aus dem Bewusstsein der Menschen verdrängt.

Eine Vielzahl weiterer soziologischer Ansätze ließe sich gleichermaßen hervorheben, etwa Geoffrey Inghams (2004) geldtheoretischer Ansatz, der Geld vor allem als Kredit konzipiert und die Konflikte zwischen unterschiedlichen Schuldner- und Gläubigerkategorien einschließlich des Staates für zentral hält. Die Bedeutung von

Schulden und Kredit wird ebenfalls von Reece und Rogers (2008) oder auch Tellmann (2013) weiter verfolgt. Oder auch Nigel Dodds (1994) konstruktivistische Deutung des Geldes, die konkrete Eigenschaften des Geldes als Bestimmungsmerkmal ablehnt und einzig auf den Gebrauch des Geldes verweist. Darüber hinaus gibt es in der US-amerikanischen Wirtschaftssoziologie eine produktive Debatte über die Bedingungen und Konsequenzen von unterschiedlichen Formen des Geldes sowie über Bezahlungssysteme wie Kreditkarten, Bitcoins und Regionalgelder (Farell 2006; Helleiner 2003; Thiel 2010; vgl. für einen Überblick Papilloud/Haesler 2014). Dunn und Kim (1999) sowie Guseva und Rona-Tas (2001) erforschen Kreditkartensysteme und ihr inhärentes Potenzial für betrügerisches Verhalten bzw. deren Bedeutung in Bezug auf Ungewissheit und Risiko bei Transaktionen. Gross (2002) identifiziert ein größeres Insolvenzrisiko aufseiten der Konsumenten durch den zunehmenden Gebrauch von Kreditkarten. Die Geschichte des elektronischen Geldes untersuchen Guthery und Jurgensen (1998) sowie Evans und Schmalensee (2005).

Neben dem Umstand, dass sich keine „Mainstream"-Meinung etabliert hat – und sei es auch nur temporär –, ist an den bisherigen soziologischen Debatten auffällig, dass diese mit jenen der ökonomischen Disziplin nur selten verschränkt sind. Auch stehen soziologische Analysen des Geldkreislaufs nicht mehr im Zentrum der Debatten (Marx/Engels 1972; Keynes 2006). Das Abgrenzungsbedürfnis zu ökonomischen Arbeiten ist meist sehr groß, weswegen das „Geld der Ökonomen" (Paul 2004: 83-100) bzw. die „ökonomische Geldtheorie" (Brugger 2015) meist einer gesonderten Betrachtung unterzogen wird.

Die wirtschafts- und organisationssoziologisch inspirierten Autoren dieses Bandes gehen einen anderen Weg. Sie nehmen ökonomische Debatten als Ausgangspunkt für ihre eigenen soziologischen Reflektionen. *Aaron Sahr* setzt sich in seinem Beitrag „Distributoren oder Produzenten?" mit dem Phänomen der drastischen Ausweitung der Geldmenge auseinander. Ausgehend von einer in der Ökonomie geführten Debatte unterscheidet er zwischen einem banktheoretischen Verteilungsmodell, in dem Banken als reine Distributoren des Geldes angesehen werden, und einem Saldierungsmodell, bei dem die Geldordnung als Gewebe von durch Zahlungsversprechen verbundenen Bilanzen (Minsky 2011: 34) aufgefasst wird. Im zweiten Modell lässt sich die Funktion der Banken nicht mehr als Distribution von bereitgestellten Ressourcen bzw. staatlich garantierten Währungen deuten, sondern schlicht als Prozess, in dem sich zwei Akteure (eine Bank und ein Kreditnehmer) wechselseitig Kreditwürdigkeit attestieren. Aus der Sicht der Vertreter des Saldierungsmodells expandiert die Geldmenge, weil ein mäßigender Mechanismus fehlt, der Banken und Kreditnehmer in ihrer Bereitschaft zur Geldschöpfung wirksam begrenzt. Aaron Sahr weist in seinem Beitrag darauf hin, dass das Saldierungsmodell in der Soziologie bislang zu wenig Beachtung gefunden hat, obwohl die soziologische Relevanz groß ist. Beispielsweise lässt sich aus dem Modell ableiten, dass die Geldordnung selbst die Entstehung von sozialen Ungleichheiten begünstigt.

Tilo König erinnert in seinem Beitrag an einen Finanztheoretiker, der zwar von Keynes (2006) als zu Unrecht übersehener Gelehrter gewürdigt wurde, trotzdem aber auch in der Folgezeit für die geldtheoretische Diskussion eher randständig geblieben ist: Silvio Gesell. Gesells (1991) Idee des Freigeldes, bei dem das Bargeld mit einer Liquiditätsgebühr versehen wird, hat nach Ansicht von König aufgrund der Finanzkrise und der anschließenden Niedrig- bzw. Negativzinsphase neue Aktualität gewonnen. Ausgehend von der ökonomischen Debatte um das Freigeld entwickelt König mit Bezug auf Luhmann und Simmel eine soziologische Deutung, die das Problem der aktuellen Geldordnung in einem Paradox der Ungewissheits-absorption sieht, bei dem die individuellen Versuche zur Absicherung gegen die Unwägbarkeiten der wirtschaftlichen Entwicklung im Aggregat zu einer erhöhten Unsicherheit führen. Eine Liquiditätsgebühr, wie sie bei Gesell angedacht wurde, könnte nach Tilo König das Paradox auflösen und daher dazu beitragen, die Markt-ökonomie krisenresistenter zu machen.

Literatur

Abolafia, Mitchel Y. (2002): Making Markets: Opportunism and Restraint on Wall Street. In: Biggart, Nicole W. (Ed.): Readings in Economic Sociology. Oxford: Blackwell: 94-111

Abo-Zaid, Salem; Garín, Julio (2015): Optimal Monetray Policy and Imperfect Financial Markets: A Case for Negative Nominal Interest Rates? In: Economic Inquiry 54/1, 215-228

Akerlof, George; Shiller, Robert J. (2009): Animal Spirits. Wie Wirtschaft wirklich funkti-oniert. Frankfurt/M.: Campus

Altvater, Elmar (2009): Die kapitalistischen Plagen. In: Blätter für deutsche und internatio-onale Politik, 3: 45-59

Apelt, Maja; Senge, Konstanze (2014): Organisation und Unsicherheit – eine Einführung. In: Apelt, Maja; Senge, Konstanze (Hg.): Organisation und Unsicherheit. Wiesbaden: Springer VS: 1-13

Ashraf, Nava; Camerer, Colin F.; Loewenstein, George (2005): Adam Smith, Behavioral Economist. In: Journal of Economic Perspectives 19 (3): 1-15

Bandelj, Nina (2009): Emotions in economic action and interaction. In: Theory and Society 38: 347-366

Bandelj, Nina; Wherry; Frederick F.; Zelizer, Viviana A. (2017): Money Talks: Explaining How Money Really Works. Princeton: Princeton University Press

Baker, Wayne E.; Jimerson, Jason B. (1992): The Sociology of Money. In: American Behavioral Scientist 35/6: 678-693

Beechey, Meredith; Gruen, David; Vickery, James (2000): The Efficient Market Hypothesis: A Survey. Research Discussion Paper 1. Economic Research Department Reserve Bank of Australia

Becker, Gary (1992): The Economic Way of Looking at Life. Nobel Lecture. http://home. uchicago.edu~gbecker/Nobel/nobellecture.pdf

Beckert, Jens (1996): Was ist soziologisch an der Wirtschaftssoziologie? Ungewissheit und die Einbettung wirtschaftlichen Handelns. In: Zeitschrift für Soziologie 25 (2): 125-146

Beckert, Jens (2013a): Imagined futures. Fictional expectations in the economy. Theory and Society 42: 219-240

Beckert, Jens (2013b): Capitalism as a system of fictional expectations: Toward a sociological microfoundation of political economy. Politics & Society 41 (3): 323-350

Beckert, Jens (2016): Imagined Futures. Cambridge: Harvard University Press

Berger, Johannes (2008): Kapitalismusanalyse und Kapitalismuskritik. In: Maurer, Andrea (Hg.): Handbuch der Wirtschaftssoziologie. Wiesbaden: VS: 363-381

Bernake, Ben S.; Laubach, Thomas; Mishkin, Frederic S.; Posen, Adam S. (1999): Inflation Targeting – Lessons From the International Experience. Princeton: Princeton University Press

Bernstein, Peter L. (2009): Die Entstehung der modernen Finanztheorie. München: FinanzBuch

Beunza, Daniel; Stark, David (2004): Tools of the trade: The socio-technology of Arbitrage in a wall street trading room. Industrial and Corporate Change 13: 369-400

Beyer, Jürgen (2009): Varietät verspielt? Zur Nivellierung der nationalen Differenzen des Kapitalismus durch globale Finanzmärkte: In: Beckert, Jens; Deutschmann, Christoph (Hg.): Wirtschaftssoziologie. Sonderband 49 der KSZZ. Wiesbaden: VS

Beyer, Jürgen; Hassel, Anke (2002): The Effects of Convergence: Internationalisation and the Changing Distribution of Net Value Added in Large German Firms. In: Economy and Society, 31 (3): 309-332

Blanchard, Olivier; Dell'Ariccia, Giovanni; Mauro, Paolo (2010): Rethinking Macroeconomic Policy. In: Journal of Money, Credit & Banking. Band 42 (1): 199-215

Böhle, Fritz; Busch, Sigrid (2012): Management von Ungewissheit. Neue Ansätze jenseits von Kontrolle und Ohnmacht. Bielefeld: Transcript

Brehm, Jack W.; Cohen, Arthur R. (1962): Explorations in Cognitive Dissonance. Hoboken: John Wiley

Brügger, Urs (1999): Wie handeln Devisenhändler? Eine ethnographische Studie über Akteure in einem globalen Markt. Bamberg: Difo-Druck

Brugger, Florian (2015): Die ökonomische Geldtheorie und ihre (Finanz-)Krisen: Von David Hume bis zur Gegenwart. In: Kraemer, Klaus /Nessel, Sebastian (Hg.): Geld und Krise – die sozialen Grundlagen moderner Geldordnungen. Frankfurt/M.: Campus, 79-109

Burt, Ronald (1982): Toward a structural theory of action: Network models of a scoial structure, perceptions and action: New York: Academic Press

Camerer, Colin; Weber, Martin (1992): Recent developments in modelling preferences: Uncertainty and ambiguity. Journal of Risk and Uncertainty 5: 325-370

Carruthers, Bruce G. (2005): The Sociology of Money and Credit. In: Smelser, Neil/Swedberg, Richard (Ed.) The Handbook of Economic Sociology, 2nd Edition. Princeton: Princeton University Press, 355-378

Carruthers, Bruce G.; Ariovich, Laura (2010): Money and Credit: A Sociological Approach. Cambridge: Polity Press

Carruthers, Bruce; Bab, Sarah (1996): The color of money and the nature of value: Greenbacks and gold in postbellum America. In: American Journal of Sociology 111 (6): 1556-1591

Cioffi, John W.; Höpner, Martin (2006): Das parteipolitische Paradox des Finanzmarktkapitalismus. Aktionärsorientierte Reformen in Deutschland, Frankreich, Italien und den USA. In: Politische Vierteljahresschrift 47: 419-440

Cohen, Michael D.; March, James G.; Olsen, Johan P. (1972): A garbage can model of organizational choice. Administrative Science Quarterly 17 (1): 1-25

Crouch, Colin (2015): Die bezifferte Welt. Wie die Logik der Finanzmärkte das Wissen bedroht. Berlin: Suhrkamp

DeBondt, Werner F. M.; Thaler, Richard H. (1995): Financial Decision-Making in Markets and Firms: A Behavioral Perspective. In: Jarrow, Richard; Maksimovic, Vojislav; Ziemba, William T. (Ed.): Handbook in Operation Research and Management Science Vo. 9. Amsterdam: Elsevier: 385-410

Deflem, Mathieu (2003): The Sociology of the Sociology of Money. In: Journal of Classical Sociology 3/1: 67-96

Dequech, David (1999): Expectations and confidence under uncertainty. Journal of Post Keynesian Economics 21 (3): 415-430

Dequech, David (2000): Fundamental uncertainty and ambiguity. Eastern Economic Journal, 26 (1), 41-60

Dequech, David (2006): The new institutional economics and the theory of behaviour under uncertainty. Journal of Economic Behavior & Organization, 59(1), 109-131

Deppe, Michael; Schwind, Wolfram; Kugel, Harald; Plassmann, Hilke; Kenning, Peter (2005): Nonlinear Responses Within the Medial Prefrontal Cortex Reveal when Specific Implicit Information Influences Economic Decision Making. In: Journal of Neuroimaging 15 (2): 171-182

Deutschmann, Christoph (1995): Geld als soziales Konstrukt. Zur Aktualität von Marx und Simmel. In: Leviathan 23/3, 376-393

Deutschmann, Christoph (2002): Die gesellschaftliche Macht des Geldes. Leviathan-Sonderheft 21/2002. Wiesbaden: Westdeutscher Verlag

Deutschmann, Christoph (2005): Finanzmarktkapitalismus und Wachstumskrise. In: Windolf, Paul (Hg.): Finanzmarkt-Kapitalismus. Sonderheft 45 der KZSS: Wiesbaden: VS: 58-84

Deutschmann, Christoph (2015): Geld und Krise: Positionen der soziologischen Klassik. In: Kraemer, Klaus; Nessel, Sebastian (Hg.): Geld und Krise. Die sozialen Grundlagen moderner Geldordnungen. Frankfurt/M.: Campus, 113-130

DiMaggio, Paul (2002): Endoginizing "Animal Spirits": Toward a sociology of collective response to uncertainty and risk. In: Guillén, Mauro F.; Collins, Randall; England, Paul; Meyer, Marshall (Ed.): The New Economic Sociology. New York: Russell Sage: 79-100

Dodd, Nigel (1994): The Sociology of Money: Economics, Reason and Contemporary Society. Cambridge: Polity Press

Dodd, Nigel (2014): The Social Life of Money. Princeton: Princeton University Press

Dörre, Klaus; Lessenich, Stephan; Rosa, Hartmut (2009): Soziologie – Kapitalismus – Kritik. Eine Debatte. Frankfurt/M.: Suhrkamp

Esposito, Elena (2010): Die Zukunft des Futures: Die Zeit des Geldes in Finanzwelt und Gesellschaft. Heidelberg: Carl-Auer Verlag.

Evans, David S.; Schmalensee, Richard (2005): Paying with plastic. The digital revolution in buying and borrowing. Cambridge: MIT Press

Fama, Eugene (1965): The Behavior of Stock-Market Prices. In: Journal of Business 38 (1): 34-105

Fama, Eugene (1970): Efficient Capital Markets: A Review of Theory and Empirical Work. In: Journal of Finance 25 (2): 383-417

Fama, Eugene (1998): Market efficiency, long-term returns, and behavioral finance. In: Journal of Financial Economics 49: 283-306

Farrell, Joseph (2006): Efficiency and competition between payment instruments. In: Review of Network Economics 5: 26-44

Fligstein, Neil (2002): The architecture of markets. Princeton: Princeton University Press

Fox, Justin (2009): The Myth of the Rational Market. New Yorker: HarperCollins

Frankfurter Allgemeine Zeitung, 20.5.2009: „Ein Ökonomen-Aufruf mit Leerstellen", Nr. 116, S. 35

Frankfurter Allgemeine Sonntagszeitung, 24.5.2009: „Die Lehren der Anderen", Nr. 21, Wirtschaft, S. 32

Frankfurter Allgemeine Zeitung, 27.5.2009: „Rettet die Wirtschaftspolitik an den Universitäten. Ein Aufruf von 83 Professoren der Volkswirtschaftslehre", S. 12

Ganßmann, Heiner (1986). Geld – ein symbolisch generalisiertes Medium der Kommunikation? Zur Geldlehre in der neueren Soziologie. Prokla, 16 (63), 6-22

Ganßmann, Heiner (1996): Geld und Arbeit. Wirtschaftssoziologische Grundlagen einer Theorie der modernen Gesellschaft. Frankfurt/M.: Campus

Ganßmann, Heiner (2011): Doing Money. Elementary Monetray Theory from a Sociological Standpoint. London: Routledge

Gesell, Silvio (1991/1920): Die natürliche Wirtschaftsordnung durch Freiland und Freigeld. In: Gesell, Silvio: Gesammelte Werke, Band 11, Lütjenburg: Gauke

Goldberg, Joachim; von Nitzsch, Rüdiger (1999): Behavioral Finance. München: FinanzBuch

Gollwitzer, Peter M.; Bargh, John A. (Ed.) (1996): The Psychology of Action: Linking Motivation and Cognition to Behavior. New York: Guilford Publications

Granovetter, Mark (1985): Economic Action and Social Structure: The Problem of Embeddedness. In: American Journal of Sociology 87: 481-510

Granovetter, Mark; Swedberg, Richard (1992): The Sociology of Economic Life. Boulder: Westview

Gross, David (2002): An empirical analysis of personal bankruptcy and delinquency. In: Review of Financial Studies 15 (1): 319-347

Guseva, A.; A. Rona-Tas (2001): Uncertainty, Risk and Trust: Russian and American Credit Card Markets Compared. In: American Sociological Review 66 (5): 623-646

Guthery, Scott B.; Jurgensen, Timothy M. (1998): Smartcard developer's kit. New York: Macmillan Technical Publishing

Habermas, Jürgen (1985): Theorie des kommunikativen Handelns, Band 2; Zur Kritik der funktionalistischen Vernunft, 3. Auflage. Frankfurt/M.: Suhrkamp

Handelsblatt, 8.9.2009: „Baut die deutsche VWL nach internationalen Standards um!", S. 9

Hanf, Claus-Hennig (1991): Entscheidungslehre. Einführung in die Informationsbeschaffung, Planung und Entscheidung unter Unsicherheit. München: Oldenbourg

Hassoun, Jean-Pierre (2005): Emotions on the Trading Floor. In: Knorr Cetina, Karin; Preda, Alex (Ed.): The Sociology of Financial Markets. Oxford: Oxford University Press: 102-119

Hedtke, Ulrich (2008): Schumpeter und das Jahr 2008. Bemerkungen zur Erstveröffentlichung eines Briefes von Joseph A. Schumpeter an Gregory Garvy. In: Berliner Debatte Initial 19: 66-78

Heinemann, Klaus (1987): Soziologie des Geldes. In: Heinemann, Klaus (Hg.): Soziologie wirtschaftlichen Handelns, Sonderheft 28 der Kölner Zeitschrift für Soziologie und Sozialpsychologie. Opladen: Westdeutscher Verlag: 322-338

Helleiner, Eric (2003): The making of national money: Territorial currencies in historical perspective. New York: Cornell University Press

Hengsbach, Friedhelm (2009): Nach der Krise ist vor der Krise. In: Blätter für deutsche und internationale Politik, 5: 53-61

Honegger, Claudia; Neckel, Sighard; Magnin, Chantal (2010): Einleitung: Berichte aus der Bankenwelt. In: Honegger, Claudia; Neckel, Sighard; Magnin, Chantal (Hg.): Strukturierte Verantwortungslosigkeit. Frankfurt/M.: Suhrkamp: 15-32

Hradil, Stefan (2005): Warum werden die meisten Gesellschaften wieder unlgeicher? In: Windolf, Paul (Hg.): Finanzmarkt-Kapitalismus. Sonderheft 45 der KZSS: Wiesbaden: VS: 460-483

Huffschmid, Jörg (2009): Fehlverhalten, Regulierungsmängel oder Systemdynamik? In: Ötsch, Silke; Sauer, Thomas; Wahl, Peter (Hg.): Das Ende des Kasino-Kapitalismus? Hamburg: VSA: 33-46

Ingham, Geoffrey (2004): The Nature of Money. Cambridge: Polity Press

Ingham, Geoffrey (2005): Concepts of Money. Cheltenham: Edward Elgar

Ingham, Geoffrey (2011): Money, Sociology of. In: Beckert, Jens/Zafirovski, Milan (Ed.): International Encyclopedia of Economic Sociology. London: Routledge

Kahneman, Daniel; Tversky, Amos (1973): On the Psychology of Prediction. In: Psychological Review 80: 237-251

Kahneman, Daniel; Tversky, Amos (1979): Prosepect Theory: An analysis of Decision under Risk. In: Econometrica 47: 263-291

Kalthoff, Herbert (2004): Finanzwirtschaftliche Praxis und Wirtschaftstheorie. In: Zeitschrift für Soziologie 33 (2): 154-175

Kalthoff, Herbert (2005): Practices of Calculation. Economic Representation and Risk Managment. In: Theory, Culture and Society 22: 69-97

Kalthoff, Herbert; Maeße, Jens (2012): Die Hervorbringung des Kalküls. Zur Praxis der Finanzmathematik. In: Herbert Kalthoff und Uwe Vormbusch (Hg.): Soziologie der Finanzmärkte, Bielefeld: transcript, 201-233

Kalthoff, Herbert; Vormbusch, Uwe (2012): Soziologie der Finanzmärkte. Bielefeld: transcript

Keister, Lisa A. (2002): Financial Markets, Money, and Banking. In: Annual Review of Sociology 28: 39-61

Kellermann, Paul (2005): Geld und Gesellschaft. Interdisziplinäre Perspektiven. Wiesbaden: VS Verlag für Sozialwissenschaften

Kellermann, Paul (2014): Soziologie des Geldes. Grundlegende und zeithistorische Einsichten. Wiesbaden: Springer VS

Keynes, John M. (1936): The general theory of employment, interest and money, reprinted 1993 by the Royal Economics Society

Keynes, John M. (2006/1936): Allgemeine Theorie der Beschäftigung, des Zinses und des Geldes, 10. Auflage. Berlin: Duncker & Humblot

Knight, Frank (1921): Risk, uncertainty and profit. Boston: Houghton-Mifflin

Knorr Cetina, Karin; Brügger, Urs (2005): Globale Mikrostrukturen der Weltgesellschaft: Die virtuellen Gesellschaften von Finanzmärkten. In: Windolf, Paul (Hg.): Finanzmarkt-kapitalismus. Wiesbaden: VS: 145-171

Kondratieff, Nikolaj (1926): Die langen wellen der Konjunktur. In: Archiv der Sozialwissen-schaften und Sozialpolitik 56: 673-609

Kraemer, Klaus (2009): Propheten der Finanzmärkte. Die Kompensation von Ungewissheiten durch charismatische Zuschreibungen. In: AIS Studien 2 (2): 45-60

Kraemer, Klaus; Nessel, Sebastian (2012): Entfesselte Finanzmärkte. Soziologische Analysen des modernen Kapitalismus. 1. Aufl. Frankfurt/M.: Campus

Kraemer, Klaus; Nessel, Sebastian (2015a): Geld und Krise. Die sozialen Grundlagen mo-derner Geldordnungen. Frankfurt/M.: Campus

Kraemer, Klaus; Nessel, Sebastian (2015b): Einleitung – Geld, Krise und soziale Ordnung: Ein problemorientierter Aufriss. In: Kraemer, Klaus; Nessel, Sebastian (Hg.): Geld und Krise. Die sozialen Grundlagen moderner Geldordnungen. Frankfurt/M.: Campus, 9-39

Kunz, Volker (2004): Rational Choice. Frankfurt/M.: Campus

Langlois, Richard; Everett, Michael (1992): Complexity, genuine uncertainty, and the eco-nomics of organization. Human Systems Management 11: 67-75

Langenohl, Andreas (2011): Die Ausweitung der Subprime-Krise: Finanzmärkte als Deu-tungsökonomien. In: Kessler, Oliver (Hg.): Die internationale politische Ökonomie der Weltfinanzkrise. Wiesbaden: VS: 75-98

Laux, Helmut; Liermann, Felix (2003): Grundlagen der Organisation. Die Steuerung von Entscheidungen als Grundproblem der Betriebswirtschaftslehre. Berlin: Springer

Lerner, Jennifer S.; Keltner, Dacher (2000): Beyond Valence: Toward a Model of Emotion-Spe-cific Influences on Judgement and Choice. In: Cognition and Emotion 14: 473-493

Lichtblau, Klaus (1986): Die Seele und das Geld. Kulturtheoretische Implikationen in Georg Simmels „Philosophie des Geldes". In: Neidhardt, Friedhelm (Hg.): Kultur und Gesellschaft. Sonderheft 27 der Kölner Zeitschrift für Soziologie und Sozialpsychologie. Opladen: Westdeutscher Verlag, 57-74

Loewenstein, George; Lerner, Jennifer S. (2003): The Role of Affect in Decision Making. In: Davidson, Richard J.; Scherer, Klaus R.; Goldsmith, H. Hill (Ed.) (2003): Handbook of Affective Sciences. Oxford: Oxford University Press: 619-642

Lüde, Rolf von (2012): Rationalität und Anlegerverhalten auf Finanzmärkten. In: Engels, Anita; Knoll, Lisa (Hg.): Wirtschaftliche Rationalität: Soziologische Perspektiven. Wiesbaden: VS: 154-195

Luhmann, Niklas (1977): Interpenetration: Zum Verhältnis personaler und sozialer Systeme. In: Zeitschrift für Soziologie 6: 62-76

Luhmann, Niklas (1981): Soziologische Aufklärung 3. Opladen: Westdeutscher Verlag

Luhmann, Niklas (1988): Die Wirtschaft der Gesellschaft. Frankfurt/M.: Suhrkamp

Lütz, Susanne (2008): Finanzmärkte. In: Maurer, Andrea (Hg.): Handbuch der Wirtschafts-soziologie. Wiesbaden: VS: 341-360

MacKenzie, Donald (2003): Long-Term Capital Management and the sociology of arbitrage. In: Economy and Society 32 (3): 349-380

MacKenzie, Donald; Millo, Yuval (2003): Constructing a Market, Performing Theory. The Historical Sociology of a Financial Derivatives Exchange. In: American Journal of Sociology 109 (1), S. 107-145

MacKenzie, Donald (2006): An Engine, not a Camera. How Financial Models Shape Markets. Cambridge: The MIT Press

March, James G. (1994): A Primer on Decision Making. New York: The Free Press

Marquering, Wessel; Nisser, Johan; Valla, Toni (2006): Disappearing Anomalies: A Dynamic Analysis of the Persistence of Anomalies. In: Applied Financial Economics 16 (4): 291-302

Marx, Karl; Engels, Friedrich (1972): Manifest der Kommunistischen Partei. In: MEW Bd. 4. Berlin: Dietz

Merton, Robert C. (1975): Theory of Finance from the Perspective of Continuos Time. In: Journal of Financial and Qualitative Analysis 10 (4): 659-674

Mikl-Horke, Gertraude (2008): Historische Soziologie – Sozioökonomie – Wirtschaftssoziologie. Wiesbaden: VS Verlag für Sozialwissenschaften

Millo, Yuval (2003): Contructing a Market, Performing Theory: The Historical Socology of a Financial Derivates Exchange. In: AJS 109 (1): 107-145

Minsky, Hyman P. (2011): Die Hypothese der finanziellen Instabilität: Kapitalistische Prozesse und das Verhalten der Wirtschaft. In: Vogl, Joseph (Hg.) Instabilität und Kapitalismus. Zürich: Diaphanes, 67-138

Mishkin, Frederic. S. (2011): Monetary policy strategy: lessons from the crisis (No. w16755). National Bureau of Economic Research

Mizruchi, Mark; Brewster Stearns, Linda (1994): Money, Banking and Financial Markets. In: Smelser, Neil; Swedberg, Richard (Ed.) The Handbook of Economic Sociology. Princeton: Princeton University Press, 313-341

Neckel, Sighard (2010): Sternstunden der Soziologie. Wegweisende Theoriemodelle des soziologischen Denkens. Frankfurt/M.: Campus

Neckel, Sighard (2011): Der Gefühlskapitalismus der Banken: Vom Ende der Gier als „ruhiger Leidenschaft". In: Leviathan 39: 39-53

Orléan, André (2011): Empire de la valeur. Refonder l'économie (L'): Refonder l'économie. Le Seuil

Ötsch, Silke; Sauer, Thomas; Wahl, Peter (2009) (Hg.): Das Casino schließen! Hamburg: VSA

Papilloud, Christian; Haesler, Aldo (2014): The veil of economy: electronic money and the pyramidal structure of societies. In: Scandinavian Journal of Social Theory. http://dx.doi.org/10.10880/1600910X.2014.8828553

Parsons, Talcott (1980): Zur Theorie der sozialen Interaktionsmedien. Opladen: Westdeutscher Verlag

Paul, Axel T. (2004): Die Gesellschaft des Geldes. Entwurf einer monetären Theorie der Moderne. Wiesbaden: VS Verlag für Sozialwissenschaften

Pixley, Jocelyn (2004): Emotions in Finance. Distrust and Uncertainty in Global Markets. Cambridge: Cambridge University Press

Rapp, H.-W. (1997): Der tägliche Wahnsinn hat Methode – Behavioral Finance: Paradigmenwechsel in der Kapitalmarktforschung. In: Jünemann, Bernhard; Schellenberger, Dirk (Hg.) (1997): Psychologie für Börsenprofis. Stuttgart: Schäffer-Poeschel: 76-108

Reifner, Udo (2010): Die Geldgesellschaft. Aus der Finanzkrise lernen. Wiesbaden: VS Verlag für Sozialwissenschaften

Rogoff, Kenneth (2016): The curse of cash. Princeton: Princeton University Press

Rosenberg, Barr; Reid, Kenneth; Lanstein, Ronald (1985): Persuasive Evidence of Market Inefficiency. In: Journal of Portfolio Management 11 (3): 9-16

Schluchter, Daniel (2012): Akerlof und Shiller: Animal Spirits. In: Senge, Konstanze; Schützeichel, Rainer (Hg.): Hauptwerke der Emotionssoziologie. Wiesbaden: VS: 33-37

Schriek, Raimund (2009): Besser mit Behavioral Finance. München: Finanzbuch

Schumpeter, Joseph A. (1939): Business Cycles. New York: McGraw-Hill

Schwarz, Norbert; Clore, Gerald L. (1988): How do I feel about it? In: Fiedler, K; Forgas, J (Ed.): Affect, cognition, and social behavior. Toronto: Hogrefe: 44-62

Sen, Amartya (1982): Rational Fools. A Critique of the Behavioral Foundations of Economic Theory. In: Philosophy and Public Affairs 6 (4): 317-344

Senge, Konstanze (2012): Die Bedeutung von Gefühlen bei Investitionsentscheidungen. In: Schützeichel, Rainer; Schnabel, Annette (Hg.): Emotionen, Struktur und Moderne. Wiesbaden: VS, 425-444

Senge, Konstanze; Dombrowski, Simon (2014): Das Management von Unsicherheiten in Organisationen: Können Organisationen im Umgang mit Unsicherheit von den Erkenntnissen der High Reliability Theory lernen?. In: Apelt, Maja; Senge, Konstanze (Hg.): Organisation und Unsicherheit. Wiesbaden: Springer: 87-103

Shefrin, Hersh; Statman, Meir (1985): The Disposition to Sell Winners to Early and Ride Loosers too Long: Theory and Evidence. In: Journal of Finance 40: 777-790

Shefrin, Hersh (2007): Beyond Greed and Fear: Understanding Behavioral Finance and the Psychology of Investing. Oxford: Oxford University Press

Shiller, Robert J. (2000): Irrational Exuberance. Princeton: Princeton University Press

Shiller, Robert J. (2003): From Efficient Markets Theory to Behavioral Finance. In: Journal of Economic Perspectives 17 (1): 83-104

Simmel, Georg (1983): Das Geld in der modernen Kultur. In: Georg Simmel. Schriften zur Soziologie. Frankfurt/M.: Suhrkamp: 78-94

Simmel, Georg (1989): Philosophie des Geldes. Frankfurt/M.: Suhrkamp

Simon, Herbert A. (1957). "A Behavioral Model of Rational Choice". In: Simon, Herbert A.: Models of Man, Social and Rational: Mathematical Essays on Rational Human Behavior in a Social Setting. New York: Wiley

Simon, Herbert A. (1993): Homo Rationalis. Die Vernunft im menschlichen Leben. Frankfurt/ M.: Campus

Smelser, Neil J.; Swedberg, Richard (2005): The handbook of economic sociology. Princeton: Princeton University. Press

Sombart, Werner (1922): Der moderne Kapitalismus, 5. Auflage. München: Duncker & Humblot

Soros, George (1998): Die Krise des globalen Kapitalismus. Offene Gesellschaft in Gefahr. Berlin: Fest

Soros, George (2009): Die Analyse der Finanzkrise ... und was sie bedeutet – weltweit. München: FinanzBuch

Sumner, Scott (2011): The Case for NGDP Targeting – Lessons from the Great Recession. Adam Smith Institute

Süddeutsche Zeitung, 15.9.2009: „Die schwerste Stunde für Ökonomen. Was die globale Krise für die Wirtschaftswissenschaften bedeutet. Nr. 212: 18-19

Taleb, Nassim N. (2008a): Narren des Zufalls. Weinheim: Wiley

Taleb, Nassim N. (2008b): Der Schwarze Schwan. München: Hanser

Tellmann, Ute (2013): Die moralische Ökonomie der Schulden. In: Ilinx. Berliner Beiträge zur Kulturwissenschaft 3: 3-24The New York Times (2009): Poking Holes in a Theory on Markets. 5.6.2009: B1

Thiel, Christian (2010): Das ‚bessere‘ Geld. Eine ethnografische Studie über Regionalwährungen. Wiesbaden: VS

Tversky, Amos; Kahneman, Daniel (1974): Judgement under Uncertainty. Heuristics and Biases. In: Science 185: 452-458

Vogl, Joseph (2010): Das Gespenst des Kapitals. Zürich: Diaphanes Verlag

Wahl, Anke (2011): Die Sprache des Geldes. Finanzmarktengagement zwischen Klassenlage und Lebensstil. Wiesbaden: VS Verlag für Sozialwissenschaften

Weber, Max (1985): Wirtschaft und Gesellschaft. Tübingen: J. C. B. Mohr (Paul Siebeck)

Wetzel, Dietmar J. (2010): Elegant verrechnet – zur prekären Lage der ökonomischen Wissenschaften. In: Honegger, Claudia; Neckel, Sighard; Magnin, Chantal (Hg.): Strukturierte Verantwortungslosigkeit. Berichte aus der Bankenwelt. Frankfurt/M.: Suhrkamp: 293-301

White, Harrison C. (1981): Where do markets come from? In: AJS 87 (3): 517-547

Wiesenthal, Helmut (1990): Unsicherheit und Multiple-Self-Identität. Eine Spekulation über die Voraussetzungen strategischen Handelns. MPIFG Discussion Paper

Wimbauer, Christine (2003): Geld und Liebe. Zur symbolischen Bedeutung von Geld in Paarbeziehungen. Frankfurt/M.: Campus

Windolf, Paul (2005a): Finanzmarkt-Kapitalismus. Sonderheft 45 der KZSS: Wiesbaden: VS

Windolf, Paul (2005b): Was ist Finanzmarkt-Kapitalismus? In: Windolf, Paul (Hg.): Finanzmarkt-Kapitalismus. Sonderheft 45 der KZSS: Wiesbaden: VS: 20-57

Windolf, Paul (2009): Zehn Thesen zur Finanzmarkt-Krise. In: Leviathan 37 (2): 187-196

Zelizer, Viviana A. (1989): The social meaning of money. In: AJS 95 (2): 342-377

Zelizer, Viviana A. (1997): The Social Meaning of Money: Pin Money, Paychecks, Poor Relief, and Other Currencies. Princeton: Princeton University Press

Zelizer, Viviana A. (2000): Die Farben des Geldes: Vielfalt der Märkte, Vielfalt der Kulturen. In: Berliner Journal für Soziologie 10/3, 315-332

Zelizer, Viviana A. (2005): The purchase of intimacy. Princeton: University of Princeton Press

Zelizer, Viviana A. (2007): Pasts and Futures of Economic Sociology. In: American Behavioral Scientist 50/8: 1056-1069

II
Entscheidungen: Emotionen, Konventionen und Praktiken

Emotionen als Form der Koordination beim Handel mit Zahlungsversprechen im Investmentbanking

Markus Lange und Christian von Scheve

1 Einleitung: Zahlungsversprechen und soziale Ordnung

Die Subprime-Krise (2007/2008) ist ein einschlägiges Beispiel für eine abrupte, tief greifende und weitreichende Umwälzung etablierter Ordnungsstrukturen auf Finanzmärkten, die erhebliche finanzmarktimmanente und -externe Folgen hatte (Lounsbury/Hirsch 2010). Scheinbar konnte diese Unordnung jedoch zügig wieder in eine Ordnung transformiert werden, nämlich die Sicherstellung eines geregelten und für die Banken als Hauptakteure des Sektors profitablen Zahlungsverkehrs. So unterlag zum Beispiel die deutsche Bankwirtschaft in den Jahren 2008 und 2009 noch verlustträchtigen Krisenkonsequenzen. Bereits 2011 konnte der Sektor insgesamt, exklusive der bis dahin liquidierten Institute, wieder Rekordgewinne in Höhe von 23,7 Mrd. Euro akkumulieren.[1]

Hieran schließt ein möglicher Ausgangspunkt der soziologischen Analyse von Finanzmärkten an, nämlich die Frage der Herausbildung von deren sozialer Ordnung. In Anlehnung an die Systemtheorie geht es dabei um die Sicherstellung des Handels mit Zahlungsversprechen (Baecker 2008). Welche wechselseitigen Koordinationsleistungen werden hierfür von den am Handel beteiligten Akteuren in finanzmarktbezogenen Interaktionen erbracht, sodass soziale Ordnung verhandelt, konstituiert, reproduziert, herausgefordert und verändert wird? Wie entstehen darüber Routinen und Strukturen des Handelns beim Handel?

Beckert (2009) sieht drei zentrale Koordinationsprobleme auf Märkten, deren Lösung eine stabile Marktordnung durch die wechselseitige Orientierung der han-

---

[1] Gemessen anhand des erwirtschafteten Jahresüberschusses bzw. des Jahresfehlbetrags, der sich ergibt aus dem Jahresüberschuss vor Steuern, abzüglich der Steuern vom Einkommen und vom Ertrag. Quelle: Statista/Deutsche Bundesbank: „Die Ertragslage der deutschen Kreditinstitute im Jahr 2012", September 2013.

delnden Akteure ermöglichen kann: die Konstitution und Zuordnung von Werten zu Produkten und Dienstleistungen, den Umgang mit Wettbewerbern sowie die Regelung von Kooperationen. Im Fall der Finanzmärkte werden diese Probleme durch eine hervorstechende Eigenschaft dieser Märkte verschärft: eine radikale Form des Entscheidens unter Ungewissheit. Dies betrifft insbesondere das Fehlen entscheidungsrelevanter Informationen bzw. Alternativen als Grundlage von Wahrscheinlichkeitszuschreibungen, was wiederum eine prozessuale Ungewissheit auslöst, wenn trotz eines solchen Nicht-Wissens zu handeln ist (Dequech 1999, 2011). Das systemtheoretische Verständnis, handelbare Finanzinstrumente (Kredite, Aktien, Anleihen, Derivate etc.) als handelbare Zahlungsversprechen aufzufassen, verdeutlicht unseres Erachtens die verschärften Bedingungen, auf Finanzmärkten Koordination und damit soziale Ordnung herzustellen: Zahlungsversprechen sind in der zeitlichen Dimension dadurch charakterisiert, dass Zahlungen in die Zukunft projiziert werden, aber zur Vermeidung von Zahlungsunfähigkeit bereits gegenwärtig zu tätigen sind (Baecker 2008: 49 ff.). Radikale Ungewissheit resultiert also besonders durch diese primäre Bindung von Zahlungsversprechen an eine in jedem Fall unbekannte und nicht vorhersagbare Zukunft, also an Zeit. Damit gehen einher ein „ungewöhnliche[s] Maß an freigegebener doppelter Kontingenz" (Luhmann 1988: 117) und die verstärkte Orientierung an Erwartungserwartungen, also der Bildung von Erwartungen „Egos" auch in Abhängigkeit von den vermuteten Erwartungen „Alters" (Luhmann 1984: 411 ff.). Diese Ungewissheit kann nicht reduziert werden, sodass Akteure sich mit ihr auseinandersetzen müssen und sie als Ressource des Handelns angesehen werden kann (Esposito 2010: 22 ff.).

In der wirtschaftssoziologischen Forschung ist mehrfach der Vorschlag unterbreitet worden, Emotionen würden einen Beitrag zur Entlastung der Akteure von Koordinationsproblemen leisten, insbesondere solchen, die aus Ungewissheit resultieren (u. a. Bandelj 2009). Dabei bleibt jedoch zumeist die Frage unbeantwortet, wie Emotionen als subjektzentrierte, individuelle Formen des Erlebens genuin soziale und ordnungsstiftende Konsequenzen hervorbringen können. Dieser Frage gehen wir in unserem Beitrag nach, in dem wir theoretisch und empirisch ergründen, welche koordinierenden Funktionen Emotionen beim Handel mit Zahlungsversprechen zukommt und welche Implikationen das emotionale Handeln für die soziale Ordnung von Finanzmärkten aufweist. Dazu schlagen wir im folgenden Abschnitt zunächst eine Perspektivierung auf Emotionen vor, die die Wechselwirkungen individueller Gefühle und Stimmungen mit sozial geteilten bzw. kollektiven emotionalen Phänomenen beleuchtet. Im dritten Abschnitt unternehmen wir den Versuch einer ersten präzisen Verortung und Systematisierung von Emotionen sowie deren Interdependenzen beim Handel mit Zahlungsversprechen. Dazu werden wir anhand einer qualitativen Untersuchung im deutschen Investmentbanking ein

Emotionsmodell entlang eines idealtypischen Handelsprozesses entwickeln. Wir schließen unseren Beitrag mit einer Zusammenfassung und einem Ausblick auf künftige Forschungen.

2   Emotionen als Form der Koordination

Wir betrachten Emotionen in zweierlei Hinsicht als Form der Koordination. Zum einen können Emotionen als Komponenten der Zuversicht (Beckert 2006; Dequech 2000) in der Analyse eines einzugehenden (oder zu verkaufenden) Zahlungsversprechens und der damit einhergehenden Risiken handlungswirksam werden. Zum anderen können sie aber ebenso das Vertrauen in die jeweils vorhandene Konfiguration sozialer Einbettungen, zu Handelspartnern und deren Marktperspektiven oder zu Regulatoren und deren zinspolitischen Entscheidungen widerspiegeln. Im Folgenden interessieren wir uns für genau diese Schnittstelle zwischen der Entscheidungsrelevanz von Emotionen einerseits und ihrer Einbettung in soziale und kulturelle Kontexte andererseits.

2.1   Die individuelle Handlungsrelevanz von Emotionen

In der Forschung zum Entscheiden unter Ungewissheit haben bis in die 1990er Jahre hinein konsequenzialistische Ansätze dominiert, die im Sinne des Rational-Choice Paradigmas davon ausgehen, dass Risikowahrnehmung sowie -handeln auf subjektiven Wert-Erwartungs-Abwägungen von Entscheidungsfolgen und Eintrittswahrscheinlichkeiten beruhen. Mittlerweile sind diese Theorien zwar stark modifiziert worden und berücksichtigen systematische Wahrnehmungsverzerrungen oder Heuristiken, wie etwa die Prospect Theory (Kahneman/Tversky 2000). Jedoch werden auch diese Modelle zunehmend kritisiert, da vielfältige „Anomalien" im Handeln und Entscheiden damit nach wie vor nicht erklärt werden können. Zuletzt haben sich in der Sozialpsychologie und der Verhaltensökonomie Ansätze etabliert, die auf die fundamentale Rolle von Affekten und Emotionen im Handeln verweisen (Gigerenzer 2007; Loewenstein et al. 2001; Slovic et al. 2007). Dabei werden zwei grundsätzliche Arten des Einflusses unterschieden. Zum einen fließen antizipierte Emotionen (*expected emotions*) in Informationsverarbeitung, Risikowahrnehmung und Entscheiden als „mentale Folgekosten" ein. Dieser Einfluss kann ohne maßgebliche Modifikationen auch in konsequenzialistische Werterwartungstheorien integriert werden. Ein zweiter Typus kommt durch Emotionen oder Stimmungen zustande, die akut in einer Entscheidungssituation empfunden werden. Diesem Einfluss widmen sich die empirisch gut dokumentierten *Risk-as-feelings* (Loewenstein et al. 2001) und *Affect Heuristic* (Slovic et al. 2007) Ansätze, die gleichermaßen die affektive Informationsverarbeitung in den Vordergrund stellen. Dabei werden wiederum zwei Formen unterschieden. Zum einen wirken von der konkreten Risikosituation unabhängige emotionale Befindlichkeiten und Dispositionen (*incidental emotions*) auf das Risikohandeln ein, zum Beispiel eine „angespannte politische Lage" (Lerner/Keltner 2001; Loewenstein/Lerner 2003). Zum anderen sind Emotionen auch als direkte und unmittelbare Gefühlsreaktionen auf Risikosituationen für das Handeln ausschlaggebend (Loewenstein/Lerner 2003). Die entsprechenden Ansätze gehen davon aus, dass über die affektive Informationsverarbeitung in unterschiedlichem Maß positiv oder negativ konnotierte Assoziationen aktiviert werden, die als Informationen bewusst oder unbewusst Entscheidungen rahmen. Gerade die „Behavioral Finance" zeigt, dass Emotionen durchaus deliberative oder rationale Zugrundelegungen zum Beispiel von Preiskalkülen aushebeln können und genau deswegen nicht zu ignorieren sind, weil sie Märkte bewegen können (Shiller 2005).

2.2   Emotionale Einbettung

Obgleich die genannten Ansätze vielfach als „reduktionistisch" und in Opposition zu sozialkonstruktivistischen Perspektiven aufgefasst wurden, ist dies aus unserer Sicht eine geradezu reflexhafte und prinzipiell unzulässige Engführung. Ausschlaggebend für die soziologische Relevanz dieser Arbeiten ist vielmehr ein Verständnis der sozial geprägten bzw. strukturierten Entstehung von Emotionen, die im Sinne der genannten Modelle das Handeln mit Zahlungsversprechen beeinflussen. Die Entstehung von Emotionen, auch im Sinne kollektiver Formen, folgt nicht lediglich individualpsychologischen Logiken, sondern verläuft systematisch auch entlang sozialer und kultureller Bedingungen (von Scheve 2013; von Scheve/Ismer 2013), die typischerweise jenseits eines verhaltenswissenschaftlichen Erkenntnisinteresses liegen.

Im Sinne der theoretischen Empirie (Kalthoff et al. 2008) und einer Grounded Theory Methodologie (Corbin/Strauss 2008) folgend unternehmen wir daher den Versuch, diese genuin soziale Dimension von Emotionen und deren Bedeutung für den Handel mit Zahlungsversprechen empirisch zu rekonstruieren und damit die „emotionale Einbettung" (Bandelj 2009) dieses Handels herauszuarbeiten. Auch wenn wir Emotionen keinesfalls als rein „irrationale" Phänomene betrachten, folgen wir damit dem Aufruf zum „endogenizing" der Keynesschen „animal spirits"

(DiMaggio 2002) sowie aktuellen Bestrebungen der Wirtschaftssoziologie (Beckert 2006; Berezin 2009) und ersten empirischen Analysen zur Rolle von Emotionen im Finanzsektor (Pixley 2004, 2012; Senge 2012).

3 Ein Emotionsmodell des Handels mit Zahlungsversprechen

Unsere Analyse der „emotionalen Einbettung" des Handels mit Zahlungsversprechen basiert auf einer qualitativen Studie im deutschen Investmentbanking.[2] Den Kern unserer Daten bilden 20 qualitative Interviews, die überwiegend mit Händlern und Fondsmanagern geführt wurden, also mit Akteuren, die unmittelbar mit Zahlungsversprechen handeln. Unsere Interviewpartner sind vorwiegend dem Handel mit festverzinslichen Wertpapieren und darauf basierenden derivativen Produkten zuzuordnen, in einzelnen Fällen dem Arbitragehandel, dem Eigenhandel oder dem „Fund of Funds" Management.

Darauf aufbauende Fall- und Kontrastanalysen sowie die Extraktion einer Akteurtypologie bilden sowohl die maßgebliche Grundlage für die Entwicklung unseres Modells als auch für dessen Überprüfung und Festigung anhand der verfügbaren Daten. Die Erhebung fand überwiegend in den Investmentsparten bzw. dem Asset-Management von Landesbanken und Genossenschaftsbanken sowie bei internationalen Investmentbanken und Versicherungen statt. In einer zweiten Feldphase wurde außerdem eine teilnehmende Beobachtung in einem Handelsraum durchgeführt, die hier vereinzelt in die Analyse eingeht.

3.1 Ein idealtypischer Handelsprozess

Die strukturierende Grundlage der Analyse stellt ein idealtypischer Ablauf des Handels mit Zahlungsversprechen dar (siehe Abbildung 1). Anhand dieses Ablaufs möchten wir zeigen, in welchen Phasen des Handels welche emotionalen Phänomene für Investitionsentscheidungen von Bedeutung sind und welche Interdependenzen sich zwischen diesen Phänomenen ergeben. Entsprechend der im vorherigen Abschnitt eingenommenen Perspektive auf Emotionen differenzieren wir dabei zwei

---

2   Die Erhebung fand im Rahmen des Dissertationsprojektes „Emotionen, Kalkulationen und soziale Relationen als Ungewissheitsarrangement wirtschaftlichen Handelns im Investmentbanking" statt (M. Lange).

Ebenen: Zum einen betrachten wir den individuellen Finanzmarktakteur (hier Tageshändler und Fondsmanager) als Händler und Handelnden und dessen Deutungen des subjektiven Emotionserlebens. Dabei differenzieren wir unterschiedliche soziale Konstitutionsbedingungen und Manifestationsformen von Emotionen, wie sie von den Befragten subjektiv gedeutet und von uns rekonstruiert werden. Zum anderen wollen wir aufzeigen, welche Bedeutung für das Entscheiden solche Emotionen und Stimmungen haben, die Finanzmarktakteure *anderen* Akteuren, Kollektiven und Situationen zuschreiben.

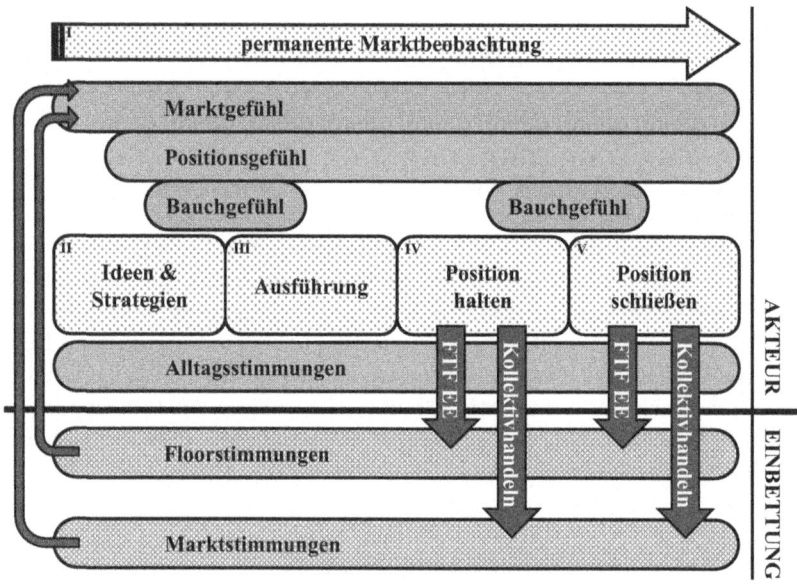

Abb. 1   Emotionsmodell beim Handel mit Zahlungsversprechen (eigene Darstellung); FTF steht für „Face-to-Face", EE für „Emotionsexpressionen"

Das Modell basiert auf einem aus den Daten abgeleiteten idealtypischen, chronologischen und für die hier interessierenden Zwecke stark abstrahierten Handelsprozess (Phasen I-V in Abbildung 1). Ausgangspunkt bildet die permanente und vor allem technisch bzw. medial vermittelte Marktbeobachtung (I), die den gesamten Prozess begleitet und ausnahmslos von allen Befragten vollzogen wird. Die Verdichtung einer Handelsidee stellt den Beginn des eigentlichen Handelsprozesses dar (II).

Hierunter fällt die Anvisierung eines konkreten Zahlungsversprechens anhand der aus der Marktbeobachtung abgeleiteten Meinung. Anschließend kommt es zur Ausführung des Geschäfts (III), in der Regel dem Kauf des selektierten Zahlungsversprechens. Die Ausführung bzw. das Eingehen einer Position bedeutet auch, aktiv in den Markt einzutreten, wodurch die Marktbeobachtung auch verstärkt auf das gekaufte Zahlungsversprechen ausgerichtet wird. Daran schließt die Phase des Haltens einer eingegangenen Position an (IV), in der den Akteuren deutlich wird, ob die (Erwartungs-)Erwartungen zutreffen oder nicht. Regelmäßig finden weitere Analysen statt, die Aufschluss darüber geben, wie lange die Position zu halten ist bzw. ob Anpassungen notwendig sind. Bereits hier vollzieht sich die Sondierung einer zweiten Entscheidung, nämlich des Schließens einer Position (V), also der Veräußerung des Zahlungsversprechens und der Realisierung von Gewinnen bzw. Verlusten.

3.2 Emotionen auf Ebene der sozialen Einbettung

Die soziale Einbettung der Handelnden (Granovetter 1985) verstehen wir grundsätzlich als Geflecht aus Beziehungen, Informationen, Praktiken und Händlernetzwerken, die im Zuge von Investitionsentscheidungen konsultiert bzw. über Diskurse wahrgenommen werden (unterer Teil Abbildung 1). Die Analyse der Daten legt nahe, zwei Ebenen der Einbettung zu unterscheiden: zum einen die Einbettung in einen Sektor bzw. in Märkte. Darunter verstehen wir Händlernetzwerke und direkte Kontakte sowie anonyme Märkte, deren Teilnehmer nie vollständig bekannt sind und die vor allem durch technische Aktanten repräsentiert werden. Die emotionale Dimension dieser Einbettung bezeichnen wir – analog zur landläufigen Verwendung des Begriffs – als „Marktstimmung". Die institutsinterne Einbettung stellt die zweite Ebene dar und bezieht sich beispielsweise auf den Trading Floor und die Hierarchieebenen von Banken. Die emotionale Dimension dieser Einbettung bezeichnen wir als „Floorstimmung". Wir beginnen jeweils mit der Rekonstruktion der empirischen Daten und verweisen dann auf mögliche theoretische Verortungen in der Emotionsforschung.

Marktstimmungen

Unter Marktstimmungen können Wahrnehmungen von „Marktatmosphären", vor allem vermittelt durch das Erahnen und Erspüren von Positionierungen, (Erwartungs-)Erwartungen und Gemütslagen anderer Marktteilnehmer verstanden werden. Damit einher gehen Stimmungsattributionen bezüglich der aktuellen Verfassung „des Marktes", die mit symbolischen Emotionsbegriffen wie etwa

„bullish" oder „bearish" kodifiziert werden, ein explizites Erfragen des „Market Sentiment" bzw. „Market Sounding" sowie die Erfassung der diesen Stimmungen zugrunde liegenden „Marktpsychologie".

Diese Wahrnehmung von Marktstimmungen ist zunächst eng an die permanente Marktbeobachtung gekoppelt. Die Visualisierung von Kursverläufen scheint dabei eine doppelte Funktion zu erfüllen: Zum einen dient die permanente Sichtung von Kursen und Indices der Feststellung der eigenen Position im Markt. Zum anderen werden diese Informationen auch verwendet, um Rückschlüsse auf Marktstimmungen zu ziehen. So ist beispielsweise der SPX Volatility Index (VIX) des Chicago Board of Exchange ein maßgeblicher Indikator der Marktbeobachtung. Die verbreitete Bezeichnung dieses Index als „fear index" veranschaulicht unmittelbar seine emotionale Relevanz.

In kalkulativen Praktiken finden wir eine zweite Form der Wahrnehmung von Marktstimmungen, vor allem mit dem Ziel, diese zu quantifizieren. Von den Handelnden werden hierzu einerseits Kennzahlen verwendet, die überwiegend durch die eingesetzten Handelssysteme berechnet werden. Ein gängiger Indikator ist die Put-Call-Ratio als Quotient von Käufen und Verkäufen bei Termingeschäften. Überwiegen Verkäufe, wird auf eine schlechte Marktstimmung geschlossen. Ein weiterer Indikator ist die sogenannte Advanced-Decline-Linie (Zeitreihe kumulierter täglicher Differenzen zwischen der Anzahl gestiegener und gefallener Aktien), mit der Rückschlüsse auf Trendbestätigungen oder -wenden gezogen werden. Außerdem greifen Händler auf mathematische „Sentiment-Modellierungen" zurück, die auf einer Vielzahl der genannten Indikatoren basieren.[3]

Eine dritte Form der Erfassung von Marktstimmungen ergibt sich aus der direkten Interaktion mit Handelspartnern. Dies können direkte Stimmungsabfragen während eines Handelsgespräches sein, wie an der folgenden fiktiven Beschreibung eines befragten Händlers ersichtlich wird:

> „,Du, wie ist Deine Stimmung. Im Übrigen, hier kommt der Bond raus. Eigentlich haben wir ein Limit von so und so. Es wird aber verdammt eng. Ich weiß, Dich interessiert der Bond. Aber kannst Du nochmal den absolut Knirschpreis mir geben?' Das kriegen Sie nur raus per Telefon, nicht per Knopfdruck, das geht nicht. Und entweder lässt er sich breitschlagen, weil er den unbedingt haben möchte, den Bond. Dann erhöht er eben um zwei drei Cent vielleicht,

---

3   Ein Beispiel hierfür ist sentimenTrader.com des Anbieters Sundial Capital Research Inc., der auf seiner Internetpräsenz mit dem Slogan wirbt: „Make Emotion Work For You, Not Against You"; www.sentimentrader.com [20.03.2014]

den Kurs. (.) Oder nicht, aber dann haben Sie in jedem Fall eine Stimmung aufgenommen."[4]

Auch wenn das Geschäft am Ende nicht stattfindet, wird dennoch eine Stimmung aufgenommen, anhand derer auf die Marktverfassung geschlossen wird. Das Zitat verdeutlicht zudem, dass diese expliziten Stimmungsabfragen bestimmter „emotionsreicher" Interaktionsmodalitäten bedürfen, etwa der gesprochenen Sprache oder der Face-to-Face-Interaktion.

Stimmungsaufnahmen in Handelsinteraktionen können aber auch implizit und unterschwellig erfolgen. Im folgenden Zitat berichtet ein Händler, dass er auf Basis von „Indikationen" (z. B. Empfehlungen) beabsichtigt, aktiv in den Handel einzusteigen und einen Handelspartner kontaktiert. Die Feststellung, dass sein Gegenüber einen Preis unerwartet zurückzieht, wird für den Händler dann zum Anzeichen der Marktstimmung.

„Und wenn Sie den Indikationen dann nachgehen und sagen ‚Okay, da will ich jetzt mal drauf handeln' und Sie merken, der hält es oder zieht es zurück, ja? Also zieht seinen Preis zurück. Dann merken Sie halt wie der / wie der Markt gestimmt ist."

Zusammenfassend ist festzuhalten, dass ein Erahnen der Erwartungen und Positionen anderer Marktteilnehmer nicht zu einer vollständigen Marktdeterminierung führen kann, der Markt also ein diffuses Konglomerat aller anderen Handelnden bleibt. Die Wahrnehmung und Interpretation von Marktstimmungen kann jedoch zu einer für das Handeln ausreichenden Erfassung der gegenwärtig vorhandenen Marktlage führen. Scheinbar erfolgt dies zunächst losgelöst von einer konkreten Auseinandersetzung mit individuell vorhandenen oder in Erwägung gezogenen Handelspositionen. Marktstimmungen tragen jedoch (zusammen mit Floorstimmungen) zur Ausprägung eines akteursspezifischen „Marktgefühls" bei, das wiederum die Entwicklung von Handelsideen mitgestalten kann (siehe unten).

Theoretisch lassen sich Marktstimmungen als kommunikations- und diskursgetriebener aggregierter Spiegel von „Marktgefühlen" anderer Marktteilnehmer fassen. Über konventionelle Kennzahlen, kalkulative Praktiken sowie direkte

---

4 Die Transkription inklusive der verwendeten Transkriptionszeichen erfolgte nach dem „einfachen Transkriptionssystem" von: Dresing, Thorsten/ Pehl, Thorsten (2011): „Praxisbuch Transkription. Regelsysteme, Software und praktische Anleitungen für qualitative ForscherInnen". 3. Aufl. Marburg: Internetdokument abrufbar unter: www. audiotranskription.de/praxisbuch

Marktinteraktionen – metaphorisch also dem „Marktgeflüster" – werden Marktstimmungen wahrnehmbar und interpretierbar. Marktstimmungen sind beileibe keine irrelevanten Informationen, sondern bilden ein recht präzises „framing" der Marktwahrnehmung durch „Lärm" oder auf Märkten „kursierende Stimmen" (Esposito 2010: 96). Emotionstheoretisch lassen sich Marktstimmungen auf unterschiedliche Weise beschreiben. Einerseits ist das Konzept „sozial geteilter" Emotionen informativ (Rimé 2009): Es geht davon aus, dass Akteure ein ausgeprägtes Bedürfnis aufweisen, individuelles Emotionserleben in primären sozialen Netzwerken vor allem verbal zu kommunizieren, und dass die Rezipienten diese geteilten Emotionen ebenfalls in die eigenen Kontaktnetzwerke kommunizieren. Eine zweite Möglichkeit besteht im Verständnis von Marktstimmungen als „Atmosphären", die von Akteuren gespürt werden. Zur Präzisierung des Begriffs emotionaler Atmosphären kann beispielsweise auf Arbeiten zu einer neuen Phänomenologie (Schmitz 1993) oder Ästhetik (Böhme 1995) zurückgegriffen werden, die gleichermaßen die *Räumlichkeit* von Atmosphären betonen, die hier ihren Widerhall in der dem Marktbegriff inhärenten räumlichen Ordnung finden würde.

Floorstimmungen

Auf der Ebene der Einbettung in Institute bzw. Organisationen verorten wir eine zweite Stimmungsform, die wir – basierend auf den Daten – als „Floorstimmungen" bezeichnen: eine Form kollektiver Emotionen, die vor allem durch die verbale und nonverbale Kommunikation und Expression affektiver Zustände einer Anzahl von Akteuren auf Trading Floors oder in Fondsmanagementbüros entsteht.

Investmentbanken sehen die Bedeutung des Trading Floors durch die Unterbringung von Mitarbeitern in Großraumbüros und Hallen als zentrale Kommunikationsinstitution, die einen direkten Austausch zwischen Händlern unter Bedingungen physischer Kopräsenz ermöglicht. Vermutlich ist diese Organisationsform auch als Pendant zum stark rückläufigen Parketthandel zu sehen.

Sowohl aus den Interviews als auch der ethnografischen Beobachtung werden diese kommunikativen Vorzüge ersichtlich: Die Handelnden beobachten sich in ihrem Handeln wechselseitig, tauschen Informationen aus, nehmen Informationen unterschwellig aus dem „Floorrauschen" wahr oder kommunizieren laut über drei Tische. Die Expression und Kommunikation von Emotionen ist ein zentraler Bestandteil dieses Austauschs.

Ähnlich wie bei Marktstimmungen fällt auch bei Floorstimmungen auf, dass nicht das „Trade-Tracking" im Sinne des Bestimmens der Handelspositionen anderer im Vordergrund steht, sondern ein „Stimmungs-Tracking", das Rückschlüsse auf die gegenwärtige emotionale Verfassheit des Handelsraumes zulässt:

„Es geht ja nicht darum irgend / dass jeder (.) jeden einzelnen Trade mitbekommt. Aber es geht darum, (.) die Stimmung (.) mitzubekommen. Das ist entscheidend."

Neben verbalen Interaktionen verlaufen die Wahrnehmung und Kommunikation von Floorstimmungen auch über nonverbale Kanäle, zum Beispiel Gestik, Mimik, Intonation, charakteristische Verhaltensweisen oder periphere physiologische Veränderungen. Aus Sicht der Handelnden sind diese Expressionen überaus erwünscht, da sie oftmals prä-reflexiv und zügig verlaufen und eine schnelle und direkte Kommunikation sichern, die verbal nicht immer realisierbar ist:

„Wenn man dann plötzlich ins Klo gegriffen hat, auf Deutsch gesagt, dann (..) ist kurzfristig (..) jemand sauer. Und das macht sich auch bemerkbar. Aber dafür sind Emotionen ja da und man kann sie auch durchaus rauslassen, solange es immer oberhalb der Gürtellinie ist (.) und fair miteinander umgeht. Aber, wenn jemand st/ ne schlechte Position hat von nu auf jetzt. Das kriegt man relativ schnell mit (.) aufgrund von schlechter Laune et cetera pp. Und daraus machen die Leute dann auch keinen (.) Hehl."

Theoretisch lassen sich Floorstimmungen als Sonderfall kollektiver Emotionen verstehen, die ähnlich wie Durkheims (1912) Konzept kollektiver Efferveszenz auf Prozessen emotionaler Ansteckung beruhen (Hatfield et al. 2014). Insofern handelt es sich bei Floorstimmungen – ähnlich wie bei Marktstimmungen – um ein vergleichbares emotionales Empfinden gegenüber einer spezifischen Situation oder einem spezifischen Ereignis. Im Unterschied zu Marktstimmungen basieren sie jedoch nicht nur (aber auch) auf Zuschreibungen, sondern die Händler sind hier stets Bestandteil dieser Situation bzw. der kollektiven Emotion. Werden Marktstimmungen primär als zugeschriebene Stimmungen auch unbekannter Marktteilnehmer gedeutet, haben Händler durch ihre physische Kopräsenz *teil* an der Floorstimmung. Die Emotionsexpressionen und Kommunikationen anderer beeinflussen direkt die eigenen Gefühle – und Manifestationen dieser Gefühle werden wiederum von anderen kopräsenten Akteuren wahrgenommen (vgl. von Scheve/Ismer 2013).

3.3 Emotionen im Handel und Handeln

Die zwei beschriebenen Formen emotionaler Einbettung wirken auf unterschiedliche Art auf den Handel mit Zahlungsversprechen zurück. Aus den Interviews

ist erkennbar, dass sich diese zwei Stimmungsformen bei Händlern zu einem
Gefühl verdichten, das wir hier mit dem Begriff des „Marktgefühls" bezeichnen
möchten. Neben diesem Marktgefühl lassen sich weitere emotionale Phänomene
analytisch eher auf individueller Ebene fassen, ohne dass dabei tatsächliche oder
imaginierte Kollektive eine primäre Rolle spielen. Dazu zählen insbesondere das
„Positionsgefühl", das „Bauchgefühl" und Stimmungslagen ohne direkten Han-
delsbezug („Alltagsstimmungen"), die wir im Folgenden rekonstruieren möchten.
Entscheidend ist dabei, dass diese Gefühlstypen *von den Befragten* als vorwiegend
individuelle Phänomene beschrieben werden, die zwar aus der Auseinandersetzung
mit dem sozialen Händlerumfeld (wie Trading Floors und Märkte) resultieren,
anders als Markt- und Floorstimmungen aber nicht auf der Wahrnehmung oder
Zuschreibung von Gefühlen an Dritte oder Kollektive beruhen.

Marktgefühl

Als Marktgefühl bezeichnen wir das individuelle und verdichtete phänomenale
Empfinden gegenüber wahrgenommenen bzw. anderen Akteuren zugeschriebenen
Markt- und Floorstimmungen. Das Marktgefühl hat in den Deutungen der Befragten
vor allem die Funktion eines „mentalen Prognosetools" zum Erspüren oder Erfühlen
künftiger Marktentwicklungen. Sie formulieren den Anspruch, ein „Gefühl für den
Markt" ganz im Sinne einer „Gefühlsbildung" zu entwickeln (Frevert/Wulf 2012).
Geht es bei den Marktstimmungen um die Zuschreibung von Gefühlen an Dritte,
so resultiert das Marktgefühl aus Deutungsleistungen und Bewertungen, die auch
andere handelsrelevante Objekte und Prozesse zum Gegenstand haben. So geht es
den Händlern darum, ein „Gefühl für die Bank zu bekommen", mit der man handeln
möchte, zu spüren, „wie die Leute ticken", „Wunderbares oder Arges" zu spüren
oder auch festzustellen, dass sich zusammenbrechende Märkte „wie ein fallendes
Messer" anfühlen. Die folgenden Passagen verdeutlichen außerdem die ausgeprägten
Bezüge zur emotionalen Einbettung, hier besonders zu den Marktstimmungen:

> *„Es geht da, wie gesagt, immer in die Richtung Sentiment, dass man das*
> *Gefühl hat, okay hier scheinen mehr Käufer als Verkäufer am Markt zu sein*
> *oder mehr Verkäufer als Käufer.' Das sind dann so ganz kurzfristige Senti-*
> *mentanalysen, die ich schwarz auf weiß so ja gar nicht bekommen kann. Weil*
> *bis jemand die Auswertung gemacht hat, vergeht in der Regel ein Tag oder*
> *zwei. Diese ganz kurzfristigen Sentiment/ (.) Sentiments / na, Sentiment ist*
> *ja auch eine Art Gefühl."*

Bei diesen Äußerungen eines Fondsmanagers finden sich deutliche Verweise auf
die Erfassung des „Sentiments", das als Bestandteil von Marktstimmungen iden-

tifiziert wurde. Gleichzeitig wird dies unmittelbar mit dem individuellen Gefühl verbunden, ob mehr Käufer als Verkäufer am Markt agieren.

„Und das ist alles / das passiert immer im Market Sounding, ne? Das sind diese / die Leute, die denn eben die Emittenten betreuen (.), müssen ein Gefühl haben dafür, wie viel Coupon muss dann jetzt Italien raufschreiben, um zehn Jahre drei Milliarden einzusammeln, ne? Das ist Market-Sounding. Das ist halt / (.), ja. Das passiert eigentlich bei jeder Neuemission von irgendwelchen Schuldverschreibungen.“

Diese Äußerung eines Sales-Trading-Team-Managers verweist mit dem Begriff des „Market-Sounding" auf Marktstimmungen und hebt die Notwendigkeit hervor, das „Market-Sounding" in ein individuelles Gefühl zu transformieren. Interessant an dieser Passage ist der konkrete Verweis auf die Handelssituation einer Neuemission von Staatsanleihen: Das Marktgefühl wird konkret in Verbindung gebracht mit einem zu lösenden Handels- bzw. Erwartungsproblem.

Das Marktgefühl dient auch als „mentales Prognosetool" zum Erspüren oder Erfühlen künftiger Marktentwicklungen. Das folgende Beispiel eines Team-Managers ist dabei nur eines von vielen:

„Also, das Entscheidende ist, als Händler, Sie müssen immer im FLOW sein. So will ich das mal sagen. Im Flow heißt, Sie müssen ein Gefühl dafür haben, was der Markt als Nächstes macht. Ja? Das kriegen Sie am besten, indem Sie viel handeln.“

Die von vielen Befragten berichtete „Tool-Eigenschaft" besteht in der Entwicklung eines Gefühls dafür, wohin sich der Markt entwickelt. Vor allem weist diese Passage darauf hin, dass sich durch die aktive Marktpartizipation auch die Marktwahrnehmung ändert, die sich wiederum in einem potenziell veränderten Marktgefühl niederschlägt.

Das Marktgefühl kann also insgesamt als ein individuelles Empfinden gegenüber einer vergleichsweise diffusen Entität – dem Markt – beschrieben werden. Dabei ist interessant, dass in der Regel nicht „der Markt" selbst als Auslöser dieses Gefühls infrage kommt, sondern ursächlich die (zugeschriebenen) Stimmungen anderer und deren Wirkungen auf das eigene Empfinden (im Fall von Floorstimmungen). Während die zwei Einbettungsstimmungen der hinreichenden Feststellung einer aktuellen Marktlage dienen, lässt sich das Marktgefühl auch als *emotionale Kalkulation* dieser Stimmungen und anderer Informationen verstehen – mit dem Ergebnis einer mentalen Marktprognose.

Dieses Empfinden wird dann auf den Markt als „intentionales Objekt" attribu-
iert (Solomon 2006: 178 ff.). Auch handelt es sich bei Marktgefühlen im Gegensatz
zu üblicherweise kurzfristigen Emotionen um länger andauernde Empfindungen
(über Minuten, Stunden), die eher durch den Begriff der Stimmung (*mood*) erfasst
werden (Schwartz/Clore 2003). Jedoch impliziert der Stimmungsbegriff in der
Regel die Abwesenheit eines intentionalen Objekts, das hier mit dem Markt aber
klar gegeben ist. Aus der Ästhetik-Theorie bietet sich unserer Ansicht nach das
Konzept des „Spürens" bzw. des „Gespürs" an (Meyer-Sickendiek 2011), das man
erfahrungsbasiert für den Markt entwickelt.

Positionsgefühl, Bauchgefühl, Alltagsstimmungen

Die drei weiteren identifizierten Gefühlstypen sind nicht minder bedeutend, können
hier aus Platzgründen aber nur knapp skizziert werden. Mit dem „Positionsgefühl"
bezeichnen wir die emotionale Auseinandersetzung mit einem konkret einzugehenden bzw. auszuhaltenden Zahlungsversprechen. Die Kategorie des Positionsgefühls
spiegelt den von vielen Befragten formulierten Anspruch, vor dem Kauf emotional
von dem anstehenden Geschäft „überzeugt" zu sein. Mangelnde Überzeugung
und „falsche Hoffnungen" sind den Deutungen der Befragten zufolge unbedingt
zu vermeiden und sollten als Anzeichen verstanden werden, ein Geschäft nicht
abzuschließen. Diese Überzeugung ist dann beim Halten einer Position wichtig,
gerade wenn sich der Markt nicht in die erwartete Richtung bewegt. In dieser Phase
spüren Handelnde dann oft unmittelbar, ob die eigene Einschätzung zutreffend
war oder nicht, woran sich wiederum weitere positive und negative Gefühle und
diskrete Emotionen anschließen. Emotionstheoretisch lässt sich das Positionsgefühl
am ehesten als „sentiment" beschreiben, also als längerfristige affektive Disposition
gegenüber einem Objekt, beispielsweise Zuneigung, Vertrauen oder Hass (Frijda
1994; Gordon 1981), die aus den wahrgenommenen Qualitäten des Objekts (hier
also der Position) resultieren.

Im Gegensatz dazu ist das „Bauchgefühl" vor allem durch Erfahrungen aus
vergangenen Handelssituationen und in diesen Situationen wahrgenommenen
affektiven Zuständen geprägt. Es beeinflusst den Handelsprozess unmittelbar vor
der Ausführung einer Entscheidung, sowohl beim Eingehen als auch beim Auflösen
von Positionen. Das Bauchgefühl hat die Funktion eines nicht-deliberativen affek-
tiv-assoziativen „Wegweisers". Das Bauchgefühl wird von allen Befragten angeführt,
wobei auch die Körperlichkeit dieses Gefühls betont wird. Die den Sektor prägen-
den ambivalenten Einstellungen gegenüber Emotionen treten am deutlichsten mit
Blick auf das Bauchgefühl zutage. Es kann einerseits Entscheidungen herbeiführen,
kritische Situationen signalisieren und durch den Rekurs auf eigene Erfahrungen
Gegenentwürfe zu dominanten Marktmeinungen schaffen. Andererseits bergen

„Bauchentscheidungen" keine Erfolgsgarantie, das Bauchgefühl kann nicht als Legitimation gegenüber Vorgesetzten eingebracht werden, es muss hinterfragt und darf nicht überinterpretiert werden.

Emotionstheoretisch gilt das Bauchgefühl in ökonomischen Kontexten als Empfinden mit vergleichsweise geringer Informationsdichte, da die Befragten in der Regel kaum Rückschlüsse auf die Ursächlichkeit oder Informationsgrundlage des Gefühls ziehen können. Zudem ist es in der Regel nicht auf ein intentionales Objekt gerichtet, sondern stark *situativ* orientiert. Andererseits handelt es sich um ein *erfahrungsabhängiges* Empfinden und verdichtet somit die affektiven Zustände, die in vergangenen und hinreichend ähnlichen Situationen empfunden wurden. Diese Charakterisierung weist deutliche Parallelen zum Beispiel zu Konzepten der somatischen Marker (Bechara/Damasio 2005) oder der „gut feelings" auf (Gigerenzer 2007; Loewenstein/Lerner 2003), deren Bedeutung in ökonomischen Entscheidungskontexten hinlänglich dokumentiert ist.

Abschließend sei noch auf „Alltagsstimmungen" verwiesen, deren Zustande-kommen außerhalb des (beruflichen) Handelsgeschehens zu verorten ist. Alltags-stimmungen resultieren beispielsweise aus privaten Beziehungen, der Niederlage der favorisierten Fußballmannschaft oder schlechtem Wetter, können aber trotz dieser augenscheinlichen Unverbundenheit prinzipiell in jeder Phase des Handelsprozesses das Entscheiden beeinflussen. Theoretisch sind sie ein klassischer Fall von „Stim-mungen" (Schwartz/Clore 2003) und mit Bezug auf das ökonomische Entscheiden als „incidental emotions" (Loewenstein/Lerner 2003) beschrieben worden.

Modell-Dynamiken

Wir haben zu Beginn der Analyse gezeigt, wie sich die emotionale Einbettung auf den Handel mit Zahlungsversprechen niederschlägt. Abschließend möchten wir hypothetisch skizzieren, wie die während des Handelsprozesses individuell erlebten Gefühle wiederum auf die emotionale Einbettung zurückwirken. Erstens wird der Handelnde mit dem Eingehen und Auflösen von Zahlungsversprechen selbst zum beobachtbaren Objekt oder Auslöser von Emotionen anderer und trägt somit zur Genese und zum Wandel von Floorstimmungen bei (Pfeile „FTF EE" in Abbildung 1). Anhand der analysierten Daten wird plausibel, dass es grundsätz-lich entlang des gesamten Handelsprozesses – vor allem jedoch in den Phasen des Haltens und Auflösens von Positionen – verstärkt zu verbalen und nonverbalen Emotionsexpressionen („EE") in den Face-to-Face Interaktionen („FTF") eines Handelsraumes kommt. Diese Veränderung auf der Ebene der emotionalen Einbet-tung hat dann auch eine veränderte Stimmungswahrnehmung anderer Handelnder zur Konsequenz, wodurch wiederum deren Handelsprozesse beeinflusst werden. Zweitens sind durch das kollektive Eingehen und Auflösen von Positionen auch die

Parameter von Marktstimmungen der kontinuierlichen Veränderung ausgesetzt
(Pfeile „Kollektivhandeln"). Einzelne Handelnde sind üblicherweise nicht in der
Lage, Kursverläufe drastisch zu verändern. Dieser Einfluss ist eher großen Anlegern
oder Hedgefonds vorbehalten. Entscheidet sich jedoch eine kritische Marktmasse
für oder gegen ein Zahlungsversprechen (Herdenverhalten, Trendhandel), so wird
damit auch ein Wandel von Marktstimmungen initiiert: Sentiment-relevante Kurse
(z. B. VIX, Bund Future) verändern sich und damit zusammenhängend auch die
Signale von komplexeren Sentiment-Modellen. Dieser Wandel kann aber auch aus
der direkten Interaktion zwischen Handelnden resultieren, sofern sich zum Beispiel
nonverbale Emotionsexpressionen verändern (z. B. Intonation), etwa aufgrund einer
unerwartet schlechten Performance.

4   Fazit und Ausblick

Ziel dieses Beitrages war die theoretische und empirische Ergründung von Emotionen als Form der Koordination beim Handel mit Zahlungsversprechen sowie
sich daraus ergebende Implikationen für die soziale Ordnung von Finanzmärkten.
     Anhand des vorgestellten Emotionsmodells hoffen wir einerseits verdeutlicht
zu haben, dass Finanzmarkthandeln genuin von emotionalen Herangehensweisen,
Sinnstiftungen und sozialen Praktiken geprägt ist, wenn einer radikalen Ungewissheit begegnet wird. Dieses emotionale Handeln beim Handel lässt sich in seinen
Grundzügen von anderen Bewältigungsstrategien unterscheiden, wie zum Beispiel
kalkulativ-mathematische Praktiken, die im Rahmen der *Social Studies of Finance*
bereits eingehend untersucht wurden (u. a. MacKenzie/Millo 2003). Andererseits
ist die hier vorgeschlagene Perspektive dezidiert ausgerichtet auf die dynamischen
wechselseitigen Beziehungen individueller entscheidungsrelevanter Emotionen
und – sich durch die Einbettung in soziale und kulturelle Kontexte ergebende –
sozial geteilte bzw. kollektive Emotionsphänomene. Neben Emotionen, die für
soziale Interaktionen grundsätzlich sind (z. B. diskrete Emotionen), betrifft dies
auch finanzmarktspezifische Emotionen, etwa das aufgezeigte Marktgefühl als
individuelle und fühlbare Verdichtung der Wahrnehmung kollektiv konstruierter
Markt- und Floorstimmungen.
     Emotionen können demzufolge wirtschaftliches Handeln überhaupt erst initi-
ieren, Vertrauen in eigene Handelsideen und in das Marktgeschehen stiften und
positionsbezogene Marktinterpretationen zügig und für den Handel ausreichend
ermöglichen. Nicht zuletzt kann dies auch diskrete Emotionen betreffen, zum
Beispiel die durchaus essenzielle finanzmarktimmanente Bedeutung von „Gier

als ruhiger Leidenschaft" (Neckel 2011), die deutlich von gesellschaftsmoralischen Attributionen hinsichtlich dieser Emotion divergieren kann. Emotionen können aber genauso auch „trügerisch" sein, Fehlinterpretationen liefern, Händler von „sachlichen" Analysen abhalten oder eben als „spätzyklisches Fehlsignal" gedeutet werden, wie von einem Fondsmanager zum Bauchgefühl berichtet wurde. Am Ende kann man eine emotionale Entscheidung auch immer bereuen (Beckert 2006: 138). Prinzipiell, wie bei vielen anderen Koordinationsproblemen auch, liegen gerade durch die besonderen Handelsumstände auf Finanzmärkten Lösen und Scheitern sehr dicht beieinander.

Auf eine theoretische Überlegung als Ausgangspunkt weiterer Forschung wollen wir abschließend hinweisen, nämlich auf die Frage nach den Wechselwirkungen von Emotionen, wie sie hier verstanden werden, und mathematisch bzw. ökonometrisch konnotierten Praktiken des Finanzmarkthandelns (Fundamental- oder Chartanalysen bzw. Handels- oder Risikomodelle), die sich mit Callon und Muniesa (2005) als kalkulative Praktiken beschreiben lassen. Auf Basis der durchgeführten Analyse kann diese Perspektive dahingehend erweitert werden, dass auch Stimmungen und Emotionen integraler Bestandteil solcher Praktiken sind (bzw. das Entstehen von Praktiken im engeren Sinne überhaupt erst ermöglichen). Bezug nehmend auf individuelle Emotionswelten ließe sich dann einerseits fragen, inwieweit auch mit den eigenen Emotionen „zu rechnen ist". Dies kann zum Beispiel bedeuten, Emotionsmanagement dahingehend zu praktizieren, dass Emotionen den Normen und Regeln der Handelsorganisationen und Märkte am ehesten entsprechen. Andererseits ließe sich nach den Kalkulationen der Emotionen anderer bzw. der Märkte fragen. Denkbar ist dies etwa im Spektrum von kognitiven Berechnungen oder mentalen Modellen bis hin zu mathematischen Quantifizierungen von Market Sentiments (z. B. Modelle basierend auf quantitativen Analysen von „Marktgeflüster-Tweets"). Callons und Muniesas (2005) Konzept von Kalkulationen ist explizit offen gehalten für nichtmathematische Berechnungen, sodass es plausibel erscheint, hierüber auch emotionale Kalkulationen einzuführen und den vorhandenen Analysen zu kalkulativen Praktiken gegenüberzustellen. Dies erfordert auch einen Bruch mit der nach wie vor gängigen Differenzierung rationaler Kalküle und irrationaler Emotionen. Es kann durchaus rational sein, mit den Emotionen der anderen Marktteilnehmer bzw. des Marktes zu kalkulieren.

Literatur

Baecker, Dirk (2008): Womit handeln Banken? Eine Studie zur Risikoverarbeitung in der Wirtschaft. 2. Aufl. Frankfurt/M.: Suhrkamp

Bandelj, Nina (2009): Emotions in Economic Action and Interaction. In: Theory and Society 38 (4). 347-366

Bechara, Antoine; Damasio, Antonio R. (2005): The Somatic Marker Hypothesis: A Neural Theory of Economic Decision. In: Games and Economic Behavior 52 (2). 336-372

Beckert, Jens (2006): Die emotionale Konstruktion von Zuversicht bei Ungewissheit. In: Scherzberg, Arno (Hg.) (2006): Kluges Entscheiden. Tübingen: Mohr Siebeck

Beckert, Jens (2009): The Social Order of Markets. In: Theory and Society 38 (3). 245-269

Berezin, Mabel (2009): Exploring Emotions and the Economy: New Contributions from Sociological Theory. In: Theory and Society 38 (4). 335-346

Böhme, Gernot (1995): Atmosphäre. Essays zur neuen Ästhetik. Frankfurt/M.: Suhrkamp

Callon, Michel; Muniesa, Fabian (2005): Economic Markets as Calculative Collective Devices. In: Organization Studies 26 (8). 1229-1250

Corbin, Juliet; Strauss, Anselm L. (2008): Basics of Qualitative Research: Techniques and Procedures for Developing Grounded Theory. 3. Aufl. Thousand Oaks: Sage

Dequech, David (1999): Expectations and Confidence under Uncertainty. In: Journal of Post Keynesian Economics 21 (3). 415-430

Dequech, David (2000): Confidence and Action: A Comment on Barbalet. In: Journal of Socio-Economics 29 (6). 503-515

Dequech, David (2011): Uncertainty: A Typology and Refinements of Existing Concepts. In: Journal of Economic Issues 45 (3). 621-640

DiMaggio, Paul (2002): Endogenizing 'Animal Spirits'. Toward a Sociology of Collective Response to Uncertainty and Risk. In: Guillén, Mauro F.; Collins, Randal; England, Paula; Meyer, Marshall W. (Ed.) (2002): The New Economic Sociology. New York: Sage. 79-100

Durkheim, Emile (1912): The Elementary Forms of the Religious Life. London: Allen & Unwin

Esposito, Elena (2010): Die Zukunft der Futures. Die Zeit des Geldes in Finanzwelt und Gesellschaft. Heidelberg: Carl-Auer

Frevert, Ute; Wulf, Christoph (Hg.) (2012): Die Bildung der Gefühle. Zeitschrift für Erziehungswissenschaft: Sonderheft. Bd. 16. Wiesbaden: VS

Frijda, Nico H. (1994): Varieties of Affect: Emotions and Episodes, Moods, and Sentiments. In: Ekman, Paul; Davidson, Richard J. (Ed.) (1994): The Nature of Emotion. New York: Oxford University Press. 59-67

Gigerenzer, Gerd (2007): Gut feelings. The Intelligence of the Unconscious. New York: Viking

Gordon, Steve L. (1981): The Sociology of Sentiments and Emotion. In: Rosenberg, Morris; Turner, Ralph H. (Ed.) (1981): Social Psychology: Sociological Perspectives. New York: Basic Books. 562-592

Granovetter, Mark (1985): Economic Action and Social Structure. The Problem of Embeddedness. In: American Journal of Sociology 91 (3). 481-510

Hatfield, Elaine; Forbes, Megan; Rapson, Richard L. (2014): Emotional Contagion as a Precursor to Collective Emotions. In: Scheve, Christian von; Salmela, Mikko (Ed.) (2014): Collective Emotions. New York: Oxford University Press. 108-122

Kahneman, Daniel; Tversky, Amos (2000): Choices, Values, and Frames. Cambridge: Cambridge University Press

Kalthoff, Herbert; Hirschauer, Stefan; Lindemann, Gesa (Hg.) (2008): Theoretische Empirie. Zur Relevanz qualitativer Forschung. Frankfurt/M.: Suhrkamp
Lerner, Jennifer S.; Keltner, Dacher (2001): Fear, Anger, and Risk. In: Journal of Personality and Social Psychology 81 (1). 146-159
Loewenstein, George F.; Lerner, Jennifer S. (2003): The Role of Affect in Decision Making. In: Davidson, Richard J.; Scherer, Klaus R.; Goldsmith, H. Hill (Ed.) (2003): Handbook of Affective Sciences. Oxford, New York: Oxford University Press
Loewenstein, George F.; Weber, Elke U.; Hsee, Christopher K.; Welch, Ned (2001): Risk as Feelings. In: Psychological Bulletin 127 (2). 267-286
Lounsbury, Michael; Hirsch, Paul (Hg.) (2010): Markets on Trial. The Economic Sociology of the U.S. Financial Crisis. Bingley: Emerald
Luhmann, Niklas (1984): Soziale Systeme. Frankfurt/M.: Suhrkamp
Luhmann, Niklas (1988): Die Wirtschaft der Gesellschaft. Frankfurt/M.: Suhrkamp
MacKenzie, Donald; Millo, Yuval (2003): Constructing a Market, Performing Theory: The Historical Sociology of a Financial Derivatives Exchange. In: American Journal of Sociology 109 (1). 107-145
Meyer-Sickendiek, Burkhard (2011): Lyrisches Gespür. Vom geheimen Sensorium der Poesie. Paderborn: Fink
Neckel, Sighard (2011): Der Gefühlskapitalismus der Banken: Vom Ende der Gier als „ruhiger Leidenschaft". In: Leviathan 39 (1). 39-53
Pixley, Jocelyn (2004): Emotions in Finance. Distrust and Uncertainty in Global Markets. Cambridge: Cambridge University Press
Pixley, Jocelyn (Ed.) (2012): New Perspectives on Emotions in Finance. The Sociology of Confidence, Fear and Betrayal. New York: Routledge
Rimé, Bernard (2009): Emotion Elicits the Social Sharing of Emotion: Theory and Empirical Review. In: Emotion Review 1 (1). 60-85
Scheve, Christian von (2013): Emotion and Social Structures. The Affective Foundations of Social Order. New York: Routledge
Scheve, Christian von; Ismer, Sven (2013): Towards a Theory of Collective Emotions. In: Emotion Review 5 (4). 406-413
Schmitz, Hermann (1993): Gefühle als Atmosphären und das affektive Betroffensein von ihnen. In: Fink-Eitel, Hinrich; Lohmann, Georg (Hg.) (1993): Zur Philosophie der Gefühle. Frankfurt/M.: Suhrkamp. 33-56
Schwartz, Norbert; Clore, Gerald L. (2003): Mood as Information: 20 Years Later. In: Psychological Inquiry 14 (3&4). 296-303
Senge, Konstanze (2012): Über die Bedeutung von Gefühlen bei Investitionsentscheidungen. In: Schnabel, Annette; Schützeichel, Rainer (Hg.) (2012): Emotionen, Sozialstruktur und Moderne. Wiesbaden: VS. 425-444
Shiller, Robert J. (2005): Irrational Exuberance. 2nd ed. Princeton: Princeton University Press
Slovic, Paul; Finucane, Melissa L.; Peters, Ellen; MacGregor, Donald G. (2007): The Affect Heuristic. In: European Journal of Operational Research 177 (3). 1333-1352
Solomon, Robert C. (2006): Not Passion's Slave. Emotions and Choice. New York: Oxford University Press

Das Problem der Ungewissheit auf den Finanzmärkten und das Wissen um das „gute Gefühl"

Konstanze Senge

1 Einleitung und Fragestellung

Entscheidungstheoretiker wiesen dem Einfluss von Emotionen bei Entscheidungen noch bis vor Kurzem keine signifikante Bedeutung zu. Entscheidungen wurden in der Regel als ein kognitiver Prozess gesehen, mittels dessen rational kalkuliert werde, welche der aus der Entscheidung resultierenden möglichen Handlungsoptionen den größten Nutzen verspricht (Laux/Liermann 2003). Man nahm an, dass Entscheider die potenziellen Konsequenzen ihrer Entscheidungen erkennen, bewerten und auch umsetzen können und dann leidenschaftslos die beste Alternative wählen. Über die Klassifizierung möglicher Nutzen wurde zwar gemeinhin lebendig disputiert (Becker 1992; Kunz 2004; Sen 1982; Simon 1993), dennoch galt, dass die nutzenmaximierende Alternative quasi automatisch aus dem vorangegangenen Evaluationsprozess in die Tat umgesetzt werden könne. Ab den 1960er Jahre entwickelte sich mit dem Aufkommen der verhaltenswissenschaftlichen Entscheidungstheorie zwar eine ernst zu nehmende Kritik an diesem Entscheidungsmodell, doch blieben ihre Vertreter weiterhin dem Kognitivismus verpflichtet (Cohen et al. 1972): Man erkannte die kognitiven Unzulänglichkeiten von Entscheidern, zum Beispiel fehlende kognitive Fähigkeiten der Informationsverarbeitung oder Aufmerksamkeitsdefizite bei der Bewertung von Alternativen, wie auch die im Alltag anzutreffenden simplifizierenden Mechanismen der Problemlösung („satisfycing" anstelle von „maximizing utility"). Im Kern aber galten Entscheidungen nach wie vor als Ergebnis eines rationalen – wenn auch begrenzt rationalen – kognitiven Prozesses (March 1994; Tversky/Kahneman 1974).

Ausgeblendet blieb von der verhaltenswissenschaftlichen Entscheidungstheorie nach wie vor die Rolle von Emotionen bei Entscheidungsprozessen. Ab den 1980er Jahren mehrten sich die Erkenntnisse, dass Emotionen durchaus Einfluss auf Entscheidungen haben (siehe z. B. Isen/Shalker 1982; Mellers et al. 1997; Ortony et al.

1988; Wilson et al. 1989), doch erst der Aufschwung der sogenannten „Behavioral Finance" und neue Erkenntnisse in den Kognitionswissenschaften während der letzten Dekade sorgten dafür, dass man den Einfluss von Emotionen bei Entscheidungsprozessen zunehmend ernster nahm (Deppe et al. 2005; Shefrin 2007; Shiller 2000). So wiesen verschiedene Studien darauf hin, dass Emotionen, Gefühle und Stimmungen, selbst wenn sie unabhängig von der aktuellen Entscheidungssituation entstanden sind, eine nicht unerhebliche Bedeutung für das Urteilsvermögen und die Entscheidung haben. Dabei können Emotionen einen höchst unterschiedlichen Einfluss auf menschliche Entscheidungen und Bewertungen haben, auch wenn sie dieselbe Wertigkeitsspezifität (negativ/positiv) aufweisen, sodass sich die Frage nach der (sozialen) Individuierung von Emotionen stellt (Loewenstein/ Lerner 2003: 619; Lerner/Keltner 2000). Zudem brachten die Untersuchungen von Antonio Damasio und Antoine Bechara die Erkenntnis zutage, dass emotionale Defizite die Rationalität von Entscheidungen außer Kraft setzen können (Damasio 2004; Bechara und Damasio 2005). Grundsätzlich konnten George Loewenstein und Jennifer Lerner (2003) zeigen, dass Entscheidungsmodelle, in denen Emotionen als erklärende Variablen berücksichtigt werden, von höherer Erklärungskraft sind als Entscheidungsmodelle, in denen Emotionen nicht berücksichtigt werden.

Vertreter der neuen Emotionssoziologie nehmen derartige Erkenntnisse ernst und schreiben Emotionen einen wichtigen, wenn nicht gar fundamentalen Einfluss bei Entscheidungsprozessen zu (Barbalet 1998; Elster 1999; Loewenstein/Lerner 2003; Neckel 2011; Pixley 2004; Turner 2000). So gelten Emotionen unter anderem als Handlungsmotivation per se, denn sie liefern eine Evaluation sozialer Situationen und setzen diese in eine Handlungsbereitschaft um – oder eben nicht (Barbalet 1998).

Gleichwohl sind die bisherigen emotionssoziologischen Beiträge wie auch die kognitionswissenschaftlichen Arbeiten über die Bedeutung von Emotionen bei Entscheidungsprozessen aus einer genuin soziologischen Perspektive mitunter problematisch. Denn Soziologen können qua definitionem ihres Untersuchungsgegenstandes – seien dies Verhaltensweisen, soziale Handlungen, Praktiken, Kommunikation – zwar das Ausdrucksverhalten von Emotionen beobachten, einen unmittelbaren Zugang zu dem Phänomen „Emotion", also der persönlichen qualitativen Erfahrung, dem Erleben eben dieser, haben Soziologen hingegen nicht. Denn der unmittelbare Zugang zu unseren Emotionen ist ein Privileg erster Ordnung, und Aussagen über Emotionen sind immer eine Rekonstruktion höherer Ordnung als die Erfahrung der Emotion selbst (vgl. Schützeichel 2008: 84; Senge 2013: 19).

Trotz dieser methodologischen Beschränkungen bei der Untersuchung von Emotionen können wir soziologische Aussagen formulieren, warum Akteure bestimmte Entscheidungen mittels verbaler und nonverbaler Ausdrucksvarianten ex post als Gefühlsentscheidungen rahmen, andere aber nicht. Warum also verweisen Akteure in bestimmten Situationen darauf, dass Gefühle die Regie über ihre Entscheidungen übernommen haben? Der Antwort auf diese Frage soll im Folgenden nachgegangen werden. Es geht damit im Kern um die Bedeutung von Gefühlen[1] als einer kommunikativen Referenz bei der nachträglichen Beurteilung von Entscheidungsprozessen.

Anhand der Analyse von Investitionsentscheidungen am Finanzmarkt soll diese Bedeutung ermittelt werden. Dieses Forschungsfeld ist besonders interessant für die Beantwortung der oben gestellten Frage, da sich zwei disziplinäre divergierende Sichtweisen bezüglich der Bedeutung von Emotionen ausmachen lassen. Einerseits können aus Sicht der klassischen Finanztheorie Investitionsentscheidungen an den Finanzmärkten nach wie vor als emotionslose und kognitiv-evaluative Prozesse deklariert werden, andererseits aber liefern soziologische Beiträge eindeutige Belege, dass Gefühlen eine nicht zu unterschätzende Bedeutung bei Investitionsentscheidungen zukommt. Im nachfolgenden Abschnitt (2) werde ich deshalb zunächst die finanzwissenschaftliche bzw. ökonomische und soziologische Perspektive hinsichtlich der Bedeutung von Gefühlen für Entscheidungen auf den Finanzmärkten skizzieren. Anschließend werden Ergebnisse aus einem qualitativen Forschungsprojekt vorgestellt. Die Ergebnisse sollen einerseits zeigen, was professionelle Anleger über die Unzulänglichkeiten der klassischen Finanztheorie hinsichtlich der Prognose zukünftiger Marktentwicklungen berichten. Andererseits soll deutlich werden, dass die interviewten Akteure trotz der diagnostizierten Ungewissheit mit Zuversicht auf die Zukunft gerichtete Entscheidungen treffen, da sie sich auf ihr „gutes Gefühl" verlassen können (3). Der Beitrag endet mit einem Fazit, in dem die Erkenntnisse mit Blick auf die Theorie reflexiver Modernisierung diskutiert werden (4).

---

1 Von „Gefühlen" grenze ich „Emotionen" ab, die auf affektive Impulse und motivationale Strukturen während des Handelns selbst wirken, soziologisch aber nicht beobachtbar sind (vgl. die linguistische Untersuchung der alltagssprachlichen Verwendung der beiden Begriffe bei Schwarz-Friesel 2007: 140 ff.). Im Folgenden wird aus empirischen wie konzeptionellen Gründen auf den Begriff des Gefühls und weniger auf den der Emotion rekurriert. Da die Interviewten den Begriff „Gefühl" verwenden, wenn sie über „emotionale Zustände" berichten, soll in der interpretativen Rekonstruktion die In-vivo-Sprache zu Wort kommen. In der Verwendung des Terminus „Gefühl" beziehen sich die Interviewten, wie zu zeigen sein wird, auf komplexe emotionale Erfahrungen, die nicht in ihrer subjekt-immanenten Prozessierung erfassbar, nicht distinkt erfahren und von den Akteuren jenseits des reinen Verweises auf „das gute Gefühl" kaum kommunikabel sind, sondern vielmehr indefinit und diffus.

1 Investitionsentscheidungen und Gefühle: Disziplinäre Ansichten

Investitionsentscheidungen an den Finanzmärkten wurden zumeist als emotionslose und evaluativ-kognitive Prozesse beschrieben. Insbesondere die Dominanz der neoklassischen Kapitalmarkttheorie festigte die Sicht, dass es für Investoren im Prinzip kein Entscheidungsproblem gibt, da die Kurse von Wertpapieren zu jeder Zeit auf der richtigen Bewertung aller verfügbaren Informationen beruhen (Fama 1965: 94; 1970). Investoren agieren nach dieser Theorie in einem sterilen Raum, dessen Türen für Abweichungen von der rationalen Planbarkeit durch Emotionen, Fehler, Gerüchte, Unstimmigkeiten und eine stets ungewisse Zukunft verschlossen bleiben: Obwohl die moderne Finanztheorie und ihre grundlegenden Annahmen über die Effizienz der Märkte und die Rationalität der Investoren in der Vergangenheit oft widerlegt wurden (vgl. Rosenberg et al. 1985: 9 ff.; vgl. den Überblick bei Beechey et al. 2000), blieben die Annahmen der modernen Finanztheorie und insbesondere die Effizienzmarkthypothese die Norm, an der sich Akademiker und Investoren orientierten (Bernstein 2009).

Erst mit den 1990er Jahren brachten die Vertreter der sogenannten *Behavioral Finance*, einer Subdisziplin der Wirtschaftswissenschaften, Erkenntnisse hervor, die plausible Erklärungen für die Mängel der Theorie und für bisherige Abweichungen davon lieferten. Zwar bietet die *Behavioral Finance* keine abschließende Theorie des Investierens, Handelns oder Entscheidens, sondern in erster Linie Regeln für spezifische Entscheidungs- und Investitionssituationen, doch sind ihre Ergebnisse derart eindeutig und auch systematisch repliziert worden, dass mit dieser aufstrebenden Nischendisziplin eine nicht mehr wegzudenkende grundsätzliche Kritik an der modernen Finanztheorie formuliert wurde, die Anerkennung und Anwendung im modernen Finanzmanagement findet.[2] Die *Behavioral Finance* bildet einen neuen Ansatz der Kapitalmarktanalyse, der ökonomische Prozesse mithilfe finanztheoretischer, psychologischer und kognitionswissenschaftlicher Erkenntnisse beschreibt. Vertreter der *Behavioral Finance* kritisieren die Annahme einer dauerhaften Handlungsrationalität von Marktakteuren (De Bondt/Thaler 1995; Rapp 1997). Auf der Grundlage psychologischer experimenteller Studien nämlich deckten die Wissenschaftler eine Reihe von Verhaltensweisen auf, die den

---

2   Richard Thaler und Russell Fuller, zwei namhafte Vertreter der *Behavioral Finance*, gründeten das Investmentmanagement-Unternehmen *Fuller & Thaler*; Daniel Kahneman, einer der wichtigsten Begründer zentraler Annahmen der *Behavioral Finance* und Nobelpreisträger für Wirtschaftswissenschaften, ist als externer Leiter für das Unternehmen tätig (vgl. Bernstein 2009: 36; siehe auch www.fullerthaler.com).

Rationalitätsannahmen der modernen Finanztheorie widersprachen und die sich mathematisch modellieren ließen. Zu den wichtigsten Ergebnissen der *Behavioral Finance* gehören die von Amos Tversky und Daniel Kahneman entdeckten, auf Intuition und Emotionen beruhenden Heuristiken zur Komplexitätsreduzierung und zur Entscheidungsfindung, die Akteure (meist) unbewusst anwenden, um mit einem relativ geringen Aufwand zu einer schnellen, aber nicht unbedingt optimalen Entscheidung zu gelangen (z. B. Tversky/Kahneman 1974). Nach ihrer Auffassung können starke Emotionen rationale Entscheidungen einerseits verhindern (Goldberg/ von Nitzsch 1999: 24), andererseits gelten Emotionen als notwendig, um überhaupt rational agieren zu können (Bechara/Damasio 2005). Die häufig beobachteten Irrationalitäten ökonomischer Entscheidungen, die von der modernen Finanztheorie als Anomalien bezeichnet wurden, lassen sich auf der Basis psychologischer und kognitionswissenschaftlicher Erkenntnisse besser erklären (Akerlof/Shiller 2009; Shiller 2000). Die *Behavioral Finance* kann also überzeugend zeigen, dass Finanzmarktakteure Wahrnehmungs- und Urteilsheuristiken verwenden – die Frage aber, warum diese Heuristiken für die Akteure Überzeugungskraft haben, bleibt unbeantwortet. Mit anderen Worten: Die *Behavioral Finance* argumentiert verhaltenstheoretisch, nicht sinnverstehend.[3]

Auch soziologische Untersuchungen, die sich der Analyse der Finanzmärkte widmen, liefern Belege dafür, dass Emotionen eine nicht zu unterschätzende Bedeutung bei der Entscheidungsfindung zugeschrieben werden muss, und sie versuchen zu klären, warum Emotionen für Akteure in Entscheidungssituationen relevant sind (Abolafia 2002; Berezin 2005; Brügger 1999; Hassoun 2005; Knorr Cetina und Brügger 2005; Kraemer 2009; Neckel 2011; Pixley 2004; von Scheve 2009): Die Untersuchungen von Hassoun sowie von Knorr Cetina und Brügger (2005: 158) belegen eine emotionale Grundstimmung während des gesamten Handelsgeschehens und dokumentieren eine hohe affektive Präsenz im Alltag der Finanzmarktakteure. Insbesondere identifizieren sie auch einzelne Emotionen wie Furcht und Gier, die häufig das Handelsgeschehen begleiten. Hassoun beschreibt durch eine Analyse von Gestik, Mimik, Interaktionsriten und einzelnen Handlungen, dass Emotionen integraler Bestandteil von Börsenaktivitäten sind (Hassoun 2005: 103 f.). Insbesondere weist er auf die positive Funktion von Emotionen für das Börsengeschäft hin, da durch den sichtbaren Ausdruck von Emotionen die „interpersonal liquidity" erzeugt wird, was wiederum die Handelsaktivität steigert (ebd.: 114 f.). Ähnlich wie Hassoun spricht Kyrtsis (2014) in Bezug auf ein beschleunigtes Arbeitstempo in der Finanzwelt von „financial fragility", betont aber mit seinem

---

3   Dies impliziert keine Kritik an den Ergebnissen der *Behavioral Finance,* sondern an ihrem Erklärungsansatz.

Terminus die destabilisierenden Effekte einer finanzialisierten Gesellschaft. Als Folge von „financial fragility" entstehen spezifische Emotionen wie Angst und Panik. Für Kyrtsis ist daher eine Berücksichtigung von Emotionen bei der Analyse von Finanzmärkten essenziell. So betont auch Pixley (2014) die Bedeutung von Emotionen innerhalb der Finanzwelt und speziell für die „haute finance", also den Finanzbereich mit großer politischer Macht. Die Analysen von Neckel und Kraemer dokumentieren – wie die Arbeiten von Hassoun und Kyrtsis – ebenfalls einen emotional induzierten Handlungsdruck in der Finanzwelt. Ist dieser bei Neckel (2011) Resultat institutioneller Vorgaben (Renditelogik der Banken), geht Kraemer (2009) davon aus, dass Analysten bei ihren Investitionsentscheidungen „Börsenpropheten" folgen, denen sie auf einer affektiven Grundlage charismatische Eigenschaften zuschreiben. Helena Flam (2012) untersucht den Zusammenhang zwischen Arbeitsbedingungen, emotionalen Handlungen und Entscheidungsfindungen von Tradern und Investmentbankern in New York, Chicago und London. Sie beschreibt, welche Mechanismen zur Reduzierung von (emotionalem) Stress in der Finanzwelt zum Einsatz kommen, welche dann wiederum aufgrund der Finanzialisierung außerhalb der US-amerikanischen Finanzwelt ihren Niederschlag finden.

Zusammenfassend kann gesagt werden, dass Emotionen von der modernen Finanztheorie weitgehend ausgeblendet werden, dass aber empirische Beobachtungen nahelegen, Emotionen als beeinflussenden Faktor in Entscheidungssituationen ernst zu nehmen. Erkenntnisse der *Behavioral Finance* und der Wirtschafts- bzw. Emotionssoziologie bieten Gründe für die Annahme, dass für den Handel mit Finanzprodukten Emotionen eine relevante Bedeutung in Entscheidungssituationen zukommt. Dabei konnte in verschiedenen Studien nicht nur gezeigt werden, dass für Finanzmärkte einzelne Gefühle wie Gier oder Angst typisch sind und strukturbildend wirken, sondern es wurde deutlich, dass Wissen über Emotionen und Gefühle sowie über eine affektive Gestimmtheit der Märkte und der Marktakteure relevant für ein Verstehen der Funktionsweise der Finanzmärkte ist.

Die im Folgenden vorzustellenden Forschungsergebnisse knüpfen an die oben genannten wirtschaftssoziologischen Arbeiten an, indem zum einen zunächst gezeigt wird, dass Finanzmarktakteure eine deutlich kritische Position gegenüber der klassischen Finanzmarktlehre einnehmen und auf die Grenzen der Prognosekraft derselben hinweisen. Zum anderen soll durch die Rekonstruktion von Entscheidungen erkennbar werden, dass Finanzmarktakteure Gefühle figurieren, denen narrativ das Potenzial zugedacht wird, derartige Limitationen zu umgehen, und die deshalb als verlässliche Garanten des eigenen Entscheidens angesehen werden.

2 Rekonstruktionen: Kritik, Ungewissheit und Gefühle

Wendet man sich nun der Frage zu, welche Bedeutung Finanzmarktakteure ex post ihren Gefühlen bei Investitionsentscheidungen zuschreiben, so hängt die Art der Analyse und die Wahl der Methoden stark davon ab, wie Gefühle theoretisch gedacht werden können. Denn sieht man in Gefühlen zum Beispiel vor allem den körperlichen Ausdruck peripherer oder neuronaler Erregungsprozesse, so würde man in der Analyse vor allem mimetische und körperliche Reaktionsweisen in den Blick nehmen (vgl. Ekman 2010). Erachtet man hingegen Gefühle als eine Form von Wissen, so macht es Sinn, über Befragungen der involvierten Akteure Kenntnisse über die Spezifika dieser Wissensform und der Wissensinhalte zu erlangen (vgl. Illouz 2006). Mit anderen Worten, die Wahl der jeweiligen Methode verlangt methodologische Vorentscheidungen. Derartige Entscheidungen betreffen dann nicht nur das, was in welcher Form zu erheben ist, sondern auch wie das, was erhoben wurde, ausgewertet wird (Ivány 2003: 56 f.). Ziel der vorliegenden Untersuchungen ist es herauszuarbeiten, wie die Akteure ihre Erfahrungen deuten, Emotionen umschreiben und welchen handlungsrelevanten Sinn sie ihren Gefühlen zuschreiben (Honer 1994: 89 ff.; Lamnek 1988: 229 ff.). Der vorliegenden Untersuchung liegt ein phänomenologisch-kognitivistisches Emotionsverständnis zugrunde, welches Emotionen als eine eigene Kategorie versteht, die sich weder auf kognitive noch voluntative Aspekte oder körperliche Erfahrungen allein reduzieren lässt (Heller 1980), sondern als Erfahrenskomplex gedacht wird, der körperlich-leibliche, voluntative, kognitive und kommunizierbare Dimensionen des Erfahrens umfasst. Diese kommunizierbaren Dimensionen der emotionalen Erfahrungen stehen im Mittelpunkt der Untersuchung.

Empirische Grundlage der Untersuchung bilden 15 Experteninterviews mit männlichen Investoren. Zusätzlich wurden vier Interviews geführt, die offen, also nicht leitfadengestützt geführt wurden und einer ersten Annäherung an das Feld der Gewinnung von Narrationen über die alltägliche Praxis des Investierens sowie über jene Parameter dienten, die Entscheidungsprozesse beeinflussen. Auf der Basis dieser eingangs geführten vier Interviews wurden dann Hypothesen gebildet, auf deren Grundlage die weiteren Gesprächspartner und Interviewverfahren bestimmt wurden (vgl. Strauss 1991). Von Herbst 2009 bis Herbst 2010, der Kerninterviewphase, wurden dann die 15 qualitativen Experteninterviews mit Finanzmarktakteuren geführt. Diese Interviews waren als „leitfaden-orientierte" Interviews gestaltet (Meuser/Nagel 1991: 448 ff.). Der Leitfaden fokussierte drei Aspekte. Zunächst ging es darum, dass die Interviewten ausführlich ihren typischen Tagesablauf beschrieben, angefangen zum Beispiel mit dem Einschalten des Fernsehers nach dem Aufstehen bis zum Ausklang des Tages, etwa mit einem letzten Check der Schlusskurse in New York.

Auf diesem Wege wurde versucht, alle relevanten formalen Informationsquellen, die in konkrete Entscheidungen einfließen, zu kategorisieren. Der zweite zentrale Aspekt im Leitfaden zentrierte um die Frage der Gewichtung und Wertung der relevanten Informationsquellen für die Entscheidungsfindung. Beispielsweise sollte auf diese Weise herausgefunden werden, welches Gewicht Fundamentaldaten haben oder welches das Gespräch mit Fachkollegen hat. Ferner wurden die Interviewten mit markanten Kursentwicklungsbeispielen (z. B. Börsencrash 1987, Bankrott von Lehman Brothers, plötzlicher Anstieg im Jahr 2010) aus der Vergangenheit konfrontiert und nach ihren damaligen Entscheidungen und Reaktionen gefragt. Explizit vermieden wurde, nach der Bedeutung von Gefühlen zu fragen. Erst als die Interviewten von sich aus auf Emotionen oder Gefühle zu sprechen kamen, wurde auch hier versucht, mittels Nachfragen und der Aufforderung, Beispiele zu formulieren, die individuelle Sichtweise der Interviewten zu rekonstruieren. Folglich stehen und entstanden die weiter unten angeführten Interviewpassagen innerhalb eines spezifischen Gesprächskontextes. Ihre selektive Auswahl im Rahmen dieses Beitrags kann diese Kontextuierung nicht adäquat wiedergeben, sondern sie hat zum Ziel, pointierende und typische Aussagen der Interviewten hinsichtlich ihrer Deutung vergangener Investitionsentscheidungen vorzustellen.

Interviewt wurden ausschließlich männliche Finanzmarktakteure, da es keine weiblichen Finanzmarktakteure in diesem Umfeld gab. Die Interviews wurden alle in deutscher Sprache geführt. Um ein möglichst weit gespanntes Bild der individuellen Deutung von Investitionsentscheidungen zu erlangen, wurden Interviewpartner ausgewählt, die unterschiedliche Funktionen bekleideten und auf verschiedenen Hierarchieebenen ansässig waren. Das Vorgehen bei der Auswahl der Fälle entspricht dem Prinzip des „Theoretical Sampling" (Strauss/Corbin 1996). Interviewt wurden Händler und Daytrader, die am Computerhandelsplatz Investitionsentscheidungen tagesaktuell umsetzen müssen; Finanzmarktakteure, die im Kundengespräch mittel- bis langfristige Investitionsstrategien entwerfen, diese allerdings nicht selbst umsetzen müssen; sowie Top-Manager von Banken. Vier Interviews wurden mit Vertretern des Top-Managements großer deutscher Banken und Privatbanken geführt. Zu den Interviewten gehörten Chief Investment Officers (CIO). Drei Gespräche wurden mit Private Wealth Managern von Großbanken und Privatbanken geführt, die das Privatvermögen von Personen ab 25 Millionen Euro verwalten. Für zwei Interviews standen selbstständige Vermögensverwalter zur Verfügung, die mehrere eigene Aktienfonds mit einem Wert im Durchschnitt von 165 Millionen Euro managen. Gespräche fanden ferner mit Leitern sogenannter „family offices" statt, die das Vermögen reicher Familien verwalten, sowie mit Börsenhändlern, die für namhafte Investmentfirmen tätig sind. Die Interviews hatten eine Länge von 40 bis 120 Minuten. Alle Interviews wurden auf Tonband aufgezeichnet und anschließend anonymisiert und transkribiert (Dresing/Thorsten 2013). Die Dateninterpretation der Interviews erfolgte nach hermeneutischen Analyseverfahren, die es möglich machen, Erfahrungen von Alltagspraktiken zu erheben und mit Sinngebungsprozessen der Befragten vor dem Hintergrund gesellschaftlicher Strukturen zu analysieren (Hitzler/Reichertz/Schroer 1999). Dabei wurde davon ausgegangen, dass die Darstellungen der Befragten nicht die Wirklichkeit, über die sie berichten, eins zu eins widerspiegeln, sondern dass die erfahrene Wirklichkeit durch die Interpretationen der Akteure gebrochen wird (Kleemann 2005: 79).

3.1 Analyse: Kritik, Ungewissheit, Gefühle

Nähert man sich nun dem Datenmaterial mit Blick auf die Frage, wie Finanzmarktakteure ihre Entscheidungen treffen und welche Bedeutung Emotionen bzw. Gefühle zugeschrieben wird, so lassen sich eine Reihe wichtiger Beobachtungen machen, die ich entlang der folgenden zwei Unterpunkte darlegen möchte:

a. Kritik an der klassischen Finanzmarkttheorie und das Problem der Ungewissheit sowie
b. das Wissen um das „gute Gefühl".

a. Kritik an der klassischen Finanzmarkttheorie und das Problem der Ungewissheit

Alle interviewten Akteure beschreiben, dass sie in ihrem beruflichen Alltag regelmäßig mit Entscheidungssituationen konfrontiert sind, in denen sie ihre Entscheidungen nicht genau – im Sinne eines rational evaluativen Vorgehens – erklären können. Diese ungeschönte Darlegung von als krisenhaft empfundenen Situationen ist verwunderlich, da es aufgrund der Erwartungen der Kunden und der organisationalen Vorgaben, so die Auskunft der Interviewten, rational unentscheidbare Situationen eigentlich nicht geben dürfte (z. B. Interview Nr. 3 – 00:57:00; Interview 7 – 00:47:07). Derartige problematische Situationen treten für die Akteure immer dann auf, wenn ihre rational begründbare Entscheidungsprämisse nicht mehr vernünftigerweise angewendet werden kann, da sich Marktdynamiken nicht präzise genug anhand der gewählten Strategien voraussagen lassen (z. B. Interview 8 – 00:11:02; Interview 9 – 00:05:50; Interview 10 – 00:50:25; Interview 11 – 00:46:58). Dabei fällt auf, dass die interviewten Finanzmarktakteure sich meist auf verschiedene Methoden oder Strategien der Entscheidungsfindung stützen. Entsprechend erläutert Herr A, Vertreter einer Privatbank in Frankfurt am Main:

„... *Wir sind eigentlich nicht in einer Richtung tatsächlich sehr, sehr fixiert,*
dass wir sagen, wir halten genau diese Strategie für die einzig richtige, sondern,
äh, wir erkennen, dass alle oder verschiedene Marktphasen auch immer mal
wieder verschiedene Bewertungsansätze oder Bewertungsherangehensweisen
erfordern." *(Herr A, Interview 1 – 00:03:26)*

Zu den in den Interviews als bedeutsam bezeichneten Bewertungsansätzen gehören
insbesondere finanzmathematische Modelle, Fundamentalanalyse und die Chart-
analyse, zu der wiederum zahlreiche unterschiedliche Verfahren gehören. Die
Entscheidungsprämissen der hier untersuchten Finanzmarktakteure basieren auf
Regeln und Analyseinstrumenten, die auf der Basis ökonomischer bzw. finanzwissen-
schaftlicher Theorien und Methoden erstellt werden. Die Interviewpartner wenden
diese Methoden in ihrem Berufsalltag an und nutzen sie als ihr Handwerkszeug.
Es gibt zwar Unterschiede hinsichtlich der Gewichtung, ob man nun mehr mit
Fundamentaldaten arbeitet oder mit Charts, aber alle der Befragten verlassen sich
auf dieses – in der Ausbildung erlernte – Rüstzeug. Dennoch formulieren die hier
Befragten durchgängig eine Kritik an den Methoden und Theorien der klassischen
Finanzlehre, deren Lehrstellen sie immer dann zu spüren bekommen, wenn die Welt
der Märkte sich nicht mehr mit der Welt der Finanzlehre in Deckung bringen lässt.

Entsprechend erläutert Herr A, der selbst für die Erstellung finanzmathematischer
Modelle in seiner Bank verantwortlich ist, dass die Finanzmarktkrise zu einem nicht
unerheblichen Teil auf die Tatsache zurückzuführen ist, dass Finanzmarktakteure
sich unkritisch auf finanzmathematische Modelle bei ihren Investitionsentscheidungen verlassen haben:

„*Und sehr, sehr lange war es, äh, ja ausschließlich durch finanzmathematische*
Modelle geprägt. Und davon sind wir seit jeher eigentlich, äh, ein ganz, ganz
großer Kritiker. Also man erkennt jetzt gerade bei den Verwerfungen in jüngster
Zeit, ähm, auch die Schieflagen bzw. im Endeffekt die Bankenpleiten, die wir
erlebt haben, dass, äh, der viel zitierte ‚schwarze Schwan' eben doch des Öfte-
ren mal vorbeikommt, als er in der Theorie eigentlich erwartet wird. Und das
sind ganz, ganz entscheidende Dinge, dass man die eben mitberücksichtigt ...
Deshalb ist es dort schwierig, also nur rein finanzmathematisch heranzugehen,
man hat sehr, sehr oft lange Phasen der völlig irrationalen Bewertung an den
Finanzmärkten." *(Herr A, Interview 1 – 00:03:26)*

Herr A beschreibt die Situation an den Finanzmärkten, die von zahlreichen
Bankenpleiten, der Immobilienblase in den USA und dem Zusammenbruch des
Finanzsystems gekennzeichnet war, als eine Zeit der Verwerfungen. Mit „Verwer-

fung" spricht er jenes Verhalten von Finanzmarktakteuren an, die sich unkritisch auf finanzmathematische Modelle verlassen und eben nicht berücksichtigen, dass der „schwarze Schwan" eine wichtige Rolle für die Märkte spielt. Die Bedeutung des „schwarzen Schwans" für die Finanzmarktentwicklung drückt sich in der metaphorischen Sprache des „öfteren Vorbeikommens" aus. Gemeint ist damit – wenn man die Publikation Talebs (2008) zugrunde legt, der diese Metapher in der Finanzwelt bekannt gemacht hat –, dass die bekannte Ordnung, die sich durch finanzmathematische Modelle berechnen und kalkulieren und damit auch handhabbar machen lässt, häufiger von einer anderen Ordnung durchbrochen wird, die man nicht berechnen kann und die deshalb als irrational gilt. Trotz dieser vordergründigen Irrationalität lässt sich aus der vorangegangenen Interviewpassage insofern eine Ordnung ablesen, als die Phasen der Irrationalität wiederkehren und damit zumindest in ihrem Auftreten eine Regelmäßigkeit aufweisen. Für Herrn A sind das *„ganz, ganz entscheidende Dinge, dass man die eben mitberücksichtigt"* (Herr A, Interview 1 – 00:03:26), nämlich das regelmäßige Durchbrechen der rationalen Ordnung und das Bewusstsein für die zeitweilige Irrationalität von Marktphasen (ebd.). Beides wird in den finanzmathematischen Modellen und damit von den Nutzern derselben nicht berücksichtigt. Die finanzmathematischen Modelle suggerieren eine Klarheit, die es nicht gibt, und die Komplexität der Märkte wird

> *„absolut vereinfacht dargestellt und in diesen vereinfachten Modellen, denkt man dann, könnte man also die Realität der Finanzmärkte pressen." (Herr A, Interview 1 – 00:04:28)*

Als Konsequenz einer derart vereinfachten Darstellung stehen dann diejenigen, die

> *„sich ausschließlich mit finanzmathematischen Modellen beschäftigen, ähm, ja, relativ ratlos vor ihren Bewertungsmodellen und sehen ihr Vermögen, im wahrsten Sinne des Wortes, dahinschmelzen." (Ebd.)*

Deutlich wird an diesen Passagen eine scharfe Kritik an der reinen finanzmathematischen Bewertung der Wertpapierentwicklung. Deutlich wird im Verlauf des Interviews auch eine explizite Distinktion von jenen Anlagemanagern, die sich nur auf diese Modelle verlassen. Herr A veranschaulicht dies an dem Beispiel eines Fondsmanagers, der überwiegend mit finanzmathematischen Modellen arbeitet, aber von der Anlageempfehlung des Modells plötzlich nicht mehr überzeugt war. Herr A deutet diesen Sinneswandel:

> *„Aber weil er wiederum seinen Kopf eingeschaltet hat und hat die Realität sich
> angeschaut, ist er dazu übergegangen und hat sein Modell plötzlich einfach, ja,
> man muss sagen: fast intuitiv oder willkürlich, äh, manipuliert oder verändert."*
> *(Herr A, Interview 1 - 00:06:18)*

Herr A unterscheidet hier ein kopfloses Anlagemanagement von einem überlegten
Anlagemanagement. Ersteres steht für eine finanzmathematische Orientierung,
letzteres für eine intuitive Orientierung an der Realität.

Ähnlich wie Herr A in Interview Nr. 1 gehen auch andere Interviewte auf
Distanz zur klassischen Finanzlehre. Es finden sich zum einen stark abfällige
Bemerkungen über die Hochschulausbildung der Ökonomen von einem Leiter
eines Family Office wie:

> *„Diese ganzen VWLer-, BWLer-Typen. Die sind ja richtig die Pest."* *(Herr B,
> Interview Nr. 2 - 00:13:18)*

Zum anderen zeigt sich die Kritik auch indirekt über Sympathie mit und in der
Anerkennung von den Ergebnissen der Behavioral Finance, welche die langjährige
Erfahrung des Interviewten bestätigen:

> *„Also Sie, ich weiß nicht, ob Sie dieses Buch kennen von dem Herrn Goldberg
> ‚Behavioral Finance'. Der beschäftigt sich genau, genau mit diesem Thema
> auch ... Und da ist im Prinzip genau auch das Thema, ähm, aufgezogen, in
> dem Sinne, dass er eben auch mit vielen Leuten gesprochen hat ... Und da
> wird im Prinzip das bestätigt, was ich jetzt seit 15 Jahren weiß. Und ich hab
> nun auch schon die Asienkrise gehabt. Also wir haben ja auch, was die Kurse
> angeht, wir haben ja alle Zyklen hinter uns. Wir hatten einen Golfkrieg, eine
> Asienkrise, eine Russlandkrise, wir hatten einen Einsturz der Türme, wir
> hatten eine Hightechblase, die geplatzt ist."* *(Herr C, Interview Nr. 3 - 00:52:22)*

Für den Interviewten sind die Erkenntnisse der *Behavioral Finance* keine Überra-
schung, sondern liefern eine Erklärung für Beobachtungen, die er insbesondere in
extremen Marktphasen gemacht hat. Der Interviewte schätzt die wissenschaftlichen
Erkenntnisse des Herrn Goldberg, auf den er mehrfach im Interview Bezug nimmt,
und kritisiert die klassische Finanztheorie für ihre häufig realitätsfernen Prognosen.
Dieses Wissen um die Fehlbarkeit finanzmathematischer Berechnungen wird sodann
als allgemein anerkanntes Wissen in Bankenkreisen beschrieben, was aufgrund
normativer organisationaler Vorgaben öffentlich nicht zugegeben werden darf:

„Also ... in den offiziellen Berichterstattungen, die von ... höchster Ebene kommen aus den Firmen, wird man das [die Realitätsferne der finanzmathematischen Modelle] auch nie zugeben ... Also das ist ein Punkt. Das werden, das werden die nie, nie tun ... Weil, ähm, so was kann ... ein Haus gar nicht zugeben, weil dann sofort der Punkt hochkäme: Wir arbeiten unprofessionell. Also dieser, diesen Geruch will man natürlich gar nicht haben. Das heißt also, diese Punkte wird man hochoffiziell nie hören. Aber, ähm, in der Öffentlichkeit durch Gespräche, die man selber auch führt und so, ist das deutlich präsenter. Wie gesagt – und selbst die Bild-Zeitung nimmt ja solche Dinge mit auf." (Herr C, Interview Nr. 3 – 00:57:00)

Entsprechend wird auch die Figur des *homo oeconomicus*, die der klassischen Finanztheorie zugrunde liegt, kritisiert. Herr D, Private Wealth Manager einer großen deutschen Bank, wendet sich mit deutlichen Worten gegen die Rationalitätsannahme, die mit dem *homo oeconomicus* verbunden wird:

„Das, was wir beschreiben, ist eine Reduktion in Richtung homo oeconomicus, weil wir wissen, dass unser Verhalten höchst subjektiv ist." (Herr D, Interview Nr. 4 – 00:54:12)

Ferner beschreibt Herr D, dass Akteure der Finanzbranche insbesondere in Entscheidungssituationen, in denen sie unter Druck stehen, automatisch in „tradierte Verhaltensweisen" zurückfallen, worunter er das zuvor beschriebene „subjektive", für ihn nicht logisch herleitbare Verhalten fasst:

„Mir ist bisher noch kein Mensch begegnet, der so rational in der Form über einen dauerhaften Zeitraum ... rationale Entscheidungen trifft, und erst recht nicht, und das haben wir in der Finanzbranche auch, wenn der Druck so groß wird, dann fällt man in tradierte Verhaltensmuster zurück ..." (Herr D, Interview Nr. 4 – 00:56:09)

Aus diesen Interviewpassagen wird ersichtlich, dass die Interviewten eine deutliche Distanz zu den Lehren der klassischen Finanzmarkttheorie formulieren. Die zentrale Kritik richtet sich dabei vor allem auf die Idee der Berechenbarkeit von Marktentwicklungen, auf die Rationalitätsannahme von Marktordnungen und auf das Menschenbild des *homo oeconomicus*. Während die Interviewten gegenüber der Interviewerin sehr offen darüber sprachen, dass die von ihnen angewandten Grundlagen Lücken aufweisen, gilt gleichzeitig die Maxime, dass diese Offenheit in offiziellen Verlautbarungen nicht an der Tagesordnung ist. Die offiziellen organisationalen Vorgaben folgen – metaphorisch gesprochen – dem Skript der Finanzlehre: Marktbewegungen sind weitgehend berechenbar und kalkulierbar, die Ordnung der Märkte folgt Regeln – und diese sind im Großen und Ganzen bekannt. Aber allen Gesprächspartnern ist bewusst, dass es regelmäßig Situationen und auch Marktphasen gibt, in denen die Modelle außer Kraft gesetzt werden müssen, und dass die vermeintlich rationalen Entscheidungen eine Art ausgesparten Rest aufweisen, der gerade nicht rational erklärt werden kann (Stäheli 2007). Das heißt, die Marktakteure sehen sich häufig mit dem Problem der Ungewissheit konfrontiert, das es zu „lösen" gilt.

Ungewissheit in Entscheidungssituationen wird von den Akteuren auf verschiedene Ursachen zurückgeführt. So ergibt sich beispielsweise für Herrn D ein Entscheidungsproblem aus einem Informationsüberfluss, sodass nicht mit Gewissheit gewusst werden kann, welche die wichtigen Informationen sind:

„... Vieles wird transportiert an Information, überall sind Informationen erhältlich, wir haben einen information overflow, also einen Überfluss an Informationen, jetzt gilt es eigentlich eher, die richtigen Dinge 'rauszufiltern für sich und daraus die richtigen Handlungsstränge abzuleiten, und ich glaub', da sind auch ganz viele, auch im direkten Investment Banking oder auch im Handel von einzelnen Aktien betroffen, dass sie genau in dieser Situation zu viele Informationen haben ..." (Herr D, Interview 4 – 00:54:12)

Herr D erklärt diesen Informationsüberfluss unter Rückgriff auf neurologische Vorgänge des Gehirns und zitiert (wie Herr C) im Interview mehrmals Erkenntnisse der Behavioral Finance. Die entstehende Ungewissheit aufgrund von Informationsüberfluss begründet er wie folgt:

„... Und dann ist auch da wieder das Limbische System, das uns in dieser Situation hilft. Das Gehirn macht dicht, weil zu viele Informationen auf einen einprasseln ..." (Ebd.)

Für Herrn G, der wiederum viel mit den Charts arbeitet, entsteht die Ungewissheit aufgrund von Timing-Fragen. Zwar geben die Charts Punkte des Kaufens und Verkaufens vor, doch Herr G hält sich nicht immer an die Charts, um derart den ökonomischen Profit zu steigern:

„Emotional ist zum Beispiel, wenn ein Wert steigt: Wann verkaufe ich? Das kannst du strategisch festlegen zu bestimmten Punkten: Dann verkauf ich, dann verkauf ich, dann verkauf ich, aber du kannst auch sagen: Wenn ich jetzt *vielleicht warte, und es steigt weiter so, dann verlasse ich ja meine Strategie. Aber der Gewinn ist vielleicht höher."* (Herr G, Interview 7 – 00:30:48)

Von anderen Akteuren werden als Ursachen für Ungewissheit ebenfalls Timing-Aspekte genannt (z. B. Herr D, Interview 4 – 00:06:31; Herr E, Interview 5 – 00:25:25), aber auch fehlendes Wissen (z. B. Herr N, Interview 14 – 00:41:14), Komplexität (z. B. Herr A, Interview 1 – 00:04:28; Herr D, Interview 4 – 00:54:12), unvorhersehbare Entwicklungen (z. B. Herr F, Interview 6 – 00:17:33) sowie die Reziprozität der Perspektiven der Marktakteure und die damit einhergehende Rückbezüglichkeit von Markthandlungen (z. B. Herr J, Interview 10 – 01:11:40; Herr G, Interview 7 00:43:24; Herr H, Interview 8 – 00:08:10) und last but not least gesteigerte Gefühle wie Gier oder Übermut, die einer rationalen Kalkulation im Wege stehen können (z. B. Herr J, Interview 10 – 01:13:51). Es gibt also vielfältige Gründe, warum Marktentwicklungen nicht ohne Weiteres prognostiziert werden können. Aber anders als von der klassischen Finanzlehre vorgegeben, können diese Ungewissheiten gerade nicht in ein berechenbares Risiko überführt werden. Wie die Akteure berichten, wird Ungewissheit gerade nicht reduziert, sondern bleibt bestehen und stellt die Akteure vor ein Entscheidungs- bzw. Handlungsproblem. Und genau in diesen Situationen, in denen die Akteure mit der Ungewissheit angesichts zukünftiger Entwicklungen konfrontiert werden, beschreiben die Interviewten, dass sie sich typischerweise auf ihr „gutes Gefühl" verlassen. Auf die Bedeutung dieses „guten Gefühls" soll im Folgenden der Fokus der Analyse gerichtet werden.

b.   Das Wissen um das „gute Gefühl"

Im Folgenden werden ex post Beschreibungen der Befragten aus dem Interviewmaterial rekonstruiert, aus denen hervorgeht, wie die Akteure das für sie bestehende Entscheidungsproblem aufgrund von Ungewissheit lösen. Der Begriff „Problem" verweist an dieser Stelle auf die Situation, dass es in jeder Entscheidungssituation formal vielfältige Möglichkeiten gibt, wovon aber in der jeweiligen Situation nur eine realisiert wird. Wie zu zeigen sein wird, erfüllt das „gute Gefühl" eine wichtige Funktion in derartigen problematischen Entscheidungssituationen.

Herr E, CIO einer Privatbank in Frankfurt am Main, hat ein solches Modell für seine Bank entworfen. Er folgt bei seiner Beschreibung streng den Empfehlungen des Modells, das er als „starr" bezeichnet. Gleichwohl räumt er Schwächen des Modells ein. So bemerkt Herr E, dass er sein finanzmathematisches Modell in Depressionsphasen und starken Rezessionsphasen außer Kraft setzen muss, da diese durch das Modell in der real erfolgten Dynamik und Volatilität nicht abgedeckt werden. Im Juli 2008 traf Herr E deshalb folgende Entscheidung: *„Ich setzte sozusagen das Modell außer Kraft, bewusst."* (Herr E, Interview 5 – 00:06:22) Eine Entscheidung, die sich rückblickend als unzweifelhaft richtig erwiesen hat. Problematisch erwies sich die Rückkehr zum Modell, da der Markt sich außergewöhnlich rasch erholte, was zwar von dem Modell mit entsprechenden Empfehlungen beantwortet wurde, von Herrn E aber fälschlicherweise nicht als realistisch eingeschätzt wurde. Dadurch konnte er die positive Marktentwicklung nicht entsprechend für sich nutzen. Obwohl die Entscheidung des temporären Aussetzens des Modells richtig war, da Herr E so einen großen Verlust vermieden hat, bedauert er dieses Aussetzen, weil er damit seine Strategie verlassen hat. Zudem besteht ein juristisches Risiko für den Fall, dass das Außer-Kraft-Setzen des Modells zu finanziellen Verlusten der Kunden führt. Herr E betont deshalb ausdrücklich, dass das Aussetzen *„in ein paar Jahren eigentlich nur ein Mal vorkommen [sollte] – oder vielleicht zwei Mal"* (Herr E, Interview 5 – 00:23:00). Die Abkehr von der bewährten Strategie wird also zum einen als negativ beurteilt, zum anderen aber auch als notwendig. Denn das Modell ist für bestimmte Krisenzeiten nicht gerüstet, weshalb Herr E an der Verbesserung seines Modells arbeitet.

Wichtig für die hier interessierende Frage ist die Tatsache, dass die Zeitpunkte, an denen das Modell außer Kraft gesetzt wird, nicht als vom Modell berechnet, sondern als *gefühlsinduziert* dargestellt werden. So betont Herr E, für das richtige Eingreifen *„braucht [man] schon eine gewisse Erfahrung und das Gefühl für die Situation".* (Herr E, Interview 5 – 00:23:20) Erfahrung und Gefühl gehen für Herrn E Hand in Hand. Erfahrung und Gefühl sind immer dann von Bedeutung, wenn Situationen nicht mehr adäquat in der Logik der gewählten Strategie erfasst werden können. Erfahrung braucht man, *„um einfach abschätzen zu können, was überhaupt möglich ist"* (ebd.). Das Gefühl sagt einem dann, *„wann der richtige Zeitpunkt ist, [vom Modell] eventuell abzuweichen".* (Herr E, Interview 5 – 00:25:25) Herr E betont, dass er sich zwar auf sein Gefühl verlassen kann, dass aber dennoch immer eine gewisse Ungewissheit in der Entscheidungssituation zugegen ist. Um diese Ungewissheit außer Kraft setzen zu können, benötigt Herr E Zuversicht und auch das „richtige Gefühl", dass seine Entscheidung für ihn positive Konsequenzen haben wird. Das „richtige Gefühl" ist eine Kompetenz, über die Herr E verfügt:

> *„Ich glaube schon, dass ich das [richtige Gefühl] habe, aber man muss auch ein bisschen demütig sein dahingehend, dass man sich einfach darüber klar sein muss, durch welche Situation auch immer man halt doch ein etwas anderes Bild bekommt, wie es dann halt ist."* (Herr E, Interview 5 – 00:35:08)

Das Gefühl für die Situation wird von Herrn E immer dann bemüht, wenn den offiziellen Vorgaben (des Modells) zuwidergehandelt wird. Das „gute Gefühl" wird also dann als handlungsleitend interpretiert, wenn die objektiven Bewertungsmaßstäbe versagen. Zugleich räumt Herr E ein, dass er gegenüber seinen Gefühlen auch Vorsicht walten lässt, weil auch er sich täuschen kann. Die Ungewissheit wird also nur ausgeblendet, kann aber nicht reduziert werden.

Ähnlich wie für Herrn E gelten auch für Herrn F Gefühle als zentrale Mechanismen, um trotz Ungewissheit eine Grundlage für Entscheidungen zu haben:

„Es [das Gefühl] ist Wissen oder anders herum. Sie stehen am Strand, rechts ist noch die Sonne. Sie haben am Strand gelegen. Es ist schön warm. Und auf der anderen Seite, da ganz hinten, kommt so irgendwas Komisches, diesig, man weiß nicht genau, ist es Gewitter oder nicht? Weiß man nicht genau. Nicht? Und es kommt ziemlich schnell näher. Und Sie denken: Ahhh, eine halbe Stunde kann ich noch schön am Strand liegen, nicht? Weil – es ist ja alles schön sonnig. So, diese, diese, diese, diese Dinger. Da kommt irgendwas. Wann es kommt, ob es kommt, vielleicht zieht es auch vorbei, Sie wissen es nicht genau. Aber das ist das, was ich so als Gefühl meine ..." (Herr F, Interview 6 – 00:31:53).

In diesem Zitat beschreibt Herr F ein Bild einer Situation, in der eine Person an einem Strand liegt und möglicherweise ein Gewitter aufzieht. Auffällig ist, dass das, was Herr F in diesem Bild als „Gefühl" bezeichnet, keine distinkte Emotion wie „Angst", „Freude" oder Ähnliches ist. Vielmehr steht der Begriff „Gefühl" hier synonym für die Deutung einer unspezifischen Datenlage, nämlich ob ein Gewitter aufziehen wird oder nicht. Trotz dieser ungenauen Datenlage betont Herr F:

„Nur, Sie müssen reagieren, weil es ums Geld geht. Wenn das Gewitter erst mal da ist, wenn Sie am Strand sind und Sie haben es verpennt, weil Sie noch baden wollten oder keine Ahnung, was Sie da machen wollten. Und auf einmal kommt das Ding und des platscht. Dann sind Sie klitschenass und Sie müssen vom Strand mit dem ganzen Zeug, was Sie haben, ins Auto, in Ihr Haus reingehen. Dann sind Sie total nass und es ist zu spät. Und ... anders herum das Gefühl, das ihnen sagt: aufstehen, packen, nach Hause gehen. Und dann ist dieses Ding gut." (Herr F, Interview 6 – 00:32:47)

Auch in diesem Zitat wird deutlich, dass ein kognitives Nichtwissen zwar zugestanden wird, dass aber dennoch die Entscheidung am Ende vermutlich die richtige sein wird: *„Und dann ist dieses Ding gut."* (Ebd.)

Herr G, der vorwiegend mit der Charttechnik arbeitet, äußert sich sehr kritisch gegenüber den Empfehlungen der Analysten und kommt für sich zu dem Schluss,

„dass von allen Empfehlungen, die von Investmentbanken ausgesprochen werden, vielleicht 50 Prozent zutreffen. Also es ist schon ein Glücksspiel. 50 treffen, also in der Regel 40 bis 60 der Prognosen treffen zu, 40 bis 60 fallen aus, stimmen nicht." (Herr G, Interview 7 - 00:19:39)

Neben den häufig unzutreffenden Prognosen der Analysten entsteht für ihn eine weitere Ungewissheit durch die für die Prognose verwendeten Charts. Herr G räumt ein, dass man die von den Charts vorgegebenen Punkte auch *„dehnen"* kann (Herr G, Interview 7 - 00:31:15), dass es nämlich keinen eindeutigen Punkt gibt, an denen man sicher wissen kann: jetzt gilt es zu kaufen oder zu verkaufen. Trotz dieser Ungewissheiten betont Herr G, dass es wesentlich ist, überhaupt Entscheidungen zu treffen, auch wenn man nicht immer die beste Entscheidung trifft. Für Herrn G steht fest, dass ein guter Investor ein „gutes Gefühl" braucht. Das „gute Gefühl" fixiert quasi den Punkt, an dem gekauft und verkauft wird, und belegt die Kompetenz des erfolgreichen Investors – trotz zugestandenem kognitiven Nichtwissens.

„Man glaubt, vieles zu wissen. Man glaubt immer, in die Zukunft gucken zu können. Ich glaub', das glauben alle, die an der Börse arbeiten. Ich glaub', diesen Glauben, den brauchst du auch irgendwie, sodass du sagst, hey, ich hab' zu 70, zu 80 Prozent immer richtig gelegen, ich hab' die Wahrheit gefressen, ich hab's in mir, ich kann's irgendwie ... Und emotional ist einfach: Was glaube ich, was passiert? Und das ist, irgendwie, keiner weiß es wirklich." (Herr G, Interview 7 - 00:25:49)

In diesem Interviewzitat zeigt sich sehr deutlich, wie notwendig der Glaube an die Richtigkeit der eigenen Entscheidungsfindung ist, um in dem Geschäft überhaupt tätig zu werden. Das prinzipielle Nichtwissen um die Richtigkeit der getroffenen Entscheidungen muss dabei immer wieder ausgeblendet werden. Gleichzeitig aber kann Herr G das prinzipielle Nichtwissen nicht durchgängig leugnen. Dem Wechsel im Bewusstwerden von Wissen und Nichtwissen entspricht ein Wechsel in der Bewertung von Marktdynamiken, nämlich auf der Basis der Charttechnik oder auf der Basis von Gefühl. Insbesondere bei unübersichtlichen Marktentwicklungen betont Herr G, dass man *„dann schon nach dem Gefühl entscheiden muss irgendwie, hmm, was machen die jetzt?"* (Herr G, Interview 7 – 00:43:24) Und resümierend stellt er fest:

„Also ich glaub' schon, also ich hab' viel, ich glaub', wahrscheinlich mehr als erlaubt ist, aus dem Gefühl heraus irgendwie entschieden ..." (Herr G, Interview 7 - 00:47:07)

Für Herrn G gilt also – vergleichbar mit den zuvor dargestellten Fällen –, dass er mit einer Strategie arbeitet und es ihm wichtig ist, dieses strategische Vorgehen zu betonen. Für ihn sind es die Charts, die sein Handeln zunächst leiten. Die Charts geben typische Verläufe von Kursentwicklungen wider. Die Schwierigkeit mit der Arbeit der Charttechnik besteht darin zu entscheiden, wie oft sich Muster wiederholen und wie genau die von den Charts angezeigten Punkte tatsächlich von der Realität abweichen (können). Für diese kniffligen Situationen ist laut Herrn G ein „gutes Gefühl" vonnöten. Auch hier werden Gefühle pauschal ins Feld geführt, wenn die Strategie keine definitive Anleitung für Entscheidungen gibt.

Das richtige Gefühl für die Situation oder auch das „Gefühl für den Markt" sind typische Deutungen für Situationen, die man rational nicht genau erklären kann. So weiß beispielsweise auch Herr M über einen erfolgreichen britischen Investor zu berichten:

> *„… dann hat er den European Großfonds bei Baring übernommen und hat sich nach, hat den auf Nummer 1 gebracht, und nicht durch Zufall, sondern weil er eben, weil er, ich sage mal, das Gefühl für Märkte hat. Der, ich, man weiß gar nicht genau, wie er arbeitet, nach was für einem Ansatz. Aber er hat eben das: ein wahnsinniges Gespür für Märkte, die meistens richtig zu sehen. Hat ihn auf Nummer 1 gebracht …" (Herr M, Interview 13 – 00:45:09)*

In der Deutung der Interviewten transzendieren Gefühle eine Lücke der Rationalität. Trotz der Ungewissheit der Entscheidungssituation zeigen die Akteure Zuversicht, dass sie die richtige Entscheidung treffen. Die richtige Entscheidung begründen sie dabei nicht kognitiv, sondern durch das „gute Gefühl". Zuversicht und das „gute Gefühl", obwohl handlungsleitend, weisen jedoch eine gewisse Janusköpfigkeit auf. Denn die Aussagen der Befragten dokumentieren auch, dass die gefühlte Zuversicht kognitiv nicht gewusst werden kann. Kognitivem Wissen wird damit zwar ein höherer Gewissheitsgrad zugeschrieben als einer emotionalen Deutung der Situation, dennoch ist das gefühlte Wissen gerade in Situationen der Ungewissheit handlungsleitend und ausschlaggebend.

4 Diskussion und Fazit

Für die hier vorgestellten Fälle bleibt festzuhalten, dass alle Interviewten berichten, ihre Entscheidungen primär strategisch zu treffen. Sie legen dar, dass sie sich möglichst streng an rationalen Techniken der Marktanalyse orientieren. Diese Logik wird nur ungern aufgegeben, auch wenn erkennbar wird, dass ein Abweichen von der gewählten Strategie im Sinne der Profitmaximierung sinnvoll ist. Es zeigt sich deshalb in der Begründung des Entscheidens ein Mäandern zwischen Strategie und Gefühl. Gefühlsinduzierte Entscheidungen können nicht als strategisch bezeichnet werden, da sie keiner klaren Regel folgen, die objektiv zu bezeichnen wäre. Entscheidungen werden immer dann als gefühlsinduziert beschrieben, wenn die Entscheidungssituation durch starke Ungewissheit bzw. Nichtwissen geprägt ist. Ab welchem Punkt der Blick in die unbekannte Zukunft aus Sicht der Akteure als Blick ins Ungewisse interpretiert wird – also ab welchem Grad von Ungewissheit – und auch die Frage, wie man einen solchen Grad bestimmt, wird von den Akteuren in den Interviews nicht reflektierend artikuliert bzw. kann aus dem Datenmaterial nicht erschlossen werden. Aus soziologischer Perspektive aber gilt für Investitionsentscheidungen an den Finanzmärkten, dass diese prinzipiell von fundamentaler Ungewissheit begleitet sind. Fundamentale Ungewissheit entsteht insbesondere durch die Reflexivität sozialer Interaktionen und trifft auf Situationen zu, in denen weder alle Umweltzustände bekannt sind, noch den bekannten Umweltzuständen Wahrscheinlichkeiten zugerechnet werden können (Beckert 2013; Beckert/Berghoff 2013; Dequech 1999: 415 f.; Apelt/Senge 2014). Etwaige Differenzierungen von Ungewissheitsgraden wurden von den Akteuren nicht angesprochen. Sie beschreiben Entscheidungen als gefühlsinduziert, bei denen sie subjektiv unsicher waren. Die Tätigkeit des Investors verlangt jedoch, auch in diesen unsicheren Situationen Entscheidungen zu treffen. Um dieser normativen Vorgabe Folge zu leisten, werden nicht-rationale Entscheidungsprämissen bemüht, die der offiziellen institutionellen Norm einer rationalen Begründbarkeit von Investitionsentscheidungen zuwiderlaufen. Statt der offiziell erwarteten alleinigen Dominanz kognitiv-evaluativer Entscheidungsprämissen bei Investitionsentscheidungen geben in der Deutung der interviewten Finanzmarktakteure auch informelle Entscheidungsprämissen wie Gefühle dem Investitionsalltag seine Struktur.[4] Damit wird ein spezifisches Gefühlsmanagement von Finanzmarktakteuren sichtbar, das insofern überrascht, als man gerade in diesem, an Zahlen und Fakten orientierten Milieu einen eher kontrollierten Umgang mit Gefühlen erwarten würde. Die eingangs gestellte Frage nach der Bedeutung des retrospektiven kommunikativen Verweises auf Gefühle kann damit dahingehend beantwortet werden, dass der Verweis auf Gefühle offenbar

---

4 Man kann hier eine Parallele zu den Erkenntnissen sehen, die im Rahmen der Finanzsoziologie gewonnen wurden, mit denen die Lokalität von Regeln, das Problem des Regel-Folgens und das Bemühen um das Bewahren von Ordnung hervorgehoben werden (Kalthoff 2009). Allerdings müssten für eine nachhaltige Plausibilisierung die hier analysierten Daten durch eine praxeologische Analyse ergänzt werden.

legitimiert, kognitives Nichtwissen zuzugeben und ein gefühlsbasiertes Wissen dem kognitiven Nichtwissen gegenüberzustellen.

Dabei, dies sei noch einmal anschließend hervorzuheben, ist nicht beantwortbar, ob die sprachlichen Ausdrucksweisen von Gefühlen der emotionalen Erfahrung entsprechen. Denn das Reden über Gefühle ist immer eine Rekonstruktion höherer Ordnung als die Erfahrung der Emotion selbst. Das Ereignis der emotionalen Erfahrung ist unwiederbringlich verloren (vgl. ähnlich Reichertz 1996: 84 f.). Die retrospektive Erfassung von Gefühlslagen ist dabei – ähnlich wie jede andere retrospektive Erfassung von Ereignissen – immer kritisch zu bedenken. Fest steht aber, dass es für die Akteure offenbar gute Gründe gibt, vergangene Erfahrungen mit Bezug auf Gefühle kommunikativ zu rahmen.

Deutet man die Untersuchungsergebnisse abschließend innerhalb eines gesellschaftstheoretischen Zusammenhangs, so dürfte es für die Emotionssoziologie im Besonderen und die Soziologie im Allgemeinen durchaus von Interesse sein, mit Gefühlen typische Begründungslogiken für Entscheidungen auf dem Finanzmarkt zu identifizieren. Denn es deutet sich darin an, dass die für die Moderne legitimierten und abgesicherten Begründungslogiken von Entscheidungen und Handlungen, insbesondere der Appell an Rationalität, Nachprüfbarkeit und damit Wissenschaftlichkeit, möglicherweise brüchig werden. Wie die Analyse zeigt, werden rational nicht entscheidbare Situationen zwar dennoch entschieden, jedoch nicht, indem bessere Techniken der Kontingenzbewältigung entwickelt werden und derart das Rationalitätsmodell verbessert wird. Vielmehr stoßen die Akteure an eine Grenze der Rationalität – und die Unvorhersagbarkeit der Zukunft wird eingestanden. Um diese Limitationen zu transzendieren, werden nicht-kalkulative soziale Mechanismen der Kontingenzbewältigung bemüht: nämlich das „gute Gefühl", dass die Entscheidung richtig sei, und die Zuversicht, dass die Zukunft so eintreten wird, wie erwartet. Diese Mechanismen helfen, mit der fundamentalen Ungewissheit umzugehen. Das „gute Gefühl" und Zuversicht können als „fiktionale Erwartungen" verstanden werden, durch die Visionen der Zukunft, vorangegangene Erfahrungen und Einflüsse der Handlungssituation sich gegenseitig in einer spezifischen Entscheidungssituation beeinflussen (Beckert 2016, 2013, 2006). Damit greifen die Akteure am Finanzmarkt angesichts einer nicht durchgängig geordneten und erklärbaren sozialen Wirklichkeit auf andere, eher vormoderne Praktiken der Kontingenzbewältigung zurück, und zwar auf Gefühlsentscheidungen. Die Anpassungsleistungen der Akteure verlassen damit den kategorialen Rahmen der Moderne (Beck et al. 2004: 52). Ein zentrales Basisprinzip der Moderne, die rationale Begründbarkeit von Entscheidungen, wird derart zumindest temporär aufgehoben. Der Geltungsanspruch dieses Prinzips wird zwar nicht aufgegeben, sondern in den Interviews immer neu bestärkt – und er offenbart sich insbesondere auch in den von den Interviewten thematisierten institutionellen und organisationalen Vorgaben. Jedoch zeigt sich bei einer genauen Betrachtung ebenso die stete Anerkennung von Ungewissheit, Nicht-Wissen und Dissens. Ungewissheit, Nicht-Wissen und Dissens werden zu zwar seltenen, aber doch normalen, d.h. erwartbaren Phänomenen. Und genau durch diese Normalitätszuschreibung verändern diese Phänomene nach Beck et al. ihre Bedeutung (ebd.: 27). Denn es wird nicht mehr die Herrschaft des alten Prinzips rationaler Entscheidungsbegründung fundamental zu erneuern versucht, sondern Ungewissheit, Ambivalenz und Dissens werden als permanente Systemeigenschaften anerkannt (Beck/Lau 2004; Beck et al. 2004: 27). An dieser Bruchstelle – der früheren Ausgrenzung und der nunmehr anzutreffenden Anerkennung von Ungewissheit in verschiedenen sozialen Bereichen – markieren Vertreter der Theorie reflexiver Modernisierung den Unterschied zwischen einer Theorie der Ersten Moderne und der Theorie reflexiver Modernisierung.

Die Ergebnisse der vorangegangenen Analyse stehen in einem Passungsverhältnis zu den vorgebrachten theoretischen Überlegungen von Beck et al. (2004). Die Möglichkeit einer Generalisierung über die hier typisierten Fälle hinaus ist jedoch nur vermutbar. Zudem liegt keine Arbeit vor, die zu unterschiedlichen Zeitpunkten Entscheidungsfindungsprozesse untersucht hätte. Ob in dem hier untersuchten Feld „früher" anders argumentiert wurde, kann nicht sicher beantwortet werden. Sicher ist jedoch für die hier vorgestellten Fälle ein deutliches Mäandern zwischen Strategie bzw. Rationalität und Gefühl bei der Erklärung von Investitionsentscheidungen und damit ein temporäres Anerkennen der kognitiven Nicht-Begründbarkeit von Investitionsentscheidungen.

Literatur

Abolafia, Mitchel Y. (2002): Making Markets: Opportunism and Restraint on Wall Street. In: Biggart, Nicole W. (Ed.): Readings in Economic Sociology. Oxford: Blackwell: 94-111
Akerlof, George; Shiller, Robert J. (2009): Animal Spirits. Wie Wirtschaft wirklich funktioniert. Frankfurt/M.: Campus
Apelt, Maja; Senge, Konstanze (2014): Organisation und Unsicherheit – eine Einführung. In: Apelt, Maja; Senge, Konstanze (Hg.): Organisation und Unsicherheit. Wiesbaden: Springer VS: 1-13
Barbalet, Jack (1998): Emotion, Social Theory, and Social Structure: A Macrosociological Approach. Cambridge: Cambridge University Press
Bechara, Antoine; Damasio, Antonio (2005): The Somatic Marker Hypothesis: A Neural Theory of Economic Decision. In: Games and Economic Behavior 52: 336–372

Beck, Ulrich; Bonß, Wolfgang; Lau, Christoph (2004): Entgrenzung erzwingt Entscheidung. Was ist neu an der Theorie reflexiver Modernisierung. In: Beck, Ulrich; Lau, Christoph (Hg.) (2004): Entgrenzung und Entscheidung. Frankfurt/M.: Suhrkamp: 13-62

Beck, Ulrich; Lau, Christoph (Hg.) (2004): Entgrenzung und Entscheidung. Frankfurt/M.: Suhrkamp

Becker, Gary (1992): The Economic Way of Looking at Life, Nobel Lecture, 9. Dezember, http://home.uchicago.edu~gbecker/Nobel/nobellecture.pdf

Beckert, Jens (2016): Imagined Futures. Cambridge: Harvard University Press

Beckert, Jens (2013): Imagined Futures. Fictional Expectations in the Economy. Theory and Society 42: 219-240

Beckert, Jens (2006): Was tun? Die emotionale Konstruktion von Zuversicht bei Entscheidungen unter Unsicherheit. In: Scherzberg, Arno (Hg.): Kluges Entscheiden. Tübingen: Mohr: 123-142

Beechey, Meredith; Gruen, David; Vickery, James (2000): The Efficient Market Hypothesis: A Survey. Research Discussion Paper 1. Economic Research Department Reserve Bank of Australia

Berezin, Mabel (2005): Emotions and the Economy. In: Swedberg, Richard (Ed.): The Handbook of Economic Sociology. 2nd ed. Oxford: Oxford University Press: 109-127

Bernstein, Peter L. (2009): Die Entstehung der modernen Finanztheorie. München: FinanzBuch

Bohnsack, Ralf (2003): Rekonstruktive Sozialforschung. Einführung in qualitative Methoden. Opladen: Leske + Budrich

Brügger, Urs (1999): Wie handeln Devisenhändler? Eine ethnographische Studie über Akteure in einem globalen Markt. Bamberg: Difo-Druck

Cohen, Michael D.; March, James G.; Olsen, Johan P. (1972): A Garbage Can Model of Organizational Choice. In: Administrative Science Quarterly, Vol. 17 (1): 1-25

Damasio, Antonio (2004): Descartes' Irrtum. Fühlen, denken und das menschliche Gehirn. München: List

De Bondt, Werner F. M.; Thaler, Richard H. (1995): Financial Decision-Making in Markets and Firms: A Behavioral Perspective. In: Jarrow, Richard; Maksimovic, Vojislav; Ziemba, William T. (Hg.): Handbook in Operation Research and Management Science Vo. 9. Amsterdam: Elsevier: 385-410

Deppe, Michael; Schwind, Wolfram; Kugel, Harald; Plassmann, Hilke; Kenning, Peter (2005): Nonlinear Responses Within the Medial Prefrontal Cortex Reveal when Specific Implicit Information Influences Economic Decision Making. In: Journal of Neuroimaging 15 (2): 171-182

Dequech, David (1999): Expectations and confidence under uncertainty. Journal of Post Keynesian Economics 21 (3): 415-430

Dresing, Thorsten; Pehl, Thorsten (2013): Praxisbuch Interview, Transkription und Analyse. Anleitungen und Regelsysteme für qualitativ Forschende. Marburg: Dr. Dresing und Pehlde

Ekman, Paul (2010): Gefühle lesen. Heidelberg: Spektrum

Elster, John (1999): Alchemies of the Mind: Rationality and the Emotions. Cambridge: Cambridge University Press

Fama, Eugene (1965): The Behavior of Stock-Market Prices. In: Journal of Business 38 (1): 34-105

Fama, Eugene (1970): Efficient Capital Markets: A Review of Theory and Empirical Work. In: Journal of Finance 25 (2): 383-417

Flam, Helena (2012): Magic Thinking and Panic Buttons in the Callous Financial Trans-
    action Chains. In: Pixley, Jocelyn (Ed.): New Perspectives on Emotions in Finance: The
    Sociology of Confidence, Fear and Betrayal: New York: Routledge: 25-28
Fries, Norbert (2004): Gefühle, Emotionen, Angst, Furcht, Wut und Zorn. In: Börner,
    Wolfgang; Vogel, Klaus (Hg.): Emotion und Kognition im Fremdsprachenunterricht.
    Tübingen: Narr
Goldberg, Joachim; von Nitzsch, Rüdiger (1999): Behavioral Finance. München: FinanzBuch
Hassoun, Jean-Pierre (2005): Emotions on the Trading Floor. In: Knorr Cetina, Karin; Preda,
    Alex (Ed.): The Sociology of Financial Markets. Oxford: Oxford University Press: 102-119
Heller, Agnes (1980): Theorie der Gefühle. Hamburg: VSA
Hitzler, Roland; Reichertz, Jo; Schröer, Norbert (1999): Hermeneutische Wissenssoziologie.
    Konstanz: UVK
Honer, Anne (1994): Einige Probleme lebensweltlicher Ethnographie. In: Schröer, Norbert
    (Hg.): Interpretative Sozialforschung. Opladen: Westdeutscher Verlag: 85-106
Illouz, Eva (2006): Gefühle in Zeiten des Kapitalismus. Frankfurt/M.: Suhrkamp
Isen, Alice M.; Shalker, Thomass E. (1982): The effect of Feeling State on Evaluation of Positive,
    Neutral, and Negative Stimuli: When you "accentuate the positive," do you "eliminate
    the negative"? In: Social Psychology Quarterly 45 (1): 58–63
Ivány, Nathalie (2003): Die Wirklichkeit der gesellschaftlichen Konstruktion. Konstanz: UVK
Kalthoff, Herbert (2009): Die Finanzsoziologie: Social Studies of Finance. In: Beckert,
    Jens; Deutschmann, Christoph (Hg.): Wirtschaftssoziologie. Sonderheft der KZSS 49.
    Wiesbaden: VS: 266-287
Kleemann, Frank (2005): Die Wirklichkeit der Teleheimarbeit. Berlin: Edition Sigma
Knorr Cetina, Karin; Brügger, Urs (2005): Globale Mikrostrukturen der Weltgesellschaft:
    Die virtuellen Gesellschaften von Finanzmärkten. In: Windolf, Paul (Hg.): Finanzmarkt-
    kapitalismus. Wiesbaden: VS: 145-171
Kraemer, Klaus (2009): Propheten der Finanzmärkte. Die Kompensation von Ungewissheiten
    durch charismatische Zuschreibungen. In: AIS Studien 2 (2): 45-60
Kunz, Volker (2004): Rational Choice. Frankfurt/M.: Campus
Kyrtsis, Alexandros-Andreas (2014): Immoral Panic and Emotional Operations in Times of
    Financial Fragility. In: Pixley, Jocelyn (Ed.): Emotions in Finance. Distrust and Uncer-
    tainty in Global Markets. Cambridge: Cambridge University Press: 49-65
Lamnek, Siegfried (1988): Qualitative Sozialforschung. D. 1: Methodologie. Weinheim: Belt
Laux, Helmut; Liermann, Felix (2003): Grundlagen der Organisation. Die Steuerung von
    Entscheidungen als Grundproblem der Betriebswirtschaftslehre. Berlin: Springer
Lerner, Jennifer S.; Keltner, Dacher (2000): Beyond Valence: Toward a Model of Emoti-
    on-Specific Influences on Judgement and Choice. In: Cognition and Emotion 14: 473-493
Loewenstein, George; Lerner, Jennifer S. (2003): The Role of Affect in Decision Making. In:
    Davidson, Richard J.; Scherer, Klaus R.; Goldsmith, H. Hill (Ed.): Handbook of Affective
    Sciences. Oxford: Oxford University Press: 619-642
March, James G. (1994): A Primer on Decision Making. New York: The Free Press
Mellers, Barbara A.; Schwartz, Alan; Ho, Katty; Ritov, Ilana (1997): Decision Affect Theory.
    Emotional Reactions to the Outcomes of Risky Options. In: Psychological Science 8 (6):
    423-429
Meuser, Michael; Nagel, Ulrike (1991): Experteninterviews – vielfach erprobt, wenig bedacht.
    In: Garz, Detlef; Kraimer, Klaus (Hg.): Qualitativ-empirische Sozialforschung. Opladen:
    Westdeutscher Verlag: 441-471

Neckel, Sighard (2011): Der Gefühlskapitalismus der Banken: Vom Ende der Gier als „ruhiger Leidenschaft". In: Leviathan 39: 39-53

Ortony, Andrew; Clore, Gerald L.; Collins, Allan (1988): The Cognitive Structure of Emotions. New York: Cambridge University Press

Pixley, Jocelyn (2014): The Emotions of Money. In: Pixley, Jocelyn (Ed.): Emotions in Finance. Distrust and Uncertainty in Global Markets. Cambridge: Cambridge University Press: 191-211

Pixley, Jocelyn (2004): Emotions in Finance. Distrust and Uncertainty in Global Markets. Cambridge: Cambridge University Press

Rapp, H.-W. (1997): Der tägliche Wahnsinn hat Methode – Behavioral Finance: Paradigmenwechsel in der Kapitalmarktforschung. In: Jünemann, Bernhard; Schellenberger, Dirk (Hg.) (1997): Psychologie für Börsenprofis. Stuttgart: Schäffer-Poeschel: 76-108

Reichertz, Jo (1996): Lassen sich qualitative Interviews hermeneutisch interpretieren? In: Strobl, Rainer; Böttger, Andreas (Hg.): Wahre Geschichten? Baden-Baden: Nomos: 77-92

Rosenberg, Barr; Reid, Kenneth; Lanstein, Ronald (1985): Persuasive Evidence of Market Inefficiency. In: Journal of Portfolio Management 11 (3): 9-16

Scheve, Christian von (2009): Emotionen und soziale Strukturen – die affektiven Grundlagen sozialer Ordnung. Frankfurt/M.: Campus

Schützeichel, Rainer (2008): Soziologische Emotionskonzepte und ihre Probleme. In: Österreichische Zeitschrift für Soziologie 33 (2): 82-96

Schwarz-Friesel, Monika (2007): Sprache und Emotion. Weinheim: UTB

Sen, Amartya (1982): Rational Fools. A Critique of the Behavioral Foundations of Economic Theory. In: Philosophy and Public Affairs 6 (4): 317-344

Senge, Konstanze (2013): Einleitung. Die Wiederentdeckung der Gefühle. In: Senge, Konstanze; Schützeichel, Rainer (Hg.): Hauptwerke der Emotionssoziologie. Wiesbaden: VS

Shefrin, Hersh (2007): Beyond Greed and Fear: Understanding Behavioral Finance and the Psychology of Investing. Oxford: Oxford University Press

Shiller, Robert J. (2000): Irrational Exuberance. Princeton: Princeton University Press

Simon, Herbert A. (1993): Homo Rationalis. Die Vernunft im menschlichen Leben. Frankfurt/ M.: Campus

Stäheli, Urs (2007): Spektakuläre Spekulation. Frankfurt/M.: Suhrkamp

Stoeva-Holm, Dessislava (2005): Zeit für Gefühle. Tübingen: Narr

Strauss, Anselm (1991): Grundlagen qualitativer Sozialforschung. München: Fink

Strauss, Anselm; Corbin, Juliet (1996): Grounded Theory. Weinheim: Psychologie Verlags-Union

Taleb, Nassim N. (2008): Der Schwarze Schwan. München: Hanser

Turner, Jonathan H. (2000): On the Origins of Human Emotions. Stanford: Stanford University Press

Tversky, Amos; Kahneman, Daniel (1974): Judgement under Uncertainty: Heuristics and Biases. In: Science 185: 1124-1131

Wilson, Timothy D.; Dunn, Dana S.; Kraft, Dolores; Lisle, Douglas (1989): Introspection, Attitude Change and Attitude-Behavior Consistency: The Disruptive Effect of Explaining Why We Feel the Way We Do. In: Berkowitz, Leonard (Edr.): Advances in Experimental Social Psychology. (Vol. 22). San Diego: Academic Press: 287-343

Performative Entdeckungsverfahren und die Krise von Wert

Uwe Vormbusch

1   Einleitung

Auf den Finanzmärkten ist der Wert mittlerweile eine hoch problematische Kategorie. Das, was durch marktspezifische Beobachtungs- und Darstellungspraktiken sowie durch faktisch vollzogenen Tausch als Wert hervorgebracht wird, ist hinsichtlich seiner Bewertungsmaßstäbe und Substanz fundamental unsicher geworden. Zwar wissen wir, dass Versuche der Messung und der Quantifizierung eine „lange und komplexe Geschichte" haben (Power 2004: 766), die Gegenwart zeigt aber sehr drastisch, dass diese Geschichte nicht linear verläuft, sondern Phasen der Krise und der radikalen Transformation kennt. Paradigmatische Krisen sind ein Anlass, bislang Selbstverständliches zu reflektieren, und so fragen Heuts/Mol (2013) im Rahmen der nicht zufällig gerade heute entstehenden *valuation studies* (vgl. Lamont 2012): „What is a good Tomato?" Bemerkenswert ist, dass die gegenwärtige Unsicherheit hinsichtlich des Wertbegriffs und der Praktiken der Zuweisung von Wert nicht allein für die Finanzmärkte, sondern ebenso für sich neu herausbildende Märkte und Wertformen gilt: das geistige Eigentum an digitalen Publikationen, legale und illegale Märkte für menschliche Organe, für Umweltschäden und Verschmutzungsrechte, virtuelle Währungen wie BITCOINS etc. Die Unsicherheit über den „Wert der Dinge" (Beckert/Aspers 2011) ist der allgemeine Ausdruck des ökonomischen Formwandels der Gegenwartsgesellschaften. In diesem Zusammenhang muss eine technische Unsicherheit über die zukünftige Entwicklung des Preises von säkularen Verschiebungen der Wertbasis des Gegenwartskapitalismus unterschieden werden. Ein im ersten Sinne *technisches* Wertproblem existiert aufgrund der Variabilität von Preisen auf allen funktionsfähigen Märkten (Kartelle wären ein Beispiel dafür, diese technische Unsicherheit umgehen zu wollen). Die Auslöser für das gegenwärtig zu beobachtende *fundamentale* Wertproblem sind hiervon zu unterscheiden. Als Hintergrund für dieses spezielle Wertproblem sind zu nennen: *erstens* die Finanzkrisen der vergangenen Jahre, welche die Historizität, die Instabilität der Bewertungsmaßstäbe und den fiktionalen Charakter von Wert in den Finanzmärkten verdeutlicht haben; *zweitens* die Intangibilität und Immaterialität vieler für den Gegenwartskapitalismus entscheidender Ressourcen (von Markenrechten über symbolische Kapitalien wie das Image und die Reputation bis zum nur vage bestimmbaren Wert sozialer Netzwerke, der „Innovativität" und des „Wissens" überhaupt; vgl. Eustace 2003), die eine formalisierte Berechnung ihres Wertes im Rahmen institutionalisierter Verfahren und etablierter Märkte (noch) nicht erlauben; sowie *drittens* die Ausdehnung des Verwertungszusammenhangs auf bislang nicht oder nicht vollständig ökonomisierte Felder, an deren Grenzen Auseinandersetzungen darüber stattfinden, welche „Dinge" (im weitesten Sinne) zum Gegenstand von ökonomischen Bewertungen gemacht und damit als Waren auf Märkten getauscht werden dürfen (vgl. Fourcade 2011). Der folgende Beitrag fragt deshalb nach den Entdeckungsmechanismen, mittels derer der Wert der Dinge gemessen und performativ hervorgebracht werden soll. Er findet diese Mechanismen nicht nur auf den Finanzmärkten, sondern auch in solchen für immaterielle Güter. Tatsächlich scheint die Überlegung nicht abwegig, dass sich vor dem Hintergrund des Bedeutungsgewinns immaterieller Ressourcen die *performativen Entdeckungsverfahren* von Wert in Finanz- und Realmärkten strukturell ähneln könnten. Insbesondere wird nach der Bedeutung von Kalkulationen, Narrationen und Fiktionen sowie ihres Zusammenhangs im Rahmen dieser Entdeckungsverfahren gefragt. Im Gegensatz zur weitverbreiteten These der Differenz und der Entkopplung von Finanz- und Realmärkten wird weniger *vorausgesetzt*, dass sich die Handlungsprobleme auf Produkt- und Finanzmärkten grundsätzlich unterscheiden, als vielmehr in einer Umkehrung der Blickrichtung unterstellt, dass Akteure im Rahmen einer auf immateriellen, d. h. in ihrer Wertsubstanz unsicheren Gütern basierenden Ökonomie a) mit ähnlichen Problemen der Entdeckung und Verfertigung belastbarer Vorstellungen von Wert konfrontiert sind und hierfür b) strukturanaloge Strategien und Instrumente anwenden, also u. U. auch feldübergreifend ähnliche Lösungen finden. Dies bedeutet nicht, dass es keine grundlegenden Unterschiede zwischen Real- und Finanzmärkten gäbe. Es bedeutet lediglich, den Blick für Ähnlichkeiten zu schärfen und nach feldübergreifenden Mechanismen der Hervorbringung von ökonomischem Wert zu fragen. Bestätigt sich die Annahme einer Strukturanalogie der Darstellungspraktiken auf Finanz- und Produktmärkten, hätte das auch Konsequenzen in Hinblick auf die These der „Unlesbarkeit" der Finanzmärkte (Vogl 2010). Es wäre ein Beitrag zur Entmystifizierung, zur „Normalisierung" der Finanzmärkte.

2   Die Finanzsoziologie

Die Finanzsoziologie hat sich immer schon für Fragen der Hervorbringung des Wertes interessiert. Im Mittelpunkt stehen hierbei die Formeln und Modelle, mittels derer Preise performativ hervorgebracht werden. Das berühmteste Beispiel hierfür sind vermutlich die Studien von MacKenzie (2006) und MacKenzie/Millo (2003) zur Black-Scholes-Merton Formel. Die Hervorbringung des Preises ist in diesem Zusammenhang mit zwei Dingen verknüpft: der spezifischen Ungewissheit in diesen Märkten sowie den finanzmathematischen Modellierungen, d.h. den Kalkulationspraktiken, mittels derer diese Ungewissheit in ein Risiko transformiert werden soll, auf das im Rahmen professionalisierten Handelns und Entscheidens reagiert werden kann. Viele dieser mit dem Aufschwung der *mathematical finance* verknüpften Modelle sind durch die Finanzkrise der vergangenen Jahre in Verruf geraten. Dies betrifft ironischerweise insbesondere solche Spekulationsvehikel, die, ursprünglich als Kreditausfall*sicherheiten* konzipiert, in den letzten Jahren vor allem als Basis von Kreditwetten dienten (*Credit Default Swaps* und *Collateralized Debt Obligations*; Kalthoff/Maeße 2012: 208 ff.). In den Nachbeben der Finanzkrise, der Krise der finanzmathematischen Instrumente und der sie rahmenden Theorien wie der *Efficient Market Hypothesis* (Fama 1970) und der Theorie rationaler Erwartungen (Muth 1961) wird eine Krise des Glaubens an die Beherrschbarkeit der Märkte sichtbar und damit eine fundamentale Unsicherheit über die Form des Wissens, das in Zukunft auf diesen Märkten benötigt wird – eingeschlossen der organisatorischen und institutionellen Formen, wie dieses Wissen hervorgebracht und beurteilt werden soll.

Die Finanzsoziologie hat dabei Darstellungs- und Entscheidungspraktiken vor allem als den Finanzmärkten *eigene* Praktiken identifiziert. Die Frage, in welcher Weise diese mit ähnlichen Praktiken in anderen sozialen Feldern zusammenhängen, ist bislang kaum erörtert worden. Die finanzsoziologische Beobachtungssprache impliziert, dass es sich bei Finanzmärkten um ganz besondere Märkte handelt. So nehmen Knorr Cetina/Preda (2012: 4 f.) an, dass in Produkt- bzw. Primärmärkten und Finanzmärkten grundlegend unterschiedliche Handlungsorientierungen vorherrschten. Die einen „have its roots in the running of a household" (ebd.: 5), die anderen seien an eine positive Vorstellung des Risikos („risk-taking") gebunden. In ihrem Mittelpunkt stehe das angenommene Wertpotenzial einer Investition im Verhältnis zu ihrem Risiko. Diese Konzentration auf das Neue und Andere der Finanzmärkte hat wichtige Einsichten in ihre Funktionsweise hervorgebracht (vgl. Beunza/Stark (2004) zur Arbitrage, Beunza/Garud (2007) zur Bedeutung von „Frames" und „Stories", Knorr Cetina (2012) zur „Flussarchitektur" von Finanzmärkten). All dies scheint zu bestätigen, in Finanzmärkten herrschten eigene Regeln, würden anderswo nicht vorhandene Instrumente eingesetzt, um in anderen Feldern unbekannte Informationsprobleme zu bearbeiten. Damit wird der im gesellschaftlichen Publikum vorherrschende Eindruck einer Arkanpraxis der Finanzmärkte, geprägt von der „Gleichzeitigkeit formaler Rationalität und kommunikativer Mythenbildung" (Kalthoff/Vormbusch 2012: 9) sowie von „strukturierter Verantwortungslosigkeit" (Honegger et al. 2010a) von der finanzsoziologischen Beobachtersprache bestärkt (und man müsste sich eigentlich angesichts der Konjunktur des Performativitätsbegriffs fragen: mit hervorgebracht?). Die literaturwissenschaftlich informierte These der „Unlesbarkeit" der Finanzmärkte (Vogl 2010) markiert ebenfalls die Differenz zu den „Realmärkten" und schließt an die Debatte um die Entkopplung der Finanzmärkte aus den 1990er Jahren an.

3   Das Problem der Ungewissheit

In der Allgemeinen Gleichgewichtstheorie wird die Ungewissheit über die Zukunft im Rahmen perfekt funktionierender Märkte und rationaler Erwartungen operabel gemacht (Muth 1961; vgl. Zuckerman 2012). Die eigennützigen Marktakteure unterziehen alle Informationen über die geldwerte Bemessung eines Gutes einer Kosten-Nutzen-Kalkulation. Zentrales Informationsmittel ist dabei der Preis, der sich auf wettbewerblichen Märkten mit vollständiger Information als Gleichgewichtspreis bildet. Diese Vorstellung einer weitreichenden Kalkulierbarkeit wird mit den verschiedensten Gründen kritisiert. So stellt der Wirtschaftswissenschaftler Frank H. Knight (1964 [1921]) schon zu Beginn des 20. Jahrhunderts fest, dass es in einer Wirtschaft mit vollständiger Information keinen unternehmerischen Profit geben könne. Ein vollständig transparenter Markt ziehe so lange neue Produzenten an, bis der erzielbare Preis den Grenzkosten der Produktion entspreche. Die neoklassische Modellwelt beschreibe insofern eine statische Modellwirtschaft ohne reale Möglichkeiten des Generierens eines Unternehmergewinns. Um reale Märkte zu verstehen, schlägt Knight deshalb die analytische Unterscheidung von Risiko und Ungewissheit vor. Nur in letzterem Fall spielt die schumpeterianische Musik des Unternehmergewinns. Das Risiko bezeichnet dabei eine im Rahmen von Modellen quantifizierbare Unsicherheit, der Begriff der Ungewissheit ist dagegen für nicht messbare Unsicherheiten reserviert, zum Beispiel dafür, dass ein kalkulatorisch bzw. statistisch nicht vorhersagbares Ereignis eintritt. Wer die Rechtfertigungen von Finanzmarktakteuren nach dem Zusammenbruch von Lehman Brothers verfolgt hat, weiß, was hiermit gemeint ist, nämlich „singuläre Ereignisse außerhalb des Bereichs der regulären Erwartungen": Von diesen nimmt Taleb (2008: 2) an, dass

„nichts in der Vergangenheit überzeugend auf ihre Möglichkeit verweist", „Schwarze Schwäne", die zu spontanen Krisen und Zusammenbrüchen führen können und die aufgrund ihrer Nicht-Kalkulierbarkeit außerhalb der Handlungskompetenzen und damit auch der Verantwortung der Finanzmarktakteure liegen.

Wenn sich das Problem der Ungewissheit aufgrund der skizzierten Wertunsicherheiten auf Finanzmärkten ebenso wie auf Märkten für immaterielle Güter immer weiter ausbreitet, wird die Frage wichtiger, wie ein belastbares, zumindest das Weitermachen erlaubendes „Zukunftswissen" hergestellt werden kann (vgl. zu diesem Begriff, aber in einem anderen Kontext Knoblauch/ Schnettler 2005). In modernen Gesellschaften wird hierzu in der Regel nicht mehr das Orakel von Delphi befragt. Es lassen sich stattdessen idealtypisch zwei Handlungsformen unterscheiden: Narrationen (und als eine Unterkategorie hiervon fiktionale Narrationen) und Kalkulationen. Man kann sich also eine Zukunft vorstellen und erzählerisch vergegenwärtigen, man kann aber auch versuchen, sie mittels Formalisierung und Modellierung zu konstruieren. Sind diese Verfahren wechselseitig so ausschließlich, wie es regelmäßig unterstellt wird?

4 Kalkulationen, Narrationen, Fiktionen

Kalkulation gilt gemeinhin als ein Mechanismus der Reduktion von Unsicherheit (oder Komplexität, je nach theoretischer Provenienz). Mittels Kalkulationen sollen unkalkulierbare Gefahren in beherrschbare Risiken transformiert und damit Handlungs- und Entscheidungsfähigkeit gesichert werden. Das, was kalkuliert werden kann, ist nicht mehr unsicher, sondern höchstens noch: riskant. In der Finanzsoziologie hat sich demgegenüber die komplexere Sichtweise durchgesetzt, dass Kalkulationen nicht etwa von der Praxis des Kalkulierens unabhängige Risiken abbilden, sondern dass sie bestimmte Wahrnehmungen von Risiken sowie die Strategien ihrer Bewältigung zumindest *mit* hervorbringen (Kalthoff 2009; Kalthoff/Maeße 2012). Im poststrukturalistischen Diskurs wird Kalkulation noch umfassender als eine Form des „Schreibens von Wert" aufgefasst (Hoskin/ Macve 1994). Das schließt die Frage nach feldspezifischen Praktiken eines solchen „Schreibens" und nach den (gruppenspezifischen und insofern herrschafts- und ungleichheitsrelevanten) Kompetenzen zum „Lesen" dieses Wertes ein.

Der Begriff der Kalkulation wird dabei regelmäßig demjenigen der Narration (und damit auch demjenigen der *Fiktion*) gegenübergestellt. Ihre kategoriale Unterscheidung reflektiert eine tief verankerte kulturelle Überzeugung, die „Zählen" und „Erzählen" (Hörisch 2002) ganz unterschiedlichen Wissens- und Wissen-

schaftskulturen sowie unterschiedlichen Handlungssituationen und Handlungs-
zielen („strategisch" versus „verständigungsorientiert" bzw. „kommunikativ") je
exklusiv zurechnet. Für den wirtschaftssoziologischen Kontext hat diese – unvermittelte – Gegenüberstellung jüngst Beckert (2011) aufgenommen, und zwar in
seiner Behandlung des Stellenwerts von Fiktionen für das Entscheidungshandeln
wirtschaftlicher Akteure. In einer prinzipiell ungewissen Welt, so Beckert, seien es
Fiktionen, welche den Akteuren Anhaltspunkte für Entscheidungen böten. Beckert
(ebd.: 5) unterscheidet zunächst idealtypisch zwischen den Handlungstypen der
Kalkulation, der Normbefolgung und der Vorstellung („imagination"). Während
der Handlungstypus der Vorstellung in Situationen der Ungewissheit angemessen
sei und „fiktionale Erwartungen" hervorbringe, entspreche der Handlungstypus
der Kalkulation riskanten bzw. unsicheren Situationen und führe zu „rationalen
Erwartungen". Beckert folgt damit zunächst der von Parsons etablierten Grenz-
ziehung von Ökonomie und Soziologie (normenbasierte Verständigungsprozesse
als Domäne der Soziologie, rationale Verfolgung gegebener Ziele als Domäne der
Ökonomie; vgl. Beckert 2002). Er gibt diesem Dualismus allerdings eine neue
Wendung, indem er die Bedeutung fiktionaler Erzählungen in Wirtschaftszusam-
menhängen („stories" im finanzsoziologischen Jargon) gegenüber derjenigen von
Kalkulationen radikal aufwertet: „the decision-making of intentionally rational
actors is anchored in fictions" (Beckert 2011: 1). Fiktionen seien, so Beckert unter
Rückgriff auf den englischen Dichter Samuel Taylor Coleridge (1772-1834), durch
eine „willentliche Aussetzung des Zweifels" gekennzeichnet (Beckert 2011: 6),
ökonomisches Handeln unter Ungewissheit komme mithin ohne ein „Glauben
wollen" nicht aus. Ähnlich spricht auch Burgdorf (2011: 111) in der Absicht einer
Übertragung literaturwissenschaftlicher Theorien auf die Finanzmärkte von einem
„kommunikativen Kontrakt" zwischen Autor und Rezipient von Fiktionen. Dieser
beinhalte, sich das *als wahr vorzustellen*, was der Autor dem Leser mittels bestimmter rhetorischer Signale als fiktionale Erzählung präsentiert. Beckert nimmt diesen
Gedanken auf und schlägt vor: „I suggest that, under conditions of uncertainty in
which future states of the world cannot be evaluated, fictions, created by the actors
in the field, substitute for the unachievable calculation-based anticipation of future
states and of future events." (Beckert 2011: 6) Dies ist zweifellos ein wichtiger Schritt,
um die Fiktion und die mit ihr verbundenen Sinnformen aus der literarischen
Sinnprovinz zu befreien und auf wirtschaftliche Zusammenhänge anzuwenden.
Problematisch ist jedoch die Vorstellung, Fiktionen würden unter Bedingungen
der Ungewissheit Kalkulationen **ersetzen**. Kalkulation scheint dann nicht mehr
konstitutive *Sondererscheinung* des Kapitalismus (Weber 1973: 347), sondern nur
mehr *Sonderfall* zu sein, wenn wir mit Beckert und durchaus plausibel annehmen,
dass Wirtschaften heißt, Entscheidungen in einer im Sinne Knights ungewissen

Welt zu fällen. Diese unvermittelte Gegenüberstellung von Kalkulationen und Narrationen übersieht ihre intimen Verbindungen im Feld der Wirtschaft und insbesondere in den Finanzmärkten. Ist es nicht sogar so, dass die Annahme der Kalkulierbarkeit von Risiken die stärkste Als-ob-Fiktion darstellt, die Finanzmärkte in ihrer heutigen Form erst möglich macht? Kalkulation ist, so gesehen, nicht das kategoriale Gegenteil, sondern die spezifische Form, welche Fiktionen in der ökonomischen Welt annehmen müssen, um deren grundlegende Ungewissheit als berechenbar und beherrschbar *erscheinen zu lassen*. Die willentliche Aussetzung des Zweifels an der Kalkulierbarkeit der Welt macht in vielen Situationen (nicht in allen) ein wirtschaftliches Weiterhandeln erst möglich (vgl. Vormbusch 2012b zum Entscheidungshandeln von Portfoliomanagern). Weder ist Fiktionalität also der Ersatz für Kalkulierbarkeit, noch kann Kalkulation Fiktionen in ihrer Fähigkeit ersetzen, unbekannten Zukünften eine geglaubte Gestalt zu verleihen. Wenn das stimmt, dann spielen Fiktionen nicht nur in besonderen Entscheidungssituationen eine Rolle, sondern die Fiktion der Kalkulierbarkeit bildet die Bedingung des Wirtschaftens unter Ungewissheit überhaupt.

Dies macht Anschlussfragen danach notwendig, warum und in welcher Weise Fiktionen in wirtschaftlichen Zusammenhängen diese Funktion zu leisten imstande sein sollen: Warum sollten ökonomische Akteure überhaupt an Fiktionen glauben? Fiktionen erhalten soziale Relevanz, wenn sie – mit Luhmann gesprochen – die „Annahmewahrscheinlichkeit von Kommunikation" erhöhen. Dies wiederum setzt voraus, dass Ego davon überzeugt ist, dass auch Alter Ego an den fiktionalen Gehalt einer spezifischen Erzählung glaubt – ansonsten würde die Fiktion ihre Funktion, wechselseitige Erwartungen unter Absehen von Realität hervorzubringen, nicht entfalten können. Einer Fiktion glauben zu wollen, ist also zunächst ein im Knightschen Sinne ungewisses Unterfangen, und damit wiederum ungeeignet, eben dieses Problem der Ungewissheit für die Akteure zu lösen. Die soziale Relevanz einer Fiktion (ihr *impact factor* sozusagen) ist an die Herstellung kongruenter Erwartungserwartungen gebunden. Unter welchen Bedingungen aber kann das Glaubenwollen rational sein? Oder anders gefragt: Was fehlt, damit Fiktionen tatsächlich die von Beckert angesprochene Funktion übernehmen können?

Ich gehe im Folgenden zunächst davon aus, dass wir beides, Narrationen und Kalkulationen, benötigen, um ökonomische Zukünfte für verteilte Akteure wechselseitig erwartbar zu machen. Es ist ihr spezifisches Zusammenspiel in Modellierungen des Werts und damit verbundener ökonomischer Chancen, das uns im Folgenden interessiert. Hierzu scheint eine symmetrische Behandlung von Narrationen und Kalkulationen angebracht zu sein, was vor allem heißt, die vielfältigen Übersetzungen, die zwischen diesen in der ökonomischen Praxis tagtäglich und routinisiert vollzogen werden, in den Blick zu nehmen. Zwar konstatieren Honegger et al. (2010b: 15) mit Blick auf die Finanzmärkte: „Die Realität hat sich immer mehr der Fiktion angenähert", aber auch hier wird die vorgebliche „Realität" noch einer nur vage fassbaren, insofern unkalkulierbaren und damit potenziell gefährlichen „Fiktion" gegenübergestellt. Ansätze zu einer symmetrischen Behandlung von Kalkulationen und Narrationen stammen gegenwärtig eher aus dem Feld der Literaturwissenschaften. So weist Künzel (2011: 12) darauf hin, dass in der Perspektive der „imaginative economics" bzw. „literary economics" von der „Ähnlichkeit zwischen sprachlichen und monetären Zeichen" sowie von der „Nähe bestimmter Finanzinstrumente zu Phänomenen, die in literaturwissenschaftlichen Theorien als Imaginäres, Fiktives, Virtuelles oder schlicht als Spiel definiert werden", ausgegangen wird. Die Beiträge des von ihr mit herausgegebenen Sammelbandes einige die Vorstellung, dass „der fiktionale Charakter bestimmter Aspekte der Finanzökonomie selbst" zu untersuchen sei (ebd.). Interessant ist dies, weil es einen neuen, nicht durch alte Missverständnisse über die „Objektivität" der Zahlen und die „Subjektivität" des Erzählens getrübten Blick auf kalkulative Praktiken eröffnen könnte. So grundlegend diese für ökonomische Entscheidungen auch und gerade auf den Finanzmärkten sind, so offensichtlich ist auch und gerade dort ihre „uneindeutige" Referenzialisierung und ihr gebrochenes Verhältnis zu dem, was die Akteure in pragmatischer Abkürzung als „Realität" apostrophieren (Vormbusch 2012b). Beckert (2011: 5) sieht zwar ganz richtig, dass eine kategoriale Gegenüberstellung von „Fiktion" und „Realität" falsch wäre: „The main characteristic of fiction is not that it is not real – hence the mistaken opposition between fiction and reality – but that it creates a world of its own." Eine kategoriale Gegenüberstellung von Fiktion und Kalkulation führt jedoch ebenfalls nicht weiter. Denn Kalkulationen bringen in den Finanzmärkten und analog zu fiktionalen Narrativen eine „eigene Welt" hervor, in der eine eindeutige Referenz auf „die" Realität nicht mehr erforderlich ist. Gerade auf den Finanzmärkten sind fiktionale Übereinkünfte zwischen den Autoren und den Konsumenten von Zahlen von hoher Relevanz, wie das Zitat eines Fondsmanagers zeigt, der in einer Privatbank für Nebenwerte Aktien Europa zuständig ist und sich Gedanken über die Güte der von Unternehmen publizierten Daten macht: „Die von den Unternehmen berichteten Zahlen werden in den Spreadsheets so übernommen, wie sie kommen, obwohl ich [mir] der möglichen Manipulation bewusst bin. Ich tue so, als ob die Zahlen wahr wären." (Vormbusch 2012b: 326)

5 Performative Entdeckungsverfahren

Wenn Kalkulation und Fiktionalität dementsprechend lediglich idealtypisch zu trennen, im praktischen Vollzug ökonomischen Entscheidens aber viel enger aufeinander bezogen sind, als bislang untersucht wurde, dann stellt sich auch die Frage nach der Hervorbringung von Wert anders. Die heutige Wertunsicherheit ist ja vor allem auch eine Krise der Verfahren zur Feststellung von Wert. Dies wird besonders deutlich an den Modellen zur Bestimmung des Risikos von Kreditausfällen, die in der Finanzkrise ja eine zentrale Rolle gespielt haben. Folgen wir Knorr Cetina/ Preda (2012) so weit, dass für Finanzmarktakteure das angenommene Wertpotenzial einer Investition im Mittelpunkt steht, dann wird die Konstruktion möglicher bzw. wahrscheinlicher Zukünfte für diese zu einer notwendigen Bedingung des Weiterhandelns – gleichviel, ob sie mit oder gegen den Trend spekulieren (vgl. Beunza/Stark 2004). Dabei kann weder in Finanz- noch in Produktmärkten ein valides Wissen über die Zukunft erlangt werden, und die Akteure verfügen auch nicht über die Fähigkeit, diese durch den strategischen Einsatz von Machtmitteln herzustellen. Gerade unter Bedingungen einer technischen Unsicherheit über den Preis und einer fundamentalen Unsicherheit über den Wert (s. o.) sind epistemische Entdeckungsverfahren notwendig, welche die Hervorbringung eines für die Zukunft relevanten Wissens sowie die vergleichende Diskussion alternativer Zukünfte erlauben. In diesem Zusammenhang ergeben sich interessante Parallelen zum Feld der Science and Technology Studies (STS) und zur Soziologie wissenschaftlichen Wissens. So hat Knorr Cetina (1984, 1988) die Erzeugung wissenschaftlichen Wissens in den Laboratorien der Hochenergiephysik, der Molekularbiologie, der Forschung zur Künstlichen Intelligenz und der Sexualwissenschaft untersucht und auf ihnen gemeinsame Konstruktionsmechanismen wissenschaftlichen Wissens hingewiesen: zum einen den wissenschaftlichen Diskurs im Labor, zum anderen die Nutzbarmachung trainierter Körper zur Wissenserzeugung. Weiterhin haben Amann/Knorr Cetina (1999) die Verschränkung von Visualisierungs- und Diskurspraktiken hervorgehoben. Die Kernaktivität im Labor besteht eben nicht primär darin, eine präexistente Natur zu entdecken und möglichst objektiv abzubilden. Sie besteht stattdessen vor allem darin, *referenzlosen* Zeichen, d. h. in ihrer Bedeutung unklaren und noch nicht festgelegten Zeichen, Bedeutung zuzuweisen. Analog hierzu geht es bei performativen Entdeckungsverfahren in Finanz- und Produktmärkten darum, den zukünftigen Wert eines nur vage in seiner Wertsubstanz wahrnehmbaren „epistemischen Dings" (vgl. Knorr Cetina 1998) hervorzubringen und zu stabilisieren. Sowohl im finanzwirtschaftlichen als auch im personalwirtschaftlichen Portfoliomanagement (das hier stellvertretend für immaterielle Ressourcen steht) werden hierzu kalkulative Darstellungs- und narrative Diskursstrategien systematisch miteinander verknüpft. So zeigt sich am Beispiel des finanzwirtschaftlichen Portfoliomanagements, dass der Wert eines Produkts und die Angemessenheit bestimmter Investitionsstrategien sich nicht eindeutig aus formalisierten Modellen ableiten lassen, sondern dass Daten und Modelle in Deutungen der Entwicklung des Finanzmarkts eingebettet werden müssen:

> „Sie haben da Modelle, die ganze Maschinerie, wie ich es nenne … Sie schauen, was die Modelle sagen. Wenn die Mehrheit der Modelle (zum Beispiel 3 von 5) grünes Licht zeigen, dann diskutieren wir. Ist das ein Fehlsignal? Können wir die Modellaussagen nachvollziehen?" (Vormbusch 2012b: 326)

> Und: „Sheet in – sheet out. Was soll man davon halten? Modelle sind für uns bloß eine Unterstützung. Wir nehmen ihre Aussagen auf und diskutieren." (Vormbusch 2012b: 329)

In ganz ähnlicher Weise geht es auch bei der Ausdehnung von quantifizierenden Bewertungsstrategien auf bislang nicht durchökonomisierte Bereiche mittels eines „Human Resource Market" (vgl. Vormbusch 2012a) kaum um „Rechnen" im Sinne einer „interpretationsindifferenten Algorithmik der Rechenverfahren" (Krämer/ Bredekamp 2003: 17). Um Kalkulationen auf bislang unkalkulierbare Bereiche aus- zudehnen, tritt zu diesem „Rechnen" im engeren Sinne die Stimulierung spezifischer sozialer Aushandlungsprozesse hinzu. Erst durch diese diskursive Rahmung, mittels derer konkurrierende Deutungen von Kalkulationen und Modellen hervorgebracht werden, wird den repräsentierten Wissensobjekten eine feldspezifische Bedeutung verliehen. Das Personalportfolio stellt nun ein in besonderer Weise performatives Entdeckungsverfahren dar, weil mittels einer durch Kalkulationen und Narratio- nen ko-repräsentierten Zukunft eine Orientierung des Handelns der Akteure auf zukünftig zu erreichende Ziele erreicht wird, die sich als normative Erwartungen im Selbstverständnis und in den Strategien der Betroffenen selbst niederschlagen. Die kalkulativ und narrativ gerahmte Repräsentation möglicher Zukünfte bringt eben jene Erwartungen, Erwartungserwartungen und Handlungsketten mit hervor, die sie benötigt, um Wirklichkeit zu werden. Während sich im Fall des finanzwirt- schaftlichen Portfolios die Hervorbringung wechselseitiger Erwartungserwartungen auf die beteiligten Analysten, Wertpapierhändler etc. beschränkt, sind es im Falle des Personalportfolios die Objekt-Subjekte selbst, die an der Hervorbringung des Rahmens und der diesen Rahmen reproduzierenden Handlungsstrategien beteiligt sind. In beiden Fällen aber ist die Verfertigung ökonomischer Zukünfte als ein Projekt autonomer Akteure zu verstehen, die sich in ihren Deutungen der Zukunft auf einen durch formale Modelle hervorgebrachten Rahmen beziehen. Handeln ist in diesem Zusammenhang „ein Handeln an Modellen der Zukunft, welche auf kalkulativen Praktiken beruhen" (Vormbusch 2012a: 28). Portfoliotechniken sind damit ein Beispiel für performative Entdeckungsverfahren, die mögliche Zukünfte nicht naiv abzubilden versuchen, sondern diese dadurch wahrscheinlicher machen, dass sie die verwendeten Modelle und Kalkulationen zum Gegenstand des kommunikativen Entdeckungsverfahrens von Rede und Gegenrede machen.

6 Fazit

Auch wenn die Performativität ökonomischen Wissens mittlerweile ein Allgemeinplatz der Wirtschafts- und Finanzsoziologie ist (vgl. Deutschmann 2012), so hat diese für ökonomische Akteure in der Regel ein Handicap: Man kann nicht antizipieren und kontrollieren, was und wie performative Prozesse etwas hervorbringen. Performative Entdeckungsverfahren reagieren auf dieses Problem, indem sie die Entdeckung und schrittweise Stabilisierung möglicher Zukünfte mittels spezifischer Darstellungs- und Diskurspraktiken zu organisieren versuchen. Performative Entdeckungsverfahren beruhen auf fiktionalen Zahlenwelten, mittels derer nicht die Distanz zu „der" Realität verringert werden soll, sondern mittels derer kollektiv bindende Handlungsstrategien in Hinblick auf mögliche Zukünfte entwickelt werden sollen. Fiktional sind die hierfür verwendeten Zahlenwelten, insoweit die Akteure den Zweifel über die Gültigkeit der Zahlen und Modelle zumindest zeit- und teilweise suspendieren. In diesem alltäglichen „Tun, als ob die Zahlen wahr wären", zeigen sich bislang wenig untersuchte Ähnlichkeiten von Finanz- und Realwirtschaft. Kalkulationen und Modellierungen nehmen im Zuge der Erosion einer bis vor Kurzem als sicher unterstellten Wertbasis des Wirtschaftens den Charakter von Entdeckungsmechanismen an, die ohne eindeutige Referenzen zu einer externen Realität auskommen müssen. Folgt man der vorgeschlagenen Blickrichtung, dann werden Kalkulationen weniger als Instrumente sichtbar, die etwas abbilden, sondern als eine Technologie, mittels derer immer neue Darstellungen und Deutungsmöglichkeiten angefertigt und in Beziehung zueinander gesetzt werden. In dieser Lesart sind Berechnungen und Modelle weniger „immutable mobiles" im Sinne Latours (1988) als vielmehr variable Darstellungsformate, an deren Differenzen Diskurspraktiken ansetzen, um „Neues" und „Anderes" zu entdecken. Entdeckt wird hierdurch etwas, was mittels des skizzierten Mechanismus mit hervorgebracht wird: alternative Zukünfte, welche die Bedingungen, unter denen feldspezifische Akteure entscheiden, in Gestalt wechselseitiger Erwartungen mit hervorbringen. Das Portfolio ist damit ein auf die Zukunft hin orientierter sozialer Koordinationsmechanismus, in dem der spezifische Wert immaterieller und epistemischer

„Dinge" hervorgebracht wird. Den Stellenwert und das kategoriale Verhältnis von Narrationen, Kalkulationen und Fiktionen in diesem Zusammenhang näher zu bestimmen, ist eine Herausforderung für die wirtschafts- und finanzsoziologische Forschung.

Literatur

Amann, Klaus; Knorr Cetina, Karin (1999): The Fixation of (Visual) Evidence. In: Lynch, Michael; Woolgar, Steve (Hg.): Representation in Scientific Practice. Cambridge & London: MIT Press: 85-121

Beckert, Jens (2011): Imagined Futures. Fictionality in Economic Action. Köln: MPiFG discussion paper 11/8

Beckert, Jens (2002): Interpenetration vs. Einbettung: Talcott Parsons im Licht der neuen Wirtschaftssoziologie. In: Berliner Journal für Soziologie 12: 467-483

Beckert, Jens; Aspers, Patrik (2011) (Ed.): The Worth of Goods. Valuation & Pricing in the Economy. New York: Oxford University Press

Beunza, Daniel; Stark, David (2004): Tools of the Trade. The Socio-technology of Arbitrage in a Wall Street Trading Room. In: Industrial and Corporate Change 13(2): 369-400

Beunza, Daniel; Garud, Raghu (2007): Calculators, Lemmings or Frame-makers? The Intermediary Role of Securities Analysts. In: Callon, Michel; Millo, Yuval; Muniesa, Fabian (Ed.): Market Devices. Malden, MA: Blackwell: 13-39

Burgdorf, Anna (2011): Virtualität und Fiktionalität. Überlegungen zur Finanzwelt als „Vorstellungsraum". In: Künzel, Christine; Hempel, Dirk (Hg.): Finanzen und Fiktionen. Grenzgänge zwischen Literatur und Wirtschaft. Frankfurt/M.: Campus: 107-118

Deutschmann, Christoph (2012): Der Glaube der Finanzmärkte. Manifeste und latente Performativität in der Wirtschaft. In: Kalthoff, Herbert; Vormbusch, Uwe (Hg.): Soziologie der Finanzmärkte. Bielefeld: transcript: 131-150

Eustace, Clark 2003: The PRISM Report 2003. Research Findings and Policy Recommendations, European Commission Information Society Technologies Programme, Report Series No. 2

Fama, Eugene (1970): Efficient Capital Markets: A Review of Theory and Empirical Work. In: Journal of Finance 25: 383-417

Fourcade, Marion (2011): Cents and Sensibility: Economic Valuation and the Nature of „Nature". In: American Journal of Sociology 116(6): 172-177

Heuts, Frank; Mol, Annemarie (2013): What Is a Good Tomato? A Case of Valuing in Practice. In: Valuation Studies 1(2): 125-146

Hörisch, Jochen (2002): Zählen oder Erzählen. Hinweise auf neuere Geld-Literatur. In: Deutschmann, Christoph (Hg.): Die gesellschaftliche Macht des Geldes. Wiesbaden: Westdeutscher Verlag: 316-324

Honegger, Claudia; Neckel, Sighard; Magnin, Chantal (Hg.) (2010a): Strukturierte Verantwortungslosigkeit. Berichte aus der Bankenwelt. Berlin: edition Suhrkamp

Honegger, Claudia; Neckel, Sighard; Magnin, Chantal (2010b): Einleitung: Berichte aus der Bankenwelt. In: Honegger, Claudia; Neckel, Sighard; Magnin, Chantal (Hg.): Strukturierte Verantwortungslosigkeit. Berlin: edition Suhrkamp: 15-32

Hoskin, Keith W.; Macve, Richard H. (1994): Writing, Examining, Disciplining: the Genesis of Accounting's Modern Power. In: Hopwood, Anthony G.; Miller, Peter (Ed.): Accounting as Social and Institutional Practice. Cambridge/UK: Cambridge University Press: 67-97

Kalthoff, Herbert (2009): Die Finanzsoziologie: Social Studies of Finance. Zur neuen Soziologie ökonomischen Wissens. In: Kölner Zeitschrift für Soziologie und Sozialpsychologie (KZfSS), Sonderheft 49 (hrsg. von Jens Beckert und Christoph Deutschmann): 266-287

Kalthoff, Herbert; Maeße, Jens (2012): Die Hervorbringung des Kalküls. Zur Praxis der Finanzmathematik. In: Kalthoff, Herbert; Vormbusch, Uwe (Hg.): Soziologie der Finanzmärkte. Bielefeld: transcript: 201-234

Kalthoff, Herbert; Vormbusch, Uwe (2012): Einleitung: Perspektiven der Wirtschafts- und Finanzsoziologie. In: dies. (Hg.): Soziologie der Finanzmärkte. Bielefeld: transcript: 9-28

Knight, Frank H. (1964) [1921]: Risk, Uncertainty and Profit, New York: Sentry Press

Knoblauch, Hubert; Schnettler, Bernt (2005): Prophetie und Prognose: Zur Konstitution und Kommunikation von Zukunftswissen. In: Hitzler, Ronald; Pfadenhauer, Michaela (Hg.): Gegenwärtige Zukünfte. Interpretative Beiträge zur sozialwissenschaftlichen Diagnose und Prognose. Wiesbaden: VS: 23-44

Knorr Cetina, Karin (1984): Die Fabrikation von Erkenntnis. Zur Anthropologie der Naturwissenschaft, Frankfurt/M.: Suhrkamp

Knorr Cetina, Karin (1988): Das naturwissenschaftliche Labor als Ort der „Verdichtung" von Gesellschaft. In: Zeitschrift für Soziologie 17(2): 85-101

Knorr Cetina, Karin (1998): Sozialität mit Objekten. Soziale Beziehungen in post-traditionalen Wissensgesellschaften. In: Rammert, Werner (Hg.): Technik und Sozialtheorie. Frankfurt/M.: Campus: 83-120

Knorr Cetina, Karin (2012): Von Netzwerken zu skopischen Medien. Die Flussarchitektur von Finanzmärkten. In: Kalthoff, Herbert; Vormbusch, Uwe (Hg.): Soziologie der Finanzmärkte. Bielefeld: transcript: 31-62

Knorr Cetina, Karin; Preda, Alex (2012): Introduction. In: Knorr Cetina, Karin; Preda, Alex (Hg.): The Oxford Handbook of The Sociology of Finance. Oxford: Oxford University Press: 1-9

Krämer, Sybille; Bredekamp, Horst (2003): Kultur, Technik, Kulturtechnik: Wider die Diskursivierung der Kultur. In: Krämer, Sybille; Bredekamp, Horst (Hg.): Bild – Schrift – Zahl. München: Wilhelm Fink: 11-22

Künzel, Christine (2011): Finanzen und Fiktionen. Eine Einleitung. In: Künzel, Christine; Hempel, Dirk (Hg.): Finanzen und Fiktionen. Grenzgänge zwischen Literatur und Wirtschaft. Frankfurt/M.: Campus: 9-24

Lamont, Michele (2012): Toward a Comparative Sociology of Valuation and Evaluation. In: Annual Review of Sociology 38: 201-221

Latour, Bruno (1988): Drawing Things Together. In: Lynch, Michael; Woolgar, Steve (Hg.): Representation in Scientific Practice. Cambridge: MIT Press: 19-68

MacKenzie, Donald (2006): An Engine, Not a Camera. How Financial Models Shape Markets. Cambridge/Ma.: The MIT Press

MacKenzie, Donald; Millo, Yuval (2003): Constructing a Market, Performing Theory: The Historical Sociology of a Financial Derivatives Exchange. In: American Journal of Sociology 109: 107-145

Muth, John F. (1961): Rational Expectations and the Theory of Price Movements. In: Econometrica 29: 315-335

Power, Michael (2004): Counting, Control and Calculation: Reflections on Measuring and Measurement. In: Human Relations 57(6): 765-783

Taleb, Nassim Nicholas (2008): Der Schwarze Schwan: Die Macht höchst unwahrscheinlicher Ereignisse. München: Carl Hanser

Vogl, Joseph (2010): Das Gespenst des Kapitals. Zürich: diaphenes

Vormbusch, Uwe (2012a): Die Herrschaft der Zahlen. Zur Kalkulation des Sozialen in der kapitalistischen Moderne. Frankfurt/M.: Campus

Vormbusch, Uwe (2012b): Zahlenmenschen als Zahlenskeptiker. Daten und Modelle im Portfoliomanagement. In: Kalthoff, Herbert; Vormbusch, Uwe (Hg.): Soziologie der Finanzmärkte. Bielefeld: transcript: 313-337

Weber, Max (1973): Vorbemerkung zu den Gesammelten Aufsätzen zur Religionssoziologie. In: Winckelmann, Johannes (Hg.): Max Weber. Soziologie, Universalgeschichtliche Analysen, Politik. Fünfte, überarbeitete Auflage. Stuttgart: Alfred Kröner: 340-356

Zuckerman, Ezra W. (2012): Market Efficiency: A Sociological Perspective. In: Knorr Cetina, Karin; Preda, Alex (Hg.): The Oxford Handbook of the Sociology of Finance. Oxford: Oxford University Press: 223-249

Konventionen und Kompromisse auf Finanzmärkten

Lisa Knoll

---

1 Einleitung

Finanzmärkte nehmen in der Wirtschaftssoziologie eine Sonderstellung ein. Dies hat einerseits damit zu tun, dass sich die Wirtschaftssoziologie, insbesondere seit Harrison White (1993), speziell mit Produzentenmärkten befasst, die White von klassischen Finanzmärkten unterscheidet. Der genuine Beitrag der Wirtschaftssoziologie erscheint so auf den Bereich der Produzentenmärkte festgelegt, denn es sind die Produzentenmärkte, die vom neoklassischen Marktverständnis abweichen und nach anderen (wirtschaftssoziologischen) Analysestrategien verlangen. Dies wird zum Beispiel in den Arbeiten von Patrick Aspers deutlich, der in Bezug auf White standardisierte switch-role Märkte (Finanzmärkte) von Konsumgüter- und Rollenmärkten unterscheidet (Aspers 2007a, 2007b). Andererseits entsteht durch die subdisziplinäre Ausdifferenzierung einer Finanzmarktsoziologie (Knorr Cetina/ Preda 2005, 2012) neben der Wirtschaftssoziologie der Eindruck, es handelte sich bei Finanzmärkten um einen gesonderten Gegenstandsbereich, der auch einer besonderen Soziologie bedürfe.

In diesem Beitrag soll eine Perspektive entwickelt werden, die das Geschehen auf Finanzmärkten mit den Mitteln der französischen Économie *des conventions* zu verstehen sucht und Finanzmärkten keinen analytischen Sonderstatus einräumen will. Finanzmärkte unterscheiden sich von Produzentenmärkten lediglich durch die Spezifik des Produkts, das auf ihnen gehandelt wird. Auf Finanzmärkten wird ein Geldversprechen gehandelt, das sich erst in einer ungewissen Zukunft einlöst (Pixley 1999; Orléan 2001). Diese keynesianische Annahme der Unsicherheit auf Finanzmärkten (Keynes 1936) wird in diesem Beitrag als Ausgangspunkt genommen, um eine Perspektive auf Finanzmarkthandeln zu entwickeln, die dieses als kontinuierliche Sicherstellungsleistung – als konventionelle Formierung – beobachtet. Um auf Finanzmärkten handeln zu können, muss die Unsicherheit des Handelns kontinuierlich bewältigt werden, auch weil diese Märkte in den letzten Jahrzehnten dereguliert und die Unsicherheitsbewältigung dem Markt zu großen Teilen selbst überlassen wurde. Dies hat zur Folge, dass zwar immer weniger der Staat, dafür aber immer mehr private Akteure in Regulierung investieren (Carruthers 2012) und dass Finanzmarkthandeln auf Sicherstellungsleistungen unterschiedlichster Art angewiesen ist. Der Regulierungsbedarf wird aufgrund der Annahme des „freien Marktes" gewissermaßen in den Markt selbst hineinverlagert (dazu auch Knoll 2015 am Beispiel des Emissionshandels). Finanzmarkthandeln wird so zu einem enormen Experimentierfeld. Eine pragmatistische Perspektive (Joas 1992; Beckert 2011), der auch die Économie *des conventions* verpflichtet ist (Diaz-Bone 2011; Knoll 2013), bietet sich deshalb an, um eine Analyseperspektive auf Finanzmarkthandeln zu entwickeln.

Das Geschehen auf Finanzmärkten soll in diesem Beitrag deshalb nicht aus einer Perspektive der Einheitlichkeit oder Andersartigkeit von Finanzmärkten im Gegensatz zu Produzentenmärkten analysiert werden, sondern aus einer Perspektive, die die Unsicherheitsbewältigungskompetenzen der Händler und Analysten in den Blick zu nehmen sucht. Im Zuge dieser Bewältigungsprozesse kommt es zu Neu- und Umformierungen des Finanzmarktfeldes, das sich im Zuge des Experimentierens mit Risiko- und Gewinnoptionen immer weiter entwickelt.

Diese Prozesse der Neu- und Umformierung können als Kompromissbildungsprozesse zwischen unterschiedlichen konventionellen Formen (Boltanski/Thévenot 2007) analysiert werden. Eine erste empirische Evidenz für diese These entstammt einer Studie zum Energiehandel (Knoll 2012a). Im Zuge der Energiemarktliberalisierung wird Strom zu einem Finanzprodukt, das seit dem Jahr 2002 in Deutschland auch losgelöst von seiner „physischen Erfüllung" an Energiebörsen handelbar ist. In Stromhandelsabteilungen finden sich nun Kompromissformationen, die in unterschiedlicher Weise Bedarfskalkulation, Risikomanagement und Gewinnmaximierung über den Spotmarkt und den Forwardmarkt in einer sogenannten „Beschaffungsoptimierung" kombinieren (ebd.). Der folgende Beitrag lotet, ausgehend von diesem Fall eines finanzialisierten Produzentenmarktes, die Möglichkeiten aus, auch Finanzmarkthandeln als Unsicherheitsbewältigung in einem mehrdeutigen Kontext zu analysieren, und schließt damit an die Arbeiten von Beunza und Stark an (Stark/Beunza 2005, 2012). Dafür werden die Ergebnisse verschiedener interviewbasierter und ethnographischer Studien aus dem Bereich der Finanzmarktsoziologie daraufhin befragt, inwiefern sie eine konventionalistische Perspektive auf Finanzmarkthandeln sinnvoll erscheinen lassen. Boltanski und Thévenot (2007, 2011) unterscheiden verschiedene Konventionen wirtschaftlichen Handelns, die dieses einerseits sicherstellen und andererseits begründbar machen, indem sie es qualifizieren. Mithilfe dieses Schemas kann die potenzielle Heterogenität des Finanzmarkthandelns gefasst werden. Die enorme Unsicherheit auf diesen Märkten verlangt nach kontinuierlicher Bewältigung und nach Forminvestition (Thévenot 1984).

2 Économie des conventions

Die Économie des conventions (EC) bezeichnet ein Netzwerk aus Forscherinnen und Forschern, die sich der heterodoxen Ökonomie zurechnen (Eymard-Duvernay et al. 2005) und Märkte – ebenfalls im Anschluss an Harrison White (Favereau et al. 2002) – neu zu denken suchen. So kommentiert Harrison White, der die französische Schulenentwicklung mit Interesse verfolgt: „Markets, in my approach, but also, I think, in that of Convention School, are production or processing markets rather than markets of exchange. Producers seek niches in an array by quality as perceived downstream by buyers" (White 2002: 330). Die EC analysiert den Produktionsprozess als einen die gesamte Produktionskette umfassenden Qualifikationsprozess vom Produkt her (Storper/Salais 1997), so zum Beispiel in der Studie *Le camembert: normand ou normé* (Boisard/Letablier 1987). Dabei geht es auch um die Frage der Wertschöpfung durch Qualifikationsprozesse, wie die Studie *The Coffee Paradox* zeigt (Daviron 2005; Diaz-Bone 2013). In diesem Beitrag soll die Perspektive der Wertschöpfung durch konventionelle Formierung auf Finanzmärkte übertragen werden. Mit der EC werden Märkte von ihrer Organisiertheit her betrachtet (Favereau 1989) sowie von den vielfältigen Sicherstellungsleistungen, die gegen die Unsicherheit des Handelns gerichtet sind. Märkte erscheinen hier als organisierte Arrangements, die unter Rekurs auf unterschiedliche Koordinations- und Wertigkeitsprinzipien (Konventionen) immer wieder gestaltet und umgestaltet werden. So kann verstanden werden, dass Märkte organisiert werden müssen, wie die Studie von Garcia (1986) zeigt, aber auch, dass Produktionsprozesse Elemente des Wettbewerbs integrieren (Piore/Sabel 1985; Salais/Storper 1992). Auch und gerade der Tausch ist auf Konventionen angewiesen, die ihn stabilisieren und sicherstellen. Ohne die Zuordnung von Qualitäten sind Produktwertigkeiten nicht festzustellen (Eymard-Duvernay et al. 2011). In diesen Momenten kollektiver Festschreibungsleistung stützen sich Akteure auf Konventionen. Konventionen sind Äquivalenzformate, die in einer unübersichtlichen Situation die Richtigkeit des Handelns begründen und Dinge und Personen in eine Rangfolge bringen, denn „coordination requires ranking", wie Thévenot formuliert (Thévenot 2011b: 44).

Die Unsicherheitsbewältigung findet durchaus kostspielig über Forminvestitionen (Thévenot 1984) statt, also über Investitionen in Regeln, in Institutionen, in

Technologien, in Abläufe, in Maschinen etc., welche die unübersichtliche Situation in einer bestimmten (konventionellen) Weise in Form bringen. Diese auch als „materielle Dispositive" (Thévenot 2011a: 262) bezeichneten Forminvestitionen ermöglichen oder erleichtern die Koordination in unübersichtlichen Situationen. Sie sind dann aber nicht vor Kritik gefeit. In sogenannten Prüfungen oder Realitätstest (Boltanski/Thévenot 2011: 56) werden die vor-formierten Situationen mit Konventionen abgeglichen und entweder bestätigt, als verbesserungswürdig befunden oder grundsätzlich kritisiert. Prüfungen sind als „Herausforderungen an die Wirklichkeitskonstitution" (Bogusz 2010: 86) der Moment, in dem die bestehende Ordnung mit einer konventionellen Ordnung abgeglichen wird. Der Wechsel von einer Konvention zur nächsten ist als „aufwendige Transformationsarbeit" (Thévenot 2011a: 262) zu untersuchen, in der die Entitäten einer Situation aufeinander abgestimmt und so prozessierbar gemacht werden, aber auch immer wieder im Hinblick auf ihre Kritikanfälligkeit bearbeitet werden.

Die Transformations- und Prüfungsarbeit wird dadurch erleichtert, dass jede Konvention in qualifizierten Objekten und Personen wiedererkannt werden kann. Die folgende Tabelle (Tab. 1) zeigt sechs konventionelle Welten, die Boltanski und Thévenot (2007) in ihrer Arbeit „Über die Rechtfertigung" zusammengestellt haben: die Welt des Markthandelns, die industrielle Welt, die bürgerliche Welt, die Welt des Hauses, die Welt der Inspiration sowie die Welt der Meinung.[1] Alle diese Welten zeichnen sich durch eine je eigene Wertigkeit, ein je eigenes Bewertungskriterium, sowie eine eigene Form der Prüfung aus. Zudem entfalten sie eine je eigene Zeitlichkeit.

Diese Dimension der Zeitlichkeit liefert potenzielle Antworten auf die Frage, auf welche Weise auf Finanzmärkten Entscheidungssicherheit hergestellt werden kann. In Bezug auf die Konvention des Markthandelns, die ja den momentanen Tausch unter Konkurrenzbedingungen zum Thema hat, kann Entscheidungssicherheit nicht garantiert werden. Ich komme darauf zurück.

---

1   Diese konventionellen Welten sind im Forschungskontext der EC entstanden und basieren auf unterschiedlichsten Arbeiten zu wirtschaftlichen und industriepolitischen Produktions- und Qualifizierungsprozessen (dazu Dosse 1999; Diaz-Bone 2011).

Tab. 1 Konventionelle Welten basierend auf Boltanski und Thévenot 2007, 2011

konventio-nelle Welten	Markt	Industrie	Bürgertum	Haus	Inspiration	Meinung
Wertigkeit	Preis	technische Effizienz	kollektive Wohlfahrt	Ehre	Einzig-artigkeit	Ruhm
Bewertungs-kriterium	Konkur-renz	Kompetenz, Funktiona-lität	Gleichheit, Solidarität	Vertrau-enswür-digkeit	Kreati-vität	Anerken-nung
Form der Prüfung	monetär	statistisch, messungs-basiert	formell	münd-lich, anekdo-tisch	emotio-nal	medial, semiotisch
qualifizierte Objekte	Güter	Maschinen, Infrastruk-tur, Pläne	Rechte	Erbe, Tradition	Kunst	Medien, Kommu-nikations-techno-logien
qualifizierte Personen	Händler, Konsu-menten	Ingenieure, Experten	Bürger, Repräsen-tanten	Familie, Freunde	Künst-ler, Kreative	Stars, Berühmt-heiten
Zeitlichkeit	kurz-fristig, momen-tan	langfristige	grundsätz-lich	Vergan-genheit	Neuar-tigkeit	Trend

Das Unvermögen der Marktkonvention, allein Entscheidungssicherheit zu begründen, verweist auf den Begriff des Kompromisses. Um die Konflikte und Widersprüche zwischen den unterschiedlichen konventionellen Formaten zu bewältigen, aber auch, um die realistischen Unzulänglichkeiten einer Konvention auszugleichen, werden auf vielfältige und sehr fluide Weise Kompromisse gebildet (Boltanski/Thévenot 2007: 367). Ein Kompromiss zeichnet sich durch die Gleichzeitigkeit unterschiedlicher konventioneller Rechtfertigungsformate aus, ohne dass diese Unterschiedlichkeit kenntlich gemacht wird. Es wird vielmehr so getan, als ob es keinen Widerspruch gäbe. Dies gelingt besonders dann, wenn Wesen, Entitäten oder Instrumente (materielle Dispositive) die Qualitäten verschiedener Konventionen in sich vereinen und unterschiedliche Bezüge zulassen. So verweist das Arbeitnehmerrecht auf die bürgerliche Welt, in der den Arbeitnehmern als Mitglieder einer repräsentierten Gruppe Rechte zustehen, und auf die industrielle Welt, in der Arbeiter Bestandteile von Produktionszyklen sind, die sich im Arbeitnehmerrecht spiegeln (ebd.: 370). Oder das Beschaffungsportfolio im Stromhandel verweist auf die Welt des Marktes und

auf die Welt der Industrie (Knoll 2012a, 2012b). Im Stromhandel wird der Strom-
verkaufspreis über den Forwardmarkt abgesichert. Auf dessen Basis entscheiden
Stromanbieter täglich, ob der zu liefernde Strom über den eigenen Kraftwerkspark
selbst generiert oder günstiger am Markt zugekauft wird (make or buy). Diese Kom-
bination aus langfristiger Erzeugungsplanung (trotz Preisvolatilität) und kurzfristiger
Preisoptimierung (trotz mehr oder weniger unflexibler Kraftwerkstechnologien)
wird über das Beschaffungsportfolio strukturiert. Im konkreten Fall können die
Optimierungsstrategien eines Energieunternehmens dann sehr unterschiedlich
ausfallen: eher an der langfristigen Planungssicherheit oder eher am kurzfristigen
Ausnutzen von Preissprüngen orientiert. Beide Strategien bleiben aber aufgrund
ihrer Kompromisshaftigkeit als wirtschaftliche „Optimierung" deklarierbar (ebd.).

Der Kompromissbegriff legt die Aufmerksamkeit also auf die andauernden Be-
wegungen zwischen Befriedung und Konflikt. Kompromisskonstellationen wirken
einerseits stabilisierend, weil sie Konflikte vermeiden, andererseits sind sie aber
auch aufgrund ihrer inhärenten Widersprüchlichkeit kritikanfällig.

Die Frage ist nun, inwiefern sich die Analyse der Kompromisshaftigkeit der
Portfoliooptimierung im Energiemarkt auf Finanzmarkthandeln übertragen lässt.
Bislang liegt die Vermutung nahe, dass die Kompromisshaftigkeit im Energiehandel
auf die Spezifik des Energiemarktes zurückzuführen ist, der ja nicht vollkommen
loszulösen ist vom Aspekt der „physischen Erfüllung", sprich dem Aspekt der
Planungs- und Versorgungssicherheit. Bei Versuchen, dies doch zu tun, besteht
immerhin die Gefahr eines Blackouts und damit eines Zusammenbruchs der
Stromversorgung.[2] Eine ähnliche „Spannung" zwischen Versorgungssicherheit und
Finanzmarktspekulation besteht jedoch auch im Banken- und Versicherungswesen,
wie sich in Finanzkrisen zeigt. Der gesellschaftliche Schaden besteht hier nicht im
Zusammenbruch der Stromversorgung, sondern im Zusammenbruch des Kreditwe-
sens im Bereich der Realwirtschaft und in der Gefahr von Staatsbankrotten. Auch
die Hochfinanz ist deshalb nicht zu entkoppeln von der Kreditwirtschaft, auch wenn
dies derzeit von Teilen der Politik angestrebt wird (Stichwort: Trennbankensystem).
Zudem müssen auch Banken und Investoren ihr Überleben am Markt sicherstellen,
indem sie unterschiedliche Risikostrategien kombinieren. So schreibt Pixley, dass
Banken unterschiedlichsten Gefahren ausgesetzt sind – „risks of default, market
risks and operational risks of insolvency" (Pixley 2009: 384) – und deshalb auch im
Banken- und Investmentsektor ein extensives und vielschichtiges „planning against

---

2   Sueddeutsche.de 2012. Stromhändler gefährden Energieversorgung. Gier bis
    zum Blackout. Online im Internet: www.sueddeutsche.de/wirtschaft/2.220/
    stromhaendler-gefaehrdenenergieversorgung-gier-bis-zum-blackout-1.1285557
    [Stand 2012-08-24]

vulnerability" zu beobachten sei (Pixley 1999: 1107). Im Folgenden wird, basierend auf ethnographischen und interviewbasierten Studien, ein Forschungsrahmen vorgeschlagen, der das Handeln auch auf Finanzmärkten von seiner Heterogenität, Kompromisshaftigkeit und Widersprüchlichkeit her verstehen will.

4 Die vielfältige Bewältigung der Unsicherheit auf Finanzmärkten

"Money is a social relation *stretching into the future* since it is created from the debt structure, and thus it carries far more uncertainty than banks' basic fiduciary responsibilities would suggest. Money is created in lending and it contracts when bankers panic." (Pixley 2009: 385, Hervorh. im Original)

Die Unsicherheit des Handelns im Finanz- und Investmentsektor ist hoch. Die pragmatistische Soziologie der Konventionen bietet sich deshalb besonders an, um das Geschehen auf Finanzmärkten analytisch zu erfassen. Die prominentesten Arbeiten der Soziologie der Konventionen zum Finanzsektor stammen von André Orléan (Orléan 2001; Diaz-Bone 2012; Orléan 2013), der – wie Jocelyn Pixley – eine keynesianische Perspektive auf Finanzmärkte entfaltet. Für Orléan zeichnet sich die Finanzwelt durch ihre Loslösung von realwirtschaftlichen Fundamentaldaten aus. Preisveränderungen repräsentieren demnach nicht real**ökonomischen Wertveränderungen,** sondern sie repräsentieren Geldversprechen, die sich nur in der Zukunft einlösen lassen (Orléan 2001: 84 f.).

"While the valorisation of productive capital is a long-term process, since it requires the irreversible immobilisation of capital, liquidity produces constant opportunities for re-evaluation and therefore for profit. With regard to the necessities of production, this frequent re-evaluation of share prices, by the minute or the hour, which the stock markets impose, makes no sense. There is nothing in the nature of productive capital, which corresponds to this liquidity. It creates *ex nihilo* an artificial world of price and contracts whose finality is to allow for an easing of the risk borne by owners." (Orléan 2001: 85 f.; Hervorh. im Original)

Dieser Beitrag setzt nun an dieser „frequent re-evaluation" von Preisereignissen an, die immer wieder von Neuem von Finanzmarktakteuren zu leisten sind und immer wieder aufs Neue zu Bestrebungen führen, die unabwendbare Unsicherheit zumindest annäherungsweise in Gewissheit zu überführen. Paradoxerweise hat die Deregulierung der Finanzmärkte zu einer Verlagerung der Regulierungsanstrengungen in die Finanzwirtschaft selbst hineingeführt. Im Jahr 1973 wurde das System fixer Wechselkurse beendet. Im Oktober 1987 kam es aufgrund dessen zu einem Marktzusammenbruch. In Reaktion auf diesen Zusammenbruch etablierte sich die Kennzahl des Risikos in der Finanzwelt, welche die bis dato wichtigere Kennzahl der Volatilität ablöste (MacKenzie/Millo 2003: 135). Der Staat hat sich als Steuerungsagent zurückgezogen und diese Leerstelle wird nun durch Risikomanagementsysteme der Banken- und Versicherungswirtschaft oder von Ratingagenturen gefüllt (Carruthers 2012). Der vorliegende Beitrag will Finanzmärkte nun nicht allein von ihrer Unsicherheit her verstehen, sondern von den vielfältigen Sicherheitsbestrebungen, die das Überleben in einem derart unsicheren Feld ermöglichen. Die These ist, dass auch und gerade auf Finanzmärkten die Heterogenität dieser qualifizierenden Bewältigungsleistungen angesichts einer *fehlenden* realwirtschaftlichen „physischen Erfüllung" (wie es im Energiehandel heißt) hoch ist.

Tabelle (Tab. 2) spielt verschiedene Varianten der Entscheidungssicherung auf Finanzmärkten in Bezug auf das Schema von Boltanski und Thévenot (2007) durch. Das Analyseschema bietet sich als ein erster Zugriff zur Analyse von Entscheidungsprozessen auf Finanzmärkten an, wobei hier nicht postuliert werden soll, dass man nicht auch andersartige Konventionen auf Finanzmärkten finden kann. Ziel des weiteren Vorgehens ist es, die potenzielle Heterogenität des Finanzmarkthandelns und seine konventionelle Ermöglichung herauszustellen.

In der Konvention des *Markthandelns* bringen die Protagonisten eine kühle und kalkulierte Distanz zwischen sich und die Situation, die es einzuschätzen gilt. Emotionen sollen – anders als in der inspirierten Ordnung, wo ihnen freier Lauf gelassen wird – kontrolliert werden (Boltanski/Thévenot 2007: 272). Diese kühle und rationale Kontrolle ist jedoch eine theoretische Fiktion. Keynes verweist darauf, dass die Unsicherheitsbewältigung auf Finanzmärkten darauf angewiesen ist, dass sich die Marktteilnehmer bestimmte optimistische Vorstellungen von der Marktsituation machen, die sie vorfinden (vgl. Pixley 1999: 1106). Die Konvention des kühlen, rationalen und optimalen Handelns sichert lokale Handlungsfähigkeit auf Finanzmärkten. Diese Konvention kann jedoch nicht darüber hinwegtäuschen, dass menschliche Beschränkung dieses Ideal ständig an seine Grenzen bringt. Es trägt aber zu einer erstaunlichen Zuversicht bei, die trotz aller Unsicherheit auf Finanzmärkten anzutreffen ist. Die Fehlerhaftigkeit des Menschen (begrenzte Rationalität, Emotionalität etc.) wird auf Finanzmärkten nicht zuletzt deshalb durch eine umfassende Automatisierung des Handelns kompensiert. Automaten lassen sich nicht aus der Ruhe bringen. Automaten handeln, als wären sie ununterbrochen zuversichtlich und unerschrocken. Für Boltanski und Thévenot (2007: 265) sind diese Momente der Automatisierung als Übergänge in eine industrielle Welt zu analysieren, in der Zahlenkolonnen professionell in Modellen, Statistiken und Programmen verarbeitet werden (Arbitrage, Risikomanagement).

Tab. 2 Die Heterogenität von Finanzmarkthandeln (eigene Darstellung unter Bezugnahme auf Boltanski und Thévenot 2007)

Konvention	Markt	Industrie	Staatsbürgertum	Haus	Inspiration	Meinung
Finanzmarkthandeln	cooles, kontrolliertes Ausnutzen von Preisdifferenzen	Preissicherung, hedging	banking als Dienst an der Gesellschaft	„tit-for-tat", over-the-counter	gut feeling, Kreativität, Spontanität	herding, Imitation
Wertigkeit	kurzfristige Wertsteigerung	langfristige Wertsicherung	Daseinsvorsorge	Loyalität, Vertrauen	„gegen den Strom schwimmen"	„mit dem Strom schwimmen"
Zeithorizont	kurzfristig	mittel- bis langfristige Zukunft	Stabilität der Staaten (langfristig)	vergangenheitsorientiert	momentan	abhängig von Trends
Kritik (systemgefährdende down-side)	Opportunismus „self-interest seeking with guile", greed	keine Gewinnmargen	„too big to fail"	Korruption/ Insiderhandel	Übermut, Selbstüberschätzung	Panik

Die Marktkonvention stellt im Finanzmarkthandeln ein unerreichtes Ideal dar (Pixley 1999; Orléan 2013), das seine Unzulänglichkeiten unter Zuhilfenahme anderer Konventionen kompensieren muss. Die These dieses Beitrags ist, dass die Marktkonvention bei genauerem Hinsehen niemals alleine Finanzmarkthandeln sicherstellen kann, sondern immer flankiert werden muss. „Erfolg wird", so Boltanski und Thévenot (2007: 268; Hervorh. weggel.), in der Welt des Marktes „besonders unter Benutzung des Vokabulars des Wettkampfes beschrieben: sich vom Feld lösen, an sich selbst Herausforderungen stellen, Punkte machen, ein Gewinner, ein Crack sein." Dieser Erfolg stellt sich im Finanzmarkt aufgrund seiner unüberwindbaren Unsicherheit nicht einfach und unproblematisch ein, sondern erst über die Flankierung mit anderen Wertigkeitsformaten, zum Beispiel inspiriertem Handeln (Bauchgefühl) oder industrieller Rechenhaftigkeit.

Die *industrielle Ordnung* verweist auf die Herstellung von Planungssicherheit und Wertsicherung unter volatilen Marktbedingungen. Wenn Händler ihren Einsatz über hedging-Instrumente absichern, dann sind dies Strategien zur Wert*sicherung*, nicht zur Wertsteigerung. Dies entspricht der „ursprünglichen" Idee von Terminmärkten, die ja wie im Stromhandel zur Sicherung einer „physischen Erfüllung" konzipiert wurden – man denke an die Versicherung von Ernteausfällen aufgrund von Wetterextremen oder an den möglichen Verlust von Ware aufgrund eines verunglückten Handelsschiffes. Dass auf Terminmärkten auch zum Zweck des Eigenhandels gehandelt werden kann, steht auf einem anderen Blatt und verweist dann auf eine andere konventionelle Konstellation. Micheal Power hat das Risikomanagement als ein „restless metrological drama at the organizational level" beschrieben (Power 2004: 778), das seine ontologischen Wurzeln im Ingenieurwesen und in der Vorstellung eines „ökonomischen Barometers" habe (ebd.: 766). Ähnlich weisen auch Beunza und Stark darauf hin, dass die quantitativen Händler heute oft Statistiker und Physiker sind. Finanzanalysten müsse man sich deshalb heute als „Ingenieure" vorstellen (Stark/Beunza 2005: 91).

Die *staatsbürgerliche Konvention* verweist auf die staatliche und letztlich auf die gesellschaftliche Eingebundenheit des Finanzmarkthandelns. Die Sicherheitskonstruktionen im Bankwesen basieren auf der Gewissheit, „that the long-term future could be safely left to the state and its taxpayers" (Pixley 2009: 397). Ein ehemaliger Banker räsoniert im Interview darüber, wie schwierig es deshalb für staatliche Aufsichtsbehörden sei, im Falle einer Krise zwischen „systemic threat" und „moral hazard" zu unterscheiden (ebd.). Handelsentscheidungen kalkulieren also (mindestens implizit) die wirtschaftliche Macht eines „lenders of last resort" mit ein und/oder dessen Kapazitäten, eine Währung oder einen Konzern im Krisenfall zu stützen. Der Glaube an die politische Stabilität eines Staates „renders money liquid" (Carruthers/Stinchcombe 1999: 362). Liquidität wird deshalb im Fall von Bürgerkriegen oder Revolutionen eingebüßt.

Zudem fragen Leyshon und Thrift (2007) nach dem systematischen Grund für das Interesse von Investoren an Objekten der Daseinsvorsorge (Straßen, öffentlicher Nahverkehr, Wasserversorgung, Energieversorgung etc.). Sie argumentieren, dass gerade in diesem Bereich mit dauerhaften Einnahmen zu rechnen ist, die abgekoppelt sind von der Volatilität des Finanzmarktes – eine Form der Risikodiversifizierung. Die staatsbürgerliche Konvention verweist auch auf die Pflicht zur Daseinsvorsorge des Bankenwesens selbst. Auch wenn diese Art der Selbstbeschreibung im Banken- und Versicherungssektor sicherlich seltener anzutreffen ist als zum Beispiel im Bereich der Energie*versorgungs*wirtschaft, so ist der Finanzsektor doch nicht frei davon. Darauf verweist zumindest die wieder wachsende Nachfrage nach Sozial- und Genossenschaftsbanken, die den diskursiven Möglichkeitsraum auch im Finanzwesen zumindest leicht zu verschieben scheint (Hiß 2012). Auch entdecken Großbanken in Zeiten der Krise häufig wieder das Kleinkundengeschäft, das ebenfalls die Problematik aufwirft, ob man eigentlich im Privatkundenbereich genauso „abgezockt" und „kühl" (Marktkonvention) seine verbrieften Risiken verkaufen kann/muss/darf wie auf internationalen und professionellen Finanzplätzen. Zumindest wird hier das (gestörte) Verhältnis zwischen Berater und Kunde zum Thema (Langenohl 2012; Herzog 2013).

Baker (1984) hat schon früh die Erkenntnis gewonnen, dass Händler der New Yorker Börse auf Zusammenarbeit und Kommunikation angewiesen sind und dass diese Zusammenarbeit eine starke Preisvolatilität verhindert. Dies verweist auf die *Konvention des Hauses*, die dem Vertrauen und der Loyalität zwischen langjährigen Partnern eine hohe Wertigkeit zumisst. Eine jüngere Netzwerkanalyse hat die personellen Verflechtungen der wichtigsten Investmentfirmen aufgezeigt, die in wenigen Knoten zusammenlaufen und so dem Ideal des anonymen und transparenten Marktes entgegenstehen (Vitali et al. 2011). Händler interessieren sich für die Wissensvorsprünge und die Wissenslücken anderer Händler (Abolafia 1996: 24). Handelsentscheidungen sind häufig keine einsam kalkulierten Entscheidungen, sondern kooperative Akte. So haben Beunza und Stark den spezialisierten trading room als „an ecology of knowledge" beschrieben, „in which heterachical collaboration is the means to solve the puzzle of value" (Stark/Beunza 2005: 98). Sie haben in ihrer Ethnographie beobachtet, dass es zwischen verschiedenen „trading desks" zu spontaner Kooperation kommt. Die „trading desks" sind zu unterschiedlichen Zeitpunkten unterschiedlichen Risiken ausgesetzt und helfen sich dann auch mal auf der Basis eines kollegialen Peer-group-Verhaltens mit einer spontanen Risikoabsicherung in Millionenhöhe gegenseitig aus (ebd.: 94). Pixley beschreibt kooperatives Handeln auf Finanzplätzen an der Grenze zur Illegalität: „Frauds and cartels aim to beat uncertainty through secret deals, whereas insider trading is the tempting use of true certainty, using secret knowledge of decisions already made (i. e., the past). Insider trading demonstrates that certainty only exists about the past and is above all, the best optimizing strategy, however suppressed and punished." (Pixley 2009: 394) Arnoldi wirft in seiner Untersuchung die Frage auf, weshalb es eigentlich mit der Zunahme automatisierten Handelns, der maßgeblich mit dem kommunikationstechnologischen Fortschritt in Zusammenhang steht, gleichzeitig zu einer beträchtlichen Zunahme des sogenannten „over-the-counter trading" und des „block trading" gekommen ist. Seine Antwort lautet: weil diese Handelsformate Kooperation und Preisverhandlung erlauben und so die Transparenz und die Gleichzeitigkeit des elektronischen Handels umgehen. „[B]lock trading has gained in popularity, at least in part because it entails personal interaction, exchange of information, building of trust and time to make decisions." (Arnoldi

2006: 395) Transparenz und Gleichzeitigkeit (die Ideale des perfekten Marktes) verringern die Gewinnmargen. „Perfekte Märkte" dürften streng genommen gar keine Gewinnmargen aufweisen. Dies ist sicherlich auch der Grund, warum sich die Großbanken gegen politische Bestrebungen wehren, die den OTC-Handel einschränken und transparenter gestalten wollen (Huault/Rainelli-Weiss 2013).

Vertrauen und Beziehungen spielen auch im Geschäfts- und Privatkundenbereich eine Rolle. Dies haben unter anderem die Studien von Guseva und Rona-Tas (2001) und Kalthoff (2005) gezeigt, auch wenn diese vertrauensbasierte Form der Kreditvergabe im Bankengeschäft im Zuge des Aufbaus von Risikomanagementsystemen auf dem Rückzug zu sein scheint. Eine langjährig etablierte Vertrauensbasis zum Kundenberater kann auch ausgenutzt werden, wie sich in der Finanzkrise gezeigt hat (Langenohl 2012). Auch die Beziehung zwischen dem Berater und Kunden kann als kompromissgeladene Beziehung untersucht werden, die in unterschiedlichem Maße auf einer persönlichen Beziehung basiert (die sich etwa in den alljährlichen Geburtstags- und Neujahrsgrüßen vom Bankberater ausdrückt) und mit anderen Koordinationsformen kombiniert wird.

Bezogen auf das Finanzmarkthandeln geht es bei der *inspirierten Ordnung* um das berühmte „Bauchgefühl" (Gigerenzer 2007) oder um einen Instinkt, der eng mit dem Genius einer Person verknüpft ist (siehe auch Senge 2012). Interessant ist in diesem Zusammenhang, wie sich im Selbstverständnis von Händlern die Spekulation von Arbitrage unterscheidet. Spekulation basiert hier auf dem Glauben an sich selbst, wohingegen Arbitrage auf den *Grenzen* dieses Glaubens an sich selbst aufbaut (Miyazaki 2007: 406). Spekulation basiert also auf der Kreativität, dem Mut und auf der Experimentierfreudigkeit des Einzelnen, während Arbitrage auf dem systematischen und kalkulierten Ausnutzen von ‚irrationalen' Preisdifferenzen beruht. Miyazaki zufolge lässt sich diese Unterscheidung in der Praxis kaum aufrechterhalten. Auch Arbitrage, so Miyazaki, hat immer eine spekulative Seite, trotzdem ist diese Unterscheidung identitätsstiftend für die Tätigkeiten auf Finanzplätzen. Interessanterweise werden im Zuge der Aufarbeitung der Finanzkrise die Kreativität und das unkonventionelle Denken wieder hoffähiger. Tellmann hat die Dokumentation der Krise durch das Basel Committee on Banking Supervision analysiert und herausgearbeitet, dass hier fehlende Fantasie und Vorstellungskraft als Krisenursache diagnostiziert werden. Man müsse auch das eigentlich Unvorstellbare wieder denken lernen. Die Krise habe etwas mit einem „failure of imagination" zu tun (Tellmann 2009: 17). Zur Lösung des Problems werden „modes of stress testing" vorgeschlagen, die Risiko nicht länger als einen „constant statistical process" begreifen, sondern die Vorstellungskraft im Hinblick auf das bisher Unvorstellbare erhöhen (ebd.). Imagination und Vorstellungskraft stehen dem Ideal der Rechenhaftigkeit also als ein weiteres rationales Ideal auf Finanzplätzen gegenüber (dazu auch Cooper 2010).

Orléan erfasst das Finanzmarkthandeln in Bezug auf die *Konvention der Meinung*, allerdings ohne sich dabei auf Boltanski und Thévenot (2007) zu beziehen (Orléan 2013: 46). Weil das gehandelte Produkt ein Versprechen ist, kann das Handeln auf Finanzmärkten nie mehr sein als die Imitation der Erwartungserwartungen. Die Zukunft „is never more than an opinion, a pure gamble expressing personal convictions" (Orléan 2001: 84). Um auf Finanzmärkten zu handeln, muss man also nicht die realwirtschaftlichen Fundamentaldaten kennen, sondern die Handelsentscheidungen der anderen Marktteilnehmer antizipieren. Gossip spielt deshalb eine wichtige Rolle auf Finanzmärkten und man kann sich einen Vorteil verschaffen, wenn man bewusst und geschickt Gerüchte streut. Informationsvorsprünge und Insiderwissen sind daher wichtig. Händler sind unter anderem auch deshalb auf „gute Kontakte" angewiesen (konventionelle Welt des Hauses). Dies wird auch in der Studie von Knorr Cetina und Bruegger deutlich. Die Händler tauschen Informationen über die Atmosphäre und die Stimmung auf den Handelsplätzen in Zürich und in Singapur aus (Knorr Cetina/Bruegger 2002: 925 ff.). Es geht also darum, das Verhalten der Herde oder der „Schwarmintelligenz" einzuschätzen. Pixley erwähnt in ihrer Studie außerdem den Personenkult auf Finanzmärkten (Pixley 2009: 390). So war Alan Greenspan, der ehemalige Vorsitzende der US-Notenbank, eine Kultfigur, der die Entwicklung des Marktes durch seine Aussagen beeinflussen konnte. „Such a ‚cult' figure is both demanded from below and a top-down attempt to impose an emotion-rule (in order to, for example, prevent a run on banks). It involves loyalty to the figurehead, often to assuage anxiety about deciding or acting in uncertainty, whether on trading floors or in central bank boardrooms." (Ebd.) Auch spielen institutionelle Meinungsbildungsintermediäre wie die Ratingagenturen eine wichtige Rolle, um die Bewegung der Massen einschätzbar zu machen. Dies verweist dann wieder auf die industrielle Welt, in der Vorhersehbarkeit durch Standardisierung gestaltet wird.

Wertschöpfung und Wertsicherung stellen unter der Bedingung einer radikalen Unsicherheit, wie sie insbesondere auf Finanzmärkten auftritt, eine permanente Herausforderung an die Finanzmarktakteure dar. Dass auf Finanzmärkten dennoch gehandelt werden kann, hat mit den unterschiedlichsten pragmatischen Sicherstellungsleistungen zu tun, die in diesem Beitrag als konventionelle Formierungen gefasst wurden. Diese machen es erst möglich, dass Handelsentscheidungen entscheidbar werden, indem sie es erlauben, Wertigkeiten festzustellen und in eine Rangfolge zu bringen (Thévenot 2011b: 44).

Bislang wurde in diesem Beitrag plausibilisiert, dass sich Finanzmarkthandeln auf vielfältige Weise sicherstellen lässt. Das vorgestellte Analyseschema erlaubt es nun, konkretes Finanzmarkthandeln und konkrete Finanzmärkte auf ihre Konflikte und ihre Kompromisshaftigkeit hin zu untersuchen und so zu zeigen, über welche Kombinationen auf Finanzmärkten immer wieder aufs Neue Wertschöpfung und Entscheidungssicherheit generiert werden. Dabei ist vermutlich keine der vorgestellten konventionellen Welten alleine fähig, Wertschöpfung und -sicherung dauerhaft zu garantieren. Jede hat ihre eigene „systemgefährdende down-side" (Tab. 2) und ist entsprechend kritikanfällig. Sie müssen deshalb kombiniert und immer wieder aufs Neue in Kompromisse überführt werden.

4   Schluss

Finanzmärkten wird aufgrund ihrer Entkopplung von der Realwirtschaft und aufgrund ihrer Globalität eine Art Eigenleben attestiert, die sie zu einer fremden und andersartigen Welt werden lassen: „financial markets constitute ‚virtual societies' that move as the sun moves across the earth" (Zaloom 2012: 173; vgl. auch Knorr Cetina/Bruegger 2002). Dieser Beitrag schlägt eine entgegengesetzte Analysestrategie vor: Den Akteuren auf Finanzmärkten stehen im Prinzip keine anderen handlungspraktischen Formen zur Bewältigung der Unsicherheit zur Verfügung als den Akteuren in anderen Wirtschaftssektoren. Was sie unterscheidet, ist das besondere Maß an Unsicherheit, das auf diesen Märkten zu bewältigen ist. Der einzige Unterschied besteht darin, dass die Akteure hier besonders kreativ und erfindungsreich sein können/müssen, um ökonomische Wertsteigerung und Wertsicherung zu betreiben. Finanzmärkte sind auf vielfältige Weise mit der sogenannten „Realwirtschaft" und der Gesellschaft generell verknüpft. Die Vermutung dieses Beitrags ist, dass diese Verbindungspunkte enorm wichtig sind, um die andauernde Stabilisierung von Finanzmärkten zu verstehen, denn im Grunde sind es die Stabilität und das Funktionieren von Finanzmärkten, die angesichts der Krisenanfälligkeit erklärungsbedürftig erscheinen. Diese Stabilität, so die These dieses Beitrags, wird immer wieder aufs Neue über vielfältige und kombinierte konventionelle Sicherungsleistungen gestaltet. Es gilt also Finanzmärkte nicht von ihrer Eigenlogik oder ihrer Spezifik gegenüber Produktionsmärkten her zu verstehen, sondern hinsichtlich der Frage, inwiefern auf welche unterschiedlichen Weisen und letztlich auf wessen Kosten die Unsicherheit auf Finanzmärkten bewältigt wird.

Literatur

Abolafia, Mitchel Y. (1996): Making Markets: Opportunism and Restraint on Wall Street. Cambridge: Harvard University Press

Arnoldi, Jakob (2006): Frames and screens: the reduction of uncertainty in electronic derivatives trading. In: Economy and Society 35 (3): 381-399

Aspers, Patrick (2007a): Theory, Reality, and Performativity in Markets. In: American Journal of Economics and Sociology 66 (2): 379-398

Aspers, Patrick (2007b.): Wissen und Bewertung auf Märkten. In: Berliner Journal für Soziologie 4: 431-449

Baker, Wayne E. (1984): The Social Structure of a National Securities Market. In: The American Journal of Sociology 89 (4), S. 775-811

Beckert, Jens (2011): Pragmatismus und wirtschaftliches Handeln. In: Hollstein, Bettina; Jung, Matthias J.; Knöbl, Wolfgang (Hg.): Handlung und Erfahrung. Das Erbe von Historismus und Pragmatismus und die Zukunft der Sozialtheorie. Frankfurt/M.: Campus: 247-269

Beunza, Daniel; Stark, David (2012): Seeing Through the Eyes of Others: Dissonance Within and Across Trading Rooms. In: Knorr Cetina, Karin; Preda, Alex (Ed.): The Oxford Handbook of the Sociology of Finance. Oxford: Oxford University Press: 203-222

Bogusz, Tanja (2010): Zur Aktualität von Luc Boltanski. Einleitung in sein Werk. Wiesbaden: VS.

Boisard, Pierre; Letablier, Marie-Thérèse (1987): Le camembert: normand ou normé. Deux modèles de production de l'industrie fromagère. In: Eymard-Duvernay, François (Ed.): Entreprises et produits. Cahiers du Centre d'Études de l'Emploi 30: 1-30

Boltanski, Luc; Thévenot, Laurent (2007): Über die Rechtfertigung. Eine Soziologie der kritischen Urteilskraft. Hamburg: Hamburger Edition

Boltanski, Luc; Thévenot, Laurent (2011): Die Soziologie der kritischen Kompetenzen. In: Diaz-Bone, Rainer (Hg.): Soziologie der Konventionen. Grundlagen einer pragmatischen Anthropologie. Frankfurt/M.: Campus: 43-68

Carruthers, Bruce G. (2012): Historical Sociology of Modern Finance. In: Knorr Cetina, Karin; Preda, Alex (Ed.): The Oxford Handbook of the Sociology of Finance. Oxford: Oxford University Press: 491-509

Carruthers, Bruce G.; Stinchcombe, Arthur L. (1999): The Social Structure of Liquidity: Flexibility, Markets, and States. In: Theory and Society 28 (3): 353-382

Cooper, Melinda (2010): Turbulent Worlds: Financial Markets and Environmental Crisis. In: Theory Culture Society 27 (2-3), S. 167-190

Daviron, Benoit P. (2005): The Coffee Paradox: Global Markets, Commodity Trade, and the Elusive Promise of Development. New York: Zed Books

Diaz-Bone, Rainer (2011): Einführung in die Soziologie der Konventionen. In: Diaz-Bone, Rainer (Hg.): Soziologie der Konventionen. Grundlagen einer pragmatischen Anthropologie. Frankfurt/M.: Campus: 7-41

Diaz-Bone, Rainer (2012): Die Autoreferenzialität der Finanzmärkte. Die Perspektive der ‚Économie des conventions' auf die Börsenwelt. In: Kalthoff, Herbert; Vormbusch, Uwe (Hg.): Soziologie der Finanzmärkte. Bielefeld: transcript: 63-85

Diaz-Bone, Rainer (2013): Global Value Chains und die transnationale Verkettung von Qualitätskonventionen. In: Soeffner, Hans-Georg (Hg.): Transnationale Vergesellschaftungen. Verhandlungen des 35. Kongresses der Deutschen Gesellschaft für Soziologie in Frankfurt am Main 2010. Wiesbaden: VS: 429-445

Dosse, François (1999): The Empire of Meaning. The Humanization of Social Sciences. Mineapolis: University of Mineapolis Press

Eymard-Duvernay, François; Favereau, Olivier; Orléan, André; Salais, Robert; Thévenot, Laurent (2005): Pluralist Integration in the Economic and Social Sciences: The Economy of Conventions. In: Post-autistic Economics Review 34 (30): 22-40

Eymard-Duvernay, François; Favereau, Olivier; Orléan, André; Salais, Robert; Thévenot, Laurent (2011): Werte, Koordination und Rationalität: Die Verbindung dreier Themen durch die "Économie des conventions". In: Diaz-Bone, Rainer (Hg.): Soziologie der Konventionen. Grundlagen einer pragmatischen Anthropologie. Frankfurt/M.: Campus: 203-230

Favereau, Olivier (1989): Organisation et le Marché. Revue française d'économie 4 (1): 65-96

Favereau, Olivier; Biencourt, Olivier; Eymard-Duvernay, Francois (2002): Where Do Markets Come From? From (Quality) Conventions! In: Favereau, Olivier; Lazega, Emmanuel (Ed.): Conventions and Structures in Economic Organization: Markets, Networks and Hierarchies. Cheltenham: Edward Elgar: 213-252

Garcia, Marie-France (1986): La Construction Sociale d'un Marché Parfait: Le Marché au Cadran de Fontaines-en-Sologne. In: Actes de la Recherche en Sciences Sociales 65: 2-13

Gigerenzer, Gerd (2007): Gut Feelings: The Intelligence of the Unconscious. New York: Viking

Guseva, Alya; Rona-Tas, Akos (2001): Uncertainty, Risk, and Trust: Russian and American Credit Card Markets Compared. In: American Sociological Review 66 (5): 623-646

Herzog, Lisa (2013): Persönliches Vertrauen, Rechtsvertrauen, Systemvertrauen. In: Deutsche Zeitschrift für Philosophie 61 (4): 529-548

Hiß, Stefanie (2012): Wie Nachhaltigkeit die Rationalitätsordnung des Finanzmarkts irritiert. In: Engels, Anita; Knoll, Lisa (Hg.): Wirtschaftliche Rationalität. Soziologische Perspektiven. Wiesbaden: VS: 85-108

Huault, Isabelle; Rainelli-Weiss, Hélène (2013): The Connexionist Nature of Modern Financial Markets: From a Domination to a Justice Order? In: Du Gay, Paul; Morgan, Glenn (Ed.): New Spirits of Capitalism? Crisis, Justifications, and Dynamics. Oxford: Oxford University Press: 181-205

Joas, Hans (1992): Die Kreativität des Handelns. Frankfurt/M.: Suhrkamp

Kalthoff, Herbert (2005): Practices of Calculation: Economic Representations and Risk Management. In: Theory, Culture and Society 22 (2): 69-97

Knoll, Lisa (2012a): Über die Rechtfertigung wirtschaftlichen Handelns. CO_2-Handel in der kommunalen Energiewirtschaft. Wiesbaden: VS

Knoll, Lisa (2012b): Wirtschaftliche Rationalitäten. In: Engels, Anita; Knoll, Lisa (Hg.): Wirtschaftliche Rationalität. Soziologische Perspektiven. Wiesbaden: VS: 47-66

Knoll, Lisa (2013): Die Bewältigung wirtschaftlicher Unsicherheit. Zum Pragmatismus der Soziologie der Konventionen. In: Berliner Journal für Soziologie 23 (4): 367-387

Knoll, Lisa (2015): The Hidden Regulation of Carbon Markets. In: Historical Social Research 40 (1)

Knorr Cetina, Karin; Bruegger, Urs (2002): Global Microstructures: The Virtual Societies of Financial Markets. In: American Journal of Sociology 107 (4): 905-950

Knorr Cetina, Karin; Preda, Alex (Hg.) (2005): The Sociology of Financial Markets. Oxford: Oxford University Press

Knorr Cetina, Karin; Preda, Alex (Hg.) (2012): The Oxford Handbook of the Sociology of Finance. Oxford: Oxford University Press

Keynes, John M. (1936): The General Theory of Employment, Interest, and Money. New York: Harcourt, Brace & World

Langenohl, Andreas (2012): Mathematische und professionelle Rationalität an Finanzmärkten. In: Engels, Anita; Knoll, Lisa (Hg.): Wirtschaftliche Rationalität. Soziologische Perspektiven. Wiesbaden: VS: 109-128

Leyshon, Andrew; Thrift, Nigel (2007): The Capitalization of Almost Everything: The Future of Finance and Capitalism. In: Theory, Culture & Society 24 (7-8): 97-115

MacKenzie, Donald; Millo, Yuval (2003): Constructing a Market, Performing Theory: The Historical Sociology of a Financial Derivatives Exchange. In: American Journal of Sociology 109 (1): 107-145

Miyazaki, Hirokazu (2007): Between arbitrage and speculation: an economy of belief and doubt. In: Economy and Society 36 (3): 396-415

Orléan, André (2001): The Self-Centred Logic of Financial Markets. In: Petit, Pascal (Ed.): Economics and Information. Dordrecht: Kluwer, 83-92

Orléan, André (2013): Questioning Economists' Notion of Value: André Orléan interviewed by Rainer Diaz-Bone. In: Economic Sociology – European Electronic Newsletter 14 (3): 41-47

Piore, Michael J.; Sabel, Charles F. (1985): Das Ende der Massenproduktion. Studie über die Requalifizierung der Arbeit und die Rückkehr der Ökonomie in die Gesellschaft. Berlin: Wagenbach

Pixley, Jocelyn F. (1999): Beyond Twin Deficits: Emotions of the Future in the Organizations of Money. In: American Journal of Economics and Sociology 58 (4): 1091-1118

Pixley, Jocelyn F. (2009): Time orientations and emotion-rules in finance. In: Theory and Society 38: 383-400

Power, Michael (2004): Counting, Control and Calculation: Reflections on Measuring and Measurement. In: Human Relations 57: 765-783

Senge, Konstanze (2012): Über die Bedeutung von Gefühlen bei Investitionsentscheidungen. In: Schnabel, Annette; Schützeichel, Rainer (Hg.): Emotionen, Sozialstruktur und Moderne. Wiesbaden: VS: 425-444

Salais, Robert; Storper, Michael (1992): The four 'worlds' of contemporary industry. In: Cambridge Journal of Economics 16: 169-194

Stark, David; Beunza, Daniel (2005): How to Recognize Opportunities: Heterarchical Search in a Trading Room. In: Knorr Cetina, Karin; Preda, Alex (Ed.): The Sociology of Financial Markets. Oxford: University Press: 84-101

Storper, Michael; Salais, Robert (1997): Worlds of production. The action framework of the economy. Cambridge: Harvard University Press

Tellmann, Ute (2009): Imagining Catastrophe: Scenario Planning and the Striving for Epistemic Security. In: Economic Sociology – European Electronic Newsletter 10 (2): 17-21

Thévenot, Laurent (1984): Rules and Implements: Investment in Forms. In: Social Science Information 23 (1): 1-45

Thévenot, Laurent (2011a): Die Pluralität kognitiver Formate und Engagements im Bereich zwischen dem Vertrauten und dem Öffentlichen. In: Diaz-Bone, Rainer (Hg.): Soziologie der Konventionen. Grundlagen einer pragmatischen Anthropologie. Frankfurt/M.: Campus: 255-274

Thévenot, Laurent (2011b): Power and Oppression from the Perspective of the Sociology of Engagements: A Comparison with Bourdieu's and Dewey's Critical Approaches to Practical Activities. In: Irish Journal of Sociology 19 (1): 35-67

Vitali, Stefanie; Glattfelder, James B.; Battiston, Stefano (2011): The Network of Global Corporate Control. PLoS ONE 6(10): e25995. doi:10.1371/journal.pone.0025995

White, Harrison (1993): Markets in Production Networks. In: Swedberg, Richard (Ed.): Explorations in Economic Sociology. New York: Russell Sage Foundation: 161-175

White, Harrison (2002): Conclusion: Quality as a System Property: Downstream. In: Favereau, Olivier; Lazega, Emmanuel (Ed.): Conventions and Structures in Economic Organization: Markets, Networks and Hierarchies. Cheltenham: Edward Elgar: 329-345

Zaloom, Caitlin (2012): Traders and Market Morality. In: Knorr Cetina, Karin; Preda, Alex (Ed.): The Oxford Handbook of the Sociology of Finance. Oxford: Oxford University Press: 169-186

III
Umgang mit Ungewissheit:
Beratung, Vertrauen und Risiken

Beraterdämmerung?
Kritik an Anlageberatung durch Renegaten und Kunden

Andreas Langenohl

1   Ausgangspunkt: Privatinvestition in der Krise?

Der öffentliche Ruf von Finanzberatung, vor allem wenn sie in Banken durchgeführt wird, ist seit Beginn der globalen Finanzkrise anhaltend schlecht (Die große
Blamage 2010; Die Blamage geht weiter 2010; Sklaven der Banken 2010). Aktuelle
Survey-Studien zur Bereitschaft der Deutschen, in Finanzmarktprodukte zu investieren, bieten indes zurzeit kein einheitliches Bild. Während laut Deutschem
Aktien-Institut (Kurzstudie 1/2011) Ende 2010 der Besitz an Aktien und Fondsan-
teilen deutlich abnahm, kommen andere Studien zu dem Ergebnis, dass Haushalte
eher in abwartender Position verharren (Börsch-Supan et al. 2009). Während seit
Ausbruch der Finanzkrise unter institutionellen und professionellen Investoren eine
ausgesprochene Nervosität in puncto Finanzprodukte zu verzeichnen ist, was sich an
den Börsen in Schüben stark erhöhter Volatilität bemerkbar macht, scheint es unter
Privatanlegern Derartiges bislang nicht zu geben, jedenfalls nicht in erwartbarem
Ausmaß (Köhler 2011; Schimank 2011). Das eigentliche Rätsel scheint daher nicht
darin zu bestehen, warum sich Kleinanleger aus Finanzinvestitionen zurückziehen,
sondern warum sie dies trotz der Krise *nicht* tun. Die gegenwärtige Finanzkrise wirft
so ein Schlaglicht auf die Frage, durch welche sozialen und kulturellen Prozesse
Motivation zum Investment aufseiten von Kleinanlegern generiert wird.

2   Forschungsstand

Mit dieser Frage sind soziologische Argumentationen aufgerufen, die die nichtöko-
nomischen Grundlagen und Ermöglichungsbedingungen hochgradig integrierter
marktwirtschaftlicher Ordnungen thematisieren. Bereits Max Weber (1988) hatte

argumentiert, dass kapitalistische Erwerbsbetätigungen anfangs einer kulturellen Begründung und dadurch angestoßener Motive bedurft hätten. Während jedoch er selbst noch davon ausging, dass mit der Systemschließung des Kapitalismus die Notwendigkeit einer außerökonomischen Begründung der Handlungsmotivation entfallen sei, und dies seit den 1970er Jahren Anlass zur Frage gab, was denn aus dem Kapitalismus würde, wenn „die sozialmoralischen Polster, auf die sich eine kapitalistische Modernisierung hatte stützen können, Zeichen von Erschöpfung zeigen" (Dubiel 1994: 143), ist die außerökonomische Motivation kapitalistischer Erwerbstätigkeit vor einiger Zeit wieder in den Fokus konzeptioneller Entwürfe und empirischer Forschungen gelangt. Luc Boltanksi und Ève Chiapello (2003: 48-54) argumentieren, dass der Kapitalismus zu jedem Zeitpunkt auf außerwirtschaftliche Legitimations- und Motivationsressourcen – auf einen *ésprit* – angewiesen gewesen sei, und gelangen so zu der Frage, wie die Motivation generiert wird, sich am Kapitalismus zu beteiligen.

Dies markiert einen starken Kontrast zu wirtschaftswissenschaftlichen Modellbildungen, die sich nach der „Mikrofundierung" der Makroökonomik zunehmend dem theoretischen Register der Theorie rationaler Erwartungen zugewandt haben und *expressis verbis* von der Frage der Präferenzbildung (und damit der Motivation) absehen, weil diese zur Erklärung von Marktgleichgewichten irrelevant sei. Sie favorisieren stattdessen ein Erklärungsmodell, das die Bedingungen und Restriktionen von Investitionsverhalten in den Vordergrund rückt (Kirchgässner 2008: 25-26, 39-42). Die Frage nach der Motivation zur Teilnahme an Finanzmarktaktivitäten unterscheidet die Soziologie aber auch von finanzpsychologischen Untersuchungen. Diese tendieren zu einer Anthropologisierung von Anlagehandeln, indem sie das *Rational Choice*-Modell der Ökonomik zwar einerseits auf der Grundlage affektiver Prozesse herausfordern, um auf diese Weise Abweichungen von Marktgleichgewichten zu erklären, es aber gerade dadurch effektiv in den Emotionshaushalt von Individuen verlängern: Individuen handeln deswegen nicht *ökonomisch* rational, weil sie gemäß ihrem Gefühlshaushalt, also *psychologisch* rational handeln (s. etwa Froot et al. 1992; DiFonzo 1997). Mit Bezug auf Finanzberatung wird dementsprechend meist mit „irrationalen" Deutungs- und Verhaltensmustern argumentiert (Kohlert/Oehler 2009). Sowohl die Finanzökonomik wie die -psychologie verbleiben daher nicht nur innerhalb eines methodologischen Individualismus (vgl. Schimank 2011), sondern depotenzieren ihn zugleich, indem sie die Frage der Motivationen entweder für irrelevant erklären oder aber nur als Abweichung von einem Nutzenmaximierungsmodell einbeziehen. Damit können sie die Frage nach den sozialen und kulturellen Grundlagen von Motivation zum Investment nicht adressieren.

Aus Sicht der theoretischen Soziologie kommen dieser Frage nach wie vor Talcott Parsons und Neil J. Smelser (1956) am nächsten. Im Rahmen der parsonsschen

Handlungstheorie begreifen sie Handlungsmotivation als Funktion von Norma-
tivität (Parsons et al. 1951). Soziale Normen und Rollen stellen demnach nicht nur
Handlungsrestriktionen dar, sondern bieten Orientierung und sind Grundlage der
Artikulation von Präferenzen und Interessen. Die Situation des Finanzinvestments
indes bricht bei Parsons und Smelser aus dieser Vergesellschaftungsfunktion der
motivierenden Normierung aus, weil sie als normativ unterbestimmt gilt, da sie
kein spezifisches Rollenmuster ausgebildet habe: „[T]he investment role is generally
independent of membership in any diffuse collectivity, such as kinship, ethnic,
religious, or political [...] groupings. [...] [T]he investment market is a prototype
of the unstructured situation. It thereby allows for the wide and rapid fluctuation
of the investment function. „ (Parsons/Smelser 1956: 234, 236) Der strukturfunk-
tionalistische Erklärungsrahmen, der Handeln als eine Funktion von Normierung
begreift, offenbart somit mit der Besonderheit von Investitionshandeln, aufgrund
des Fehlens von Rollenmustern normativ unterstrukturiert zu sein, zugleich eine
theoretische Unstimmigkeit: Wenn die Investitionssituation normativ unterstrukturiert ist, wie Parsons und Smelser argumentieren, zeigt dies im Umkehrschluss
Grenzen der Verallgemeinerbarkeit des strukturfunktionalistischen Handlungs-
modells auf (vgl. Langenohl 2012).

Man kann aber auch andersherum argumentieren und so den heuristischen Wert
der Frage, die sich stellt – nämlich durch welche sozialen und kulturellen Strukturen
Anlagehandeln motiviert ist –, über das Scheitern des Strukturfunktionalismus
hinaus retten. Denn die bei Parsons und Smelser anzutreffende theoretische Schwierigkeit, soziale Strukturierungsmomente der Investitionssituation auszumachen,
deutet auf die empirische Gruppe der Privatanleger hin, die – im Unterschied zu
professionellen Investoren, deren Handeln durch Berufsrollen und Fachkenntnisse
sehr wohl normativ wie kognitiv motiviert ist – sich den Finanzmärkten tatsächlich
häufig als einer nicht nur unstrukturierten, sondern hyperkomplexen Situation
gegenübersehen, in der Handlungsorientierung auf andere als rein zweckratio-
nal-instrumentelle Weise generiert werden muss (vgl. Schimank 2011). Die Frage
muss somit nicht lauten, wie in einer solchen in der Tat unstrukturierten Situation
Handeln möglich ist, sondern kann auch folgendermaßen gestellt werden: Welches sind die von Parsons und Smelser möglicherweise übersehenen sozialen und
normativen Strukturen der Investitionssituation?

Neuere Studien, die sich aus sozialwissenschaftlicher Perspektive mit der Erklärung des Handel(n)s von Kleinanlegern befassen, haben indes an Parsons und
Smelser bislang nicht angeknüpft. So weist etwa der politisch-ökonomische *Varieties
of Capitalism*-Ansatz (VoC) auf nationalwirtschaftliche Komplementaritätsgefüge
hin, die zwischen Nationalstaaten und ökonomien variieren und der Investition in den Kapitalmarkt seitens Privatinvestoren je unterschiedliche Bedeutung

zuweisen: In den „liberalen Marktwirtschaften" der USA oder Großbritanniens wird Finanzmarktengagement seitens Privathaushalten mit Blick auf die Notwendigkeit der Unternehmenskapitalisierung durch die Börsen die funktionale Rolle der Vermögensbildung zugewiesen, während in den stärker „koordinierten" Marktwirtschaften (laut dieser Literatur etwa Deutschland und Japan) eine solche Kapitalisierung traditionell durch Kreditvergabe der Banken bewerkstelligt wurde und privates Finanzmarktengagement daher funktional nicht notwendig war (Hall/ Soskice 2001; Lütz 2003; Vitols 2004). Daran anschließend wird das Anlageverhalten von Kleinanlegern auf Finanzmärkten auch mit politisch-ökonomischen Veränderungen erklärt, etwa mit zunehmenden Vermögen seit Ende des Zweiten Weltkriegs, für die sich Finanzanlagen finden müssten, sowie zurückgehenden sozialstaatlichen und Versorgungsleistungen, die Kleinanlegern keine Alternative zu (möglicherweise riskanten) Praktiken finanzwirtschaftlicher Vermögensbildung ließen (Deutschmann 2005; Schimank 2011).

Zudem mehren sich jüngst Vorschläge zur Konzeptualisierung empirischer Forschungen zur Generierung von Motivation zum Investment. Lüde (2012) etwa führt den konservativen Anlagestil von Privathaushalten hypothetisch auf Prozesse der intergenerationalen Weitergabe affektiv besetzter Handlungsstile zurück. Schimank (2011) hebt die mögliche Bedeutung von „stories" hervor, also Narrativen, die eine Rationalisierungsleistung von für Rationalisierung eigentlich zu komplexen Handlungsfeldern zuwege bringen und die Kleinanlegern sowohl zur Handlungsorientierung wie zur Motivation dienen. Empirische soziologische Studien sind indes bislang außerordentlich dünn gesät. Einige Studien befassen sich mit Investmentclubs und individuellen Online-Investmentpraktiken (Harrington 2008; Preda 2009; vgl. zusammenfassend Schimank 2011: 109-111). Ihnen lässt sich entnehmen, dass Entscheidungen für oder gegen den Kauf von Finanzmarktprodukten oftmals Gruppenprozesse (etwa die Zuweisung von Expertenrollen oder Einigungsstile) ebenso wie Fragen der politischen, ideologischen oder ästhetischen Passung zwischen den Produkten und der Identität der Clubs bzw. individuellen Investoren zugrunde liegen. Diesen Studien können wichtige Impulse für den hier vorgeschlagenen Ansatz entnommen werden, insbesondere mit Bezug auf die Frage der sozialen Institutionalisierung von Motivation zum Investment.

Insgesamt lässt sich der Forschungsstand wie folgt resümieren: Es besteht in der Soziologie ein breiter theoretischer Konsens über die außerökonomische Begründetheit von Handeln auf Finanzmärkten. Es liegen einige konzeptionelle Arbeiten vor, die das Anlageverhalten von Privatanlegern soziologisch zu untersuchen vorschlagen, indem sie eine Lücke diagnostizieren, die die finanzökonomischen und -psychologischen Untersuchungen bislang hinterlassen. Ansatzweise erschienen empirische Studien zu Privatinvestoren-Clubs oder aktiven Kleinanlegern. Jedoch gibt es keine Studien, die das für die Finanzanlage von Kleinanlegern immens wichtige Beratungsverhältnis auch nur ansatzweise konzeptionell behandelten, geschweige denn empirisch in den Blick nähmen. Diese Lücke soll hier gefüllt werden.

3 Theoretischer und methodologischer Zugang

Die zahlreichsten Studien zur Finanzberatung sind bislang nicht aus der Soziologie, sondern aus Behavioral Finance und – in letzter Zeit zunehmend – Ökonometrik gekommen. Diese Studien stellen oftmals den Aspekt der Informationsasymmetrie zwischen Berater und Klient – das Principal-Agent-Dilemma also – oder auch die Beratbarkeit des Kunden ins Zentrum der Aufmerksamkeit. Dahinter steht die heuristische Strategie, Gründe dafür zu liefern, dass Finanzberatung hinter Erwartungen zurückbleibt, die entweder durch den Gesetzgeber vorgegeben sind (etwa „Angemessenheit") oder aber aus dem Prinzip der Profitmaximierung heraus formuliert sind. Die Logik der Finanzberatung stellt sich daher dar vor dem Hintergrund einer Zielvorgabe, die entweder gesetzlich oder ökonomisch gesetzt wird (Kohlert/Oehler 2009; Jungermann/Belting 2004; Sachse et al. 2009; Hackethal et al. 2009).

Im Gegensatz hierzu beruht der hier unterbreitete Zugang auf der Strategie, die Logik der Finanzberatung nicht von ihrem vorgeblichen (oder von außen vorgegebenen) Ziel her zu erschließen, sondern aus ihrer gesellschaftlich-kulturellen Rahmung. Hierzu ist es notwendig, die Untersuchungsebene gegenüber methodologisch individualistischen Ansätzen soziologisch aufzustufen, was bedeutet, die Beziehungsstrukturen, Interaktions- und situativen Dynamiken nicht in ihrer Instrumentalität, sondern in ihrer Norm- und Wertbindung zu beleuchten. Zu diesem Zweck wird Finanzberatung vor dem Hintergrund *professionstheoretischer* Charakterisierungen sozialer Beziehungen konzipiert und hinterfragt. Dies bedeutet durchaus nicht, Finanzberatung als professionelle Beziehung zu klassifizieren. Denn es geht nicht um einen merkmalstheoretischen Zugang, der zum Ziel hätte, den Professionalitätsgrad einer empirischen Beziehung (hier: von Finanzberatung) zu bestimmen, sondern um die Erschließung professionalitätstheoretischer Ressourcen in Bezug auf die Konzeptualisierung und Systematisierung von Handlungslogiken und -problemen, die in empirischen Situationen der Finanzberatung auftreten (vgl. zu dieser Perspektive auf Professionalität Schmidt 2008).

Der dabei gewählte Zugang orientiert sich an der Theorie professioneller Beziehungen –wiederum im Anschluss an Talcott Parsons. Für diese Wahl sprechen zwei Gründe. Erstens widmet Parsons der Frage, auf welche Weise die professionelle Beziehung Orientierung und Motivation zum Handeln generiert, besondere Aufmerksamkeit. Dies wird es erlauben, die Untersuchungsfrage – Erzeugung von Motivation zum Investment seitens Privatanleger – zu operationalisieren. Zweitens, und ebenso entscheidend, definiert Parsons die Bedeutung der professionellen Beziehung nicht von ihrem effektiven „Erfolg" her (wie es Ökonometrie und Verhaltenspsychologie mit Bezug auf Finanzberatung tun), sondern aus der Perspektive der (Wieder-)Herstellung normativer Geltung und der Verbindlichkeit von Wertbezügen. Diese beiden Punkte werden im Folgenden ausgeführt und dann zur Finanzberatung in Beziehung gesetzt.

Eine professionelle Beziehung ist nach Parsons dadurch gekennzeichnet, dass sie über die individuellen Problemlagen des Klienten hinaus auf einen normativen Hintergrund verweist, der für ein größeres Kollektiv von Belang ist. So konstituiert sich etwa das Arzt-Patient-Verhältnis vor dem Hintergrund kollektiver bzw. gesellschaftlicher Problemlagen, Zielvorgaben und Wertbezüge (die *public health* zu verbessern, die gesellschaftlichen Kosten zu senken etc.) (Parsons 1978 [1975]). Es geht Parsons dabei vor allem um das Argument, dass professionelle Beziehungen eine genuin *kollektive* Weise von Zielformulierung, Mittelwahl und Normvergewisserung – kurz: Handlungsrationalität – darstellen, die durch individualistische Modelle der Nutzenmaximierung (Rational Choice) nicht erfasst werden können. Solche Beziehungen greifen ihm zufolge funktional dann, wenn eine Person ihre Handlungsfähigkeit nicht mehr aus eigener Kraft aufrechterhalten kann, was zentral mit Normunsicherheit zu tun hat. Denn Parsons argumentiert, dass Handlungsmotivation durch Rollenübernahme gesichert wird, das heißt durch Übernahme einer institutionell verfestigten Position – einer Rolle also – und der damit einhergehenden Handlungsnormen. Auf diese Weise würden die jeweiligen Spezialrollen an das gesellschaftliche Gefüge normativ rückgebunden wie auch Motivation zum Handeln in diesen Rollen generiert (vgl. Parsons/Shils 1951). Zusammengefasst gesagt, hat bei Parsons die professionelle Beziehung die funktionale Bedeutung, Handlungsfähigkeit und Normsicherheit wiederherzustellen, indem in der Beziehung zwischen Professionellem und Klient sich abstrakte gesellschaftliche Werte, die für sich selbst situativ unanwendbar sind, in situationsspezifische Normen übersetzen und konkretisieren lassen (vgl. Wenzel 2005).

Dies hat die Implikation, dass eine wichtige Ermöglichungsbedingung einer professionellen Bziehung darin besteht, dass „it must be believed on both sides that the [knowledge] gap and, of course, by a sufficient proportion of the participants that the enterprise in question is in the service of *common* values" (Parsons 1978 [1969]: 46). Während in der kritischen Diskussion zu Parsons gerade dieser Aspekt der Interessenverallgemeinerung auf Basis geteilter Werte kritisiert und die stärkere Berücksichtigung der Deutungsmacht professionellen Wissens eingefordert wurde (vgl. Abbott 1988), kann man ihn jedoch im hiesigen Kontext dahin gehend fruchtbar machen, dass professionelle Beziehungen eine Wertdimension involvieren, die über unmittelbare Zweckrationalität hinausweist. Aus dieser Perspektive ist die Frage daher nicht, ob solche gemeinsamen Werte „tatsächlich" existieren bzw. geteilt werden, sondern stattdessen, welche Bedeutung die *Bezugnahme* auf sie in einer *konkreten Situation* für diese Situation und ihre *normative Struktur* hat (vgl. Langenohl 2007a). Akzeptiert man diese Akzentverschiebung, wird es möglich, die professionelle Beziehung nicht aus der Perspektive ihres (Miss-)Erfolgs, sondern ihrer Bindung an Wertverallgemeinerung und daraus generierte Normen zu betrachten. Am klassischen Beispiel des Arzt-Patient-Verhältnisses würde dies bedeuten, die professionelle Beziehung nicht vom Ziel konkreter Gesundung, sondern von der Akzeptanz des abstrakten Wertes „Gesundheit", von der daraus ableitbaren Übernahme der Patientenrolle durch den Kranken und von der so hergestellten Kooperationsbeziehung zwischen Arzt und Patient her zu denken (vgl. Parsons 1978 [1975]). Mit Bezug auf Finanzberatung würde analog der Fokus von der Erzielung von Erfolg abgezogen und auf die Frage verlagert, mithilfe welcher Wertbezüge in der Beratungsinteraktion der Klient dazu motiviert wird, die Investorenrolle einzunehmen, und auf welche Weise sich diese rollengenerierenden Wertbezüge herstellen.

Während ein merkmalstheoretischer Ansatz nun versuchen würde, den Grad der Entsprechungen zwischen Parsons' Konzeption und Beratungsbeziehungen am Finanzmarkt auszumachen (die in einigen Punkten empirisch u. U. gegeben sind), möchte ich hier den umgekehrten Weg wählen. Insofern bei Parsons professionelle Beziehungen selbst in erster Linie besonders ausgeprägte Instanzen der allgemeinen Bedeutung kollektiver Normorientierung im Handeln darstellen, welche zwar funktional nur dann greifen, wenn Handlungs*probleme* auftauchen, jedoch in der Logik ihrer Beziehung die *allgemeinen* Bedingungen von Handeln in die Explizität holen, lassen sich die Bezüge ihrer Beziehungsstrukturen auf Normsetzungen und Wertverallgemeinerungen als Hintergrundfolie nutzen, um Handlungs- und Motivationsprobleme wie auch Bezüge auf Wertverallgemeinerungen in Beratungssituationen *generell* sichtbar zu machen. Die Besonderheit empirischer Beratungsbeziehungen und insbesondere die Frage, ob und wie in ihnen Motivation zum Investment generiert wird, wird somit unter Bezugnahme auf das Theorem der Norm- und Wertbezüge professioneller Beziehungen durch Bildung von Fragestellungen und Hypothesen operationalisiert, die empirisch überprüft werden können.

4   Datenbasis

Nun möchte ich Einblick in erste empirische Ergebnisse und Hypothesen zur normativen Struktur von Situationen und Beziehungen der Finanzberatung geben. Sie gehen auf eine qualitative Interviewstudie zurück, die unlängst begonnen wurde. Angesprochen wurden insbesondere zwei Gruppen von Respondenten: einerseits Privatanleger, die, in welcher Form auch immer, bereits Erfahrungen mit Bankberatung gemacht haben; und andererseits eine Personengruppe, die wir „Renegaten" genannt haben, weil es sich um ehemalige Bankberater handelt, die ihren Beruf gewechselt haben und auf ihre ehemalige Tätigkeit kritisch zurückblicken. Der Anstoß, diese Gruppe zu untersuchen, ergab sich aus dem Umstand, dass eine Respondentin in der ersten Gruppe sich als eine – mittlerweile Betriebswirtschaftslehre studierende – ehemalige Bankberaterin entpuppte, deren Betrachtungen über die normativen Strukturen im Beratungsverhältnis deswegen von Interesse waren, weil sie, übrigens im Einklang mit Auskünften anderer Finanzmarktprofessioneller in einem früheren Projekt (Langenohl 2007b; Langenohl/Schmidt-Beck 2007), den Wechsel ihrer Berufstätigkeit mit Rollenanforderungen begründete, die aus ihrer Sicht im Widerspruch zu Selbstansprüchen in der Beratungsbeziehung standen.

Der Datenkorpus ist bislang sehr überschaubar: Es liegen sechs Interviews mit Privatanlegern und drei Interviews mit Renegaten vor, die zwischen 35 und 55 Minuten dauerten. Sie sind in keiner Weise repräsentativ. Bei der ersten Gruppe erfolgten die Interviews aufgrund der Reaktionen auf einen öffentlichen Aufruf, bei der zweiten Gruppe nach dem Schneeballprinzip. Zur ersten Gruppe gehörten Respondenten im Alter zwischen Anfang 20 und Mitte 40. Die meisten von ihnen studieren an der Justus-Liebig-Universität Gießen. Die Gruppe der Renegaten ist zwischen Mitte 40 und Mitte 60. Die Geschlechterverteilung war 50 zu 50. Die im Folgenden unterbreiteten Ergebnisse können angesichts dieser Datenlage daher gerade einmal den Status von ersten Hypothesen für sich beanspruchen, die im Weiteren zu testen und zu differenzieren sind.

Der bei den Privatanlegern zum Einsatz kommende Fragebogen umfasste folgende Themenkomplexe:

- Auskünfte zur Finanzbiografie;
- soziale Kontexte, in denen die Respondenten über Finanzberatung reden;
- Beispiele für gelungene oder missglückte Investitionen, die auf Finanzberatung zurückgingen;
- Auffassungen von einer guten Finanzberatung;
- Stellungnahmen zur derzeitigen öffentlichen Kritik an Bankberatern;
- Einschätzungen zur Zukunft der Finanzberatung.

Der Fragebogen für die Renegaten umfasste dagegen nicht finanz-, sondern berufsbiografische Aspekte, insbesondere auch Fragen nach den Gründen für die berufliche Veränderung.

5 Auswertung

Hinter dieser Fragebogengestaltung stand die von Boltanski und Chiapello inspirierte theoretisch-methodologische Erwägung, dass die normativen Strukturen der Beratungsbeziehung und die Wertverallgemeinerungen, auf die sie hindeuten, nicht nur anhand positiver Aussagen, sondern auch anhand von Kritik erschlossen werden können. Dieser Ansatz wurde mit Fragen nach finanz- bzw. berufsbiografischen Aspekten und nach der sozialen (bzw. bei den Renegaten: organisationalen) Situierung von Bankberatung kombiniert, um zur Dimension der Handlungsprobleme vorstoßen zu können. Die Auswertung erfolgte bislang entlang der drei inhaltlichen Aspekte der sozialen Kontextualisierung von Beratung, der Merkmale einer guten Beratung und der gewünschten Beziehungsstruktur.

5.1 Interviews mit Kunden

Zunächst zu den Kunden. Zur *sozialen Kontextualisierung* von Bankberatung, wie sie in den Interviews in den Blick genommen wird, ist zu sagen, dass gerade die jüngeren Respondenten auf unterschiedliche soziale Kontexte hinweisen, in die ihre Berührung mit Finanzberatung eingebunden ist. Dies betrifft nicht zuletzt die Hinführung zur Beratung, etwa durch die Anlage von Geldgeschenken, klassischerweise nach der Konfirmation. (Der Weltspartag wird hingegen nur von einer ehemaligen Bankberaterin erwähnt.) Zugleich gibt es Anzeichen dafür, dass Bankberatungsbeziehungen durch Familienangehörige vermittelt werden. Dies kann die Form annehmen, dass die Beratungsrolle von den Eltern übernommen wird, oder auch, dass ein entfernterer Verwandter eine Beratungsbeziehung vermittelt bzw. stiftet. In manchen Familien wird häufig über Geldanlagen gesprochen, wo dies nicht der Fall ist, finden sich Gesprächspartner im Freundeskreis.

Die Kriterien, die an eine *gute Bankberatung* angelegt werden, lassen sich Interview übergreifend folgendermaßen resümieren:

1. Die Beratung soll sich auf die Bedürfnisse des Kunden ausrichten.

   „Also in erster Linie sollte der der Berater etwas über den Hintergrund seines Kunden erfahren [...] Sie wollte was zu meiner Situation wissen – und – hat Hintergrundwissen über mich in Erfahrung gebracht, die sie dann dazu gebracht haben, mir das entsprechende Produkt anzubieten. Das zeichnet meiner Meinung nach 'nen guten Berater aus."

2. Es wird gewünscht, dass die beratende Person bereits bekannt ist. Dies scheint einen wichtigen Grund darzustellen, die Bank nicht zu wechseln, vor allem bei Personen, die ihre eigenen Anlagekompetenzen niedrig einschätzen.

   „Man hat halt 'ne sehr große Nähe inzwischen zu dem, zu dem, zu der Beraterin aufgebaut und und ich vertrau' ihr da eigentlich auch blind, weil ich davon also mich ziemlich überfallen fühl', man selber hat da immer wenig Ahnung von, finde ich."

3. Zugleich soll die Beratung nicht aufgedrängt werden. Es wird eine gewisse Zurückhaltung aufseiten des Beraters gewünscht, wenn auch auf positive Beispiele für Initiativen der Berater hingewiesen wird.

   „Aber ansonsten hab' ich eigentlich immer alles abgeblockt, wenn jetzt irgendwann mal – oder das eine Mal, wo ich in München gelebt hab' noch, bei der Sparkasse, da hat dann auch eine mal gemeint, ich weiß gar nicht, weswegen ich da war, da hat sie gemeint: Ei ja, auf Ihrem Konto ist ja so viel Geld! Da müsst man dann mal einen Termin machen! Wo ich mir dachte, das geht sie ja jetzt überhaupt nichts an, wie viel Geld auf dem Konto ist, also, den Termin – komm' ich dann von <u>mir</u> aus, nicht nur weil Sie jetzt feststellen, dass da jetzt, weiß ich nicht, 10.000 Euro auf dem Konto sind. Das fand ich dann schon 'n bisschen sehr dreist – also aus meiner Sicht jetzt, ne, und deswegen also – würde so was nur von <u>mir</u> aus kommen, also ich würde da jetzt – so ähnlich wie auf der Straße, wenn man da permanent angesprochen wird, können Sie mir mal hier was spenden oder da was unterschreiben oder hier was abkaufen, das ist halt so ähnlich wie dieses ständige ,Sie müssen mal Ihr Geld anlegen'. Und dann macht man's halt, also hat man keine Lust mehr, sich darauf einzulassen, das als seriös zu empfinden, das – also immer mal wieder passiert, dass es so – ja wie sagt man dazu? Dass es einem so aufgezwungen wird."

4. Es wird Kompetenz gewünscht und im Umkehrschluss fehlende Ausbildung beklagt.

> *„Ich würde sagen, dass man auf jeden Fall aufpassen muss, mit wem man die Geschäfte macht, denn manche Unternehmen in der Finanzbranche – beschäftigen eher halb gut ausgebildete Mitarbeiter oder gar nicht ausgebildete Mitarbeiter, um ihre Produkte zu vermitteln. Deswegen sollte man schauen, dass man sich an einen – sachverständigen Berater wendet. Nicht dass man irgendwelche Produkte angeboten bekommt, die einem nichts nützen, nur weil der Berater selbst die Produkte nicht versteht."*

In Bezug auf die *gewünschte allgemeine Beziehungsstruktur* mit der Beratungsperson ergibt sich bisher ein Kontinuum, das man mit den beiden In-vivo-Codes „Tasse Kaffee" und „nicht auf heimischem Sofa" umschreiben könnte, welche auf unterschiedliche Haltungen zum Verhältnis gegenüber einem gewissen Grad an Geselligkeit offenen oder im Gegenteil strikt auf Finanzberatung konzentrierte Beratungsinteraktionen schließen lassen. Mit verschiedener Akzentuierung wird so ein der Austarierung bedürftiges Verhältnis zwischen Nähe und Vertrauen einerseits und Distanz andererseits beschrieben. Dabei scheint es so, als beschrieben diejenigen Respondenten die ausgeprägtesten Näheverhältnisse, die sich selbst wenig Wissen über die Finanzwirtschaft zuerkennen: „Blindes Vertrauen", das ein Respondent zu einer Bankberaterin hat (s. o.), mit der er sich duzt, stellt sich somit als ‚funktionale' Haltung bei Unkenntnis der Finanzwirtschaft dar. Umgekehrt wertschätzen diejenigen Personen, die Evidenzen der kognitiven Auseinandersetzung mit der Finanzwirtschaft zu erkennen geben – was nicht unbedingt bedeutet, dass die Personen von sich sagen, sie verfügten über viel kognitives Wissen –, den rein geschäftlichen und entsprechend differenzierten Charakter der Beziehung und richten ihr Misstrauen gegen Beratung durch Bekannte wie den in einem Interview vorkommenden „Sohn des Pfarrers", der die Nachbarschaft zu riskanten Geldgeschäften animiert habe.

Damit korreliert offenbar auch, dass die Beraterpersonen durchaus nicht schwarz-weiß als entweder altruistische Lichtgestalten oder trickreiche Verkäufertypen gezeichnet werden. Vielmehr – und dies ist der Fall auch bei Personen, die sich selbst wenig Wissen in Bezug auf die Finanzwirtschaft zuschreiben – herrscht ein Bild vor, das sehr wohl die Sachzwänge herausstellt, unter denen Berater operieren müssen, zugleich jedoch trotz dieser manifesten und teils als unausweichlich und systembedingt eingeschätzten Einschränkungen nicht komplett von den Kriterien guter Beratung abstrahiert. Dies ist ein deutlicher Hinweis darauf, dass professionelle Handlungs- und Beziehungsmuster selbst dann als Normgeber fungieren können, wenn deren Restriktionen durch organisationale Vorgaben explizit thematisiert werden. In die gleiche Richtung weisen diejenigen Respondenten, die von manifester schlechter Beratung berichten und diese (teils) auf die schwierigen Berufsbedingungen zurückführen, unter den Berater zu agieren hätten. Die Berater werden als in einem Spannungsfeld zwischen Eigeninteresse oder Bankinteresse einerseits und Kundenwohl andererseits gesehen, das schwer auszutarieren sei.

Unübersichtlich ist bisher das Bild hinsichtlich der Art und Weise, wie die Respondenten das *Verhältnis zwischen Bankberatung und Beratung durch Freunde und Bekannte* zeichnen – ein Punkt, der bei der Fragebogenkomposition nicht Pate stand, jedoch in den Interviews eine Rolle spielte. So scheint es lohnend, einer hier sich Raum verschaffenden Spannungswahrnehmung weiter nachzugehen. Bereits erwähnt wurde die Kritik an Finanzberatung und -vermittlung durch Bekannte bzw. dorfbekannte Personen, denen im Nachhinein nicht zu trauen gewesen sei. Jedoch wird auch der Fall beschrieben, dass es schwerfällt, gegenüber Freunden Kritik an deren Beratern zu artikulieren, weil dies als eine Einmischung und sogar als eine Störung der Vertrauensbeziehung zum Berater interpretiert werden könnte.

5.2   Interviews mit Renegaten

In Bezug auf die Renegaten stellt sich die Datensituation, wie erwähnt, noch sporadischer dar. Bei zweien von ihnen scheint das Studium, das sie zum Teil erst lange nach ihrer Ausbildung und Berufstätigkeit im Bankgewerbe begannen, in gewissem Verhältnis zur Abkehr von der Bankberatung zu stehen. Die Respondentin entschloss sich nach längeren Phasen der Elternzeit und zeitweiser Rückkehr ins Beratungsgeschäft, ein BWL-Studium aufzunehmen. Ein Respondent ging nach acht Jahren Beratungstätigkeit und einem danach abgeschlossenen Studium der Wirtschaftswissenschaft zunächst in seine Filiale zurück, allerdings unter der Prämisse, in einer anderen Abteilung zu arbeiten, was sich dann aber als nicht machbar herausstellte. Er blieb dort nur zwei weitere Jahre, wechselte dann in die Buchhaltung eines anderen Instituts und arbeitet mittlerweile selbstständig im Wellness-Sektor. Der dritte Respondent schloss zunächst ein Diplom-Ökonomie-Studium ab, arbeitete dann in der Wertpapierberatung einer Privatbank, wechselte anschließend in das Ressort „institutionelle Investoren" in einer anderen Privatbank und gründete 1992 eine Firma zur Beratung und Betreuung privater Anleger. Aufgrund dieser unterschiedlichen Trajekte beschränke ich mich auf einen Vergleich der Gründe, die die Respondenten zu ihrem Wechsel aus der bankbasierten Privatkundenberatung angaben und die in *unterschiedlichen Verhältnissen zu ihrer Einschätzung der Beratungsbeziehung* stehen.

Bei allen drei Respondenten zeigt sich, wenn auch in unterschiedlichem Ausmaß, eine Kritik der Bank und der von ihr vorgegebenen Rahmenbedingungen.
Diese hätten es ca. ab der zweiten Hälfte der 1990er Jahre zunehmend erschwert,
kundenorientiert beraten und verkaufen zu können. Allerdings mischt sich diese
Kritik mit Dingen, die die Respondenten an ihren Kunden und an ihren Kollegen
auszusetzen haben.

Für den mittlerweile im Wellness-Bereich tätigen ehemaligen Bankberater stellten sich die organisationalen Vorgaben nicht als so strikt dar, dass man sich ihnen
sklavisch zu unterwerfen habe, jedoch hätten viele Kollegen – dies hätten ihm auch
Kunden berichtet – die veränderte finanzielle Anreizstruktur (Provisionen) dahin
gehend ausgelegt, „Kunden über's Ohr [zu] hauen". Die Autonomie, die Vorgaben
der Bank nicht zu übernehmen, wird hier als eine Frage der Ethik angesehen: Sein
eigenes Beispiel zeige, dass sich Berater nicht unbedingt an die Vorgaben hätten
halten müssen – aber diejenigen, die es dennoch taten, hätten zur Verschlechterung
der Arbeitsatmosphäre und zum Entstehen eines Konkurrenzdrucks beigetragen.
Diese atmosphärische Verschlechterung hätte auch der Filialleiter, der auf die
Statusposition eines Beraters unter anderen herabgestuft worden sei, nicht zum
Besseren wenden können.

Die jetzige BWL-Studentin berichtet von einem Anwachsen von Anomie im
Privatkundengeschäft. Diese bezieht sich einerseits auf die wachsende Komplexität
der zu verkaufenden Finanzprodukte, die weder Berater noch Kunden richtig ver-
stünden. Andererseits berichtet die Respondentin davon, Probleme beim Aufbau
längerfristiger Beziehungen gerade bei der Beratung gehabt zu haben. Schließlich
hätte die Berufssituation unter dem pauschal schlechten Image von Bankern gelitten,
das ihr auch in der Familie entgegengeschlagen sei. Insgesamt wird die Schwierigkeit
der „Zielorientierung" im Privatkundengeschäft mehrfach hervorgehoben. Dagegen
werden die organisationalen Vorgaben der Bank, in der die Respondentin arbeitete,
als nicht über Gebühr belastend bezeichnet, der Bankvorstand habe durchaus das
Wohl der Mitarbeiter im Auge gehabt.

Der selbstständige Anlageberater wiederum sieht in der Kundschaft von Banken
ein Hauptproblem für Finanzberatung und Beratungsbeziehungen. Dem Unwissen
und den unrealistischen Ansprüchen der Kunden stellt er die professionelle Expertise
der institutionellen Investoren gegenüber, mit denen er einige Jahre im Ausland
gearbeitet hat. Insbesondere die zeitliche Strukturierung und die Beziehung zwischen
Nominalwert und Realwert der Geldanlage seien Zusammenhänge, die Privatkunden
systematisch missverstünden. Der Versuch, das Denken institutioneller Investoren
auch an Privatkunden heranzutragen, trage nur magere Früchte – die stereotypen
Vorstellungen der Kundschaft seien sehr schwer zu überwinden. Jedoch biete die
jetzige selbstständige Tätigkeit den Vorteil, kein schlechtes Gewissen gegenüber den

Kunden mehr haben zu müssen, weil keine organisationalen Vorgaben umgesetzt werden müssten: Im Unterschied zur Bankberatung würden in der unabhängigen Beratung Kunden nicht aufgrund von Vorgaben im Unwissen gelassen. Auf der Grundlage einer solchen Deutung lassen sich persistierende Fehleinschätzungen dem Kunden zuschreiben.

Diese Einblicke verdeutlichen hinsichtlich der Einschätzung der Beratungssituation durch ehemalige Bankberater bisher lediglich, dass den Kunden unterschiedliche normative und funktionale Rollen zugewiesen werden. Der erste Respondent sieht die Kunden als Opfer des Anwachsens von Konkurrenzdruck unter den Bankberatern, gesteht ihnen zugleich aber kaum eine aktive Rolle im Beratungsprozess zu – es bleibt ihnen nur die Exit-Option, etwa den Wechsel des Beraters. Die Respondentin sieht die Kunden als Teil einer dilemmatischen Konstellation, in der Zielerreichung in puncto Finanzanlage kaum mehr gewährleistet werden kann, weil sowohl die normativen wie die kognitiven Aspekte der Beratungsinteraktion für beide Seiten opak werden. Der mittlerweile selbstständige Privatkundenberater schließlich schreibt fehlgehende Privatanlagen vor allem auf ein kognitives Defizit der Kundschaft in Bezug auf die Wertdynamiken von Finanzanlagen zu, die sich Banken zunutze machen können, die er aber seinerseits als ein, wenn auch oft nicht gelingendes, pädagogisches Projekt begreift.

6 Weiterführende Hypothesen zur motivationalen Bedeutung der Beratungssituation

Mein Beitrag ging von der theoretischen Prämisse aus, dass bankbasierte Finanzberatungsbeziehungen bei der Orientierung und Motivierung von privatem Investitionshandeln von Bedeutung sind, weil in diesen Beziehungen Klärungen normativer Rollen und sie begründender Wertverallgemeinerungen stattfinden. Auf der Grundlage der hier präsentierten ersten Interviewdaten kann diese Prämisse in die Richtung folgender Hypothesen weitergeführt werden.

Erstens: Eine zufriedenstellende Beratungsbeziehung wird weniger in ihrem finanziellen Ertrag als eher in einer stabilen und aus Sicht der Kunden wie (teilweise) der Berater verlässlichen Beratungsbeziehung gesehen, die ausgedehntes Wissen um Lebenslagen, Interessen und Probleme der Kunden involviert.

Zweitens: Probleme und Konflikte in Beratungsbeziehungen drehen sich um unsichere Rollenklärungen, etwa zwischen privat und geschäftlich, zwischen wissend und unwissend oder in Bezug auf unterschiedliche Interessenpriorisierungen. Das Hauptproblem wird nicht darin gesehen, dass Banken Geschäfte machen wollen

– dies wird als systemgeschuldete und selbstverständliche Geschäftsgrundlage akzeptiert –, sondern dass die kognitiven und normativen Strukturen, die der Animierung zum Investment *in der Beratungssituation* unterliegen, nicht transparent gemacht werden.

Drittens: Die Zuschreibung solcher Probleme und Konflikte erfolgt nicht einseitig auf die organisationalen Vorgaben, wie man aus der Sicht der wirtschaftssoziologischen und politisch-ökonomischen Kritik des Neoliberalismus mutmaßen könnte (vgl. Honegger et al. 2010), sondern involviert fast stets auch Aspekte der kognitiven und normativen Merkmale der *Kunden*rollen. Zudem sind es eher die Berater, die die Bankvorgaben kritisieren, als die Kunden, welche die Berater auf Grundlage der Annahme solcher Vorgaben teilweise sogar exkulpieren. Wenngleich es daher übertrieben wäre, die soziale Logik der Bankberatung als kulturell vollkommen autonom gegenüber ihrer organisationalen Einbettung zu beschreiben, ist nichtsdestoweniger darauf hinzuweisen, dass die Rollenzuschreibungen innerhalb von Beratungsbeziehungen diese Einbettung nicht einfach nachbauen, sondern sich vor dem Hintergrund einer quasi professionssoziologischen Beratungstheorie entfalten und kritisch reflektiert werden.

Viertens: Auf der höchsten Verallgemeinerungsstufe – die angesichts des Datenstandes, ich muss es wiederholen, im Moment rein hypothetisch bleiben muss – könnte man davon sprechen, dass es einen *Willen zum Vertrauen in die Beratungsbeziehung* gibt, und zwar sowohl aufseiten der Kunden wie der (ehemaligen) Berater. Damit ist gemeint, dass der Beratungsbeziehung eine Dignität sui generis zugeschrieben wird, die von widrigen marktlichen oder organisationalen Kontexten nicht annulliert wird, sondern sich gerade in solchen erst zu bewähren hat – und wo sich eine Bewährungsprobe findet, da wartet meist auch eine Legitimation. Die Präsenz oder Abwesenheit eigenen Wissens bezüglich finanzmarktlicher Belange qualifiziert diesen Willen zum Vertrauen nur am Rande, nicht im Zentrum. Denn selbst diejenigen, die gemäß ihren Berichten aufgrund schlechter Erfahrungen um- und vorsichtig geworden sind oder die sich gezielt Wissen aneignen, lehnen die Beratungsbeziehung nicht ab, sondern qualifizieren sie in Richtung der Forderung nach *vertiefter* Professionalität, also etwa größerer Distanz zum Berater, rein geschäftlicher Natur der Beziehung etc. Das unmittelbare Ziel ist dabei offenbar nicht der Erwerb von Reichtum, sondern die Klärung von Rollen als Voraussetzung des Eingehens einer Kooperation. Diese, wenn man so will, unter die Leute gekommene Theorie der Professionalität könnte daher mit dafür verantwortlich sein, dass Privatanleger weiter in Finanzinstrumente investieren, obwohl zahlreiche politisch-ökonomische Argumente dagegen sprechen.

Literatur

Abbott, Andrew (1988): The System of Professions: An Essay on the Division of Expert Labor. Chicago/London: University of Chicago Press

Boltanksi, Luc; Chiapello, Ève (2003): Der neue Geist des Kapitalismus. Konstanz UVK

Börsch-Supan, Axel; Bucher-Koenen, Tabea; Gasche, Martin; Ziegelmeyer, Michael (2009): German Private Households in the Financial and Economic Crisis – Concernment and Reactions. MEA-Studie 10, Mannheim

Deutschmann, Christoph (2005): Finanzmarkt-Kapitalismus und Wachstumskrise. In: Windolf, Paul (Hg.): Finanzmarktkapitalismus. Analysen zum Wandel von Produkti-onsregimen. Wiesbaden: VS: 58-84

Die Blamage geht weiter (2010): Die Blamage geht weiter: Banken im Test. Finanztest 8: 25-29

Die große Blamage (2010): Die große Blamage: Banken im Test. In: Finanztest 1: 22-29

DiFonzo, Nicholas (1997): Rumor and Prediction: Making Sense (But Losing Dollars) in the Stock Market. In: Organizational Behavior and Human Decision Processes 71: (3), 329-353

Dubiel, Helmut (1994): Der nachliberale Sozialcharakter. In: Ungewißheit und Politik. Frankfurt/M.: Suhrkamp: 119-150

Froot, Kenneth A.; Scharfstein, David S.; Stein, Jeremy C. (1992): Herd on the Street: In-formational Inefficiencies in a Market with Short-Term Speculation. In: The Journal of Finance 47 (4): 1461-1484

Hackethal, Andreas; Haliassos, Michael; Jappelli, Julio (2009): Financial Advisors: A Case of Babysitters? CFS Working Paper 2009/04. Frankfurt/M.: Center for Financial Studies

Hall, Peter; Soskice, David (Ed.) (2001): Varieties of Capitalism: The Institutional Foundations of Comparative Advantage. Cambridge: Cambridge University Press

Harrington, Brooke (2008): Pop Finance: Investment Clubs and the New Investor Populism. Princeton/Oxford: Princeton University Press

Honegger, Claudia; Neckel, Sighard; Magnin, Chantal (Hg.) (2010): Strukturierte Verant-wortungslosigkeit. Berichte aus der Bankenwelt. Frankfurt/M.: Suhrkamp

Jungermann, Helmut; Belting, Julia (2004): Interaktion des als ob: Privatanleger und Anla-geberater. In: Gruppendynamik und Organisationsberatung 35 (2): 239-257

Kirchgässner, Gebhard (2008 [1991]): Homo Oeconomicus. Das ökonomische Modell indivi-duellen Verhaltens und seine Anwendung in den Wirtschafts- und Sozialwissenschaften. 3. Auflage. Tübingen: Mohr Siebeck

Kohlert, Daniel; Oehler, Andreas (2009): Scheitern Finanzdienstleistungen am Verbraucher? Eine theoretische Analyse rationalen Verbraucherverhaltens im Rahmen des Anlagebe-ratungsprozesses. In: Vierteljahreshefte für Wirtschaftsforschung 78 (3): 81-95

Köhler, Manfred (2011): Privatanleger sind nervös, aber nicht panisch. In: Frankfurter Allgemeine Zeitung, 9.8.2011, www.faz.net/artikel/C30535/boersenturbulenzen-priva-tanleger-sind-nervoes-aber-nicht-panisch-30481712.html

Langenohl, Andreas (2007a): Börse, Profession und Organisation. Kulturelle Bezüge zwischen Finanzmarkt und Gesellschaft. In: Sociologia Internationalis 1/2: 5-36

Langenohl, Andreas (2007b): Finanzmarkt und Temporalität. Imaginäre Zeit und die kul-turelle Repräsentation der Gesellschaft. Stuttgart: Lucius & Lucius

Langenohl, Andreas; Schmidt-Beck, Kerstin (2007): Technology and (Post-)Sociality in the Financial Market: A Re-evaluation. In: Science, Technology and Innovation Studies 3 (1): 5-22

Langenohl, Andreas (2012): Ein Lob der Finanzwirtschaft. Talcott Parsons' Wirtschaftssoziologie, die „Dialektik der Aufklärung" und die Grenzen normativer Integration. In: Wetzel, Dietmar J. (Hg.): Perspektiven der Aufklärung. Zwischen Mythos und Realität (= Laboratorium Aufklärung, Bd. 12). München: Fink: 116-131

Lüde, Rolf von (2012): Rationalität und Anlageverhalten auf Finanzmärkten. In: Anita Engels; Knoll, Lisa (Hg.): Wirtschaftliche Rationalität. Soziologische Perspektiven. Wiesbaden: Springer VS: 129-162

Lütz, Susanne (2003): Convergence Within National Diversity: A Comparative Perspective on the Regulatoty State of Finance. MPIfG Discussion Paper 03/7. Köln: MPIfG

Parsons, Talcott (1978 [1969]): Research with Human Subjects and the „Professsional Complex". In: Action Theory and the Human Condition. New York: Free Press: 35-65

Parsons, Talcott (1978 [1975]): The Sick Role and the Role of the Physician Reconsidered. In: Action Theory and the Human Condition. New York: Free Press: 17-34

Parsons, Talcott, Shils, Edward A., Allport, Gordon W., Kluckhohn, Clyde, Murray, Henry A., Sears, Robert A., Sheldon, Richard C., Stouffer, Samuel A., Tolman, Edward C. (1951): Some Fundamental Categories of the Theory of Action: A General Statement, in: Parsons, Talcott, Shils, Edward A. (Ed.): Toward a General Theory of Action. Cambridge, Mass.: Harvard University Press: 3-29

Parsons, Talcott; Smelser, Neil J. (1956): Economy and Society: A Study in the Integration of Economic and Social Theory. New York: Routledge

Preda, Alex (2009): Brief encounters: Calculation and the interaction order of anonymous electronic markets. In: Accounting, Organizations and Society 34(5): 675-693

Sachse, Katharina; Belting, Julia M.; Jungermann, Helmut (2009): Investieren oder amüsieren? Die Sorge der Anleger und ihre Bedeutung für die Risikobeurteilung und Investitionsentscheidung. Forschungsbericht im Rahmen des abgeschlossenen Projekts „Risiken der Kapitalanlage aus Sicht der Privatanleger". Berlin/Zürich: Abteilung für Umwelt- und Technikpsychologie des Instituts für Psychologie und Arbeitswissenschaft der TU Berlin/ Eidgenössische Technische Hochschule Zürich

Schimank, Uwe (2011): Against all odds: The 'loyalty' of small investors. In: Socio-economic Review 9: 107-135

Schmidt, Axel (2008): Profession, Professionalität, Professionalisierung. In: Willems, Herbert (Hg.): Lehr(er)buch Soziologie. Für die pädagogischen und soziologischen Studiengänge. Band 2. Wiesbaden: VS: 835-864

Sklaven der Banken (2010): Sklaven der Banken: Anlageberatung. In: Finanztest 9: 32-34

Vitols, Sigurt (2004): Changes in Germany's Bank-Based Financial System: A Varieties of Capitalism Perspective. Discussion Paper SP II 2004 – 03, Berlin: Wissenschaftszentrum Berlin

Weber, Max. 1988 [1894/1896]. Die Börse. In: Gesammelte Aufsätze zur Soziologie und Sozialpolitik. Tübingen: Mohr: 256-322

Wenzel, Harald (2005): Profession und Organisation. Dimensionen der Wissensgesellschaft bei Talcott Parsons. In: Klatetzki, Thomas; Tacke, Veronika (Hg.): Organisation und Profession. Wiesbaden: VS Verlag für Sozialwissenschaften: 45-71

Finanzmarktinstitutionen und Vertrauensordnungen
Zur Notwendigkeit einer Kontrolle zweiter Ordnung[1]

Jan Fleck und Rolf von Lüde

1 Die Krise und die Erosion des Vertrauens in die Stabilität des Finanzsystems

Bald neun Jahre sind vergangen, seitdem das globale Finanzsystem im Herbst 2008 im Zuge der Lehman-Insolvenz in eine existenzgefährdende Krise geriet. In analytischer Hinsicht markiert diese Zeitspanne eine Art „Zwischenzeit". Obwohl die zum Krisenhöhepunkt bestehende akute Systemgefährdung mittlerweile durch staatliche Interventionen weitgehend überwunden scheint,[2] ist der zeitliche Abstand dennoch zu gering, um Effekte und mögliche Erfolge der eingeleiteten Krisenreaktionen und Regulationsmaßnahmen einer abschließenden Bewertung zu unterziehen. Das gilt auch deshalb, weil in Bezug auf Staaten und Banken, die von der Finanz- und Schuldenkrise besonders betroffen waren, vor allem ‚Zeit gekauft' wurde (Deutsche Bundesbank 2013: 7). Mit der im April 2014 verabschiedeten Europäischen Bankenunion wurden schließlich weitere umfangreiche regulative Restaurationsarbeiten zum Zeitpunkt der Fertigstellung der Grundzüge dieses Artikels unter Dach und Fach gebracht.

Gleichzeitig drehen sich sowohl die medialen wie die wissenschaftlichen Finanzkrisendiskurse um einen zentralen Begriff, der als eine Art Seismograf der Spannungsverhältnisse dient, die sich im Finanzsektor über Jahrzehnte aufgebaut und insbesondere im Zuge der zurückliegenden Krise entladen haben: der des *Ver-*

1 Wir danken der Deutschen Bundesbank, Hauptverwaltung in Hamburg, Mecklenburg-Vorpommern und Schleswig-Holstein, für die Unterstützung des Projekts der Autoren: „Genese und Persistenz des Bankenvertrauens".

2 Vgl. hierzu den Finanzstabilitätsbericht 2013 der Deutschen Bundesbank, die gleichwohl die wieder zunehmende Gefahr sieht, dass an den internationalen Finanzmärkten die Suche nach Rendite unter Inkaufnahme erhöhter Risiken zu Übertreibungen führt.

trauens. Sowohl bei Ausbruch der Krise wie auch in der nachfolgenden öffentlichen Diskussion wurde immer wieder auf die außerordentliche Relevanz des Vertrauens als besonderes Bindemittel der Finanzmärkte verwiesen. Das trifft auf das von Finanzminister Steinbrück und Kanzlerin Merkel im Oktober 2008 – am Rande der Legalität – gegebene Versprechen zu, dass die deutschen Spareinlagen „sicher" seien, wie auf Steinbrücks spätere Äußerung zum Vertrauen als der „wichtigste(n) Kategorie" der Finanzbranche (Die Zeit, 20.4.2011). Auch Bundesbank-Präsident Weidmann beklagte kürzlich die Erschütterung des Vertrauens in das Finanzsystem als Folge der Finanzkrise und hebt die Funktion des Geldes als „geronnenes Vertrauen" hervor (Der Spiegel, 4.11.2013). Ebenso wird aus wissenschaftlicher Perspektive betont, dass die Finanzkrise „so verdächtig wie einhellig als Vertrauenskrise verstanden und behandelt" (Baecker 2008b) wird bzw. – vorsichtiger formuliert – „auch eine Vertrauenskrise" (Beckert 2010) darstellt.

Vor diesem Hintergrund besteht das Dilemma des Finanz- bzw. Bankensektors nun darin, in besonderem Maße auf eine Ressource angewiesen zu sein, deren Erosion die professionellen Finanzmarktakteure im Zuge der Krise und ihrer Folgeskandale nicht unwesentlich selbst zu verantworten haben. Die Vorwürfe oder Anklagen reichen von riskanten oder bewusst in Kauf genommenen Versäumnissen im Risikomanagement über umfangreiche Manipulationen vieler Großbanken im Liborskandal sowie beim Goldpreisfixing bis hin zur internen Klassifikation der deutschen Anleger als ‚a & d'-Kunden („alt und dumm"). Während das Bankgewerbe in Deutschland in diesem Zusammenhang – selbst von sonst eher wohlwollender Seite – als „völlig von der Rolle" (FAZ, 4.12.2013) beschrieben wurde, sind umfangreiche (supra-)nationale Regulierungsansätze auf eine *Re-Institutionalisierung* des Vertrauens ausgerichtet.

Aus wissenschaftlicher Perspektive führt der Begriff des Vertrauens unmittelbar auf die Grundproblematik des (investitionsbezogenen) Entscheidens unter Risiko. Es ist Luhmanns Idiom des Vertrauens als *riskante Vorleistung*, das angrenzende Begriffe bzw. Diskurse aufzeigt und die aktuellen Krisengeschehnisse so in einem Zwischenspiel aus scheinbaren Sicherheiten und neuen Gefahren, aus anlagespezifischen Risiken und regulativen Krisenreaktionen verortet (vgl. im Finanzkontext u. a. Kessler 2008; Esposito 2010).

Dieser Aufsatz befasst sich mit den Modalitäten der Herausbildung eines spezifischen *Institutionenvertrauens* als „Bindemittel" gesellschaftlicher Kohäsion unter den besonderen Bedingungen des Finanzsystems und seines nur mit erheblichem finanziellen Aufwand nationaler und supranationaler Institutionen abgewendeten Zusammenbruchs. Der Fokus ist dabei auf die Frage gerichtet, ob und in welchem Ausmaß das institutionelle Vertrauen wieder hergestellt und künftig durch Kontrollen geschützt werden kann und die korporativen wie die individuellen Akteure von einem Missbrauch ihrer Befugnisse durch eine *Kontrolle zweiter Ordnung* abgehalten werden können.

2 Neue Regelwerke zur Restabilisierung des Finanzsystems

Aus soziologischer Perspektive erscheinen Finanzsysteme als *institutionelle Konstellationen* aus Kapitalströme leitenden Finanzintermediären, hier insbesondere Banken, regulierenden Organisationen sowie zugehörigen Vertrauensordnungen. Im Nachklang der Krise sind es gerade die vielfältig angedachten regulativen Neujustierungen vom bereits 2010 unterzeichneten Dodd-Frank-Act, den gegenüber dem Status quo ante deutlich verschärften Kriterien von Basel III bis zu der im April 2014 verabschiedeten Europäischen Bankenunion in Verbindung mit den vorgelagerten Stress-Tests der European Banking Authority (EBA) für systemrelevante Banken, die als zentrale Faktoren des Einflusses auf abwägende Anleger und ihre Risikoperzeptionen bzw. Orientierungsbedürfnisse in Erscheinung treten. Dabei klingen die Zielvorstellungen und die Maßnahmen hier wie jenseits des Atlantiks sehr ähnlich, was angesichts der Globalisierung der Finanzmärkte und der damit eingehenden Zunahme systemischer Risiken, deren Außerachtlassung die Finanzkrise erst richtig befeuert hat, nicht mehr überrascht.[3] So lautet die Präambel des Dodd-Frank Acts: „To promote the financial stability of the United States by improving accountability and transparency in the financial system, to end ‚too big to fail‘, to protect the American taxpayer by ending bailouts, to protect consumers from abusive financial services practices, and for other purposes."[4]

Im entsprechenden Memo der Europäischen Kommission anlässlich der Verabschiedung der Bankenunion wird insbesondere auf die hohen Kosten für die Bailouts in der Eurozone verwiesen, die künftig durch die Verursacher selbst getra-

---

3   Die Deutsche Bundesbank (o. J.) definiert systemische Risiken wie folgt: Sie bezeichnen „das Risiko, dass durch die Zahlungsunfähigkeit eines Marktteilnehmers andere Marktteilnehmer so stark in Mitleidenschaft gezogen werden, dass sie ihrerseits nicht mehr in der Lage sind, ihre Verpflichtungen zu erfüllen. Im Zuge einer Kettenreaktion kann es dann zu erheblichen Liquiditäts- oder Solvenzproblemen kommen, die die Stabilität des Finanzsystems insgesamt bedrohen. Systemische Risiken können auch darin liegen, dass individuell rationales Verhalten in Herdenverhalten mündet, das die Finanzstabilität erschüttert" (www.bundesbank.de/Redaktion/DE/ Glossareintraege/S/ systemisches_risiko.html).

4   www.sec.gov/about/laws/wallstreetreform-cpa.pdf

gen werden sollen: „The approved state aid measures in the form of recapitalisation and asset relief measures between October 2008 and December 2012 amount to €591.9 billion or 4.6 % of EU 2012 GDP (Commission). If we include guarantees, this figure would amount to €1.6 trillion or 13 % of EU GDP (Commission) for the period 2008-2010 only."[5] Wir werden in Kapitel 5 insbesondere auf die EU-Regulierungen ausführlich zurückkommen.

Entsprechend unseres aus soziologischer Perspektive gedeuteten Verständnisses von Finanzsystemen als *institutionellen Konstellationen* wird im Folgenden die vertrauenstheoretische Betrachtung in einer *institutionellen* Perspektive geöffnet. Gerade weil der Blick in die zugehörige Literatur ergibt, dass es speziell im Finanzbezug an Vorarbeiten zum Vertrauen fehlt, geht es hier in erster Linie darum, ein geeignetes theoretisches Fundament für die weiterführende Betrachtung zu erarbeiten. Mit der Perspektive auf das Finanzvertrauen und die Modalitäten seiner Erosion bzw. Persistenz wird somit primär auf der gesellschaftlich übergreifenden Makroebene argumentiert.[6]

3   Institutionelles Vertrauen als zentrales Moment der gesellschaftlichen und ökonomischen Entwicklung moderner Gesellschaften

Möchte man die gravierenden Wandlungsprozesse des Finanzsektors über die letzten Jahrzehnte nachzeichnen, so kommt man unweigerlich auf einschlägige Stichworte wie „Deregulierung", „Liberalisierung", „Securitization" oder „Disintermediation" zu sprechen (vgl. hierzu Lütz 2008: 357). Hiermit werden die Eckpunkte der globalen institutionellen Rahmenbedingungen beschrieben, anhand derer die Krise ihre verheerende Dynamik erst entfalten konnte. In der Folge war der Ruf nach der Bändigung der „entfesselten Finanzmärkte" (Kraemer/Nessel 2012) ebenso laut wie die Verwerfungen der Finanzwelt tief.

Bevor im folgenden Abschnitt näher auf die neuen Regulationsansätze im Nachgang der Krise eingegangen wird, ist an dieser Stelle zunächst zu fragen, inwiefern

---

5   European Commission, Memo/14/294, 15 April 2014: europa.eu/rapid/press-release_ MEMO-14-294_en.pdf

6   Vgl. zu den mikrosoziologischen Facetten der Vertrauenserosion und einer ohnehin in Deutschland weitverbreiteten Risikoaversion des Entscheidungsverhaltens sowie „kulturell vererbte" Sicherheitsbedürfnisse der Privatanleger: Lüde 2012 sowie Lüde/ Scheve 2012.

sich diese institutionellen Konstellationen des Finanzsektors aus einer vertrauens-theoretischen Perspektive fassen lassen. Während die Finanzkrise übereinstimmend als „Vertrauenskrise" wahrgenommen wird, fällt die Bestandsaufnahme ernüchternd aus, wenn man nach verfügbaren theoretischen Beschreibungsinstrumenten fragt – zumindest wenn man Swedbergs (2012) Übersichtsdarstellung zur „Role of Confidence in Finance" folgt. Ihm zufolge weisen Ökonomen wie Soziologen diesbezüglich deutliche Versäumnisse auf. Die Rede ist von einer „absence in economics as well as in sociology of a well-developed tradition that studies the role of confidence in finance" (Swedberg 2012: 529). Hebt man den Blick jedoch vom expliziten Finanzbezug ab und richtet ihn auf die „institutionelle Seite" des Vertrauens, so stehen durchaus eine Reihe interessanter Konzepte und Begriffe zur Verfügung, um die Modalitäten der Genese und Persistenz (vgl. Größl et al. 2013) dieser Art von Vertrauen theoretisch zu diskutieren.

Dazu gehören zunächst Luhmanns vertrauensspezifische Überlegungen des Vertrauens als riskanter Vorleistung (vgl. Luhmann 2000: 27), im Zuge derer der jeweilige Vertrauensgeber eine nicht näher spezifizierbare Ungewissheit in ein konkretes Risiko transformiert. Im Finanzsektor sind diese via Vertrauen ‚produzierten' Risiken in erster Linie Resultat des Eingehens von Zahlungsversprechen (vgl. Knorr Cetina 2007; Baecker 2008a).

Eine weitere wichtige Differenzierung betrifft die beiden amerikanischen Übersetzungsoptionen des Vertrauensbegriffes von „confidence" und „trust" (vgl. Luhmann 1988). Dabei bezeichnet der „trust"-Begriff den hier gemeinten Aspekt einer bewussten Auswahl aus risikobehafteten Alternativen in dem Wissen, eine bestimmte (Anlage-)Entscheidung zu einem späteren Zeitpunkt bereuen zu können. Der „confidence"-Begriff stellt dagegen eine generelle unterschwellige Annahme dar, zum Beispiel die, dass es auch morgen noch eine „economy" gibt. Bekanntlich stellte US-Notenbankchef Ben Bernanke eben dies infrage, als er im Oktober 2008 sein Hunderte Milliarden Dollar schweres Rettungspaket mit den Worten rechtfertigte: „If we don't do this, we may not have an economy on Monday." (The New York Times, 1.10.2008) Erst mit dieser Differenzierung wird erkennbar, wie auch eine grundlegende „confidence" die gesellschaftliche Kohäsion in einer tief greifenden, aber fast „unbemerkten" Art und Weise strukturiert.

So gesehen erfordern die im Zuge der Krise kritisch diskutierten Finanzinstrumente – Derivate bzw. Kreditausfallversicherungen mit den mittlerweile bekannten Kürzeln wie MBS, CDS, CDO usf. – auch keine vertrauensbildenden Leistungen mehr. Sie pervertieren den Grundgedanken der Risikokalkulation geradezu, indem suggeriert wird, jegliches Restrisiko anhand komplexer Berechnungen eliminieren zu können. Illustrativ sind in dieser Hinsicht die „Confessions of a Risk Manager": „In January 2007 the world looked almost riskless. (…) We were paid to think

about the downsides but it was hard to see where the problems would come from."
(The Economist, 7.8.2008) In einem derart risikobefreiten „Finanzhimmelreich"
besteht das Erfordernis des Vertrauens nicht mehr, weshalb Luhmann (1991: 26)
mit seinem Verdikt, wonach die Tür zum Paradies ein für alle Mal durch das
Wort Risiko versperrt bleibe, einem solchen Himmelreich den Zugang für immer
verbaut (vgl. Lüde 2012).

Der institutionelle Blick auf das Vertrauen lässt sich nun mit Luhmanns Begriff
des „Systemvertrauens" schärfen, den er schon früh dem „persönlichen Vertrauen"
gegenübergestellt hat (vgl. Luhmann 2000). Er entwickelte seine Vorstellung dieser
Form des Vertrauens – in enger Anlehnung an das Konzept der symbolisch generalisierten Kommunikationsmedien – im Sinne eines gesellschaftlich produzierten
und sofort verfügbaren „Instant-Vertrauens", das unabhängig von persönlichen
Erfahrungen in Anspruch genommen werden kann.

Eine ganz ähnliche Betrachtungsweise findet sich in Zuckers klassischer Studie
zum historischen Wandel der gesellschaftlichen Vertrauensverhältnisse im Nord-
amerika des 19. bzw. 20. Jahrhunderts (vgl. Zucker 1986). Dort entwickelt sie eine
idealtypische Unterscheidung unterschiedlicher Formen bzw. Bezugspunkte des
Vertrauens. Der sogenannte „process-based trust" steht für eine Vertrauensform,
die im andauernden Prozess einer gemeinsamen Austauschbeziehung entfaltet
wird und der erworbene Erfahrungs- und Reputationswerte zugrunde liegen.
Dem „characteristic-based trust" liegen die persönlichen Merkmale einer Person
zugrunde, zum Beispiel ihre ethnische Abstammung, die in die Vertrauensbildung
einbezogen werden. Schon diese Ebene der Vertrauensbildung – Bachmann (2006)
führt sie unter dem Begriff des interaktionsbasierten Vertrauens oder *interactional
trust* zusammen – kann für den institutionellen Blick auf das Vertrauen genutzt
werden. So etwa, wenn man die Entstehungsgeschichte der Genossenschaftsbanken in Deutschland und ihre „interaktionell" ausgebildeten Vertrauensmomente
betrachtet: Sparer in dörflichen oder kleinstädtischen Gemeinschaften konnten
beobachten und internalisieren, wie „die Bank vor Ort" Kredite an Handwerker,
Bauern und Bauherren vergab und sich dabei die Reputation eines verlässlichen,
risikobegrenzenden Finanzintermediärs erwarb.

Die eigentliche institutionelle Ebene des Vertrauens kommt explizit erst über
den Begriff des „institutional-based trust" (vgl. Zucker 1986) ins Spiel, der wiederum mit dem Luhmannschen Begriff des Systemvertrauens korrespondiert. Vor
dem Hintergrund, dass die nordamerikanische Gesellschaft im Übergang zum
20. Jahrhundert durch zunehmende Individualisierung, erhöhte wirtschaftliche
Unsicherheiten sowie starke Immigrationsbewegungen gekennzeichnet war, kam
es zu einer Erosion des „interaktionellen" bzw. persönlichen Vertrauens. Diese

Erosion wurde durch den Aufbau von institutional-based trust kompensiert, das die Lücken füllte, die die Auflösung der „altgedienten" Vertrauensformen hinterließ. Als institutionell bezeichnet Zucker diese Form des Vertrauens im Hinblick auf die Ausbildung einer rationalen bürokratischen Organisation und zugehöriger Finanzintermediäre (z. B. des Treuhandwesens) bzw. begleitender Formalisierungs-, Legalisierungs- und Standardisierungsprozesse (etwa die offizielle Listung einer Aktie an der Börse). Dabei entwickelt sie eine Art „lebensweltliches" Verständnis des institutionellen Vertrauens, insofern es auf gesellschaftsweit geteilten Hintergrundannahmen („background expectations") bzw. einem gemeinsamen Weltwissen („world known in common") beruht (vgl. Zucker 1986). Bei Bachmann wird demgegenüber insbesondere die vertrauenskatalysierende Wirkung der Sanktionierung abweichenden Verhaltens mithilfe von Normen bzw. Gesetzen (als deren Konkretisierung) hervorgehoben, die in einer gesellschaftsweit wahrgenommenen Minderung der Risiken von Investitionsentscheidungen resultiert (vgl. Bachmann 2006: 396; vgl. ferner Lütz 2008: 357; Herzog 2013: 533 ff.).[7]

Der hier skizzierte Begriff des „institutionellen Vertrauens" steht im Kern für eine Form des Vertrauens, die von persönlichen Attributen bzw. einer geteilten zeit- und somit kostenintensiven Interaktionsgeschichte befreit ist. Fortan wird Vertrauen auf der Ebene anonymer institutioneller Konstellationen angesiedelt, wo es Luhmann zufolge unvergleichlich viel leichter in Anspruch genommen werden kann (vgl. Luhmann 2000: 64). Ausgehend von diesem Grundgedanken kann nach der Funktion des institutionellen Vertrauens als zentrales Moment der Entwicklung moderner Gesellschaften gefragt werden. Während es bei Luhmann eine Art Schmiermittel der gesellschaftlichen Differenzierung darstellt, kann es ebenso als (kultureller) Faktor auf dem Weg zu ökonomischer Prosperität (vgl. Fukuyama 1995) bzw. Effizienz (vgl. Arrow 1974) angesehen werden. Im Folgenden wird jedoch eine andere Perspektive eingeschlagen. Nachdem das institutionelle Vertrauen in seinen Grundzügen skizziert ist, geht es um die Frage, ob das erschütterte Institutionenvertrauen durch die im Nachgang der Krise installierten Regulations- bzw. Kontrollansätze wieder herstellbar ist.

---

7   Wohlgemerkt: Risiko*minderung*. Auch hier kann nur von Vertrauen gesprochen werden, insofern ein jeder Entscheidung inhärentes Restrisiko bestehen bleibt. Vertrauen ist und bleibt eine *riskante Vorleistung*.

4   „Guardians of Impersonal Trust" und die Notwendigkeit der Institutionalisierung einer Kontrolle zweiter Ordnung

Auch für die Entwicklung des modernen Finanzsystems und seiner anonymisierten Investitionsbeziehungen spielt diese Form der institutionellen Vertrauensabsicherung eine zentrale Rolle, was allerdings keineswegs bedeutet, dass personale Vertrauensaspekte überflüssig geworden sind. Sie stellen in vielerlei Hinsicht nach wie vor ein wichtiges Erfordernis dar: Man denke nur an die persönliche Beziehung zwischen dem Anleger und seinem Bankberater (vgl. auch Langenohl in diesem Band). Auch lässt sich das Vertrauensverhältnis gegenüber einer spezifischen Bank als Form des personalen Vertrauens fassen, insofern es dabei insbesondere um das bei Luhmann zentrale Kriterium einer kohärenten und deshalb vertrauenswürdigen Selbstdarstellung geht (vgl. Luhmann 2000).

Wenn also dem institutionellen Vertrauen aus unterschiedlichen wissenschaftlichen Sichtweisen eine so große Bedeutung als zentrales Moment der gesellschaftlichen und ökonomischen Entwicklung moderner Gesellschaften zugemessen wird, stellt sich nicht erst seit der Finanzkrise die Frage, auf welche Art und Weise es denn den Gesellschaften und ihren Subsystemen oder ökonomischen Teilbereichen gelingt, dieses Vertrauen zu sichern und zu stabilisieren. Shapiro verweist in diesem Zusammenhang auf die vertrauensspezifische Relevanz institutioneller Arrangements in Form von „guardians of impersonal trust", die mit der Ausbildung eines „supporting social-control framework of procedural norms, organizational forms, and social-control specialists" (Shapiro 1987: 635) die notwendige Kontrollfunktion zur Stabilisierung des Vertrauens übernehmen. Dabei handelt es sich um institutionalisierte Kontrollmöglichkeiten innerhalb anonymisierter Prinzipal-Agent-Beziehungen.

Während somit die Ausbildung institutioneller bzw. systemischer Vertrauensverhältnisse eine wichtige Wegmarke in Richtung der gesellschaftlichen Entwicklung darstellt, wird im Krisenkontext insbesondere die Kehrseite des vom persönlichen abstrahierenden, auf institutionelle Konstellationen zurückgeführten Vertrauens relevant: das implizite Missbrauchs- und somit auch das Misstrauenspotenzial des institutionellen Vertrauens. Als hätte Shapiro, mit hellseherischen Fähigkeiten ausgestattet, zentrale Aspekte des Missbrauchshandelns wichtiger Finanzmarktakteure – zum Beispiel bei der Zusammenstellung und dem Weiterverkauf mancher CDOs – vorhergesehen, die sich schließlich zu einem maßgebenden Auslöser der Finanzkrise auswuchsen, analysiert sie, dass die eigentlich vertrauenssichernden „guardians" als Agenten gegenüber ihren Prinzipalen eben auch signifikante Informations- bzw. Kompetenzvorsprünge nutzen können, um sie manipulativ, korrumpierend und betrügerisch zu verwerten: „Guardians can lie, misrepresent the safety and security of their services, ignore misdeeds, steal, self-deal, accept bribes, and overlook their own conflicts of interest." (Ebd.: 645) Das Netzwerk sozialer Kontrollstrategien wird auf diese Weise selbst angreifbar und verwundbar (ebd.). Nicht vorhersehen konnte Shapiro vermutlich die Dreistigkeit, mit der etwa der Vorstand der Anglo Irish Bank in der Krise mit falschen Angaben staatliche Milliardenhilfe erlangte und dabei sicher war, sie niemals zurückzahlen zu können, was die irische Volkswirtschaft zusammen mit der Rettung zweier weiterer Krisenbanken mit extrem hohen Summen belastete und den irischen Staat selbst an den Rand der Zahlungsunfähigkeit brachte.[8]

Auch Mayntz (2012: 7) verweist auf die Mängel der in die Krise führenden Finanzregeln und deren Missbrauchsanreize. Mit Blick auf die Finanzkrise fällt es nicht schwer, gleich eine ganze Reihe geeigneter Beispiele zu benennen. Zu denken wäre etwa an die umfangreiche Bilanzfälschung, mittels derer Lehman im ersten und zweiten Quartal 2008 jeweils knapp 50 Milliarden Dollar an toxischen Papieren aus den Unternehmensergebnissen so geschickt verschwinden ließ, dass es Außenstehenden nicht möglich war, diese Manipulation zu erkennen (vgl. Valukas 2010). Zum Vergleich: Die Höhe des durch die Kunst der Bilanzierung aus den Lehmann Büchern verschwundenen Betrages toxischer Papiere entspricht fast dem Jahreshaushalt des größten deutschen Bundeslandes Nordrhein-Westfalen im Jahr 2013.[9] Shapiro (1987: 653) identifiziert denn auch als das Verführerische am impersonal trust seine „self-perpetuating and self-defeating tendencies". Dabei treten zwei Fehlertypen als „Not und Elend" der institutionellen Vertrauensproblematik auf: Setzt man die Regulation des Vertrauens zu eng, werden an sich wünschenswerte Aspekte des Agency-Verhaltens unterdrückt. Ermöglicht man hingegen zu viel an Flexibilität, wird unangemessenes Verhalten toleriert und befördert (vgl. ebd.: 651). Denkt man jedoch an die schier unvorstellbare Schadens- und Garantiesumme

---

8 Unglücklicherweise aus Sicht der Banker – wurden Telefonaufzeichnungen belastender Gespräche später der Zeitung „Irish Independent" zugespielt und im Internet veröffentlicht (vgl. FAZ, 25.06.2013). Glücklicherweise – aus Sicht der Forschung – besteht damit ein dokumentarischer Nachweis, dass sozialwissenschaftliche Interpretationen über den möglichen Missbrauch von Vertrauen durch zentrale Akteure des Finanzmarktes nicht aus den Fingern gesogen sind. Allenfalls könnte man den Soziologen vorwerfen, dass ihre Vorstellungen nicht ausreichen, die kriminelle Energie verantwortungslos handelnder Banker vorherzusehen, deren Handeln ganze Staaten in den finanziellen Kollaps treiben können und die im amerikanischen Sprachgebrauch mit dem Begriff „Bankster" eine angemessene Würdigung fanden.

9 Der Haushalt des Landes Nordrhein-Westfalen betrug 2013 etwa 60 Mrd. Euro (vgl. Landtag Nordrhein-Westfalen, Drucksache 16/3801, 2013).

infolge der Finanzkrise von 1.600.000.000.000 EUR, die von den Staaten der EU allein im Zeitraum 2008 bis 2010 aufgebracht werden musste (s. o. Kap. 2), sowie die damit verbundenen Wohlfahrtsverluste, dann scheint stärkere Kontrolle unerlässlich, selbst dann, wenn die Kosten erheblich sind.

Insofern rufen gerade die Missbrauchspotenziale der institutionellen Absicherung des Vertrauens neue Kontrollbedürfnisse hervor, denn „the guardians and trustees of trust simply demand a higher order of trust" (Shapiro 1987: 648). Diese Kontrollnotwendigkeit, die wir als Kontrolle „zweiter Ordnung" bezeichnen wollen, schließt das Vertrauen in die Funktionsfähigkeit ihrer immanenten Kontrollen als Voraussetzung für die Funktionsfähigkeit von Systemen ein, weil die Risikoneigung selbst unter Kontrolle gehalten werden muss (vgl. Luhmann 2000: 65). So entsteht das Bild einer zirkulär angelegten bzw. abgesicherten Vertrauensordnung, innerhalb derer die einstigen Trust-Guardians zu Agenten des Misstrauens und Problempatienten werden und wiederum höherer Aufsicht bedürfen. Gerade in modernen, komplexen Gesellschaften ist eine „spiraling evolution of procedural norms, structural constraints, and insurance-like arrangements, each building on the former" (Shapiro 1987: 649) unvermeidlich. Damit wird die ursprüngliche Intention der institutionellen Vertrauensbildung natürlich verzerrt (vgl. ebd.: 652) und eine inhärente Ironie einer Kontrolle der Kontrolleure bezüglich der Einhaltung des Vertrauensvorschusses der Agenten gegenüber ihrem Prinzipal offenkundig. Insofern verschwimmen Garantien und Missbrauchsoptionen in einer Art neuer „Vertrauensunübersichtlichkeit": Sie resultieren in einer „inflationary spiral of escalating trust relationships and the paradox that the more we control the institution of trust, the more dissatisfied we will be with its offerings" (ebd.: 652).

Diese allgemeinen Überlegungen sind zu berücksichtigen, wenn man die umfangreichen Neuregulierungsansätze im Nachklang der Finanzkrise theoretisch einzuordnen und zu klassifizieren versucht. Shapiro sensibilisiert mit ihrem Hinweis auf den Teufelskreis-Charakter der institutionellen Vertrauensabsicherung letztlich schon für den zukünftigen Anpassungsbedarf der derzeitigen finanzmarktspezifischen Regulationsansätze. Ganz ähnlich merkt auch Mayntz an, dass den Analysten des institutionellen Wandels wohl bekannt ist, dass die einhergehenden Veränderungsprozesse keinen spezifischen Anfang bzw. kein Ende haben, sondern definierte Ausschnitte des Betrachters darstellen (vgl. Mayntz 2012: 9). Ihr Augenmerk gilt dabei insbesondere dem Umstand, dass den tiefen Verwerfungen, welche die Krise in der globalen Ökonomie zurückgelassen hat, keineswegs ein radikaler, sondern lediglich ein inkrementeller, das heißt selektiver institutioneller Wandel nachfolgt. Die in unterschiedlichen Regionen angestoßenen nationalen sowie supranationalen Reforminitiativen haben immer wieder mit Opposition, Modifikation, Verzögerung zu kämpfen (vgl. ebd.: 13). Ausschlaggebend für den lediglich inkrementellen institutionellen Wandel sind Mayntz zufolge nicht nur nationale Interessenskonflikte bzw. eine umfangreiche Lobbyarbeit, sondern vielmehr der generelle Unwille, an den institutionellen Wurzeln moderner kapitalistischer Gesellschaften anzusetzen – was bedeuten würde, die massive Kreditabhängigkeit westlicher Gesellschaften generell zu hinterfragen (vgl. hierzu auch Kohl 2014). Als zentrale Hürde für einen radikalen institutionellen Wandel erweist sich dabei offensichtlich der Umstand der Eingebundenheit der Reformer in die zugrunde liegenden institutionellen Strukturen: „The strongest impediment to radical institutional change is their [potential reformers, J. F./R. v. L.] close integration with basic features of the societies in which they are embedded" (Mayntz 2012: 26).

5 Ein neuer europäischer Ordnungsrahmen für die Rückgewinnung des Systemvertrauens in die Finanzmärkte?

Vor diesem Hintergrund überrascht es nicht, dass erst fünfeinhalb Jahre nach dem Kulminationspunkt der Finanzkrise mit Verabschiedung der Europäischen Bankenunion im April 2014 und der Umsetzung der makroprudenziellen Richtlinien nach den Vorgaben des Europäischen Ausschusses für Systemrisiken (European Systemic Risk Board – ESRB) in die nationalen Gesetzgebungen zwei neue institutionelle Regelwerke und ein präventives Prüfungsverfahren geschaffen wurden, die dazu beitragen sollen, „das Vertrauern in die Banken nach der schwersten Finanzkrise seit Jahrzehnten" wiederherzustellen (Reuters, 29.4.2014).

Das Regelwerk zur Bankenunion sieht 28 neue Bestimmungen vor mit der Aufgabe, durch bessere Regulation, Überwachung und Steuerung des finanziellen Sektors den Steuerzahler vor künftigen Belastungen aus Fehlern der Banken zu schützen (vgl. European Commission, Memo/14/294, 15.4.2014). Es implementiert mit dem sogenannten „CRD IV-Package"[10] die globalen Standards der Vereinbarungen von Basel III in die EU-Gesetzgebung. Es umfasst nicht nur eine künftig in der EZB zentralisierte Aufsicht über die größten Geldinstitute der Eurozone, sondern strebt auch an, den Steuerzahler im zukünftigen Krisenfalle zu schonen, indem Verluste zunächst von Kapitaleignern und Gläubigern, also Anlegern, zu tragen sind, wobei eine Einlagensicherung die Depositen von Privathaushalten und kleinen Unternehmen bis 100.000 Euro absichert. Gerade diese Garantie

---

10 Capital Requirements Directive IV and Capital Requirements Regulation (vgl. European Commission, Memo/13/690, 16.7.2013).

soll dem Privatanleger einen „sense of financial stability" vermitteln und ihn im Krisenfall davon abhalten, durch exzessive Bargeldabhebungen die Krise noch zu verstärken. Ferner dient ein von 2016 bis 2024 aufzubauender bankenfinanzierter „Single Resolution Fund" in Höhe von 55 Milliarden Euro als Sicherheitspuffer für Liquiditätsengpässe (vgl. ebd.).

Im Ausschuss für Finanzstabilität (AFS) als nationale makroprudenzielle Instanz in Deutschland – eingerichtet nach Inkrafttreten der Änderung zum Gesetz zur Überwachung der Finanzstabilität (FinStabG) im Jahre 2013 – sollen erkennbare und für die Finanzstabilität maßgebliche Sachverhalte sowie relevante Gefahren für das deutsche Finanzsystem erörtert und der BaFin gegebenenfalls der Einsatz sogenannter „harter" makroprudenzieller Instrumente zur Finanzsektorregulierung empfohlen werden. Sie werden präventiv mit dem Ziel eingesetzt, die Widerstandsfähigkeit des Finanzsystems als Ganzes zu erhöhen und gegebenenfalls Zyklen in der Entwicklung systemischer Risiken zu dämpfen (vgl. Deutsche Bundesbank 2013, 103).

Zu den wichtigsten makroprudenziellen Maßnahmen auf europäischer Ebene gehört als präventives Prüfungsverfahren der sogenannte „Stresstest", mit dem die European Banking Authority (EBA) seit Sommer 2014 die Krisenresistenz der Großbanken der Eurozone überprüft. Im vorgelagerten Regelwerk des Asset Quality Review (AQR) für den neuerlichen und bis dato wohl strengsten Stresstest systemrelevanter Banken in der EU wird untersucht, wie sich deren Aktiva-Qualität unter bestimmten Szenarien über einen Zeitraum von drei Jahren entwickelt (vgl. European Systemic Risk Board 2014). Der Stresstest betraf EU-weit 124 Banken, die mindestens 50 Prozent des nationalen Bankensektors abdecken. Insbesondere beim „adverse macroeconomic scenario" handelt es sich um ein Narrativ, bei dem externe Schocks als Trigger auch die EU-weite Realwirtschaft in Mitleidenschaft ziehen. Die Banken mussten nachweisen, dass sie derartigen Belastungen standhalten würden, wobei nicht nur das haftende Kernkapital, sondern vor allem auch die Bewertungsrisiken in den Bilanzen der Banken zum Gegenstand des in den Medien so benannten „Crash-Tests" wurden. Nach Veröffentlichung der Ergebnisse forderte die EZB die Banken auf, Kapitalpläne mit Einzelheiten zur Deckung von Kapitallücken einzureichen (vgl. EZB Pressemitteilung, 29.4.14).

Wir sehen in diesen neuen Regelwerken das Bemühen der EZB und der EU-Kommission, einen neuen europäischen Ordnungsrahmen für die Rückgewinnung des Systemvertrauens in die Finanzmärkte zu generieren. Wichtiges Ziel ist dabei, durch „Bail-in", also die Beteiligung privater Gläubiger an der Stabilisierung von Banken im Krisenfall, die öffentliche Hand als „lender of last resort" zu entlasten. Eine vergleichbare Absicht erkennen wir für die USA im Dodd-Frank-Act.

Allerdings war auch schon vor der Finanzkrise eine mikro- wie makroprudenzielle Aufsicht in Deutschland institutionalisiert. Mit Einführung der „Mindestanforderungen an das Risikomanagement" (BaFin 2005) wurde bereits eine
Risikotragfähigkeitsanalyse unter Berücksichtigung von „Szenariobetrachtungen"
durchgeführt. Erst mit der MaRisk 2009 (vgl. BaFin 2009) kamen „Stresstests" hinzu, die Sensitivitäts- und Szenarioanalysen umfassten, bei denen mehrere oder alle
Risikofaktoren, deren Änderung sich aus einem vordefinierten Ereignis ergeben,
simultan verändert werden müssen. Auf diese Art und Weise sollten auch außerge-
wöhnliche, aber plausible mögliche Ereignisse abgebildet werden, wobei geeignete
historische und hypothetische Szenarien die Grundlage bilden (vgl. BaFin 2005:
11). Nach der Finanzkrise sollte daran allerdings kein Mangel mehr herrschen.

Versucht man eine qualitative Bewertung der Risikokontrollstrukturen vor und
nach der Finanzkrise, dann zeigt sich, dass vor der Krise der Schwerpunkt eher
auf der mikroprudenziellen Aufsicht lag, die von der Überzeugung getragen war,
dass die jeweilige Einzelstabilität der Banken in ihrer Summe auch die Stabilität
des Systems garantieren würde. Diese vor allem mikroprudenzielle Aufsicht sehen
wir als *Kontrolle erster Ordnung* an, da systemische Risiken zumindest unterbe-
wertet oder aber in ihren Wirkungen angesichts der als angemessen erscheinenden
Risikovorsorge der Einzelbanken unterschätzt wurden. Das veranschaulicht nicht
zuletzt die Wucht, mit der die Schockwellen nach der Lehman-Pleite, einem Tsunami
vergleichbar, das internationale Finanzsystem überrollten.

Worin also besteht die neue Qualität der von der EU (und den USA) beschlos-
senen Maßnahmen? Und erlauben es diese, bezüglich des Finanzsektors von einer
Kontrolle zweiter Ordnung zu sprechen? Und wie lässt sich das Umstellen auf eine
europaweit ausgedehnte makroprudenzielle Aufsicht in der EZB inklusive zugehöriger präventiver Stresstests sowie der Schaffung neuer „guardians of impersonal
trust" (mit EBA und ESRB) aus einer theoretischen Perspektive fassen? Einen
kybernetischen Grundgedanken aufnehmend, den Heinz von Foerster (1995) be-
reist in den 1970 Jahren einführte, kann hier der Versuch identifiziert werden, das
europäische Finanzsystem über die geltenden Regulationsstandards hinaus auf einer
reflexiven Kontrollebene zu ergänzen, das heißt eine Kontrolle zweiter Ordnung
institutionell zu verankern, die mögliche Systemrisiken, wie sie oben beschrieben
wurden, schon im Ansatz zu bekämpfen in der Lage ist, bevor sie sich durch wechselseitige Interdependenzen und Ansteckung weiterer Banken zu einer Gefährdung
des gesamten Finanzsystems ausweiten. Insofern kann hier an finanzsoziologische
Arbeiten (aus dem Einzugsgebiet der Systemtheorie) angeschlossen werden, die
gerade zirkulär-reflexive Beschreibungsfiguren als geeignetes Theorieinstrument
ansehen, um den Komplexitäten des Finanzsektors beizukommen (vgl. Mügge
2006; Esposito 2010, 2011).

Wir teilen deshalb auch die Auffassung, dass es vor allem die Finanzmarktinstrumente der Derivate sind, wie sie exemplarisch im Anschluss an die bereits 1973 berechnete Black-Scholes-Merton Formel zur Preisermittlung von Wertpapieroptionen ihren Anfang nahmen, die in der Vorgeschichte der Krise durch immer neue Variationen zu einer nicht mehr überschaubaren Rekonfiguration von Risiken insbesondere bei den CDOs beigetragen haben. Obwohl jedes Einzelrisiko der enthaltenen Risikopapiere bekannt war, blieb das systemische Risiko weitgehend verschleiert. In den Worten von Holzer und Millo (2005: 6) drei Jahre vor der Finanzkrise: „Financial Markets have created new uncertainties that could not be processed by the existing mechanisms of transformation, and could not be used as bases for decision making." Daraus entstehen Gefahren zweiter Ordnung, die sie als paradoxe Nebeneffekte von Risikomanagementsystemen bezeichnen und die ihren Ursprung darin haben, dass die Systeme sie nicht als eigenständiges Risiko rekonfigurieren und deswegen auch nicht handhaben können (ebd.).

Den Versuch der Aufsichtsbehörden, durch die Schaffung der Bankenunion und die Einbeziehung möglicher systemischer Risiken in die Prüfverfahren das System so zu stabilisieren, dass es gegenüber den Auswirkungen dieser Risiken, also vor allem auch den Gefahren zweiter Ordnung, besser geschützt ist, bezeichnen wir deshalb als Kontrollstrukturen zweiter Ordnung. Eine solche Kontrolle erhöht die Binnenkomplexität des Systems, weil es Risiken betrachten soll, die jede einzelne Bank aufgrund ihrer eigenen überschaubaren Risiken gar nicht in Betracht zieht. Genauso wenig wird eine solche Kontrolle neue Finanzkrisen und gegebenenfalls den Zusammenbruch einzelner Banken verhindern können. Aber sie kann dazu beitragen, das Finanzsystem gegenüber systemischen Risiken so zu stärken, dass es ihnen gegenüber nicht mehr blind ist und gegenüber dem Status quo ante über erhebliche bessere finanzielle Ressourcen als Gegengift verfügt. In den Kontext erweiterter Kontrollstrukturen gehören auch damit einhergehende veränderte Erwartungserwartungen, weil festgelegt wird, dass nicht mehr der Staat in erster Linie haftet, sondern die Kapitalgeber und Eigentümer, die ein Eigeninteresse daran haben werden, dass ihre Bank gegen alle potenziellen Risiken besser geschützt ist. Die mit den neuen Kontrollstrukturen einhergehende Zunahme der (Binnen-) Komplexität mag für das Bankenmanagement ärgerlich sein und höhere Kosten verursachen. Überall dort allerdings, wo wir es mit systemischen Risiken zu tun haben, ist die Komplexität die „Lösung all der Probleme, die mehr als eine Lösung haben" (Baecker 1999: 33).

Trotz dieses Maßnahmenpakets bleibt jedoch abzuwarten, inwiefern eine derartige Top-down-Implementierung neuer „guardians of impersonal trust", die in den letzten Jahren primär auf nationaler Ebene in den liberalen Marktökonomien der

Vereinigten Staaten sowie des Vereinigten Königreichs erfolgte (vgl. Mayntz 2012: 16), die erhofften bzw. beschworenen vertrauensstiftenden Wirkungen zeitigen.

6   Ausblick: „Ending too-big-to-fail is like Moby-Dick for economists or regulators"

Jahre nach dem Kulminationspunkt der Finanzkrise wurden für die nationalen wie supranationalen Regulierungen höchst unterschiedliche und manchmal auch weniger konventionelle Lösungsstrategien für die Rekonstitution des Vertrauens gewählt. Dazu zählt ein in Holland eingeführtes Pendant zum Hippokratischen Eid, der sowohl Boardmitglieder wie Angestellte des Bankenwesens zu dem Schwur verpflichtet, dass sie ihr „Möglichstes dafür tun werde(n)", um das Vertrauen in die Finanzdienstleistungsbranche zu bewahren und zu stärken" – wahlweise bekräftigt durch das Anrufen *der* absoluten Vertrauensinstanz mit einem „So wahr mir Gott helfe" (Die Welt, 8.2.2014). Unbeschadet derartiger Vorhaben, die Handlungen der „großen" und „kleinen" Verantwortungsträger ethisch aufzuladen, das heißt – Luhmann folgend –, einer moralischen Reflexion zu unterziehen, wurde in diesem Beitrag eine andere Fragerichtung eingeschlagen.

Die Finanzsoziologie, so hat Knorr Cetina (2007: 7) es formuliert, basiert nicht nur auf einem einzigen soziologischen Paradigma und ist gut beraten, wenn sie bei ihren Analysen den größeren Werkzeugkasten soziologischer Konzepte und Theorien zurate zieht. Diesen Ratschlag berücksichtigend hat sich dieser Aufsatz zum Ziel gesetzt, die komplexen Wechselwirkungen zwischen institutionellen Vertrauensverhältnissen und reflexiven Kontrollansätzen auf der Grundlage von Vertrauenskonzeptionen der allgemeinen soziologischen Theorie zu entwickeln. Er will damit einen Beitrag zu finanzsoziologischen Diskussionen leisten, die sowohl international in den „Social Studies of Finance" (vgl. u. a. Knorr Cetina 2007; Preda 2007; Kalthoff 2010), aber auch zunehmend im deutschsprachigen Raum im Rahmen einer „Soziologie der Finanzmärkte" (vgl. u. a. Kalthoff/Vormbusch 2012; Kraemer/Nessel 2012) geführt werden.

Darüber hinaus kommt der Beitrag zu dem Schluss, dass die neuartigen und praxisrelevanten Ansätze der nationalen wie supranationalen Regulierung und Kontrolle des Finanzsektors die Widerstandsfähigkeit des Finanzsystems als Ganzes zu erhöhen vermögen und vor allem durch die stärkere antizipative Berücksichtigung systemischer Risiken eine neue Qualität der Kontrolle generieren. Dabei wurde vorgeschlagen, gerade das neu geschaffene supranationale und makroprudenzielle Supervisonsmandat mitsamt seiner „guardians of impersonal trust" als Ausdruck einer *Kontrolle zweiter Ordnung* anzusehen, die im Sinne einer „vorausschauenden", den systemischen Charakter des Finanzsystems mehr betonenden Kontrollfunktion die mikroprudenziellen Kontrollen um eine unerlässliche Komponente ergänzt.

Gleichwohl darf man sich keinen Illusionen hingeben. Gefahren zweiter Ordnung wird man auch durch eine antizipative systemische Kontrollstrategie zweiter Ordnung nicht vollständig erkennen können. Das hängt damit zusammen, dass die Replikation perfekt rationaler und wirksamer Sicherheitsstrategien durch viele Einzelakteure aggregierte Wirkungen hervorrufen kann, die die eigene (Sicherheits-) Prämissen unterlaufen und die Marktakteure den reflexiven und kumulativen Effekten des eigenen wie des Handelns der anderen aussetzt (vgl. Holzer/ Millo 2005: 17).

So warnte auch das Mitglied des Sachverständigenrates zur Begutachtung der gesamtwirtschaftlichen Entwicklung Isabel Schnabel davor, dass im Bankensystem schon kleine Schocks zur abermaligen Destabilisierung führen könnten, da Banken immer noch nicht genügend Eigenkapital vorhielten und im Bankenstresstest der EZB die risikogewichtete und damit unzuverlässige Eigenkapitalquote anstatt der ungewichteten betrachtet werde. Da weiterhin die Banken nicht hinreichend kapitalisiert und die Staaten zu stark verschuldet seien, könne man keine Entwarnung geben. Auch äußert sie sich skeptisch, ob in künftigen Krisenfällen im Bankensystem tatsächlich die Gläubiger einer Bank an den Verlusten beteiligt und die Steuerzahler vollständig aus der Verantwortung entlassen würden (FAZ, 9.5.2014).

Ganz ähnlich, nur metaphorischer, drückte es der frühere US-Finanzminister Timothy Geithner in einer Diskussion mit Studenten aus: „Ending too-big-to-fail was like Moby-Dick for economists or regulators. It's not just quixotic, it's misguided. […] You can design a system, and I think we have, that allows you to be indifferent in most states of the world: the five-year flood, the 15-year flood, the 30-year flood, maybe even the 50-year flood. […] But there are constellations of storms, of panics, of fires that are so bad that it's very hard to imagine that you could be indifferent to the failure of the financial system" (New York Times Magazine, 8.5.2014).

Auch bleibt fraglich, inwiefern eine derartige Top-down-Implementierung neuer institutioneller Rahmenbedingungen, die in der Folge der Krise auf beiden Seiten des Atlantiks immer wieder angemahnt, angedacht, angeschoben, modifiziert und ratifiziert wurden, aktuellen gesellschaftlichen Vertrauenserfordernissen so einfach nachkommen kann. Insbesondere erfordert es weiterführender empirischer Analysen, inwiefern diese Änderungen der institutionellen Konstellationen zum Beispiel in den Risikoperzeptionen der Privatanleger „ankommen", das heißt ihre investitionsspezifischen Handlungsmuster zu prägen in der Lage sind – oder vielmehr neue, bislang ungesehene Erosionspotenziale mitführen.

In dieser Hinsicht mahnt schon die allgemeine Vertrauensforschung zur Vorsicht. Einerseits erweist sich das Vertrauen gerade darin als sozialer Tatbestand, dass es sich – auch in Krisenzeiten – nicht normativ einfordern lässt. Zwar können Vertrauensverhältnisse durchaus normative Anforderungen implizieren, zum Beispiel die Handlungsmaxime, den Vertrauensgeber nicht zu betrügen. Es muss als solches jedoch stets aus freien Stücken, als Ausdruck einer risikobehafteten und dabei kontingenten Entscheidung erbracht werden (vgl. Luhmann 1984: 181). Darüber hinaus ist zu berücksichtigen, dass sich der Aufbau von Vertrauen – im Unterschied zu seinem plötzlichen Umschlag in Misstrauen[11] – als ein allmählicher Prozess präsentiert, da es nun „mühsam bergauf in Richtung auf eine komplexere Sozialordnung" geht (ebd.: 180).

Das institutionelle Systemvertrauen, einmal etabliert, kann zwar als „Instant-Vertrauen" unmittelbar in Anspruch genommen werden kann, dennoch bedarf es einer gesellschaftsweiten historischen Verankerung. In dieser Hinsicht kann der Blick auf die Entstehung bzw. Persistenz von Vertrauensverhältnissen in der deutschen Bankenlandschaft als Beispiel dienen (vgl. Größl et al. 2013). Für diese lässt sich feststellen, dass es eineinhalb Jahrhunderte gedauert hat, um ein dreigliedriges Bankensystem mit den klassischen Zügen einer koordinierten Öko-nomie in Form ausgeprägter Kooperationsbeziehungen hervorzubringen, die im Bankensektor in Form der Haftungsverbünde der Genossenschaftsbanken oder der Gewährträgerhaftungen bei den Sparkassen (bis zu deren Aufhebung durch die Brüsseler Konkordanz 2001) bzw. durch das Einlagensicherungssystem der Privatbanken zutage treten.

Eine optimistischere Einschätzung hingegen liefert ein soziologischer Klassiker. Im Rahmen seiner Ausführungen zur Selffulfilling Prophecy zeichnet Robert K. Merton ein überaus positives Bild von den institutionellen Anpassungen in der Folge der Großen Depression der 1930er Jahre. So hatten die eingeführten Ge-genmaßnahmen einen abrupten Stopp der zahlreichen Bankinsolvenzen – seiner Angabe nach rund 2.300 in den vier der Krise vorausgehenden Jahren – und eine beruhigende Wirkung auf die Privatanleger zur Folge: „Perhaps money panics have not been institutionally exorcized by legislation. Nevertheless, millions of depositors no longer have occasion to give way to panic-motivated runs on banks simply because deliberate institutional change has removed the grounds for panic." (Merton 1968: 489)

---

11 Luhmann zufolge ist das Misstrauen keineswegs als bloßes Gegenstück zum Vertrauen anzusehen, sondern als funktionales Pendant, das als Strategie das Handlungsspektrum immer noch erweitert, dabei jedoch erhöhter Absicherungsanforderungen bedarf (vgl. Luhmann 1984: 180). Da in dieser Hinsicht bereits kleine Anzeichen den Umschlag in Richtung Misstrauen auszulösen in der Lage sind (vgl. ebd.), erweisen sich insbesondere neuere Arbeiten als interessant, die einen indikationsorientierten Zugang zur Vertrauensthematik entwickeln (vgl. u. a. Bacharach/Gambetta 2001; Swedberg 2012).

Inwiefern die nach der jüngsten Finanzmarktkrise eingeführten regulativen Neuerungen eine ähnliche Erfolgsgeschichte aufweisen, wird erst die Zukunft zeigen können.

Literatur

Arrow, Kenneth J. (1974): The limits of organization. New York: Norton
Bachmann, Reinhard (2006): Trust and/or power: towards a sociological theory of organizational relationships. In: Bachmann, Reinhard; Zaheer, Akbar (Ed.): Handbook of Trust Research. Cheltenham, UK: Edward Elgar: 393-409
Bacharach, Michael; Gambetta, Diego (2001): Trust in Signs. In: Cook, Karen S. (Ed.): Trust in Society. New York: Russell Sage Foundation Publications: 148-185
Baecker, Dirk (1999): Die Preisbildung an der Börse. In: Soziale Systeme 5, Heft 2: 287312
Baecker, Dirk (1999): Organisation als System. Frankfurt/M.: Suhrkamp
Baecker, Dirk (2008a): Womit handeln Banken? Eine Untersuchung zur Risikoverarbeitung in der Wirtschaft. Frankfurt/M.: Suhrkamp
Baecker, Dirk (2008b): Trügerisches Vertrauen: Über die Finanzkrise und die Frage, wie aus Unglaubwürdigkeit Unwiderstehlichkeit wird. In: Neue Zürcher Zeitung, 15.10.2008, www.nzz.ch/truegerisches_vertrauen-1.1108410
BaFin – Bundesanstalt für Finanzdienstleistungsaufsicht (2005): Erläuterungen zu den Mindestanforderungen an das Risikomanagement (MaRisk), 20.12.2005. In: www.bundesbank.de/Redaktion/DE/Standardartikel/Aufgaben/Bankenaufsicht/risikomanagement_marisk_2005.html
BaFin – Bundesanstalt für Finanzdienstleistungsaufsicht (2009): Erläuterungen zu den Mindestanforderungen an das Risikomanagement (MaRisk), 14.8.2009. In: www.bundesbank.de/Redaktion/DE/Standardartikel/Aufgaben/Bankenaufsicht/risikomanagement_marisk_2009.html
Beckert, Jens (2010): Die Finanzkrise ist auch eine Vertrauenskrise. In: Gesellschaftsforschung, 1/10: 9-14
Der Spiegel (2013): Am Ende gewinnt immer die Bank, 4.11.2013. In: www.spiegel.de/spiegel/print/d-119402605.html
Deutsche Bundesbank (2013): Finanzstabilitätsbericht 2013. Frankfurt/M.: Deutsche Bundesbank
Die Welt (2014): Hollands Banker müssen einen Eid schwören, 8.2.2014. In: www.welt.de/finanzen/boerse/article124652950/Hollands-Banker-muessen-einen-Eid-schwoeren.html
Die Zeit (2011): It's the management, stupid!, 20.4.2011. In: www.zeit.de/2011/17/Steinbrueck-Finanzkrise
Dodd-Frank Wall Street Reform and Consumer Protection Act, 5.1.2010. In: www.sec.gov/about/laws/wallstreetreform-cpa.pdf
European Commission (2013): Memo/13/690, 16.7.2013. In: europa.eu/rapid/press-release_MEMO-13-690_de.pdf

European Commission (2014): Memo/14/294, 15 April 2014. In: europa.eu/rapid/press-release_MEMO-14-294_en.pdf

Esposito, Elena (2010): Die Zukunft der Futures. Die Zeit des Geldes in Finanzwelt und Gesellschaft. Heidelberg: Carl-Auer

Esposito, Elena (2011): Using the Future in the Present: Risk and Surprise in Financial Markets. In: Economic Sociology, Vol. 12, No. 3: 13-19

European Systemic Risk Board (ESRB) (2014): EBA/SSM stress test: The macroeconomic adverse scenario, 17.04.2014. In: www.eba.europa.eu/documents/10180/669262/2014-04-29_ESRB_Adverse_macroeconomic_scenario_-_specification_and_results_finall_version.pdf

Foerster, Heinz von (Ed.) (1995): Cybernetics of Cybernetics: The control of control and the communication of communication. Minneapolis: Future Systems Inc.

Fukuyama, Francis (1995): Trust: the social virtues and the creation of prosperity. New York: The Free Press

Frankfurter Allgemeine Zeitung (2013): Völlig von der Rolle, 4.12.2013. In: www.faz.net/aktuell/wirtschaft/wirtschaftspolitik/banken-voellig-von-der-rolle-12694946.html

Frankfurter Allgemeine Zeitung (2014): Künftige Wirtschaftsweise: Rente mit 63 „nicht gerecht", 7.5.2014. In: www.faz.net/aktuell/wirtschaft/wirtschaftspolitik/kuenftige-wirtschaftsweise-isabel-schnabel-rente-mit-63-nicht-gerecht-12928069.html

Größl, Ingrid; Lüde, Rolf von; Fleck, Jan (2013): Genesis and Persistence of Trust in Banks. DEP (Socioeconomics) Discussion Papers Macroeconomics and Finance Series 7/2013

Herzog, Lisa (2013): Persönliches Vertrauen, Rechtsvertrauen, Systemvertrauen. In: DZPhil, Band 61, Heft 4: 529-548

Holzer, Boris; Millo, Yuval (2005): From risks to second-order dangers in financial markets: unintended consequences of risk management systems. In: New Political Economy, Vol. 10, Issue 2: 223-245

Kalthoff, Herbert (2010): Die Finanzsoziologie: Social Studies of Finance. Zur neuen Soziologie ökonomischen Wissens. In: Beckert, Jens; Deutschmann, Christoph (Hg.): Wirtschaftssoziologie. KZfSS, Sonderheft 49/2009: 266-288

Kalthoff, Herbert; Vormbusch, Uwe (Hg.) (2012): Soziologie der Finanzmärkte. Bielefeld: Transcript

Kessler, Oliver (2008): Unsicherheit, Ungewissheit und Risiko: Temporalität und die Rationalität der Finanzmärkte. In: Langenohl, Andreas; Schmidt-Beck, Kerstin (Hg.): Die Markt-Zeit der Finanzwirtschaft. Marburg: Metropolis: 293-321

Knorr Cetina, Karin (2007): Economic Sociology and the Sociology of Finance. Four Distinctions, Two Developments, One Field? In: Economic Sociology, Vol. 8, No. 3: 4-11

Kohl, Tobias (2014): Geld und Gesellschaft. Zur Theorie und Genese sozialer Strukturen und monetärer Mechanismen. Im Druck

Kraemer, Klaus; Nessel, Sebastian (Hg.) (2012): Entfesselte Finanzmärkte. Soziologische Analysen des modernen Kapitalismus. Frankfurt/M.: Campus

Lüde, Rolf von (2012): Rationalität und Anlageverhalten auf Finanzmärkten. In: Engels, Anita; Knoll, Lisa (Hg.): Wirtschaftliche Rationalität: Soziologische Perspektiven. Wiesbaden: VS: 129-162

Lüde, Rolf von; Scheve, Christian von (2012): Rationalitätsfiktionen des Anlageverhaltens auf Finanzmärkten. In: Kraemer, Klaus; Nessel, Sebastian (Hg.): Entfesselte Finanzmärkte. Soziologische Analysen des modernen Kapitalismus. Frankfurt/M.: Campus: 309-326

Lütz, Susanne (2008): Finanzmärkte. In: Maurer, Andrea (Hg.): Handbuch der Wirtschafts-
soziologie. Wiesbaden: VS: 341-363
Luhmann, Niklas (1984): Soziale Systeme. Grundriß einer allgemeinen Theorie. Frank-
furt/M.: Suhrkamp
Luhmann, Niklas (1988): Familiarity, Confidence, Trust: Problems and Alternatives. In:
Gambetta, Diego (Ed.): Trust: Making and Breaking Cooperative Relations, Oxford:
Blackwell Publishers: 94-107
Luhmann, Niklas (1991): Soziologie des Risikos. Berlin: De Gruyter
Luhmann (2000): Vertrauen. Ein Mechanismus zur Reduktion sozialer Komplexität.
Stuttgart: UTB
Mayntz, Renate (2012): Institutional Change in the Regulation of Financial Markets: Answers
and Questions. In: Mayntz, Renate (Ed.): Crisis and Control. Institutional Change in
Financial Market Regulation. Frankfurt/M.: Campus: 7-29
Merton, Robert K. (1968): Social Theory and Social Structure. New York: Free Press
Mügge, Daniel (2006): Der blinde Fleck der zweiten Moderne. Globale Finanzmärkte und
die Theorie reflexiver Modernisierung. In: Soziale Welt 57: 31-46
Preda, Alex (2007): The Sociological Approach to Financial Markets. In: Journal of Economic
Surveys, Vol. 21, Issue 3: 506-533
Reuters (2014): Mehr Stress den je für Europas Banken – EZB macht ernst, 29.4.2014. In:
de.reuters.com/article/europa-banken-stresstest-idDEKBN0DF19R20140429
Shapiro, Susan P. (1987): The Social Control of Impersonal Trust. In: American Journal of
Sociology, Vol. 93, No. 3: 623-658
Swedberg, Richard (2012): The Role of Confidence in Finance. In: Knorr Cetina, Karin;
Preda, Alex (Ed.): The Oxford Handbook of the Sociology of Finance. Oxford: Oxford
University Press: 529-545
The Economists (2008): Confessions of a risk manager, 7.8.2008. In: www.economist.com/
node/11897037
The New York Times (2008): Inside Wall Streets 36 hours of alarm. 1.10.2008. In: https://
dealbook.nytimes.com/2008/10/02/36-hours-that-shook-wall-street/?_r=0
The New York Times (2011): As Credit Crisis Spiraled, Alarm Led to Action, 1.10.2008. In:
www.nytimes.com/2008/10/02/business/02crisis.html
The New York Times Magazine (2014): What Timothy Geithner Really Thinks, 8.5.2014. In:
www.nytimes.com/2014/05/11/magazine/what-timothy-geithner-really-thinks.html?_r=0
Valukas, Anton R. (2010): Lehman Brothers Holdings Inc. Chapter 11 Proceedings Examiner's
Report. In: http://jenner.com/lehman
Zucker, Lynne G. (1986): Production of Trust: Institutional Sources of Economic Structure,
1840-1920. In: Staw, Barry M.; Cummings, Larry L. (Ed.): Research in Organizational
Behavior, Vol. 8: 53-111

Ratingagenturen
Risikoprognostiker mit regulierungsresistentem Risikopotenzial

Stefanie Hiß und Sebastian Nagel

1   Einleitung

Ratingagenturen beurteilen die Kreditwürdigkeit (Bonität) von Kreditnehmern und reduzieren dadurch die risikobehaftete Informationsasymmetrie zwischen Kreditgebern und -nehmern auf dem Finanzmarkt. Potenzielle Investoren werden von drei, den Markt mit 97 Prozent Marktanteil dominierenden Ratingagenturen über die relative Kreditausfallwahrscheinlichkeit potenzieller Schuldner informiert: Standard & Poor's, Moody's und Fitch. Obwohl die drei großen Ratingagenturen bereits seit mittlerweile rund 100 Jahren existieren, gerieten sie erst in den letzten 20 Jahren zunehmend in die Kritik. Anstatt Unsicherheiten auf dem Finanzmarkt zu reduzieren, indem Ratingagenturen Kreditausfallrisiken prognostizieren, sind sie und ihre Urteile spätestens im Zuge der Subprime-Krise seit 2007 zunehmend selbst zu Akteuren mit Risikopotenzial geworden. Nicht zuletzt daraufhin wurden auf unterschiedlichen Ebenen von verschiedenen Akteuren Bemühungen mit der Zielsetzung sichtbar, die Qualität und Transparenz der Ratingurteile zu steigern. Die zahlreichen Regulierungsversuche rücken vor allem die Interessenkonflikte in den Fokus, die die Bewertung von Unternehmen und strukturierten Finanzprodukten prägen.[1]

Während in den USA bereits im Jahr 2006 eine erste umfassendere Regulierung von Ratingagenturen als Nachwirkung der damals rund fünf Jahre zurückliegenden Bilanzierungsskandale von Enron und WorldCom in Kraft getreten ist, vertraute die Europäische Union (EU) bis in das Jahr 2009 einem freiwilligen Selbstregulierungsmechanismus der Ratingagenturen auf Basis grundlegender Verhaltensregeln.

---

1   Eine ausführliche Erklärung für die Regulierungsprozesse in den vergangenen Jahren und die dadurch ausgelösten Veränderungen in der Ratingbranche finden sich bei Hiß/ Nagel (2012).

Erst mit dem Übergreifen der Finanz- und Wirtschaftskrise auf die europäischen Länder im Jahr 2009 wurde dieses freiwillige Instrument durch eine gesetzliche Regulierung verstärkt. Erstaunlich und erklärungsbedürftig daran ist nicht die Tatsache, dass eine gesetzliche Regulierung durchgesetzt wurde, sondern dass diese Regulierung in der EU entgegen den Ratschlägen und Empfehlungen der eigenen Expertengremien durchgesetzt wurde. Sowohl der *Ausschuss der Europäischen Aufsichtsbehörden für das Wertpapierwesen (Committee of European Securities Regulators (CESR))* als auch die *Expertengruppe Europäische Wertpapiermärkte (European Securities Markets Expert Group (ESME))* lehnten eine gesetzliche Regulierung ab. Deren Einführung ist zudem umso erstaunlicher, als die Zweifel an der Wirksamkeit einer dem US-amerikanischen Vorbild folgenden gesetzlichen Regulierung vor deren Einführung nicht ausgeräumt werden konnten.

In diesem Beitrag unternehmen wir den Versuch aufzuzeigen, wie der institutionelle Wandel in der europäischen Ratingregulierung von freiwilligen hin zu gesetzlichen Maßnahmen auch entgegen den Empfehlungen der europäischen Expertengremien und trotz zu erwartender nicht-intendierter Nebenfolgen stattfand. Dazu nutzen wir ein sechsstufiges Modell, das sich aus dem soziologischen Neo-Institutionalismus speist und insbesondere die Bedeutung von Debatten und Diskussionsbeiträgen für einen institutionellen Wandel hervorhebt. Ein institutioneller Wandel führt nicht zwingend zur effektivsten oder effizientesten Lösung, sondern mündet in den institutionellen Praktiken, die sich zuvor in zahlreichen Debatten und Beiträgen als legitim herausgestellt haben. Während diese Debatten in den USA bereits im Anschluss an die Skandale bei Enron und WorldCom im Jahr 2001 stattgefunden haben und zu einer neuen Regulierung führten, die die herrschenden Interessenkonflikte bei den Ratingagenturen eindämmen soll, blieb eine theoretische Auseinandersetzung in der EU selbst im Anschluss an die Subprime-Krise erfolglos. Die EU hatte somit keine eigenen legitimierten Vorschläge, sondern konnte sich letztlich nur der US-amerikanischen Regulierung anschließen.

Im Folgenden beschreiben wir zunächst, welche Funktionen Ratingagenturen auf dem Finanzmarkt erfüllen und inwiefern sie bei der Risikobewertung gescheitert sind. Anschließend beleuchten wir die für das Scheitern ursächlichen Interessenkonflikte des Ratinggeschäfts und erklären mithilfe eines neo-institutionalistisch geprägten Modells den beobachteten institutionellen Wandel in der Ratingbranche. Abschließend beleuchten wir kurz die nicht-intendierten Nebenfolgen der gesetzlichen Regulierung. Der Beitrag endet mit einem Fazit.

2 Kreditrisiken und das Versagen der Ratingagenturen

Ratingagenturen dienen dazu, die auf dem Finanzmarkt herrschende Unsicherheit beim Kauf von festverzinslichen Wertpapieren (z. B. Unternehmens- und Staatsanleihen sowie strukturierte Wertpapiere) zu reduzieren. Ihre veröffentlichten Bewertungen reduzieren die Informationsasymmetrie zwischen Kreditgebern und -nehmern, indem sie in erster Linie Gläubiger (d. h. die Kreditgeber oder Anleihekäufer) über die Rückzahlungsfähigkeit und willigkeit der Schuldner (d. h. der Kreditnehmer oder Anleiheemittenten) informieren (Coffee 2006; Everling 2007; Schmidt/Tyrell 2005: 496). Die Ratingagenturen bewerten die Anleihen bzw. deren Emittenten auf einer Ratingskala, bei der Bestnoten mit A A A *(triple-A)* und Zahlungsausfälle mit D *(default)* bezeichnet werden. Dazwischen befinden sich bei den drei großen Agenturen rund 20 feine Abstufungen (Autorité des marchés financiers 2009: 70; Schneck 2008: 65). Mit den Ratingnoten sprechen die Agenturen jedoch keine Investitionsempfehlungen aus, sondern teilen – nach eigener Aussage – nur ihre „Meinungen" zur Kreditwürdigkeit von Anleiheemittenten öffentlich mit (Partnoy 2002: 78 f.).

Während dieses Geschäft vor allem seit dem Ende der *Great Depression* über Jahrzehnte erfolgreich und ohne größere Krisen verlief, befinden sich die Ratingagenturen seit Ende der 1990er Jahre in einer nahezu permanenten Krisensituation, die sie – so die häufig zu vernehmende Kritik – selbst mitverursacht haben. Ratingagenturen werden zwar weiterhin zur Beurteilung von Kreditrisiken herangezogen, haben sich jedoch in den vergangenen Jahren im Zuge zahlreicher Krisen selbst zu Akteuren mit Risikopotenzial entwickelt, wodurch sie zudem ins Blickfeld von Regulierungsbehörden gerieten.

Während der Asienkrise Ende der 1990er Jahre offenbarten sich die ersten Probleme der Agenturen und ihrer Urteile, die unter anderem auf fehlende Erfahrungswerte zur Einschätzung der Kreditwürdigkeit von aufstrebenden Länder zurückgeführt werden können (Cantor/Packer 1995; Holtbrügge/Ehlert 2009). Obwohl anschließend zahlreiche Untersuchungen die Legitimation der Ratingurteile zumindest infrage stellten (u. a. Ferri et al. 1999; Reinhart 2002), blieb diese Krise für die Agenturen im Hinblick auf eine Regulierung noch folgenlos.

Die erste Regulierung von Ratingagenturen folgte schließlich auf die Insolvenzen von Enron und WorldCom, obwohl diese als Bilanzskandale in erster Linie zu Veränderungen bei Wirtschaftsprüfungsgesellschaften führten (Sinclair 2005). Jedoch hatten die Agenturen noch vier Tage vor der Insolvenz von Enron das Unternehmen mit sehr guten Noten versehen (Coffee Jr. 2006: 34 f.). Die erste Antwort des Gesetzgebers auf diese Skandale folgte im Jahr 2002 mit dem *Sarbanes Oxley Act*, der eine stärkere Kontrolle unternehmerischer Bilanzierung beinhaltete und zugleich die Forderung nach einer Berichterstattung zur Rolle der Ratingagenturen im Wertpapiermarkt enthielt (Rosenbaum 2009: 49 f.). Besondere Aufmerksamkeit erhielten die Ratingagenturen schließlich erneut ab dem Jahr 2007 aufgrund ihrer Verfehlungen bei der Bewertung von strukturierten Finanzprodukten. Die in den USA vergebenen Subprime-Kredite an Haushalte mit schlechter Bonität wurden zu verbrieften Wertpapieren gebündelt, die anschließend von Investmentbanken zum Verkauf weltweit angeboten wurden (siehe zur Subprime-Krise z. B. Bloss et al. 2009; O'Hara 2009; Reinhart/Rogoff 2008; Rona-Tas/Hiß 2010b, 2011). Zuvor wurden die verbrieften Wertpapiere noch in verschiedene Risikoklassen tranchiert, wobei die sicherste Risikoklasse ebenso Kredite mit Subprime-Status enthielt, jedoch dadurch abgesichert wurde, dass bei Kreditausfällen zunächst die unteren Risikoklassen haften mussten. Erst wenn diese ihre gesamte Kapitalsumme durch Kreditausfälle verloren hatten, wurde das Kapital der nächsthöheren Risikoklasse herangezogen (Bastürk 2009). Die Folge dieser Praxis war, dass aus Subprime-Krediten mit schlechter Bonität scheinbar sichere und mit Bestnoten versehene Wertpapiere (strukturierte Finanzprodukte) wurden (Dam 2010: 613).[2] Als die Kredite schließlich reihenweise ausfielen, wurden auch die höchsten Risikoklassen in Mitleidenschaft gezogen, weshalb die Ratingagenturen deren Ratingnoten herabstufen mussten. So erfasste die französische Finanzaufsicht *Autorité des marchés financiers* allein für das Jahr 2007 über 20.000 Herabstufungen von Ratingnoten im Bereich der strukturierten Finanzprodukte (Autorité des marchés financiers 2009: 30). Die Subprime-Krise führte zunächst zu Anpassungen der US-amerikanischen Ratingregulierung und schließlich auch zur Einführung einer europäischen Ratingregulierung.

Doch auch nach Ende der Subprime-Krise standen die Agenturen weiterhin im Blickfeld der Öffentlichkeit. Insbesondere die Bewertungen europäischer Staaten seit Ende des Jahres 2009 im Rahmen der Staatsschuldenkrise in der Eurozone sorgten erneut für regelmäßige Kritik an den Agenturen. Inwieweit sich infolgedessen eine Regulierung speziell für Länderratings ergeben wird, ist bislang noch nicht absehbar.

3   Interessenkonflikte ...

Das Bewerten von Unternehmen und strukturierten Finanzprodukten ist von Interessenkonflikten geprägt. Insbesondere das gegenwärtige Bezahlmodell der großen Agenturen gilt als Ursache für die bestehenden Interessenkonflikte der

---

2   Im Dezember 2008 besaß mehr als die Hälfte der von Moody's bewerteten strukturierten Wertpapiere die Bestnote AAA (Benmelech/Dlugosz 2009: 618).

Ratingagenturen. Einerseits sind die Ratingagenturen bestrebt, qualitativ hochwertige und unabhängige Beurteilungen abzugeben, andererseits sind die Agenturen als gewinnorientierte Unternehmen daran interessiert, möglichst viele lukrative Aufträgen zu erhalten. Das bestehende Oligopol und die starke Intransparenz des Ratinggeschäfts tragen dazu bei, dass die Interessenkonflikte nicht einfach aufgelöst werden können.

Während die Ratingagenturen die ersten Jahrzehnte ihrer Geschichte von Investoren bezahlt wurden, die an den Ratingnoten interessiert waren, änderte sich dies in den 1970er-Jahren grundlegend. Unter anderem aufgrund der Verbreitung von Fotokopierern und der damit einhergehenden Möglichkeit, einmalig bezahlte Ratingberichte einfach zu vervielfältigen und an andere Investoren zu verteilen, gingen Standard & Poor's, Moody's und Fitch stattdessen dazu über, sich von denjenigen bezahlen zu lassen, die sie zuvor bewertet haben (SEC 2008a: 39; White 2010: 214 f.). Die Bezahlung durch die Anleiheemittenten führt zu einem latenten Spannungsverhältnis zwischen den Zielen, einerseits ein qualitativ hochwertiges Rating zu erstellen, andererseits möglichst hohe Gewinne zu generieren (SEC 2008b: 23; White 2010: 215). Ratingagenturen stehen damit einem Interessenkonflikt gegenüber, der sie dazu verleiten könnte, bessere Ratingnoten zu vergeben, um sich dadurch Folgeaufträge durch die Anleiheemittenten zu sichern. Die Anleiheemittenten profitieren schließlich von besseren Ratingnoten dadurch, dass sie ihre Anleihen in der Regel mit einer geringeren Zinsbelastung an Investoren verkaufen können.

Der Reputationsverlust, der mit einem qualitativ minderwertig erstellten Rating einhergeht, führt allerdings nicht dazu, dass eine entsprechende Agentur aus dem Oligopol der drei Anbieter – Standard & Poor's (rund 42 Prozent Marktanteil), Moody's (rund 37 Prozent) und Fitch (rund 18 Prozent) – verdrängt wird. Zwar würden theoretisch Agenturen mit minderwertigen Ratingurteilen und entsprechend sinkender Reputation irgendwann aus dem Markt verdrängt werden, allerdings können andere Agenturen vor diesem Hintergrund erst gar keinen Zutritt zum Markt erlangen, da sie die für den Marktzugang benötigte Reputation gar nicht aufbauen können (Coffee 2006). Zudem verhinderte über lange Zeit die Einbindung von Ratingurteilen bestimmter Ratingagenturen in die Finanzmarktregulierung den Marktzugang für neue Agenturen (Bruner/Abdelal 2005; Partnoy 1999).

Das Entschärfen der bestehenden Interessenkonflikte wird zusätzlich dadurch erschwert, dass die Vergabe der Ratingurteile hinter verschlossenen Türen in einer *black box* und damit für die Öffentlichkeit wenig nachvollziehbar erfolgt. Üblicherweise entscheidet über das Ratingurteil ein Ratingkomitee, das sich aus mehreren Ratinganalysten zusammensetzt (Dimitrakopoulos/Spahr 2004: 214; Naumann 2004: 62). Das Komitee vergibt das Ratingurteil im Anschluss an eine mehrwöchige Phase, in der Informationen durch meist zwei Ratinganalysten von dem zu bewertenden Unternehmen eingeholt und bewertet werden. Weder die bewerteten Unternehmen noch die potenziellen Investoren erhalten dabei einen genauen Einblick in die Entscheidungsfindung. Ebenso bleiben die tatsächlich verwendeten Kriterien bei der Bewertung im Dunkeln, da sie an jedes Unternehmen spezifisch angepasst werden (Dimitrakopoulos/Spahr 2004; Hiß 2009: 221).

Obwohl weder das intransparente Ratingverfahren, der als Oligopol organisierte Ratingmarkt noch das gleichzeitige Streben nach einem hohen Auftragsvolumen und einem hochwertigen Rating zwangsläufig zu Problemen führen muss, sind die dem gegenwärtigen Ratinggeschäft inhärenten Interessenkonflikte in den letzten Jahren zunehmend als eine Ursache für die Verfehlungen der Ratingagenturen ausgemacht worden (SEC 2008b; Strier 2008). Sie lassen sich als Auslöser für die derzeitige Regulierung von Ratingagenturen verstehen, mit der versucht wurde, diese Probleme zu beheben und die Qualität und Transparenz des Ratingprozesses und der Ratingurteile anzuheben.

4   ... und deren Regulierung

Mit Blick auf das Versagen der Ratingagenturen und die herrschenden Interessenkonflikte im Ratinggeschäft verwundert es nicht, dass es in den vergangenen Jahren zahlreiche politische Bestrebungen gegeben hat, die Qualität der Ratingurteile mittels gesetzlicher Regulierung zu steigern. Ebenso überrascht es nicht, dass verschiedene Regulierungsmodelle auf unterschiedlichen Ebenen diskutiert wurden. Im Folgenden zeichnen wir diesen Prozess von der Krise bis zur Regulierung der Ratingagenturen skizzenhaft nach. Dabei nutzen wir zudem ein theoretisches Modell, das uns zu verstehen hilft, weshalb sich in diesem Prozess des institutionellen Wandels bestimmte Regulierungsmuster (vor allem innerhalb der Europäischen Union) durchgesetzt haben und andere Vorschläge nicht weiter verfolgt wurden.

Innerhalb der neo-institutionalistischen Theorie findet sich ein Diskussionsstrang, in dem Erklärungen dafür gesucht werden, weshalb zuvor stabile Institutionen ihre Wirkmächtigkeit verlieren und neue Institutionen an ihre Stelle treten. Greenwood et al. (2002) verbinden verschiedene Diskussionsstränge zum Wandel von Institutionen zu einem sechsstufigen Modell, um damit den institutionellen Wandel zu erklären, der sich im Bereich des Accounting in Kanada zwischen 1977 und 1997 ereignet hat. Ausgehend von einem exogenen Schock (Stufe 1), der eine bestehende Institution erschüttert (Stufe 2: De-Institutionalisierung), lassen sich vier weitere, analytisch trennbare Stufen der Re-Institutionalisierung erkennen, die sich um einen sich verändernden, den institutionellen Wandel vorantreibenden Diskurs konzentrieren. Auf die Prä-Institutionalisierung (Stufe 3) folgt die zentrale Stufe der Theoretisierung (Stufe 4) und schließlich die Diffusion (Stufe 5) und Re-Institutionalisierung (Stufe 6) der zuvor erfolgreich theoretisierten Prä-Institutionalisierungen. Im Folgenden unternehmen wir den Versuch, dieses Modell zur Erklärung institutionellen Wandels für die Veränderungen innerhalb der Ratingbranche fruchtbar zu machen.

Der Anstoß für den institutionellen Wandel innerhalb der Ratingbranche lässt sich in den bereits aufgezeigten Ratingkrisen finden. Während die Ratingagenturen nach der Asienkrise noch von Regulierungsversuchen verschont blieben, leiteten die Insolvenzen der beiden US-amerikanischen Unternehmen Enron und World-Com zu Beginn des 21. Jahrhunderts die Regulierungsdebatte ein. Die Insolvenzen wirkten als exogene Schocks auf die Ratingbranche ein. Auf der *ersten Stufe* des Modells führen solche exogenen Schocks dazu, dass bestehende Praktiken destabilisiert werden. Diese exogenen Ereignisse können technologische Störungen, regulatorischer Wandel oder Krisen sein. Bis zu den Insolvenzen von Enron und WorldCom bestand keinerlei explizite Regulierung von Ratingagenturen und deren Arbeit, was sich erst in Folge der Insolvenzen änderte. Diese lassen sich daher als exogene Schocks verstehen, die das bisherige Ratinggeschäft durcheinanderwirbelten und die Nicht-Regulierung vor allem in den USA, die hauptsächlich durch die Insolvenzen betroffen waren, destabilisierten.

Im Anschluss an eine Destabilisierung betreten neue Akteure das Feld und mindern den Einfluss bestehender Institutionen. Es kommt auf der *zweiten Stufe* zu einer De-Institutionalisierung. Die neuen Akteure hinterfragen bestehende Institutionen und bringen neue Ideen und Praktiken in das Feld ein. Zusätzlich können sich die vorhandenen Akteure und deren Position im Feld verändern. In den USA wurde insbesondere durch das Einrichten der *Lieberman Commission* im Jahr 2002 und die Aufwertung der *Securities and Exchange Commission* (SEC) im Bereich der Ratingregulierung eine De-Institutionalisierung der Nicht-Regulierung vorangetrieben. Während die SEC zuvor lediglich die Registrierung und staatliche Anerkennung von Ratingagenturen durchführte, wurde sie – im Anschluss an einen Bericht zur Rolle und Funktion von Ratingagenturen (SEC 2003) – zur zentralen Instanz für die Formulierung und Überwachung der Ratingregulierung. Auf globaler Ebene trat zu dieser Zeit vor allem die *Internationale Organisation der Wertpapieraufsichtsbehörden* (*International Organization of Securities Commissions* (IOSCO)) in das Feld der Ratingregulierung ein. Sie veröffentlichte einen Bericht zur Arbeit der Ratingagenturen (IOSCO 2003) und erarbeitete Prinzipien, um die Arbeit der Ratingagenturen zu verbessern (IOSCO 2004). Innerhalb der EU kam es – anders als in den USA – bis zum Ausbruch der Subprime-Krise zu keiner merklichen De-Institutionalisierung. Die EU-Kommission beauftragte (im Anschluss an einen Beschluss des Europäischen Parlaments aus dem Jahr 2004) im Jahr 2006 erstmals den *Ausschuss der europäischen Wertpapierregulierungsbehörden* (CESR) und ein Jahr später die *Expertengruppe Europäische Wertpapiermärkte* (ESME) damit, die Notwendigkeit einer europäischen Regulierung von Ratingagenturen zu überprüfen (CESR 2008: 5; ESME 2008: 22).

Auf die De-Institutionalisierung folgt im Rahmen des Modells die Stufe der Prä-Institutionalisierung. Auf dieser *dritten Stufe* versuchen die neuen bzw. die gestärkten Akteure zunächst, die durch den exogenen Schock aufgetretenen Probleme über verschiedene Wege auf lokaler Ebene zu lösen. In den USA suchte die SEC – als gestärkter Akteur – den *Weg über eine gesetzliche Regulierung von Ratingagenturen. Mit dem* im Jahr 2006 verabschiedeten *Credit Rating Agency Reform Act* (US Senate 2006) wurde ein Regelwerk zur Regulierung von Ratingagenturen geschaffen. Darin wurde vor allem der Marktzugang für neue Agenturen erleichtert und die SEC als Aufsicht für die Arbeit der Ratingagenturen eingesetzt, die allerdings nicht in die Substanz der Ratings eingreifen darf (ESME 2008: 8). Nach Ausbruch der Subprime-Krise kam es nur noch zu wenigen Änderungen an diesem Regelwerk, insbesondere im Bereich der strukturierten Finanzprodukte, der in erster Linie transparenter werden sollte (Hunt 2009).

Die IOSCO, die sich als neuer Akteur auf einer globalen Ebene zu etablieren versuchte, trieb über die Ausarbeitung und Veröffentlichung der *Code of Conduct Fundamentals for Credit Rating Agencies* im Jahr 2004 (IOSCO 2004) eine freiwillige Selbstregulierung der Branche voran. Die dort aufgestellten Wohlverhaltensregeln für Ratingagenturen sollten die Grundlage für eigene Verhaltenskodizes der Ratingagenturen bilden. Die *Code of Conduct Fundamentals* beinhalten unter anderem Regeln dazu, dass die Agenturen ihre Ratingurteile regelmäßig überprüfen sollen, dass die Urteile nur von der Kreditwürdigkeit abhängig gemacht werden sollen und dass die Agenturen die Gründe für Änderungen bei Ratingurteilen in Pressemitteilungen angeben sollen. Innerhalb kürzester Zeit erreichte dieser freiwillige Selbstregulierungsmechanismus internationale Anerkennung (CESR 2009: 10). Mit dem Ausbruch der Subprime-Krise überarbeitete die IOSCO ihre Regeln und veröffentlichte sie im Jahr 2008 erneut (IOSCO 2008). Änderungen gab es vor allem im Bereich der strukturierten Finanzprodukte. Unter anderem sollen Ratinganalysten nun nicht länger zur Erstellung solcher Finanzprodukte herangezogen werden und Agenturen sollen, um Abhängigkeiten darzustellen, die Namen großer Kunden veröffentlichen sowie, um die Transparenz zu erhöhen, Informationen, die zur Erstellung eines Ratings genutzt wurden, öffentlich zugänglich machen. In der EU suchten die beiden beauftragten Expertengremien (CESR und ESME) ebenfalls nach lokalen Lösungen, verwarfen jedoch die Idee einer europäischen

Regulierung zugunsten einer Aufwertung der Selbstregulierung durch die IOSCO (CESR 2008: 5; ESME 2008: 22).

Auf der *vierten Stufe* (Theoretisierung) werden die lokalen Lösungen, die zuvor entstanden sind, durch Abstraktion, moralische und/oder pragmatische Legitimierungen – zum Beispiel durch Experten-Meinungen und -Rechtfertigungen – zu Praktiken, die von anderen Akteuren übernommen werden können und sich schließlich auf der *fünften Stufe* (Diffusion) ausbreiten (Strang/Meyer 1993). Auf der *sechsten Stufe* (Re-Institutionalisierung) werden diese Praktiken schließlich institutionalisiert und damit als unhinterfragt wahrgenommen *(taken-for-granted)*. Voraussetzung dafür ist jedoch eine erfolgreiche Theoretisierung, denn eine Diffusion findet nur statt, „if new ideas are compellingly presented as more appropriate than existing practices" (Greenwood et al. 2002: 60). Mit der Einführung einer gesetzlichen Regulierung von Ratingagenturen auf europäischer Ebene (Europäische Union 2009) diffundierte das US-amerikanische Modell der Ratingregulierung nach Europa und verdrängte damit die Nicht-Regulierung bzw. die bis dahin herrschende freiwillige Selbstregulierung der Ratingagenturen. Dies lässt sich als Konsequenz einer erfolglosen Theoretisierung in Europa verstehen. CESR und ESME konnten sich mit ihrem Lösungsvorschlag – einer Ausweitung der Selbstregulierung – nicht durchsetzen. Beide Gremien betonten, dass es zweifelhaft sei, ob eine gesetzliche Regulierung auf europäischer Ebene zur Lösung der Probleme bei Ratingagenturen beitragen könne. So schrieb beispielsweise der CESR in seinem zweiten Bericht: „CESR and market participants still believe that there is no evidence that regulation would have had an effect on the issues which emerged with ratings of US subprime backed securities." (CESR 2008: 58) Stattdessen sprach sich der Ausschuss für ein neues internationales Gremium aus, damit eine verbesserte Selbstregulierung durch die IOSCO sanktionier- und durchsetzbar wird. Dass es dennoch zu einer gesetzlichen Regulierung kam, begründete die Europäische Kommission mit dem „globalen Charakter des Ratinggeschäfts", in dem „gleiche Wettbewerbsbedingungen zwischen der EU und den USA" herrschen sollen (Kommission der Europäischen Gemeinschaften 2008: 4).

Obwohl eine gesetzliche europäische Regulierung von den eigenen Expertengremien abgelehnt wurde, stellte sich für die Europäische Kommission das Modell der gesetzlichen Regulierung dennoch als überlegen und legitim dar. Nachdem die USA bereits im Anschluss an die Ratingkrise rund um Enron und WorldCom einen institutionellen Wandel in der Ratingbranche hin zu einer gesetzlichen Regulierung erfolgreich vorangetrieben hatten, folgte die EU aufgrund der gescheiterten Theoretisierung den vorhergehenden Regulierungsbemühungen in den USA. Die EU verfolgte *somit keine eigene Regulierungsidee, sondern glich sich letztlich dem US-amerikanischen Vorbild an*. Es findet sich in der EU nun ebenso wie in den USA eine Registrierung von Ratingagenturen statt, Ratingagenturen dürfen nicht länger beratend tätig sein, sie müssen ihre Ratings nun jährlich aktualisieren, und weitere Geschäftsbeziehungen zwischen dem Personal der Ratingagenturen und den zu bewertenden Unternehmen sind untersagt.[3] Ob sich dadurch die aufgetretenen Probleme lösen lassen, ist zumindest umstritten (siehe dazu auch Amtenbrink/de Haan 2009; Partnoy 2009), was nicht zuletzt die anderslautenden Empfehlungen der europäischen Beratungsgremien gezeigt haben.

5   … und ihre nicht-intendierten Nebenfolgen

Ein Grund, weshalb eine gesetzliche Regulierung von Ratingagenturen als umstritten gilt, besteht in nicht-intendierten Nebenfolgen einer solchen Regulierung. Durch diese Nebenfolgen ist zu befürchten, dass die Regulierungen weder zukünftige Finanzkrisen ausreichend verhindern noch die Probleme der Ratingagenturen hinreichend lösen. Schließlich lassen sich mögliche unintendierte Nebenfolgen für die einzelnen Regulierungsschritte erkennen, die wiederum die Qualität der Ratingurteile negativ beeinflussen können (Andrieu 2010). Beispielsweise könnte eine erhöhte Transparenz über die im konkreten Ratingprozess verwendeten Kriterien dazu führen, dass die zu bewertenden Unternehmen versuchen, ausschließlich diese Kriterien zu verbessern und dafür Risiken in anderen Bereichen zu „verstecken". Mit diesem „gaming the system" (Rona-Tas/Hiß 2010a, 2010b) würden Ratingurteile nicht mehr die tatsächliche Kreditwürdigkeit widerspiegeln, sondern nur das Risiko abbilden, das die zu bewertenden Einheiten nicht zuvor in andere Bereiche verschoben haben. Neue Risiken scheinen daher – selbst nachdem die neue Regulierung Gesetzeskraft erlangte – keineswegs ausgeschlossen zu sein.

6   Fazit

Ratingagenturen standen in den vergangenen Jahren zunehmend in der Kritik, da sie anscheinend ihre Funktion im Finanzmarkt nicht mehr hinreichend erfüllen. Sie reduzieren nicht länger die Unsicherheit von Kreditnehmern und -gebern, indem sie das Kreditausfallrisiko prognostizieren, sondern sind mittlerweile selbst zu Akteuren mit Risikopotenzial geworden. Selbst die seit den Insolvenzen von Enron

---

3   Ein Vergleich beider Regulierungen findet sich u. a. in Hiss/Nagel (2014).

und WorldCom und noch einmal verstärkt seit der Subprime-Krise einsetzenden Regulierungsvorstöße scheinen nicht in der Lage zu sein, die im Ratingmarkt herrschenden Interessenkonflikte zufriedenstellend zu lösen.

Im Anschluss an die neo-institutionalistische Theorie lässt sich bei einer genaueren Betrachtung der Regulierung von Ratingagenturen in den USA und der EU feststellen, dass sich die Regulierung als Problemlösung weniger an den vorhandenen Problemen orientiert, sondern dass Gesetzeskraft erlangt, was sich im Zuge einer vorangegangenen Theoretisierung als legitim herausgestellt hat. Eine europäische Ratingregulierung fand keine Zustimmung der eigenen Beratungsgremien, dennoch beschloss die EU eine Regulierung von Ratingagenturen, die sich allerdings nicht an den Problemen, sondern an der bereits in Kraft getretenen US-amerikanischen Regulierung orientiert. Ob dadurch zukünftige, durch Ratingagenturen mitverursachte Krisen des Finanzmarktes ausgeschlossen oder mit weniger weitreichenden Folgen verbunden sein werden, bleibt zweifelhaft.

Literatur

Amtenbrink, Fabian; de Haan, Jakob (2009): Regulating Credit Ratings in the European Union: A Critical First Assessment of Regulation 1060/2009 on Credit Rating Agencies. In: Common Market Law Review 46: 1915-1949

Andrieu, Patrick (2010): Ratingagenturen in der Krise: Über die Einführung von Qualitätsstandards für Ratings durch die Europäische Union. Frankfurt/M.: Peter Lang

Autorité des marchés financiers (2009): AMF 2008 Report on rating agencies. Paris: Autorité des marchés financiers

Bastürk, Buket (2009): Rating-Agenturen, ihre Methoden und Risikobewertungen. In: Elschen, Rainer; Lieven, Theo (Hg.): Der Werdegang der Krise: Von der Subprime- zur Systemkrise. Wiesbaden: Gabler: 97-113

Benmelech, Efraim; Dlugosz, Jennifer (2009): The Alchemy of CDO Credit Ratings. Journal of Monetary Economics 56 (5): 617-634

Bloss, Michael; Ernst, Dietmar; Häcker, Joachim; Eil, Nadine (2009): Von der Subprime-Krise zur Finanzkrise. Immobilienblase: Ursachen, Auswirkungen, Handlungsempfehlungen. München: Oldenbourg

Bruner, Christopher M.; Abdelal, Rawi (2005): To Judge Leviathan: Sovereign Credit Ratings, National Law, and the World Economy. In: Journal of Public Policy 25 (2): 191-217

Cantor, Richard; Packer, Frank (1995): Sovereign Credit Ratings. Current Issues in Economics and Finance 1 (3): 1-6

CESR – Committee of European Securities Regulators (2008): CESR's Second Report to the European Commission on the Compliance of Credit Rating Agencies with the IOSCO Code and the Role of Credit Rating Agencies in Structured Finance. Paris

CESR – Committee of European Securities Regulators (2009): Report by CESR on compliance of EU based Credit Rating Agencies with the 2008 IOSCO Code of Conduct CESR/09-417. Paris

Coffee, John C. (2006): Gatekeepers: The Professions and Corporate Governance. Oxford: Oxford University Press

Dam, Kenneth W. (2010): The Subprime Crisis and Financial Regulation. International and Comparative Perspectives. Chicago Journal of International Law 10 (2): 581-638

Dimitrakopoulos, Dimitrios; Spahr, Roland (2004): Ablauf des Ratingverfahrens bei internationalen Ratingagenturen. In: Achleitner, Ann-Kristin (Hg.): Praxishandbuch Rating. Antworten auf die Herausforderung Basel II. Wiesbaden: Gabler: 211-222

ESME – European Securities Markets Expert Group (2008): Role of Credit Rating Agencies. ESME's Report to the European Commission

Europäische Union (2009): Verordnung (EG) Nr. 1060/2009 des Europäischen Parlaments und des Rates vom 16. September 2009 über Ratingagenturen. L 302/1. Amtsblatt der Europäischen Union

Everling, Oliver (2007): Wesen und Bedeutung des Finanzratings. In: Achleitner, Ann-Kristin; Everling, Oliver; Niggemann, Karl A. (Hg.): Finanzrating. Gestaltungsmöglichkeiten zur Verbessrung der Bonität. Wiesbaden: Gabler: 3-14

Ferri, Giovanni; Liu, Li-Gang; Stiglitz, Joseph E. (1999): The Procyclical Role of Rating Agencies: Evidence from the East Asian Crisis. Economic Notes 28 (3): 335-355

Greenwood, Royston; Suddaby, Roy; Hinings, C. R. (2002): Theorizing Change. The Role of Professional Associations in the Transformation of Institutionalized Fields. Academy of Management Journal 45 (1): 58-80

Hiß, Stefanie (2009): Zum Wandel von Arbeit und Expertentum im Finanzsystem – das Beispiel der Ratinganalysten. Arbeits- und Industriesoziologische Studien 2 (2): 5-16

Hiß, Stefanie; Nagel, Sebastian (2012): Ratingagenturen zwischen Krise und Regulierung. Baden-Baden: Nomos

Hiss, Stefanie; Nagel, Sebastian (2014): Credit Rating Agencies. In: Mügge, Daniel (Ed.): Europe and the Governance of Global Finance. Oxford: Oxford University Press: 127-140

Holtbrügge, Dirk; Ehlert, Jan (2009): Länderindizes und Länderratings als Informationsgrundlage des internationalen Risikomanagements. In: Kühlmann, Torsten; Haas, Hans-Dieter (Hg.): Internationales Risikomanagement: Auslandserfolg durch grenzüberschreitende Netzwerke. München: Oldenbourg: 83-134

Hunt, John Patrick (2009): Credit Rating Agencies and the Worldwide Credit Crisis: The Limits of Reputation, the Insufficiency of Reform, and a Proposal for Improvement. Columbia Business Law Review 2009 (1): 109-209

IOSCO – The Technical Committee of the International Organization of Securities Commissions (2003): Report on the Activities of Credit Rating Agencies. Madrid

IOSCO – The Technical Committee of the International Organization of Securities Commissions (2004): Code of Conduct Fundamentals for Credit Rating Agencies. Madrid

IOSCO – The Technical Committee of the International Organization of Securities Commissions (2008): Code of Conduct Fundamentals for Credit Rating Agencies. Madrid

Kommission der Europäischen Gemeinschaften (2008): Vorschlag für eine Verordnung des Europäischen Parlaments und des Rates über Ratingagenturen. Brüssel

Naumann, Andreas (2004): Blick hinter die Kulissen. Das Rating-Komitee bei Moody's. RATINGaktuell (03): 60-64

O'Hara, Philip Anthony (2009): The Global Securitized Subprime Market Crisis. Review of Radical Political Economics 41 (3): 318-334

Partnoy, Frank (1999): The Siskel and Ebert of Financial Markets: Two Thumbs Down for the Credit Rating Agencies. Washington University Law Quarterly 77 (3): 619-714

Partnoy, Frank (2002): The Paradox of Credit Ratings. In: Levich, Richard M.; Majnoni, Giovanni; Reinhart, Carmen M. (Ed.): Ratings, Rating Agencies and the Global Financial System. Boston: Kluwer: 65-84

Partnoy, Frank (2009): Rethinking Regulation of Credit Rating Agencies: An Institutional Investor Perspective. Legal Studies Research Paper Series. University of San Diego: School of Law

Reinhart, Carmen M. (2002): Default, Currency Crises, and Sovereign Credit Ratings. The World Bank Economic Review 16 (2): 151-170

Reinhart, Carmen M.; Rogoff, Kenneth S. (2008): Is the 2007 US Sub-Prime Financial Crisis So Different? An International Historical Comparison. The American Economic Review 98 (2): 339-344

Rona-Tas, Akos; Hiß, Stefanie (2010a): Das Kreditrating von Verbrauchern und Unternehmen und die Subprime-Krise in den USA mit Lehren für Deutschland. Informatik-Spektrum 33 (3): 241-261

Rona-Tas, Akos; Hiß, Stefanie (2010b): The Role of Ratings in the Subprime Mortgage Crisis: The Art of Corporate and the Science of Consumer Credit Rating. In: Lounsbury, Michael; Hirsch, Paul M. (Ed.): Research in the Sociology of Organizations: Special Issue on Markets on Trial: The Economic Sociology of the U.S. Financial Crisis. Bingley: Emerald: 115-155

Rona-Tas, Akos; Hiß, Stefanie (2011): Forecasting as Valuation: The Role of Ratings and Predictions in the Subprime Mortgage Crisis in the US. In: Beckert, Jens; Aspers, Patrik (Ed.): The Worth of Goods: Valuation and Pricing in the Economy. Oxford: Oxford University Press: 223-246

Rosenbaum, Jens (2009): Der politische Einfluss von Rating-Agenturen. Wiesbaden: VS Verlag

Schmidt, Reinhard H.; Tyrell, Marcel (2005): Information Theory and the Role of Intermediaries. In: Hopt, Klaus; Wymeersch, Eddy; Kanda, Hideki; Baum, Harald (Ed.): Corporate Governance in Context: Corporations, States, and Markets in Europe, Japan, and the US. Oxford: Oxford University Press: 481-510

Schneck, Ottmar (2008): Rating: Wie Sie Ihre Bank überzeugen. 2. Aufl. München: Beck

SEC – Securities and Exchange Commission (2003): Report on the Role and Function of Credit Rating Agencies in the Operation of the Securities Markets: As Required by Section 702(b) of the Sarbanes-Oxley Act of 2002. Washington, D.C.

SEC – Securities and Exchange Commission (2008a): Annual Report on Nationally Recognized Statistical Rating Organizations: As Required by Section 6 of the Credit Rating Agency Reform Act of 2006. Washington, D.C.

SEC – Securities and Exchange Commission (2008b): Summary Report of Issues Identified in the Commission Staff's Examinations of Select Credit Rating Agencies. Washington, D.C.

Sinclair, Timothy J. (2005): The New Masters of Capital: American Bond Rating Agencies and the Politics of Creditworthiness. Ithaca, NY: Cornell University Press

Strang, David; Meyer, John W. (1993): Institutional Conditions for Diffusion. Theory and Society 22 (4): 487-511

Strier, Franklin (2008): Rating the Raters: Conflicts of Interest in the Credit Rating Firms. Business and Society Review 113 (4): 533-553
US Senate (2006): Credit Rating Agency Reform Act of 2006. 109th Congress.
White, Lawrence J. (2010): Markets: The Credit Rating Agencies. Journal of Economic Perspectives 24 (2): 211-226

Soziale Schließungen als Liberalisierungsfolge
Betrugsallianzen, Hedge-Fonds, OTC-Trades und Dark Pools im Finanzmarktkapitalismus1

Jürgen Beyer

1   Einleitung

Der Einfluss der Finanzmärkte auf die Ökonomie und die gesellschaftlichen Verhältnisse wird spätestens seit der 2008 ausgebrochenen Finanz- und Wirtschaftskrise als erheblich eingestuft. Der gewachsenen Bedeutung der Finanzmärkte hat die Forschung schon zuvor dadurch Rechnung getragen, dass sie Begriffe wie „Finanzmarkt-Kapitalismus" (Windolf 2005; Deutschmann 2008; Dörre/Brinkmann 2005; Beyer 2006; Kädtler 2006) und Finanzialisierung (Krippner 2005; Froud et al. 2000; Epstein/Jayadev 2005) entwickelt hat, die auf die veränderten Verhältnisse und voranschreitende Entwicklungen aufmerksam gemacht haben, die durch die aktiv betriebene Liberalisierung der Finanzmärkte und den Verzicht auf regulierende Maßnahmen zur institutionellen Einhegung von Finanzinnovationen ausgelöst wurden. In der wissenschaftlichen Debatte zum Finanzmarktkapitalismus und zur Finanzialisierung wurde unter anderem auf veränderte Eigentumsverhältnisse in Unternehmen, die Durchsetzung kurzfristiger Profitinteressen, eine nur fingierte Transformation von Unsicherheit in Risiko, eine negative Beeinflussung des ökonomischen Wachstums, wachsende soziale Ungleichheiten und die zunehmende Durchsetzung marktförmiger Steuerungsformen hingewiesen. Bislang kaum thematisiert wurde hingegen, dass die Liberalisierung der Finanzmärkte auch dazu geführt hat, dass professionelle Finanzmarktakteure und Investoren sich vielfach der Logik eines transparenten und frei zugänglichen Marktes systematisch entziehen. Im folgenden Beitrag wird es daher um den Aspekt der sozialen Schließung im Finanzmarktkapitalismus gehen. Anhand exemplarischer Beispiele soll verdeut-

---

1   Bei dem Beitrag handelt es sich um eine aktualisierte und inhaltlich gründlich überarbeitete Version des Aufsatzes „Tanzen, solange die Musik spielt" (Beyer 2011), der zuvor im Online Journal „Hamburg Review of Social Sciences" erschienen ist.

licht werden, dass die Bildung von Allianzen und abgeschotteten Bereichen, die nur professionellen Investoren offenstehen, gerade in den wenig regulierten Zonen der Finanzwelt weit verbreitet ist. Indem sich Finanzmarktakteure wechselseitig voneinander abhängig machen, miteinander kooperieren und andere in systematischer Weise ausschließen, können sie Unsicherheiten reduzieren, profitablere Investmentstrategien wagen, abgegrenzte Bereiche mit hohen Gewinnmöglichkeiten schaffen, den gesellschaftlichen Ordnungsrahmen hinter sich lassen und negative Folgen riskanten Verhaltens externalisieren.

Als Ausgangspunkt der Überlegungen werden im Folgenden zunächst das ökonomische Ideal des vollkommenen Marktes, die Positionen verschiedener soziologischer Klassiker sowie verschiedene Befunde der neueren wirtschaftssoziologischen Erforschung von Finanzmärkten vorgestellt (Teil 1). Während in den Ansätzen der neuen Wirtschaftssoziologie die soziale Einbettung ökonomischen Handelns und die Existenz von „Wir-Strukturen" bislang zumeist als Voraussetzung des Markthandelns thematisiert wurden, wird – hierzu kontrastierend – anhand von Betrugsallianzen erläutert, dass Sozialbeziehungen von Finanzmarktakteuren genutzt wurden, um sich offenen, freien Märkten aus Profitinteressen durch soziale Schließung zu entziehen (Teil 2). Darüber hinaus wird verdeutlicht, dass sich im Kontext liberalisierter Finanzmärkte jene wenig regulierten Zonen ausgedehnt haben, in denen soziale Schließungen weitgehend ungehindert möglich sind. Dies wird anhand des Bedeutungszuwachses von Hedgefonds, OTC-Trades und Dark Pools veranschaulicht (Teil 3). Im Fazit wird eine resümierende Bewertung der dargestellten Befunde vorgenommen (Teil 4).

2   Finanzmarktkapitalismus und soziale Schließungen

Mit dem Begriff sozialer Schließung wird in der Soziologie die Beschränkung des Zugangs zu einer sozialen Gruppe beschrieben. Der Begriff geht auf Max Webers Konzept offener und geschlossener sozialer Beziehungen zurück. Weber (1972) unterscheidet zwischen traditionell bedingten (z. B. Familienbindungen), affektuellen (z. B. Liebespaare), wertrationalen (z. B. Glaubensgemeinschaften) und zweckrationalen sozialen Schließungen, um die es im Folgenden insbesondere gehen wird. Zweckrationale soziale Schließungen haben die Monopolisierung von Chancen oder die Vermeidung von Risiken zum Ziel.

Soziale Schließungen stimmen weder mit den gängigen Vorstellungen von Finanzmärkten in der ökonomischen Theorie noch dem Marktverständnis der Klassiker der wirtschaftssoziologischen Forschung überein. So wird der Markt in der neoklassischen Wirtschaftstheorie (Jevons 1957; Walras 2010) typischerweise als Mechanismus angesehen, der bei vollkommener Konkurrenz, vollständiger Informiertheit, vollständiger Mobilität und stabilen Präferenzen der Wirtschaftssubjekte einen Preis bestimmt, bei dem Angebot und Nachfrage zum Ausgleich kommen. Die Kauf- und Verkaufsentscheidungen der Marktteilnehmer sorgen, sofern die Bedingungen eines vollkommenen Marktes erfüllt sind, für die optimale Allokation der knappen Ressourcen. Neben dem Preis gibt es dann keine weiteren kaufentscheidenden Faktoren, so wie auch soziale Aspekte in der Konzeption des reinen Markttauschs keinerlei Rolle spielen. Dem Börsenhandel wird in der wirtschaftswissenschaftlichen Literatur typischerweise die größte Annäherung an den vollkommenen Markt bescheinigt. So hat bereits Léon Walras die Pariser Börse als Anschauungsobjekt für seine Preisbildungstheorie genutzt, da er den Prozess der Preisbildung auf dem räumlich begrenzten Wertpapiermarkt als idealisiertes Abbild für die Funktionsweise des Wettbewerbs auf allen Märkten ansah. Bei der Vorstellung, nach welcher der Finanzmarkt dem vollkommenen Markt besonders nahekommt, wird unterstellt, dass Wertpapiere dem Kriterium der Homogenität von Wirtschaftsgütern weitgehend entsprechen, dass bei Finanztransaktionen persönliche, zeitliche, sachliche oder räumliche Präferenzen allenfalls eine geringe Bedeutung haben, schnellstmögliche Reaktionen auf Veränderungen der Marktsituation bei Anbietern wie Nachfragern möglich sind und Markttransparenz weitgehend gegeben ist. Auch in der institutionenökonomischen Forschung werden Finanzmärkte, trotz der Abkehr von der Annahme vollständig informierter Akteure, als hochgradig effizient eingestuft, sodass die Akteure allein auf Preissignale zu reagieren haben. Nach Eugene Fama (1970) sind alle relevanten Informationen, die den Wert eines börsengehandelten Wertpapiers bestimmen, bereits in den Kursen enthalten. Ausgehend von der Markteffizienzthese wurde die Liberalisierung der Finanzmarktregulation weltweit vorangetrieben. Der Verzicht auf Regulierungen zur institutionellen Einhegung von Finanzinnovationen wurde zudem vielfach mit der gesamtgesellschaftlichen Vorteilhaftigkeit von Marktfreiheit begründet. In jüngster Zeit ist die Effizienzannahme in der ökonomischen Theoriebildung zwar verstärkt in die Kritik geraten. Es werden dabei aber meist handlungstheoretische Unstimmigkeiten und psychologische Effekte in den Blick genommen (Akerlof/Shiller 2009; Shleifer 2000; Thaler 2005) und weniger die erleichterten Möglichkeiten zur sozialen Schließung.

Die Vorstellung eines vollkommenen Marktes konnte in der Soziologie hingegen nicht Fuß fassen. Bei den Klassikern der Soziologie wird der Markt dennoch zumeist als Ort aufgefasst, wo soziale Schließungen nicht gut gedeihen können. So steht etwa für Georg Simmel fest: „Der indizierte Partner für das Geldgeschäft [...] ist die uns innerlich völlig indifferente, weder für noch gegen uns engagierte Persönlichkeit." (Simmel 1989: 290-291) Letztlich sei es so: „Was gegen Geld fortgegeben wird, gelangt an denjenigen, der das meiste dafür gibt, gleichgültig, was und wer er sonst sei." (Ebd.: 601) Auch für Werner Sombart war es selbstverständlich, dass sich der entgeltliche Verkehr zunächst nur zwischen Fremden entwickeln konnte. Mit einiger Gewissheit lässt sich für ihn sagen, „[…] dass sich der Erwerbstrieb im Verkehr mit Stammesfremden entfaltet haben wird. Erst hier konnte der Gedanke Wurzel schlagen, dass man eine wirtschaftliche Vornahme dazu nutzen könne, um sich durch ihre geschickte Bewerkstelligung zu bereichern" (Sombart 2005: 389). In noch deutlicherer Weise charakterisiert Max Weber den streng zweckrationalen, frei paktierten Tausch auf dem Markt als unpersönlichste praktische Lebensbeziehung, in welche Menschen miteinander treten können: „Wo der Markt seiner Eigengesetzlichkeit überlassen ist, kennt er nur Ansehen der Sache, kein Ansehen der Person, keine Brüderlichkeits- und Pietätspflichten, keine der urwüchsigen, von den persönlichen Gemeinschaften getragenen menschlichen Beziehungen." (Weber 1972: 382-383) Soziale Schließungen bringt Weber stattdessen mit ökonomischen Verbänden in Zusammenhang. In der neueren wirtschaftssoziologischen Forschung spielen persönliche Bindungen und die soziale Einbettung ökonomischen Handelns (Granovetter 1985) hingegen auch im Hinblick auf Finanzmärkte eine große Rolle. In Studien der empirischen Netzwerkforschung wurde etwa gezeigt, dass sich Akteure bei Finanztransaktionen meist differenzierter sozialer Netzwerke bedienen. So verdeutlicht Wayne E. Baker (1984) mit seiner Analyse der sozialen Netzwerke von Optionshändlern, dass die Wettbewerbsintensität in diesem Segment des Finanzmarktes mit dem Anwachsen der Marktgröße abnimmt. Je mehr Akteure auf dem Markt auftreten, umso weniger steht der ausschließliche Wettbewerb im Vordergrund. Es kommt vielmehr zu vermehrten Absprachen und zur Kooperation zwischen den Händlern, sodass differenzierte Substrukturen im Netzwerk entstehen. Gemäß Brian Uzzi (1999) kann der Zugang zu Finanzkapital vorteilhafter gestaltet werden, wenn Unternehmen Netzwerke differenziert nutzen und hierbei sowohl auf dauerhafte Kunden-Klienten-Beziehungen als auch auf reine „Arm's-length"-Kontakte[2] zurückgreifen. Während in den dauerhaften Beziehungen private Informationen und Ressourcen getauscht werden und auf diese Weise die Unsicherheiten der Transaktionen reduziert werden können, haben die „Arm's-length"-Kontakte gemäß Uzzi den Vorteil, dass sie umfassendere Informationen über öffentliche Marktpreise und Finanzierungsgelegenheiten bieten können.

In einem anderen Strang der wirtschaftssoziologischen Erforschung von Finanzmärkten wird die Abhängigkeit globaler Finanzmarkttransaktionen von der

---

2   Brian Uzzi bezeichnet nicht dauerhafte Kunden-Klienten-Beziehungen (z. B. Tauschakte mit Fremden) als „Arm's length"-Kontakt.

lokalen sozialen Einbettung hervorgehoben: Nach Daniel Beunza und David Stark lässt sich die Organisation der Arbeitsplätze in Handelsräumen als ‚Ökologie des Wissens' beschreiben. In diesen Handelsräumen können die Händler das Auf und Ab des Marktes erfahren und es stehen ihnen Informanten und Kooperationspartner örtlich zur Verfügung (Beunza/Stark 2004). Saskia Sassen hebt in ähnlicher Weise die soziale Konnektivität von Finanzzentren hervor, weshalb im Zuge der Globalisierung und Technisierung gleichzeitig eine Konzentration der Geschäftätigkeit an wenigen Orten erfolgt: „The global capital market today [...] remains deeply embedded and conditioned by non-market and non-digital dynamics, agendas, contents, powers." (Sassen 2005: 17) Die Einbettung in Interaktionsfeldern spielt auch für die von Mitchel Y. Abolafia vertretene These einer radikalen Steigerung des wettbewerblichen Handelns eine zentrale Rolle. Mithilfe interpretativ-ethnographischer Methoden verdeutlicht Abolafia (2001), dass das bei Börsenhändlern an der Wall Street teilweise bis ins „Hyperrationale" gesteigerte opportunistische Eigeninteresse sich in Cliquen herausbildet, in denen es primär um die Zuweisung von Reputation und Einfluss geht. Im Interaktionsfeld des jeweiligen Finanzmarktsegments entstehen, gemäß seiner Beschreibung, jeweils spezifische Marktkulturen, die Ausdruck der intersubjektiven Deutung von Gruppen von Akteuren sind. Es bilden sich Regeln und Normen über die Angemessenheit von Preisen und stillschweigend angewandte und akzeptierte Praktiken aus, und es schleichen sich in der Gruppe Handlungsroutinen und ritualisierte Gewohnheiten ein, die sich nicht allein im Sinne der Nutzenmaximierung erklären lassen.

Demgegenüber wird in einer weiteren Diskussionslinie der Finanzsoziologie die Einbettung in „globale Mikrostrukturen" betont. Auch in der mit technologischer Unterstützung durchgeführten globalen Kommunikation von Börsenhändlern zeigt sich gemäß Knorr Cetina und Brügger (2002), dass sich spezifische Konversationsstrukturen, Regeln und Ehrencodes in der Interaktion zwischen Personen entwickeln. Auch vor den Bildschirmen bilden sich demnach „Wir-Beziehungen" aus. Gerade weil in diesen elektronischen Märkten Entscheidungen rasch und unter hoher Ungewissheit getroffen werden müssen, spielen Beziehungen bei der Suche nach Informationen in der „flow world" eine bedeutende Rolle. Selbst körperliche Erfahrungen entstehen in der Face-to-Screen-Interaktion, die ihren Bezug zur mikrostrukturierten Lebenswirklichkeit behalten.

Die neuere wirtschaftssoziologische Forschung hebt demnach im Gegensatz zur ökonomischen Forschung und zu frühen wirtschaftssoziologischen Positionen hervor, dass Finanzmarktakteure sozial eingebettet sind. Zumeist werden soziale Bindungen und gemeinschaftliche Wir-Beziehungen hierbei allerdings als Voraussetzung des Markthandelns aufgefasst – sei es, weil die Perspektive vorherrscht, dass die Interaktionsfelder des ökonomischen Handelns von den Akteuren selbst sozial gestaltet werden, oder auch weil angenommen wird, dass die soziale Einbettung die Realisierung von Tauschhandlungen letztlich wahrscheinlicher macht. Wesentlich seltener wird in der wirtschaftssoziologischen Literatur die Perspektive vertreten, dass die Einbettung von Märkten auch durch soziale Schließungen geprägt sein kann. Dass dieses Phänomen gerade in hoch liberalisierten Marktumgebungen auftritt, wird im Folgenden mit mehreren Beispielen verdeutlicht.

3 Betrugsallianzen im Finanzmarktkapitalismus

In Zuge der rechtlichen Aufbereitung der Finanzkrise wurde für die Öffentlichkeit bei mehreren Ereignissen offenbar, dass koordiniertes Handeln von Finanzmarktakteuren zuvor problematische Züge angenommen hatte. Der offensichtlichste Fall ist jener der Lehman Brothers Bank, die im September 2008 Insolvenz anmelden musste. Laut des Untersuchungsberichts des Insolvenzprüfers Anton Valukas nutzte die Bank seit dem Jahr 2001 kurzfristige „Repurchase Agreements" (Repo 105)[3], um auf systematische Weise das Ausmaß ihrer Verbindlichkeiten zu verschleiern (Valukas 2010). Die Durchführung dieser Buchhaltungstricks war hierbei nur unter koordinativem Einbezug weiterer Banken, der Buchprüfungsgesellschaft Ernst & Young und einer britischen Wirtschaftskanzlei möglich. Lehman Brothers verkaufte am Ende jedes Quartals einen Teil seiner kreditgesicherten Wertpapiere gegen Bargeld für kurze Zeit an andere Finanzhäuser. Unmittelbar nach Quartalsende kaufte die Bank diese dann wieder zurück. Bei üblichen Repo-Transaktionen, die zur kurzfristigen Zwischenfinanzierung genutzt werden, wären die entsprechenden Investments weiter in der Bilanz geblieben. Die Repo-105-Geschäfte von Lehman Brothers waren allerdings so strukturiert, dass diese als echter Verkauf gewertet wurden, was es der Bank erlaubte, zum Bilanzstichtag am Quartalsende eine weniger risikoträchtige Bilanz zu präsentieren. Nach außen hin konnte sich die Bank damit als gesundes Institut darstellen. Bis Anfang 2007 lag das Volumen der Repo-Geschäfte von Lehman Brothers noch bei weniger als 25 Mrd. Dollar. Im ersten und zweiten Quartal 2008 wurden – aufgrund einer deutlich verschlechterten Finanzsituation – 50 Mrd. Dollar unmittelbar vor und nach Quartalsende

---

3   Repo-105-Geschäfte sind Transaktionen mit Rückkaufverpflichtung, bei denen Wertpapiere verliehen werden und dem Tauschpartner Sicherheiten in Höhe von 105 Prozent des Barwerts geboten werden. Die Bank Lehman Brothers nutzte diese Transaktionen als Bilanzierungstrick, da bei normalen Repo-Geschäften (z. B. 100 Prozent Barwert gegen 100 Prozent Wertpapierwert) die Rückkaufverpflichtung in der Bilanz auftauchen muss.

bewegt (Hines et al. 2011). Weil die Repo-105-Geschäfte nach US-Recht nicht als Verkauf hätten gewertet werden können, musste die Bank die Transaktionen über ihre Londoner Niederlassung abwickeln. Dort testierte die Anwaltskanzlei Linklaters die Rechtmäßigkeit der Geschäfte. Neben der Anwaltskanzlei waren auch Wirtschaftsprüfer von Ernst & Young in die Geschäfte eingeweiht, die bei Lehman Brothers intern als Bilanzkosmetik (window-dressing) kommuniziert wurden. Der Untersuchungsbericht des Insolvenzprüfers zitiert aus der E-Mail-Korrespondenz von Lehman-Managern beispielhaft den folgenden Dialog (Valukas 2010: 860):

> *"It's basically window-dressing. We are calling repos true sales based on legal technicalities [...]"*
> *"I see [...] so it's legally do-able but doesn't look good when we actually do it? Does the rest of the street do it? Also is that why we have so much BS [balance sheet] to Rates Europe?"*
> *"Yes, No and yes. :)"*

Der ehemalige Finanzcontroller von Lehman, Martin Kelly, der vom Insolvenzprüfer Valukas befragt wurde, räumte im Nachhinein auch ein, dass der einzige Zweck der Repo-105-Transaktionen das Verkürzen der Bilanz gewesen sei. Wirtschaftliche Substanz hätten sie nicht gehabt. Die Wirtschaftsprüfungsgesellschaft Ernst & Young sah allerdings auch dann noch über die zweifelhaften Geschäfte hinweg, als die Gesellschaft von einem Lehman-Manager bezüglich dessen Bedenken hinsichtlich der Repo-105-Geschäfte informiert wurde. In seinem Bericht kommt der Insolvenzprüfer daher zu dem Ergebnis, dass er rechtliche Schritte gegen das Management von Lehman Brothers wie auch gegen die Buchprüfungsgesellschaft Ernst & Young für möglich halte. Lehman Brothers, Ernst & Young und Linklakers betrieben gemeinschaftlich Geschäfte im nicht kommunizierbaren Grenzbereich der Legalität und auch jenseits dessen. Über Jahre hinweg intensivierte sich dabei die wechselseitige Beziehung der beteiligten Gesellschaften. Die Strategie der Repo-105-Geschäfte funktionierte nur durch Koordination von Marktakteuren in einem nichtöffentlichen Raum. Die Eingeweihten nutzten den Mechanismus der sozialen Schließung bis zur Aufdeckung ihrer fragwürdigen Praktiken. Die Repo-105-Geschäfte verschafften ihnen Vorteile gegenüber Unternehmen, die keine Kenntnis von der Praktik oder Skrupel in Hinblick auf ihre Anwendung hatten. Lehman Brothers betrieb das Bankgeschäft mit besonders niedrigen Eigenkapitalquoten, um den Leverage-Effekt auszunutzen und eine besonders hohe Eigenkapitalrentabilität zu erzielen. Das größere Insolvenzrisikos nahm die Geschäftsführung des Unternehmens in Kauf.

Lehman Brothers war allerdings keineswegs ein Einzelfall hinsichtlich derartiger Bilanzierungskosmetik. Bei der Überprüfung der Bücher der beiden vom Staat geretteten Großbanken Citigroup und Bank of America wurde deutlich, dass diese über mehrere Jahre hinweg ebenfalls Repo-105-Geschäfte fälschlicherweise als Verkäufe in ihren Büchern deklariert hatten (Acharya und Öncü 2010). Bei der Bank of America handelte es sich um Transaktionen in Höhe von 10,7 Mrd. US Dollar, die zwischen 2007 und 2009 getätigt wurden. Zur Verteidigung erklärte die Bank, dass die Umschichtungen zwar nicht irrtümlich durchgeführt worden seien, dass sie aber „keinen bedeutenden Einfluss auf die Bilanz gehabt" hätten (Mildenberg und Campbell 2010). Die „vergleichsweise unbedeutenden" Geschäfte, welche die Bank gemeinschaftlich mit anderen Unternehmen durchgeführt hatte, waren allerdings vom rechtlichen Standpunkt aus nicht minder problematisch wie die Transaktionen von Lehman Brothers.

Ähnliche Praktiken wie jene bei den amerikanischen Investmentbanken gab es auch bei europäischen Banken. Besonders dreist ging dabei die Anglo Irish Bank vor, die Anfang 2009 verstaatlicht wurde und nach einer im Februar 2011 getroffenen Entscheidung der irischen Regierung endgültig abgewickelt wurde. Über einen Zeitraum von acht Jahren wurden von der Anglo Irish Bank jeweils kurz vor dem Bilanzstichtag größere Kreditposten auf die Irish Nationwide Building Society überschrieben und nach dem Bilanzstichtag rücküberträgen. Im Jahr 2008 flossen dann zusätzlich 7,5 Mrd. Euro Unterstützungszahlungen zur Verschleierung einer wirtschaftlichen Schieflage von der Irish Life & Permanent zur Anglo Irish Bank. Aufgrund der Einbindung von mindestens drei Finanzunternehmen in das Täuschungsmanöver wurde in der irischen Presse der Begriff des ‚Circular Transactions'-Skandals geprägt (Brennan 2009).

In ähnlicher Weise wie die amerikanischen und irischen Banken agierten deutsche Finanzinstitute und Investmentgesellschaften bei sogenannten Cum-Ex-Geschäften (Lakonishok/Vermaelen 1986; Schön 2015), die den Bilanzstichtag von Aktiengesellschaften nutzten, um Steuergutschriften sowohl für die Käufer- und die Verkäuferseite in Anspruch zu nehmen. Weil Dividenden in Deutschland nicht der Kapitalertragssteuer unterliegen, hatten Finanzinstitute die Cum-Ex-Strategie entwickelt, die ausschließlich von miteinander zusammenarbeitenden professionellen Leerverkäufern, Banken und Fonds angewandt werden konnte. Durch Leerverkäufe rund um den Dividendenstichtag konnten die Steuerbehörden hintergangen werden, weil für diese aufgrund einer intransparenten Informationslage nicht eindeutig bestimmbar war, ob nun die Käufer- oder die Verkäuferseite Steuergutschriften geltend machen konnte – insofern mussten sie beiden Seiten Geld überweisen. Mittels einer Gesetzesänderung, durch die die Depotbank des Leerverkäufers zum Einbehalt der Kapitalertragssteuer verpflichtet wurde, versuchte die Bundesregierung 2007, auf den Missbrauch zu reagieren, der allerdings erst Ende 2011 beendet werden konnte, als auch der dann von den Leerverkäufern beschrittene Umweg über den Einbezug ausländischer Depotbanken regulatorisch eindeutig geregelt werden konnte. Mit einem juristischen Vergleich in Rekordhöhe endete ein weiterer Fall einer betrügerischen Allianz, mit dem sich die amerikanische Securities und Exchange Comission auseinandersetzen musste (SEC 2010). Das Investmentbank- und Wertpapierhandelsunternehmen Goldman Sachs musste im April 2010 eine Strafe in Höhe von 300 Mio. Dollar und eine Zahlung von 250 Mio. Dollar an die geprellten Anleger akzeptieren, weil es bei der Konstruktion des synthetischen CDO[4]-Produkts ‚Abacus 2007-AC1' mit dem Hedgefonds Paulson & Co. zusammengearbeitet und dies den Käufern des Produkts verschwiegen hatte. Paulson & Co. hatte die Entwicklung des CDO-Produkts in Auftrag gegeben, um selbst gegen dieses Wertpapier wetten zu können. Dies wurde von Goldman Sachs den Käufern gegenüber verschwiegen (unter anderem der deutschen IKB Bank). Goldman Sachs hatte im Gegenteil den Eindruck erweckt, dass Paulson & Co. mit ca. 200 Mio. US Dollar in die Equity-Tranche des Abacus 2007-AC1 investieren würde. Die geschilderten Fälle wurden zum Teil nur deswegen offenbar, weil die beteiligten Unternehmen aufgrund der Finanzkrise in wirtschaftliche Schieflagen gerieten. Die öffentlich gewordenen Praktiken deuten allerdings darauf hin, dass bedeutende Finanzmarktakteure weit davon entfernt waren, sich wie isolierte Akteure auf „vollkommenen Märkten" zu verhalten. Vielmehr wurde koordiniertes Handeln betrieben, um den gesellschaftlichen Ordnungsrahmen zu umgehen. Rechtliche Grenzbereiche wurden kollektiv und ganz bewusst be- und überschritten. Mittels sozialer Schließung wurden Allianzen geknüpft, die ein wechselseitiges Akzeptieren eines schwer nachweisbaren Betrugs voraussetzten. Die mediale Diskussion der Fälle wurde stets mit Kommentaren begleitet, dass Lehman Brothers, Goldman Sachs und die anderen ins Licht der Öffentlichkeit gerückten Finanzmarktakteure sich keineswegs außergewöhnlich verhalten hatten.

---

4   Collateralized Debt Obligations (CDOs) sind Verbriefungen, die durch ein diversifiziertes Portfolio – meist Forderungen aus Darlehen oder Anleihen – besichert werden. In der Regel werden CDOs in verschiedene Tranchen unterschiedlicher Bonität aufgeteilt, um danach am Kapitalmarkt veräußert zu werden. Bei synthetischen CDOs beziehen sich die Verbriefungen nicht auf Anleihen und Kredite, sondern auf Derivate.

4   Ausdehnung exklusiver Zonen im Finanzmarktkapitalismus (Hedgefonds, OTC-Trades, Dark Pools)

Die genannten skandalträchtigen Beispiele verdeutlichen, dass die soziale Einbettung von Märkten auch problematische Züge annehmen kann. Jenseits dieser Beispiele, die nur aufgrund der Aufarbeitung der Finanzkrise ans Licht der öffentlichen Aufmerksamkeit getreten sind, zeigt sich, dass viele Entwicklungen und Finanzmarkttrends auf der ungehinderten Entstehung von abgesonderten Bereichen beruhen, in denen nahezu ausschließlich professionelle Finanzmarktakteure und Investoren aktiv sind. Die Exklusivität gilt zum Beispiel für die allermeisten Hedgefonds, den Handel mit OTC-Derivaten und die Abwicklung von Transaktionen in sogenannten ‚Dark Pools'. Die Finanzmittel, die in diesen exklusiven Zonen des Finanzmarktes bewegt werden, sind in den letzten Jahrzehnten erheblich angewachsen.[5]

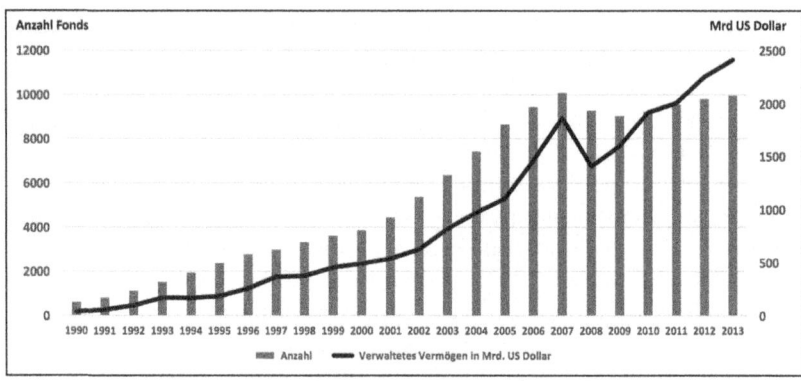

Abb. 1   Anzahl von Hedgefonds weltweit und Volumen des verwalteten Vermögens in Mrd. US-Dollar, 1990-2013

Quelle: HFR Global Hedge Fund Industry Report 2015

---

5   Neckel (2011) beschreibt den systematisch betriebenen Aufbau dieser Zonen als strukturierte Verantwortungslosigkeit, da hierdurch Gier zur Strukturprinzip finanzökonomischen Handelns erhoben und die Orientierung an langfristigen wirtschaftlichen Interessen hintangestellt werden.

Laut Angaben des HFR Global Hedge Fund Industry Reports waren am Ende des Jahres 2013 zum Beispiel mehr als 2,4 Bill. US-Dollar in Hedgefonds angelegt. In Relation zu den rund 490 Mrd. US-Dollar, die noch im Jahr 2000 angelegt waren, ist dies fast die fünffache Summe. Die Finanzkrise hat der Hedgefonds-Branche zwar zugesetzt, weswegen im Jahr 2008 auch erstmals ein Rückgang bei der Anzahl der Fonds zu verzeichnen war. Mit 9.966 Hedgefonds (einschließlich der „Funds of Funds") war die Anzahl im Jahr 2013 allerdings wieder ungefähr so hoch wie im Jahr 2008 und mehr als dreifach so hoch wie im Jahr 1997, als lediglich 2.990 Fonds aktiv waren (vgl. Abbildung 1). Die allermeisten Hedgefonds nehmen Investoren nur ab einer bestimmten Mindesteinlagenhöhe auf, sodass nur professionelle Investoren oder sehr vermögende Privatanleger direkt in diese investieren können. 70 Prozent aller Hedgefonds verlangen zum Beispiel eine Einlage von mindestens einer Million Dollar. Bei einigen Fonds werden gar fünf Millionen Dollar als Mindesteinlage verlangt (Chang 2013). Hedgefonds sind Anlageinstrumente mit höchst unterschiedlichen Strategien. Allen gemeinsam ist allerdings das Ziel, unabhängig vom Börsenumfeld Gewinne zu erzielen. Hedgefonds setzen dabei eine Vielzahl von Techniken ein, wie etwa den spekulativen Leerverkauf von Wertpapieren oder die systematische Ausnutzung von teils minimalen Preisunterschieden zwischen verbundenen Wertpapieren (Arbitragegeschäfte). Die soziale Schließung, die mit den erforderlichen Mindestanalagenhöhen verbunden sind, führen dazu, dass sich vermögende Kunden – sofern die Strategien der Hedgefonds aufgehen – unabhängiger von Börsenumfeld und der gesamtökonomischen Entwicklung machen können als weniger vermögende Menschen. Hedgefonds unterliegen vergleichsweise wenigen rechtlichen Bestimmungen. Etwa die Hälfte aller Hedgefonds ist zudem, auch wenn sie meist von Finanzzentren wie New York oder London aus geleitet werden, an einem Offshore-Finanzplatz wie den Kaimaninseln oder den Britischen Jungferninseln registriert, was in erster Linie mit steuerlichen Vorteilen zusammenhängt.

Hedgefonds standen in den letzten Jahren wegen möglicher systemischer Risiken, intransparenter Geschäftsstrategien und den spektakulären Einkommen mancher Hedgefonds-Manager in Milliardenhöhe häufig in der Kritik. Einen öffentlichen Skandal löste zum Beispiel das Treffen einiger Hedgefonds-Manager am 8. Februar 2010 aus. Das Wall Street Journal berichtete über das ,Ideen-Dinner' in einem Stadthaus von Manhattan, zu dem das Investment- und Brokerhaus Moness, Crespi, Hardt & Co. hochrangige Vertreter der Hedgefonds-Szene eingeladen hatte (Pulliam et al. 2010). Laut Wall Street Journal wurde bei dem Dinner ausgiebig über die Möglichkeit gesprochen, gemeinsam gegen den Euro zu spekulieren. Da der Euro mittelfristig bis auf Parität zum Dollar fallen werde, bestünde die Gelegenheit „[…] to make a lot of money", wird Hans Hufschmid, der Chef des Hedgefonds GlobeOp Financial Services SA, in dem Artikel zitiert. Anwesend sollen unter anderem David

Einhorn, der Gründer von Greenlight Capital und Spezialist für Leerverkäufe, gewesen sein, ebenso wie Aaron Cowen, Manager von SAC Capital, der bei dem Treffen sämtliche Lösungsansätze für Griechenland als negativ für den Euro eingeschätzt haben soll. Die Hedgefonds Soros Fund Management und Brigade Capital werden in dem Bericht des Wall Street Journals ebenfalls namentlich genannt. Die Kritik an dem Treffen wiesen die Hedgefonds-Manager in Stellungnahmen weit von sich. Es habe sich lediglich um ein informelles Branchentreffen und einen „zwanglosen Plausch" gehandelt (Storn 2010). David Einhorn reagierte zudem mit einem Beitrag im Blog „Dealbreakers Friday" des Wall Street Journal, in dem er das Dinner als „eines von Tausenden" bezeichnete (Levin 2010), zu denen sich Hedgefonds-Manager immer mal wieder träfen. Bei dem Treffen sei es zudem nur am Rande um die Situation im Euro-Raum gegangen. Das Treffen der Hedgefonds-Manager fiel mit einem Anstieg der Euro-Nettoverkaufspositionen zeitlich zusammen, weshalb der Artikel des Wall Street Journals zum Anlass für eine Untersuchung der amerikanischen Börsenaufsicht SEC wegen des Verdachts illegitimer Absprachen wurde. Auch wenn letztlich keine eindeutigen Hinweise auf illegitime Absprachen von der Securities and Exchange Commission festgestellt werden konnten, wurde das Treffen in politischen Debatten als Hinweis auf die Notwendigkeit von Reformen gewertet.[6] Hedgefonds-Manager, die sich regelmäßig zum ‚zwanglosen Plausch' treffen, nährten zumindest den öffentlichen Eindruck, dass diese sich zuweilen auch als Kollektiv begreifen, das gleichgerichtete spekulative Interessen verfolgt.

In einem weiteren Bereich des Finanzmarktes, dem Handel mit Derivaten, konnten ebenfalls deutliche Tendenzen der sozialen Schließung beobachtet werden. Finanzderivate (Zertifikate, Optionen, Futures und Swaps) sind so konstruiert, dass sie die Schwankungen der Preise anderer Wertpapiere (Basiswerte) überproportional nachvollziehen. Sie lassen sich daher sowohl zur Absicherung gegen Wertverluste als auch zur Spekulation auf Kursgewinne des Basiswerts verwenden. Derivate werden an regulierten Börsen gehandelt und stehen dann allen denkbaren Investoren zur Verfügung. Sie können aber auch außerbörslich gehandelt werden. Man spricht dann von OTC-Trades (OTC = over the counter) und OTC-Derivaten. OTC-Geschäfte mit Derivaten werden in der Regel im Interbankenhandel abgewickelt. OTC Derivate zeichnen sich durch eine individuell vereinbarte Laufzeit, eine fehlende Börsennotierung und eine geringe öffentliche Transparenz aus. Sie werden nahezu ausschließlich von professionellen Investoren genutzt und können

---

6   So forderte etwa der Präsident der deutschen Finanzaufsicht, Jochen Sanio, im Mai 2010 mit Bezugnahme auf das Treffen der Hedgefonds-Manager, dass weitreichende Regulierungen des Finanzsektors als Lehre aus der Euro-Krise notwendig seien (Deutscher Bundestag 2010: 18).

flexibel und den Bedürfnissen der Vertragsparteien entsprechend gestaltet werden. Die soziale Schließung des Marktes wird von den Marktakteuren unter anderem mit der Besonderheit der gehandelten Wertpapiere (teilweise sehr spezifische oder auch komplexe Konstruktionen), den geringeren Handelskosten (Wegfall der Börsengebühren) und der vorteilhaften Transaktionsgeschwindigkeit begründet. Der Handel mit OTC-Derivaten wies lange Zeit eine weit größere Entwicklungsdynamik auf als der Börsenhandel mit derivativen Wertpapieren. Der Nominalwert außerbörslich gehandelter Derivate lag 2013 bei 710,3 Bill. US-Dollar (vgl. Abbildung 2). Damit hatte er sich gegenüber dem Jahr 2000 mehr als versechsfacht und überstieg den Nominalwert der börsengehandelten Derivate um fast das Zehnfache. Durch den hochspekulativen Handel mit Derivaten werden umfangreiche Kreditrisiken weltweit auf eine Vielzahl von Finanzinstituten verteilt, weswegen der intransparente Handel mit falsch bewerteten Derivaten als Hauptursache der globalen Finanz- und Wirtschaftskrise gilt. Aus diesem Grund haben sich die Gesetzgeber dazu entschlossen, regulatorische Maßnahmen zu ergreifen, die den Handel mit OTC-Derivaten deutlich beschränken. In den USA (Dodd-Frank-Act) und in Europa (EMIR – European Market Infrastructure Regulation) wurde ein verpflichtendes zentrales Clearing für standardisierte Kontrakte eingeführt, und höhere Kapitalanforderungen wurden für nicht zentral abgewickelte Kontrakte festgelegt. Erst durch diese Maßnahmen ging der Handel mit OTC-Derivaten ab dem Jahr 2013 zurück.

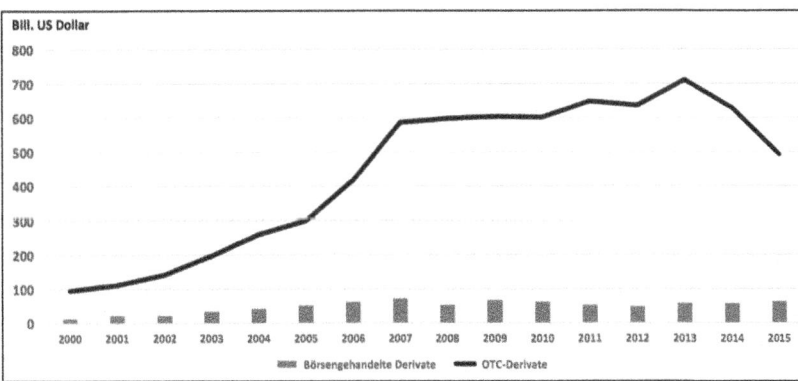

Abb. 2   Nominalbeträge der weltweit im Freiverkehr gehandelten Derivate (OTC-Derivate) im Vergleich mit jenen börsengehandelter Derivate in Bill. US-Dollar, 2000-2015

Quelle: Bank for International Settlements (BIS)

Gegen die rechtliche Regulierung des OTC-Derivatehandels gibt es weiterhin erheblichen Widerstand durch die daran interessierten Finanzunternehmen, die weiterhin versuchen, die soziale Schließung dieses Marktes mit dem Bedarf für professionelle Transaktions-Refugien zu begründen (Rainelli Weiss/Huault 2016). Neben Hedgefonds und OTC-Derivaten sind insbesondere auch sogenannte Dark Pools ein deutlicher Hinweis auf die Ausdehnung von exklusiven Zonen, in denen nahezu ausschließlich professionelle Anleger und besonders wohlhabende Investoren agieren können. Dark Pools haben, seitdem die ersten in den 1990er-Jahren in den USA entstanden sind, eine immer größere Verbreitung gefunden. Laut der US Securities and Exchange Commission (2015) werden inzwischen schätzungsweise 18 Prozent aller amerikanischen Aktientransaktionen auf den alternativen Handelsplattformen abgewickelt. Der Finanzdienstleister Rosenblatt Securities schätzt den Anteil des europäischen Aktienhandels, der in Dark Pools abgewickelt wird, auf Grundlage der Handelsaktivität in 19 Dark Pools auf fast 9 Prozent (Detrixhe 2016).[7]

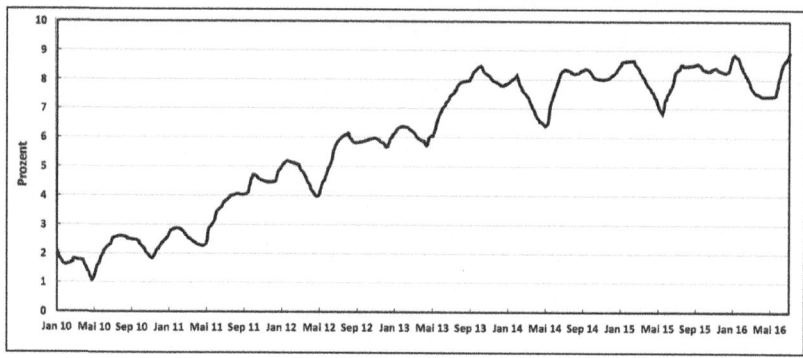

Abb. 3   Anteil des europäischen Aktienhandels, der in Dark Pools abgewickelt wurde, in Prozent

Quelle: Detrixhe (2016). Die Angaben beziehen sich auf Schätzungen des Finanzdienstleisters Rosenblatt Securities auf Grundlage der Handelsaktivität in 19 Dark Pools.

---

7   Rosenblatt Securities schätzt die Transaktionshöhen auf Grundlage von Informationen, die dem Finanzdienstleister von mehreren Betreibern von Dark Pools zur Verfügung gestellt werden. Auch wenn der Finanzdienstleister den berechneten Anteil der Transaktionen auf zwei Kommastellen genau angibt, handelt es sich um Schätzwerte, denn nur wenige der in Dark Pools abgewickelten Geschäfte müssen aufgrund rechtlicher Vorschriften nachträglich offengelegt werden.

Bei Dark Pools handelt es sich um Handelsplattformen, die einen anonymen Handel mit an sich börsennotierten Wertpapieren erlauben (Degryse et al. 2008). Während an den öffentlichen Börsen sowohl die Menge der gehandelten Wertpapiere als auch die jeweiligen Preise durch die sogenannten Orderbücher bekannt sind, werden diese Informationen bei den Dark Pools nicht öffentlich. Im Gegensatz zum geregelten Börsenhandel sind Dark Pools regulatorisch wenig beschränkt und erfüllen nur geringe Transparenzanforderungen. Dieser Intransparenz verdanken die Dark Pools ihre Existenz. Hier lassen sich Transaktionen abwickeln, die durch ihr Auftauchen Unruhe im Markt erzeugen würden (Mittal 2008; Domowitz et al. 2009). Wenn ein Großauftrag an öffentlichen Börsen abgewickelt wird, kann dies die Aufmerksamkeit anderer Marktteilnehmer auf diese Transaktion lenken. Erkennen Spekulanten beispielsweise das Bedürfnis eines Großinvestors, sehr viele Aktien eines Unternehmens zu kaufen,[8] können sie durch eigene Käufe den Preis auf Kosten dieses Investors in die Höhe treiben. Je nach Liquidität des Wertpapiers und je nach Transaktionsgröße können die Transaktionskosten des Investors dadurch beträchtlich steigen. In Dark Pools lassen sich die Aufträge von Großkunden hingegen diskret abwickeln. Hier können Großinvestoren wie Hedgefonds unbesehen von der Öffentlichkeit und anderen potenziell störenden Spekulanten umfangreiche Wertpapiergeschäfte tätigen. Zu den wichtigsten Betreibern von Dark Pools zählen große, international aufgestellte Banken wie etwa Goldman Sachs, Credit Suisse, BNP Paribas und Crédit Agricole, die institutionellen Investoren die Transaktionen jenseits der Börse als Alternative anbieten. Seit August 2010 betreibt etwa auch die Deutsche Bank einen eigenen Dark Pool mit Sitz in Hong Kong. Die von mehreren internationalen Banken aufgebauten Handelsplattformen Turquoise und Chi-X verfügen ebenfalls über Dark Pools. Durch den verdeckten Handel entsteht im Wertpapierhandel eine Art Zweiklassengesellschaft, die einen großen Teil von Investoren ausschließt. Die Preisbildung erfolgt dadurch nicht mehr transparent, weswegen unterschiedliche Preise für dasselbe Wertpapier an Börsen und in Dark Pools gelten können.

---

8 Einige Algo-Trade-Strategien zielen genau hierauf ab. Insofern können Dark Pools auch als Gegenreaktion auf technologische Innovationen im Börsenhandel interpretiert werden.

5   Fazit

Märkte werden in der wissenschaftlichen Literatur häufig als Mechanismus beschrieben, der, wie in der Charakterisierung Max Webers, eigentlich soziale Schließungen
an den Rand drängen müsste: „Wo der Markt seiner Eigengesetzlichkeit überlassen
ist, kennt er keine [...] von den persönlichen Gemeinschaften getragenen menschlichen Beziehungen." (Weber 1972: 383) Mit diesem Beitrag wurde verdeutlicht,
dass gerade in den wenig regulierten Finanzmärkten, in denen die Eigengesetz-
lichkeiten des Marktes in besonderer Weise zum Tragen kommen sollten, Prozesse
der sozialen Schließung und der Bildung exklusiver Bereiche gedeihen. Die neue
wirtschaftssoziologische Forschung, welche die soziale Einbettung ökonomischen
Handelns in vielfältiger Weise thematisiert und empirisch belegt hat, ist allerdings
recht einsilbig gegenüber diesen spezifischen Varianten von Einbettung geblieben.
Die im Beitrag benannten Beispiele von Betrugsallianzen haben deutlich gemacht,
dass die soziologische Forschung neben den sozialen Strukturen in öffentlichen
Handelsräumen auch die Praktiken im Hinterzimmer verstärkt zur Kenntnis neh-
men sollte. Die weiteren Beispiele (Hedgefonds, OTC-Trades, Dark Pools) haben
gezeigt, dass die Vorstellung von Finanzmärkten als größtmögliche Annäherung
an den „vollkommenen Markt" unter den heutigen Gegebenheiten verfehlt ist. Die
Liberalisierung der Finanzmärkte hat hingegen dazu geführt, dass intransparente
Zonen entstanden sind, in denen Finanzmarktakteure ihren Vorteil durch soziale
Schließungen suchen. Im Kontext der Ausbreitung finanzmarktkapitalistischer
Strukturen haben sich insbesondere jene exklusiven Finanzmarktbereiche ausgedehnt, in denen professionelle Investoren und vermögende Kunden unter sich
sind. Indem sich Finanzmarktakteure durch soziale Schließungen zum gegen-
seitigen Nutzen wechselseitig voneinander abhängig machen (Betrugsallianzen),
aneinanderbinden und andere in systematischer Weise ausschließen (Hedgefonds,
OTC-Trades, Dark Pools), verändern sie die Tauschlogik zu ihren Gunsten. Die
soziale Schließung verhilft dazu, riskantere und damit oft hoch profitable Investmentstrategien zu verfolgen, sich unabhängig von der allgemeinen Entwicklung des
Börsenumfelds zu machen, komplexe und intransparent gestaltete Finanzprodukte
unter Ausschluss der Öffentlichkeit zu handeln, sich vor den Unwägbarkeiten des
transparenten Börsenhandels zu schützen, Geschäfte im rechtlich umstrittenen
oder illegitimen Bereich zu tätigen und die negativen Folgen des eigenen riskanten
Verhaltens zu externalisieren.

Literatur

Abolafia, Mitchell Y. (2001): Making Markets: Opportunism and Restraint on Wall Street, Harvard: Harvard University Press

Acharya, Viral V.; Öncü, T. Sabri (2010): The Repurchase Agreement (Repo) Market. In: Acharya, Viral V.; Cooley, Thomas F.; Richardson, Matthew; Walter, Ingo (Ed.): Regulationg Wall Street. The Dodd-Frak Act and the New Architecture of Global Finance. New York: Wiley & Sons: 319-350

Akerlof, George A.; Shiller, Robert J. (2009): Animal Spirits, Princeton: Princeton University Press

Bank for International Settlements (2016): BIS Statistics Explorer, www.bis.org (Abfrage: 15.06.2016)

Baker, Wayne E. (1984): The Social Structure of a National Securities Market. In: American Journal of Sociology 89/4: 775-811

Beunza, Daniel; Stark, David (2004): Tools of the Trade: The Socio-Technology of Arbitrage in a Wall Street Trading Room. In: Industrial and Corporate Change 13/2: 369-400

Beyer, Jürgen (2006): Vom kooperativen Kapitalismus zum Finanzmarktkapitalismus – eine Ursachenanalyse. In: Brinkmann, Ulrich; Krenn, Karoline; Schief, Sebastian (Hg.): Endspiel des Kooperativen Kapitalismus? Institutioneller Wandel unter den Bedingungen des marktzentrierten Paradigmas. Wiesbaden: VS Verlag: 35-57

Beyer, Jürgen (2011): Tanzen, solange die Musik spielt. Transnationale Vergemeinschaftungen im Finanzmarktkapitalismus. In: Hamburg Review of Social Sciences 6/1: 1-18

Brennan, Niamh (2009): Two Anglo Transactions were deliberate Attemps to Deceive, Independent.ie, 13.02.2009 (www.independent.ie/opinion/analysis/two-anglo-transactions-were-deliberate-attempts-to-deceive-1638296.html, Abfrage: 19.06.2011)

Chang, Lily (2013): Why and How Do Hedge Fund Managers Set Minimum Subscription Amounts (Part Two of Two), The Hedge Fund Law Report 6/23. (http://files.drinkerbiddle.com/files/ftpupload/PORTAL/Hedge%20Fund%20Law%20Report.pdf, Abfrage: 06.06.2015)

Degryse, Hans; Van Achter, Mark; Wuyts, Gunther (2008): Shedding Light on Dark Liquidity Pools, TILEC Discussion Paper No. 2008-039

Detrixhe, John (2016): Dark Pools' Record Signals Looming Market Shock for Europe. (www.bloomberg.com/news/articles/2016-09-02/dark-pools-record-share-signals-looming-market-shock-in-europe, Abfrage 03.09.2016)

Deutscher Bundestag (2010): Haushaltsausschuss 18. Sitzung, 5. Mai 2010, unkorrigiertes stenografisches Protokoll (www.bundestag.de/bundestag/ausschuesse17/a08/anhoerungen/waehrungsunion/018_Protokoll.pdf, Abfrage: 02.08.2010)

Deutschmann, Christoph (2008): Finanzmarkt-Kapitalismus und Wachstumskrise. In: Deutschmann, Christoph (Hg.): Kapitalistische Dynamik – eine gesellschaftstheoretische Perspektive. Wiesbaden: VS Verlag: 151-174

Domowitz, Ian; Finkelshteyn, Ilya; Yegerman, Henry (2009): Cul de Sacs and Highways: An Optical Tour of Dark Pool Trading Performance. In: Journal of Trading. 4/1: 16-22

Dörre, Klaus; Brinkmann, Ulrich (2005): Finanzmarkt-Kapitalismus: Triebkraft eines flexiblen Produktionssystems. In: Windolf, Paul (Hg.): Finanzmarktkapitalismus. Analysen zum Wandel von Produktionsregimen, Sonderheft 45/2005 der Kölner Zeitschrift für Soziologie und Sozialpsychologie. Wiesbaden: VS Verlag: 85-116

Epstein, Gerald A.; Jayadev, Arjun (2005): The Rise of Rentier Incomes in OECD Countries: Financialization, Central Bank Policy and Labor Solidarity. In: Epstein, Gerald A (Ed.): Financialization and the World Economy. Cheltenham: Edward Elgar: 46-74

Fama, Eugene (1970): Efficient Capital Markets: A Review of Theory and Empirical Work. In: Journal of Finance 25: 383-417

Froud, Julie; Haslam, Colin; Johal, Sukhdev; Williams, Karel (2000): Shareholder Value and Financialization: Consultancy Promises, Management Moves. In: Economy and Society 29/1: 80-110

Granovetter, Marc (1985): Economic Action and Social Structure: The Problem of Embeddedness. In: American Journal of Sociology 91/3: 481-510

Hedge Fund Research (2015): HFR Global Hedge Fund Industry Report. (www.hedgefund-research.com/reports/hfr-global-hedge-fund-industry-report, Abfrage: 03.05.2015)

Hines, Charles; Kreuze, Jerry; Langsam, Sheldon (2011): An Analysis of Lehman Brothers Bankruptcy and Repo 105 Transactions. In: American Journal of Business 26/1: 40-49

Jevons, W. Stanley (1957) [1871]: The Theory of Political Economy, New York: Kelley & Millman

Kädtler, Jürgen (2006): Sozialpartnerschaft im Umbruch: Industrielle Beziehungen unter den Bedingungen von Globalisierung und Finanzmarktkapitalismus. Hamburg: VSA-Verlag

Knorr-Cetina, Karin; Brügger, Urs (2002): Global Microstructures: The Virtual Societies of Financial Markets. In: American Journal of Sociology 107/4: 905-995

Krippner, Greta R. (2005): The Financialization of the American Economy. In: Socio-Economic Review 3/2, 173-208

Lakonishok, Josef; Vermaelen, Theo (1986): Tax-induced Trading Around Ex-dividend Days. In: Journal of Financial Economics 16/3: 287-319

Levin, Bess (2010): Greenlight Capital Shames Wall Street Journal for Making Stuff Up, Dealbreaker.Com, 23. April 2010 (http://dealbreaker.com/2010/04/greenlight-capitals-hames-wall-street-journal-for-making-stuff-up, Abfrage: 02.08.2011)

Mildenberg, David; Campbell, Dakin (2010): Bank of America Says $10.7 Billion of Trades Wrongly Classified, Bloomberg.Com, 10. Juli 2010 (www.bloomberg.com/news/2010-07-10/bank-of-america-tells-sec-that-10-7- billion-of-trades-wrongly-classified.html, Abfrage: 02.08.2011)

Mittal, Hitesh (2008): Are You Playing in a Toxic Dark Pool? A Guide to Preventing Information Leakage. In: Journal of Trading 3/3: 20-33

Neckel, Sighard (2011): Der Gefühlskapitalismus der Banken: Vom Ende der Gier als „ruhiger Leidenschaft". In: Leviathan 39/1: 39-53

Pulliam, Susan; Kelly, Kate; Mollenkamp, Carrick (2010): Hedge Funds Try "Career Trade" Against Euro. In: Wall Street Journal Online, 25.02.2010

Rainelli Weiss, Hélène; Huault, Isabelle (2016): Business as Usual in Financial Markets? The Creation of Incommensurables as Institutional Maintainance Work. In: Organization Studies 37/7: 991-1015

SEC [US Securities and Exchange Comission] (2010): SEC Charges Goldman Sachs with Fraud in Structuring and Marketing of CDO Tied to Subprime Mortgages. (www.sec.gov/news/press/2010/2010-59.htm, Abfrage: 19.06.2011)

Sassen, Saskia (2005): The Embeddedness of Electronic Markets: The Case of Global Capital Markets. In: Knorr-Cetina, Karin; Preda, Alex (Ed.): The Sociology of Financial Markets. Oxford: Oxford University Press: 17-37

Schön, Wolfgang (2015): Cum-/Ex-Geschäfte – materiell-rechtliche und verfahrensrechtliche Fragen. In: Recht der Finanzinstrumente 5/2: 115-131

Shleifer, Andrej (2000): Inefficient Markets: An Introduction to Behavioral Finance, Oxford: Oxford University Press

Simmel, Georg (1989) [1901]: Philosophie des Geldes, Frankfurt/M.: Suhrkamp

Sombart, Werner (2005) [1902]: Der Moderne Kapitalismus, Erster Band: Die Genesis des Kapitalismus, Leipzig: Adamant Media Corp. (Reprint)

Storn, Arne (2010): Wenige Herren mit vielen Milliarden, Zeit Online, 13.05.2010 (www.zeit.de/2010/20/Spekulanten/komplettansicht?print=true, Abfrage: 02.08.2011)

Thaler, Richard (Ed.) (2005): Advances in Behavioral Finance, Vol. II, Princeton: Princeton University Press

US Securities and Exchange Commission; Aguilar, Luis A. (2015): Shedding Light on Dark Pools. (www.sec.gov/news/statement/shedding-light-on-dark-pools.html, Abfrage: 02.01.2016)

Uzzi, Brian (1999): Embeddedness in the Making of Financial Capital: How Social Relations and Networks Benefit Firms seeking Finance. In: American Sociological Review 64: 481-505

Valukas, Anton R. (2010): Lehman Brothers Holdings Inc. Chapter 11 Proceedings Examiner's Report. (https://web.stanford.edu/~jbulow/Lehmandocs/origIndex.html, Abfrage: 02.02.2014)

Walras, Léon (2010) [1874]: Elements of Pure Economics. Or the Theory of Social Wealth, London: Routledge

Weber, Max (1972) [1922]: Wirtschaft und Gesellschaft: Grundriss der verstehenden Soziologie, 5. Auflage, Tübingen: Mohr Siebeck

Windolf, Paul (2005): Finanzmarktkapitalismus. Analysen zum Wandel von Produktionsregimen, Sonderheft 45/2005 der Kölner Zeitschrift für Soziologie und Sozialpsychologie, Wiesbaden: VS Verlag

IV

Geldordnung: Konstruktion, Fragilität und Neubestimmung

Sind Banken Distributoren oder Produzenten von Geld?

Eine Diskussion alternativer Theoriemodelle des Kreditsystems

Aaron Sahr

---

1   Einleitung

Auf den Finanzmärkten wird Geld verschoben, investiert, ausgeliehen, verloren und gewonnen. Den politischen Entstehungs- und sozialen Persistenzbedingungen dieser Zahlungsströme widmen sich zahlreiche ergiebige Studien der neuen Wirtschafts- und Finanzsoziologie. Aus geldsoziologischer Perspektive wird dabei allerdings häufig nicht hinreichend explizit gewürdigt, dass der Finanzsektor nicht nur mit immer größeren Volumen an Finanzmitteln operieren kann, weil er seinen Anteil an der gesamten Wirtschaftsleistung ausbaut,[1] sondern weil es insgesamt immer mehr Geld gibt. Seit der Ablösung der Geldschöpfung von einer materiellen Basis durch Richard Nixon im Jahr 1971 expandieren die monetären Vorräte der Welt beständig und in historisch beispielloser Geschwindigkeit. Der amerikanische Ökonom Richard Duncan spricht davon, dass wir heute, global betrachtet, knapp 2000 Prozent mehr Geld zur Verfügung haben als Ende der 1960er (vgl. Duncan 2013: 58), wobei er die international verbuchten Sonderziehungsrechte als Maßzahl vorschlägt.[2] Aber auch die herkömmlichen Messungen der Geldmengen offenbaren diesen Trend: Die Guthabenbestände sind in den letzten dreißig Jahren inflationsbereinigt um einiges schneller gewachsen als die Wirtschaftsleistung (vgl.

---

1   Vgl. zur Finanzialisierung Deutschmann 2011.

2   Diese Sonderziehungsrechte wurden aufgrund der Dollarknappheit der 1960er-Jahre eingeführt und stellen ein Zahlungsmittel für Devisen dar. Das heißt, wenn eine Zentralbank Fremdwährungen benötigt, kann sie diese mit ihren Guthaben an Sonderziehungsrechten bezahlen. Die Sonderziehungsrechte werden vom Internationalen Währungsfonds (IWF) durch Beobachtung der Marktpreise eines Währungskorbes bewertet, der feste Beträge von US-Dollar, Euro, Yen und Pfund Sterling enthält (vgl. Duncan 2012).

Ferguson 2010: 58; Postberg 2013: 135). Auch der drohende „Gelduntergang"[3] nach
der Insolvenz der amerikanischen Investmentbank *Lehman Brothers* im Herbst 2008,
als die Handelsvolumen von Interbankenkrediten und *Commercial Papers* plötzlich
und drastisch sanken und damit die Refinanzierungsmodi einer ganzen Branche
infrage stellten (vgl. Financial Crisis Inquiry Commission 2011: 353 ff.; Swedberg
2010: 89 ff.), hat die Wachstumstendenz bloß verschärft. Ein Glück, möchte man
angesichts des drohenden Kollapses sagen, dass wir in Zeiten von *fiat money* leben,
reinem Buchgeld, das bei Bedarf zu beliebigen Mengen nachbestellt werden kann.
In Systemen goldbasierter Papierwährung musste im Falle fehlender Liquidität
privater Geldinstitute Inventur betrieben und im Notfall Material bewegt werden.
Als etwa im Jahr 1857 einige Geschäftsbanken der amerikanischen Ostküste in
einen Liquiditätsengpass gerieten, musste ein mit Gold- und Bargeld beladenes
Transportschiff, die *SS Central America*, von Panama aus in Richtung New York in
See stechen. Unglücklicherweise sank das Schiff auf dem Weg in einem Hurrikan
und der Engpass an validen Zahlungsmitteln eskalierte zu einer Bankenkrise (vgl.
Calomiris/Schweikart 1991). Nach dem *credit crunch* von 2008 hingegen waren die
großen Zentralbanken in der Lage, ihre eigenen Bilanzen auszudehnen und dem
Finanzsektor entsprechend seiner Nachfrage Liquidität zur Verfügung zu stellen.

War durch Metall gedecktes Geld womöglich noch als ein *real asset* in Analogie
zu anderen wertvollen Waren zu beschreiben, so ist es heute ein *financial asset*
(vgl. Wray 2012: 1 ff.). Monetäres Guthaben entsteht und besteht in und durch
Zahlungsbeziehungen zwischen Banken und ihren Kunden. Das heißt, es existiert
immer als Anlage in der einen und Zahlungsversprechen in der anderen Bilanz.[4]
Wer sich für die Finanzmärkte interessiert, interessiert sich für Geld. Und wer sich
für Geld interessiert, der denkt über die Möglichkeiten und Wirklichkeiten von
Zahlungsbeziehungen zwischen Banken und ihren Kunden nach – man könnte
also sagen: darüber, was Banken sind und tun.

Ein Blick in die Disziplin der Wirtschaftswissenschaft offenbart dabei das Bild
einer lebhaften Debatte. Auf diesen Paradigmenstreit über die grundsätzliche
Konzeptualisierung von Banken und deren Tätigkeiten möchte ich in diesem

---

3   So ein retrospektiver Titel des Magazins *Der Spiegel*, Ausgabe 34/2011.

4   Das sogenannte Giralgeld des Bankkontos etwa ist ein Versprechen der Bank, auf An-
    trag des Kunden hin Abhebungen zu ermöglichen oder Überweisungen zu tätigen. In
    der (hypothetischen) Bilanz des Kontobegünstigten taucht es deswegen als Anlage, als
    Zahlungserwartung auf. Natürlich sprechen wir im Alltag oft so, als sei unser Kontostand
    nur ein symbolischer Repräsentant sicher verwahrten Besitzes. Tatsächlich aber ist es
    eine Schuld, ähnlich dem Lohn, den uns unser Arbeitgeber für den laufenden Monat
    schuldet. Das kann man nicht zuletzt daran festmachen, dass der Arbeitslohn und das
    Giralguthaben auf derselben Rechtsgrundlage gepfändet werden.

Beitrag aufmerksam machen. Dabei geht es aber nicht nur um die Anschauung intellektuell anregender Fingerübungen in benachbarten Sozialwissenschaften, sondern sowohl um die organisationssoziologische Frage nach dem Kontext, in dem Banken agieren, als auch um die Semantik, mit der der Bankensektor wirtschaftssoziologisch zu beschreiben ist. Der traditionelle und auch in der Soziologie beliebte Vorschlag lautet, die Kreditvergabe von Banken als eine Distribution von Handlungschancen (Kaufkraft) zu begreifen, die in letzter Konsequenz extern zur Verfügung gestellt und durch den Privatbankensektor bloß effektiv verwertet wird. Da Banken in diesem Verteilungsmodell Zugriff auf Ressourcenbestände erlangen müssen, um wirtschaften zu können, ist die Geldordnung hier als ein Markt und Banken selbst sind als Händler zu erfassen (Verteilungsmodell).[5] Die Expansion des Geldangebots wäre dann in letzter Instanz eine angebotsgetriebene Entwicklung. Alternative Theorien sprechen Banken eine operative Autonomie zu, aus Beständen an monetären Mitteln neue Geldbeträge zu erzeugen, woraus nicht nur eine differente Beschreibung ihrer Tätigkeit im Kontext eines ökonomischen Systems abzuleiten ist, sondern auch eine nicht-marktanaloge Konzeptualisierung des Bankensektors (Saldierungsmodell).[6] Mit dem Verteilungsmodell argumentierende Studien übernehmen somit Strukturannahmen über die Finanzwirtschaft, die sich als korrektur- oder zumindest als stärker begründungsbedürftig herausstellen. Eine intensivere Auseinandersetzung mit dieser nur vermeintlich internen ökonomischen Debatte ist deswegen geboten.

2   Das Verteilungsmodell der Banken

Die Sache mit den Banken, verkündete der deutsche Finanzminister Wolfgang Schäuble in einem Interview mit dem Magazin *Stern* im November 2008 (Nr. 48: 53), sei grundsätzlich ganz einfach. Auf die Frage, wie er es mit dem stammtischnahen Bonmot des Dramatikers Berthold Brecht halte, die Gründung einer Bank sei in

---

5   Märkte können soziologisch als „Orte" (Ganßmann 2003: 478) „strukturierten Austausches" (Fligstein 2011: 76) verstanden werden, als „gesellschaftliche Aren[en], in de[nen] Verkäufer und Käufer aufeinandertreffen" (vgl. ebd.: 43; Aspers/Beckert 2008: 225). Man versteht darunter einen „Modus, in dem ein Gut den Besitzer wechselt" (Engels 2009: 69). Mit Märkten ist also in jedem Fall eine Form sozialer Interaktion bezeichnet, in der sich Eigentums- oder Besitzbeziehungen knapper Güter durch Tausch verändern (Wingert 2013: 53).

6   Hier wären chartalistische Deutungen der Endogenität des Geldes ebenso erfasst wie etwa kreislauftheoretische Angebote. Eine Übersicht bieten Arestis/Sawyer 2006.

jedem Fall lukrativer als der Einbruch in eine solche, antwortete Schäuble: „Mit dem Satz bin ich nicht einverstanden. Der eine spart, der andere braucht Geld, das er noch nicht hat. Das muss organisiert werden. Das nennt man Bank. So einfach ist das." Der Finanzminister verweigert sich damit dem in der Krisensituation womöglich populären Fundamentaleinwand gegen Banken mit dem traditionellen Argument, sie seien für den Umgang mit knappen Ressourcen – also für die Wirtschaft – unersetzlich, da sie die Anrechte auf Ressourcen und aus ihnen hergestellte Produkte, nämlich Guthaben, von Überschuss- zu investitionswilligen Defizithaushalten verschieben. Banken sind Intermediäre, denen im ökonomischen Kosmos die Aufgabe zukommt, monetäre – und damit keine beliebigen, sondern für alle ökonomischen Transaktionen *entscheidende* – Ressourcen zu sammeln (*liquidity pooling*, Kapitalakkumulation) und zu verteilen (vgl. Patkin 1961: 95 ff.; Klein 1971: 206 f.; Bhattacharya/Thakor 1993: 3 f.; Allen/Gale 2004: 1024 f.; Greenbaum/Thakor 2007: 43 f.; Eggertsson/Krugman 2012; Mishkin 2013: 265 f.). Damit sind sie Schlüsselspieler für eine möglichst effiziente Nutzung knapper Ressourcen (vgl. Boot/Thakor 1997: 693 f.). Das Vermittlungsmodell findet auch in der Soziologie Verwendung. So heißt es etwa im Eintrag „Geld" der zehnten Auflage der *Grundbegriffe der Soziologie*: „Die institutionelle Verwaltung des G[eld]es erfolgt im Bankwesen, dem insbesondere auch die Vermittlungs- und Verteilungsfunktion akkumulierter G[eld]-Mengen zu produktiven Zwecken (Kapital) obliegt." (Häußling/Klein 2010: 80) Genauso findet sich bei Niklas Luhmann die These, durch die Existenz von Banken würde sich monetäre Knappheit verselbstständigen (vgl. Luhmann 1994: 200). Mit der Entstehung von Geldhäusern wird es nämlich möglich, erklärt Luhmann, Guthaben zu sparen, statt es bloß zu horten: Indem man es einer Bank anvertraut, kann man Besitz bewahren, ohne das Geld für andere zu verknappen, nämlich indem Banken Konten und Sparbücher anbieten und das Kapital gleichzeitig an lukrative Bedürftige verleihen. Wolfgang Schäubles griffige Formulierung ist somit mitnichten eine Übersimplifizierung medialer Vermittlung, sondern eine gebräuchliche Interpretation der Praktiken von Banken als einer gegenüber dem Bestand an Ressourcen neutralen Vermittlung zwischen Anbietern und Nachfragern monetärer Mittel (vgl. Greenbaum/Thakor 2007: 43). Da Banken in dieser Beschreibung zunächst Kapital benötigen, also einen *provider* von Kapital vom Sparen „überzeugen" müssen, entspricht ihr Operationsmodus rudimentär dem ökonomischen Normalfall eines Händlers oder Güterproduzenten – in dem Sinne, als dass sie existierende monetäre Ressourcen einzuwerben haben, bevor sie diese zu ihrem Produkt verarbeiten können, genau wie ein Produzent eines beliebigen *real assets* zunächst Maschinen, Arbeitskraft, Patente und Materialien benötigt. Für das substanzlose *fiat money* gilt das, so die Erklärung des Verteilungsmodells, weil die Kreditfertilität privater Geschäftsbanken durch das Angebot an Reserven bzw. das Angebot an Spareinlagen (also Vermögens*beständen*) in der Gegenwart begrenzt ist. Die Konzeptualisierung von Banken als mit dem Tausch von Besitz beschäftigten Organisationen ist somit abhängig von Annahmen über die Struktur der Geldordnung bzw. der Geldproduktion. In der Literatur des Verteilungsmodells werden die Vorgänge der Kreditvergabe in zwei Varianten beschrieben. Der *Deposit Multiplier*-Ansatz erklärt die Arbeit privater Banken ausgehend von einer den Vorgang initiierenden Geldmenge, die außerhalb ihrer Bilanz existiert, Guthaben, das auf die Zentralbank zurückgeht. Der fiktive Besitzer dieses Betrags zahlt ihn nun bei einer Bank ein und erhält als Einleger dafür einen Kontostand gutgeschrieben: „Um die Geldschöpfung zu verstehen, beginnen wir unsere Betrachtung bei einem Einleger, der Geld auf ein Konto einbezahlt." (Krugmann/Wells 2010: 972) Dieses neue Giralguthaben kann der Einleger auf Wunsch wieder gegen das Zentralbankguthaben tauschen oder an andere Bankkonten überweisen. Da die Geschäftsbank jederzeit mit einer solchen Zahlungsaufforderung rechnen muss, wird sie einen Teil des ursprünglichen Guthabens als Reserve zurückhalten, kann aber darüber hinaus anderen interessierten Kunden ebenfalls Kontostände aus selbst geschaffenem Giralguthaben anbieten. Werden nun Teile der ursprünglichen Summe als Einlagen in die Bilanzen anderer Geschäftsbanken transferiert, können sich die Vorgänge dort in kleinerem Umfang wiederholen. Auch diese Banken können mehr Giralguthaben schaffen, als sie an Zentralbankgeld erhalten haben. Allerdings lässt sich bei der Annahme einer konstanten Initialsumme – wohlgemerkt innerhalb dieses Modells – angeben, wie viel Giralgeld insgesamt geschöpft werden kann (deswegen spricht man von einem Multiplikator). Die privatwirtschaftliche Ausweitung von Giralguthaben „zehrt" dabei sozusagen die Reserven auf und kommt damit irgendwann an ihr „natürliches" Ende. Da in dieser Logik das zusätzlich geschaffene Giralguthaben auf Kredit für ein Verleihen „unbenutzter" Reserven steht (vgl. ebd.: 972), erlaubt es der Multiplikatoransatz, trotz der giralen Neuschöpfung von Guthaben von Geschäftsbanken als Verteiler gegebener Ressourcen zu sprechen.

Die Multiplikator-Rhetorik hat gegenwärtig an Bedeutung verloren, ist aber keinesfalls obsolet (vgl. Eichhorn/Solte 2010: 56 ff.; Greenbaum/Thakor 2007: 104 ff.; Mishkin 2013: 388 ff.). In vielen gegenwärtigen Darstellungen des Geldwesens werden Geldmengen dagegen schlicht als existent vorausgesetzt.[7] Guthaben ist in Besitzverhältnissen verteilt, weswegen das Geldwesen als ein Markt von Anbietern und Nachfragenden nach Krediten beschrieben werden kann. „Der Kreditmarkt (englisch: loanable fundsmarket)", heißt es in Paul Krugmans Lehrbuch dazu, „ist ein hypothetischer Markt, der sich mit dem Zusammenspiel der Nachfrage nach

---

7　Zum gegenwärtigen *New Monetary Consensus* siehe Kriesler/Lavoie 2007.

Finanzmitteln durch Kreditnehmer und dem Angebot von Finanzmitteln durch Kreditgeber beschäftigt." (Krugman/Wells 2010: 821) Das Geldsystem ist also ein Prozess, bei dem zunächst *savings* angeboten und dann *loans* nachgefragt werden (vgl. Mankiw 2012: 565). Es tendiert damit zu einer antizyklischen Selbstregulation, da eine Verknappung der Spareinlagen theoretisch zum Anstieg der Preise und damit der Kosten für Kredite führen müsste (vgl. ebd.).

Beiden Modellen ist die Annahme einer *Exogenität* des Geldes gemein (vgl. Issing 2007: 110 f., 117 f., 127). Sie unterstellen, Banken müssten *zunächst* Zugriff auf überschüssige, das heißt noch nicht für Mindestreserven benötigte Zentral-bankguthaben erlangen, um weiteres Giralguthaben kreditär erschaffen zu können – entweder, weil es das Gesetz vorschreibt (Mindestreserve), oder schlicht, weil sie mit Abhebungen und Interbanktransaktionen rechnen (vgl. Mishkin 2013: 389). Die Geldschöpfung der Bank ist angebotsabhängig, weil sie zunächst einkaufen muss, um verleihen zu können.[8] Hier setzt die Kritik der heterodoxen Banken- und Geldtheoretiker ein (exemplarisch: Minsky 2008: bes. Kapitel 10; Wray 1998, 2012). Sie stellen die beiden sich wechselseitig beglaubigenden Theoreme – also die „makrologische" Deutung des Bankensektors als fraktionales Reservesystem und die „mikrologische" Beschreibung der Banken als Verteiler bereitgestellter Bestände – infrage.

3   Kritik am Verteilungsmodell

Der heterodoxe Einspruch gegen die Konzeptualisierung von Banken als Verteilern von Kapital beginnt mit dem Hinweis, dass die Operation der Geschäftsbanken mit dem Modell des Sammelns und Verteilens schlicht nicht adäquat beschrieben ist. Jedenfalls dann nicht, wenn man von ihren buchhalterischen Möglichkeiten ausgeht. Ökonomisch lässt sich jeder Akteur als Haushalt fassen, also als eine Bilanz darstellen: Das sind Schriften, in denen in der linken Spalte die Anlagen oder Ver-mögenswerte und in der rechten die Verpflichtungen bzw. die „Herkunft" der Mittel vermerkt sind. Beide Spalten müssen, selbstredend, in Balance sein. Unter dieser Beschreibung wären dann alle ökonomischen Tauschmarkthandlungen solche, mit denen (mindestens zwei) Bilanzen verändert werden – und zwar derart, dass Werte

---

8   Eine Zunahme monetärer Mittel geht damit letztendlich auf eine zentralbankpolitisch gewollte Expansion der Reservebasis zurück.

von der einen in die andere Bilanz übertragen werden.[9] Zum Beispiel dann, wenn an der Supermarktkasse monetäres Guthaben (Anlage des Kunden) gegen ein paar Äpfel (Anlage des Supermarkts) getauscht wird. Im Normalfall können Privatpersonen und Unternehmen ihre Bilanz nur durch Tausch mit anderen verändern, etwa den Tausch von Apfel gegen Bargeld oder Arbeitskraft gegen Arbeitslohn. Um ihre Bilanzen auszudehnen brauchen beide jemanden, der ihnen etwas Bilanzierbares überlässt, und sie müssen, von einer Schenkung einmal abgesehen, etwas dafür hergeben, also aus der Bilanz streichen. Bei Banken ist das anders.

Zwei Arten von Bilanztransaktionen sind für Organisationen vom Typ der Geschäftsbank prägend (vgl. Huber 2010: 17 ff.; Eckardt 2013: 63 ff.). Einmal können sie Guthaben gegen ein Rückzahlungsversprechen ausweisen, indem sie den entsprechenden Betrag als Zahlungsversprechen an den Schuldner – also als Girokontostand – eintragen und gleichzeitig denselben Rückzahlungsbetrag als Anlage verbuchen. Damit verlängert sich die Bilanz der Bank um den entsprechenden neuen Geldbetrag, ohne dass Sparguthaben eine Voraussetzung dieser Operation wäre. Außerdem können Banken zweitens Guthaben zum Kauf sonstiger Anlagen erzeugen, sofern der Verkäufer ein Zahlungsversprechen der Bank, nämlich eigens für diesen Zweck erschaffenes Guthaben als Bezahlung akzeptiert. Banken erschaffen also Einlagen als Verpflichtung, indem sie gleichzeitig ein Vermögen in ihrer Bilanz vermerken – nicht, indem sie Erhaltenes verteilen.

Damit ist aber zunächst nur ein Allgemeinplatz formuliert. Noch wäre diese Kritik am Verteilungsmodell allzu einfache Polemik, die den Intermediärentheoretikern unterstellt, sie würden simpelste Accounting-Prinzipien missverstehen. Das wäre natürlich Unsinn. Vielmehr ist es so, dass das fraktionale Reservebankenmodell die Annahme transportiert, man könne die Fähigkeit von Geschäftsbanken zum mittellosen Aktivakauf und zur kreditären Bilanzverlängerung bei der Analyse ignorieren. Die buchhalterischen Möglichkeiten dieser Organisationen sollen also an ihrer makroskopischen Verortung nichts ändern – denn, wie oben gesagt, die Kunden erhalten mit dem Giralgeld einen Anspruch, von den Geschäftsbanken Guthaben aus der Geldbasis einzufordern. Auf diese aber haben die Zentralbanken – und nicht etwa die Geschäftsbanken selbst – ein Monopol. Damit ändert

---

9　Die Tradition der Neuen Wirtschaftssoziologie macht seit vielen Jahren berechtigt darauf aufmerksam, dass diese „ökonomistische" Verkürzung der wirtschaftlichen Praxis auf Bilanztransaktionen Komplexitäten auf unzulässige Weise reduziert. Natürlich passiert in der ökonomischen Praxis weit mehr als Einträge und Umträge in Bilanzen bzw. gibt es eine Vielfalt an Netzwerken, Normsystemen, Bedeutungsgefügen und materiellen Arrangements, die man mit dem alleinigen Hinweis auf das Stattfinden einer Bilanzoperation abschattet. Dennoch gilt es hier, über die Deutung dieser Abstraktion nachzudenken.

die Tatsache, dass Geschäftsbanken buchhaltungstechnisch nicht auf die Existenz von Spareinlagen für die Einsetzung neuer Guthaben angewiesen sind, nichts am Modell der Intermediation zwischen Anbietern und Nachfragenden (vgl. Krugman 2013; Duwendag et al. 1999: 111 f.). Banken bleiben auf exogene, knappe Ressourcen angewiesen, weil sie vor einem Liquiditätsproblem stehen: dem drohenden Abzug von Reserven (vgl. Mishkin 2013: 389).

Das Konzept von Banken als Vermittlern zwischen Anbietern und Nachfragern von Kapital basiert also auf der Annahme, diese Firmen müssten sich *zunächst* Zugriff über Reserven sichern, bevor sie eigene Zahlungsversprechen anbieten, weil sie sonst vor der Gefahr fehlender Reserven stünden. Ohne die Annahme dieses Liquiditätskalküls lässt sich die Operationsweise von Banken nicht als Vermittlung interpretieren. Doch genau diese „Gefahr" mangelnder Reserven, so die Kritik am Vermittlungsmodell der Bank, ist heute nicht mehr bestimmend für die Operationsweise privater Geschäftsbanken. Tatsächlich, so die Kritik, vergeben sie heute Kredite, schaffen also zusätzliches Guthaben, ohne sich zuvor Zugriff auf zusätzliche Reserven zu verschaffen (vgl. Holmes 1969: 73). Als Grundlage dieser Praxis werden in der Literatur drei Gründe angeführt. Bilanzverlängerungen und Aktivakäufe sind buchhalterisch zunächst einmal schlicht deswegen ohne die Existenz von Überschussreserven möglich, weil die Salden auf den Reservekonten, die Geschäftsbanken bei ihrer Zentralbank unterhalten, nicht *vor* dem Kreditakt ausgeglichen sein müssen. Für die Erfüllung von Quoten haben Banken Zeit.[10] Der Bedarf an zusätzlichen Reserven steigt zweitens nicht in dem Maße, wie zusätzliches Giralgeld entsteht (vgl. Fullwiler 2013: 177), da Banken die zwischen ihnen fließenden Zahlungen untereinander verrechnen (*intra-dayclearing*). Je größer der Anteil einer Bank an den täglichen Zahlungsflüssen, desto höher ist die Wahrscheinlichkeit, dass ein Einlösen der Kundenansprüche auf die Geldbasis durch einen Zuflusses ausgeglichen wird (vgl. Ryan-Collins et al. 2011: 68 f.). Dennoch kann es natürlich sein, dass durch exzessive Kreditvergabe eine nicht mehr intern erfüllbare Nachfrage nach zusätzlichen Guthabenbeträgen in Basisform entsteht. Aber auch dann muss in der gegenwärtigen Ordnung, so das Argument, kein Fehlen benötigter Reserven befürchtet werden, da sie, salopp gesagt, beliebig nachproduziert werden *können*. Seit der Abkopplung des Monetären vom Materiellen durch Richard Nixon handelt es sich bei der Geldbasis, mit Niklas Luhmann gesprochen, um eine „kontingente", also legitimierungsbedürftige Knappheit (vgl. Luhmann 2013: 308 ff.). Haben Geschäftsbanken aufgrund ihrer Kreditentscheidungen erst einmal einen Bedarf

---

10 Siebzehn Tage im Falle des US-Dollars (vgl. Fullwiler 2013: 175), im Eurosystem werden die Reserveanforderungen aus einem monatlichen Durchschnitt berechnet. Aus administrativen Gründen ist die Existenz von Reserven keine Voraussetzung der Kreditvergabe.

an Zentralbankguthaben, wird diese ihnen den Nachschub nicht verweigern können. „Apart from any other considerations, not to accede to these requests would jeopardize the liquidity of the payments system." (Ingham 2004: 137) Ein solches Risiko wäre schlicht kaum zu legitimieren. Die faktische politische Liquiditätsversicherung konterkariert das für das Verteilungsmodell des Bankhandelns wichtige Axiom der Knappheit der Geldbasis. Private Geschäftsbanken können deswegen in der gegenwärtigen Ordnung jede Nachfrage nach neuem Guthaben bedienen (vgl. Moore 1988: 4), weil ihre eigene Nachfrage nach Reserven stets bedienbar ist oder bedienbar sein wird.[11] Die Menge privat geschöpften Giralgeldes bestimmt die Quantität verfügbarer bzw. angebotener Reserven, nicht umgekehrt (vgl. Ryan-Collins et al. 2011: 7). Mit Christian Postberg kann man deswegen davon sprechen, dass die privaten Geschäftsbanken und nicht die zentralen Notenbanken die „Initiatoren der Geldschöpfung" (Postberg 2013: 129) sind.

Dieser Sachverhalt wäre als bloße Fehlleistung der Zentralbanken missverstanden. Als politisch legitimierte Akteure bleibt es für ihre Entscheidungen erheblich, dass sich Verknappungen im Kreditgeldsystem nicht gleichmäßig durchsetzen lassen. Erzeugt man Guthaben durch die Attestierung von Kreditwürdigkeit, dann ist, wie Ingham argumentiert, ein „umgekehrter" Matthäus-Effekt wirksam (vgl. Ingham 2004: 138): Restriktionen der Kreditvergabe machen zunächst weniger lukrative Zahlungsbeziehungen unrentabel – also neue Schulden von europäischen Peripheriestaaten, renditeschwachen Realwirtschaftssektoren etc. Die drohende „Selektivität von Verknappungen" (Postberg 2013: 131) erhöht die politischen Kosten für Maßnahmen zur Begrenzung oder gar Rückführung des Kredit- bzw. Guthabenwachstums. Der *credit crunch* nach der Lehman-Insolvenz hat verdeutlicht, wie wichtig die politische Liquiditätsversicherung für das Funktionieren der Bankenbranche ist. Mit dem Hinweis auf die Endogenität der Reserven ist also nicht bloß ein Kontrollproblem benannt, sondern eine alternative Banken- und damit auch Geldtheorie vorgezeichnet.[12]

---

11 Auf den Bedeutungsverlust des Liquiditätsrisikos hat früh Dirk Baecker aufmerksam gemacht: Baecker 2008a: 110 ff.

12 An dieser Stelle könnte ein weiterer Einwand erfolgen. Wenn auch nicht durch die Geldbasis, so ist die Kreditfertilität von Banken doch aber vielleicht durch die (endliche Menge) verfügbaren bilanzierungsfähigen Eigentums begrenzt. Axel T. Paul etwa sieht in der Abhängigkeit kreditärer Geldschöpfung von Eigentumsbeständen eine wichtige Begrenzung des Geldmengenwachstums (vgl. Paul 2012: 182). Allerdings zehrt Geldschöpfung per Kredit nicht verfügbares Pfand auf, sondern steigert direkt (insofern, als dass Liquidität selbst wieder als Pfand eingesetzt wird) oder indirekt (durch Preisspiralen, vgl.: Vogl 2011) die Produktionspotenziale der Banken. Pfand ist also keine Ressource, sondern ebenso Produkt des Kreditgeschäfts (vgl. Huber 2010: 69; Postberg 2013: 129).

4   Das Saldierungsmodell der Banken

Überzeugt die Diagnose, ist die Deutung von Kredit als Verteilung gegebener
Bestände korrekturbedürftig. Anders als andere Güterproduzenten sind Banken,
den Kritikern des Verteilungsmodells zufolge, nicht durch ein knappes Angebot
in der Gegenwart, sondern allein durch die Nachfrage nach monetären Mitteln
und ihre Zukunftserwartungen, also ihre Beurteilung von Kreditwürdigkeit beschränkt. Nicht eine einzelne Bank, aber doch der Bankensektor kann, wenn man
so will, so optimistisch sein, wie er möchte, also so viel Geld produzieren, wie für
profitabel gehalten wird.13 Wenn Guthabenerzeugung per Kreditvergabe nicht
durch Geldbasisbestände oder Spareinlagen beschränkt ist, dann ist die gegenwärtige Geldordnung nicht mehr als fraktionales Reservesystem zu erfassen (vgl.
Fullwiler 2013: 177 ff.). Damit ist aber die Beschreibung der Banken als Verteiler
von Beständen obsolet geworden. „Banking is not money lending", schreibt Hyman
Minsky, denn: „to lend, a money lender must have money." (Minsky 2008: 256)
Tatsächlich wird aber, wie gesehen, beim Kredit nichts übertragen, sondern zwei
Akteure attestieren sich wechselseitig Kreditwürdigkeit: Die Bank akzeptiert das
Tilgungsversprechen des Schuldners und dieser akzeptiert das Giralgeld, ebenso ein
Zahlungsversprechen (vgl. Eckardt 2013: 67; Wray 2012: 92 ff.). Banken haben hier
den Vorteil, dass sie ihre selbsterzeugten Schuldverschreibungen (Kontostände) in
der jeweiligen Landeswährung ausweisen dürfen, was für ihre Akzeptierbarkeit als
Bezahlung entscheidend ist. Es gibt keine eigene Schuld-Währung der Hamburger
Sparkasse, der Deutschen Bank usw., sondern jede Geschäftsbank des Eurogebietes
erzeugt in ihren Bilanzverlängerungen Guthaben in Euro, das in Bargeld (*legal
tender*) getauscht und auch zum Begleichen der Steuerschuld eingesetzt werden
kann. Geoffrey Ingham beschreibt das kapitalistische System aus diesem Grund im
Kern als eines, in dem private Schuldbeziehungen (das Guthaben der Hamburger
Sparkasse usw.) politisch anerkannt werden (vgl. Ingham 2004).

Vergleichbares gilt für das Eigenkapital. „Der Bankensektor schafft sich die Vermögen,
die er benötigt, im Verlauf seiner eigenen Geschäftstätigkeit letzten Endes ebenso selbst,
wie er nach eigenem Willen Geld schöpft." (Huber 2010: 70)

13 Dass Banken in ihren Kreditierungsentscheidungen nicht durch den Ist-Zustand an
verfügbaren Reserven und/oder Vermögen limitiert sind, heißt aber natürlich nicht,
dass sich keine operativen Hemmnisse angeben lassen. Die Bereitschaft zur Bilanzverlängerung hat natürlich etwas mit Verfügbarkeit von preiswertem Eigenkapital,
günstiger Finanzierung und kreditwürdigen Kunden zu tun (vgl. Fullwiler 2013). Eine
Autonomie privater Banken bei der Entscheidung, Guthaben zu produzieren, zu konstatieren, ist deswegen nicht gleichbedeutend damit, einen Erklärungsrahmen für die
stetige Expansion zu liefern.

Die Funktion von Banken im ökonomischen Kontext kann in dieser Lesart nicht mehr als effiziente Distribution politisch bereitgestellter Ressourcen gedeutet werden. Minsky schlägt deswegen vor, sich Wirtschaft generell als ein Gewebe durch Zahlungsversprechen verbundener Bilanzen vorzustellen (vgl. Minsky 2011a: 34), zwischen denen Zahlungen fließen (*cashflows*). So generiert beispielsweise ein Einzelhandelsunternehmen durch den regelmäßigen Verkauf von Waren einen Zufluss und muss gleichzeitig immer wieder Löhne und Mieten bedienen, wodurch Mittel abfließen. Nicht selten können ökonomische Akteure die Balance dieser *flows* nicht autonom aufrechterhalten. Etwa dann, wenn bei einer Privatperson die Miete abgebucht wird, bevor der Lohn gutgeschrieben ist, oder für eine Unternehmensgründung erst einmal Arbeitskräfte, Maschinen und Material benötigt werden, bevor Ware verkauft, also ein Zahlungszustrom generiert werden kann. Nun könnte der Unternehmer oder der Mieter seinem Gläubiger das Versprechen einer späteren Zahlung anbieten. Mit einem solchen Schuldschein allerdings könnten Lieferanten, Angestellte oder Vermieter wenig anfangen. Mit einem politisch anerkannten Zahlungsversprechen einer Bank – nämlich Giralgeld – allerdings kann man einkaufen gehen. Also bittet der Unternehmer seine Bank, den Angestellten ihren Lohn in Form von Giralgeld gutzuschreiben, und er verspricht der Bank dafür, den Betrag aus kommenden Einnahmen zu begleichen. Die Dienstleistung von Banken besteht, so gesehen, im Ausgleich von Defiziten durch ihre eigenen Schulden.

Aufgrund der Doppelrolle von Bank und Kunde, sowohl als Gläubiger als auch als Schuldner, lässt sich für das moderne Geldsystem, wie etwa Ingham argumentiert (2004: 136 ff.), nicht mehr sinnvoll zwischen einem Angebot und einer Nachfrage nach Geld unterscheiden. Damit gehen aber nicht nur zwei notwendige Vokabeln einer Beschreibung des Geldsystems als Markt verloren, sondern auch basale Mechanismen. Da für die Geldproduktion wechselseitig Kreditwürdigkeit attestiert wird, hängen die Geldmengen – oder allgemeiner die Volumen der Finanzaktiva – von so etwas wie einem „Erwartungsklima" (Minsky 2011b: 75) der beteiligten Akteure ab. Es werden so viele Defizite ausgeglichen, wie sie allgemein in Zukunft als beherrschbar gelten. Ein solches Klima von Zukunftserwartungen verhält sich aber nicht – so jedenfalls entwickelt Minsky seine These „finanzieller Instabilität" (vgl. Minsky 2011a, 2011b) – wie Ressourcen auf einem Markt. Das bedeutet, ein solches Erwartungsklima wird nicht durch eine erhöhte wechselseitige Attestierung der Kreditwürdigkeit automatisch negativ beeinflusst. Also: Mehr Geld führt nicht (notwendig) zu wachsender Skepsis gegenüber weiteren Krediten, das heißt, es werden keine Ressourcen verbraucht, die weitere Produktionsakte unwahrscheinlicher oder zumindest teurer werden lassen. Vielmehr wird „[u]nter günstigen wirtschaftlichen Bedingungen [...] die Beschaffung von Kredit erleichtert, das Investitionsvolumen vergrößert. Die effektive Geldmenge wächst an, und die damit ansteigenden Preise für Renditekapital erhöhen die Nachfragen nach Krediten und zugleich die Bereitschaft zu deren Finanzierung." (Vogl 2011: 13) In Zeiten endogenen Kreditgeldes tendiert der Bankensektor deswegen zur „Euphorie" (Minsky 2011b: 70, 73), weil die Skepsis der Banken gegenüber ihrer Kunden (als Schuldner) gleichermaßen abnimmt wie die Ansprüche der Kunden (als Gläubiger) an die Kreditwürdigkeit der Banken. Das bedeutet, im Normalfall expandieren die Geldmengen im endogenen Kreditgeldsystem, ohne dass dadurch, wie man es auf Märkten erwarten würde, allein schon die Bedingungen mäßigender Tendenzen gegeben wären (vgl. Postberg 2013: 152 f.).

5   Fazit

Die ökonomische Debatte über die bilanziellen Möglichkeiten der Geldproduzenten und die Verortung privater Geschäftsbanken im Koordinatensystem der Wirtschaft verdient eine verstärkte Aufmerksamkeit seitens der Soziologie. Inghams Plädoyer, die Kreditbranche nicht länger als von Angebot und Nachfrage bestimmte ökonomische Tauschpraxis, sondern als Feld politischen Machtkampfes zu konzeptualisieren (vgl. Ingham 2004), stellt die bisher prominenteste, aber sicherlich nicht letztgültige Schlussfolgerung aus dem Saldierungsmodell dar. Christian Postberg argumentiert, dass die Autonomie bei der Einsetzung neuer Guthabenbeträge zusammen mit dem beschränkten Handlungsspielraum der Zentralbanken bei der Justierung der Zinshöhen zu einer im Sinne der Preisbildung dysfunktionalen permanenten „Subventionierung der Gegenwart" führt (vgl. Postberg 2013: 142), die es weiter zu analysieren gilt. Geoff Mann untersucht die Folgen des Saldierungsmodells für die Konzeptualisierung sozialer Ungleichheit und die Chancen von Umverteilungspolitiken und kommt zu dem Schluss, dass die Geldordnung selbst – und nicht etwa die Verteilung von Reichtum oder politischen Machtchancen – Ungleichheit reproduziert und gleichzeitig die politische Bearbeitung von Ungleichheit erschwert (vgl. Mann 2013).

   Das Saldierungsmodell fordert all jene soziologischen Studien heraus, die Wirtschaft grundsätzlich als einen preisbildenden Umgang mit Knappheit verstehen (vgl. Sahr 2013). Schließlich operieren Banken hier außerhalb einer als Nullsummenspiel gedachten Geldwirtschaft (vgl. Luhmann 1994; Baecker 2008b), in der jede Geldausgabe eine vorherige Einnahme voraussetzen würde (vgl. Kellermann 2006: 134). Es lohnt, die sicher gegebenen Fragen nach Verbindung und Differenz finanz- und realwirtschaftlicher respektive politischer Praktiken verstärkt unter dieser Prämisse zu betrachten. Andererseits verbleibt die Kritik am Verteilungsmodell auf einer makroskopischen Ebene. Es ist deswegen gleichsam nötig, den unklar gewordenen Status von Banken auch auf der Ebene von Organisationen und Akteuren zu prüfen und gegebenenfalls hier zu entscheiden, ob sie in einer soziologischen Theorie der Wirtschaft als Distributoren oder Produzenten gelten sollten.

Literatur

Allen, Franklin; Gale, Douglas (2004): Financial Intermediaries and Markets. In: Econometrica72 (4): 1023-1061

Arestis, Philip; Sawyer, Malcom (Ed.) (2006): A Handbook of Alternative Monetary Economics. Cheltenham: Edward Elgar

Aspers, Patrik; Beckert, Jens (2008): Märkte. In: Maurer, Andrea (Hg.): Handbuch der Wirtschaftssoziologie. Wiesbaden: VS: 225-246

Baecker, Dirk (2008a): Womit handeln Banken? Eine Untersuchung zur Risikoverarbeitung in der Wirtschaft. Frankfurt/M.: Suhrkamp

Baecker, Dirk (2008b): Zweimal Null ist Eins. In: www.taz.de/!24455

Bhattacharya, Sudipto; Thakor, Anjan V. (1993): Contemporary Banking Theory. In: Journal of Financial Intermediation 3 (1): 2-50

Boot, Arnoud W.A.; Thakor, Anjan V. (1997): Financial System Architecture. In: The Review of Financial Studies 10 (3): 693-733

Calomiris, Charles W.; Schweikart, Larry (1991): The Panic of 1857: Origins, Transmission, and Containment. In: Journal of Economic History 51 (4): 807-834

Der Stern, 28.11.2008: „Noch leiden wir nicht Hunger", S. 53

Deutschmann, Christoph (2011): Limits to Financialization. In: European Journal of Sociology 52 (3): 347-389

Duncan, Richard (2012): The New Depression. The Breakdown of the Paper Money Economy. Singapur: John Wiley&Sons

Duncan, Richard (2013): Eine neue Weltwirtschaftskrise? Interview. In: Mittelweg 36 22 (2): 58-89

Duwendag, Dieter; Ketterer, Karl-Heinz; Kösters, Wim; Pohl, Rüdiger; Simmert, Diethard B. (1999): Geldtheorie und Geldpolitik in Europa. 5. Auflage. Berlin u. a.: Springer Verlag

Eckardt, Dietrich (2013): Was ist Geld? Strukturen, Möglichkeiten und Grenzen des Treibstoffs moderner Kreditgeldwirtschaften. Wiesbaden: Springer Gabler

Eichhorn, Wolfgang; Solte, Dirk (2010): Das Kartenhaus Weltfinanzsystem, Rückblick – Analysen – Ausblick. Bonn: Bundeszentrale für Politische Bildung

Eggertson, Gauti B.; Krugman, Paul (2012): Debt, Deleveraging, and the Liquidity Trap, A Fisher-Minsky-Koo Approach. In: The Quarterly Journal of Economics 127(3): 1469-1513

Engels, Anita (2009): Die soziale Konstitution von Märkten. In: Beckert, Jens; Deutschmann, Christoph (Hg.): Wirtschaftssoziologie. Sonderheft 49 der Kölner Zeitschrift für Soziologie und Sozialpsychologie. Opladen: Westdeutscher Verlag: 67-86

Financial Crisis Inquiry Commission (2011): The Financial Crisis Inquiry Report. Final Report of the National Commission on the Causes of the Financial and Economic Crisis in the United States. New York: Public Affairs

Ferguson, Niall (2010): Der Aufstieg des Geldes. Die Währung der Geschichte. Berlin: Ullstein

Fligstein, Neil (2011): Die Architektur der Märkte. Wiesbaden: VS

Fullwiler, Scott T. (2013): An Endogenous Money Perspective on the Post-Crisis Monetary Policy Debate. In: Review of Keynesian Economics 1 (2): 171-194

Ganßmann, Heiner (2003): Marktplatonismus. In: Zeitschrift für Soziologie 32 (6): 478-480

Greenbaum, Stuart I.; Thakor, Anjan V. (2007): Contemporary Financial Intermediation. 2. Auflage. Amsterdam: Elsevier

Häußling, Roger; Klein, Hans Joachim (2010): Geld. In: Kopp, Johannes; Schäfers, Bernhard (Hg.): Grundbegriffe der Soziologie. 10. Auflage. Opladen: Leske+Budrich: 78-80

Holmes, Alan R. (1969): Operational Contraints [sic!] on the Stabilization of Money Supply Growth. In: Federal Reserve Bank of Boston (Ed.): Controlling Monetary Aggregates. Conference Series Nr. 1. Boston: FED: 65-77

Huber, Joseph (2010): Monetäre Modernisierung, Zur Zukunft der Geldordnung. Marburg: Metropolis.

Ingham, Geoffrey (2004): The Nature of Money. Cambridge: Polity Press

Issing, Otmar (2007): Einführung in die Geldtheorie. 14. Auflage. München: Vahlen

Kellermann, Paul (2006): Geld ist kein „Mysterium" – Geld ist „Handlungsorientierung". In: Kellermann, Paul (Hg.): Geld und Gesellschaft. Interdisziplinäre Perspektiven. Wiesbaden: VS: 115-138

Klein, Michael A. (1971): A Theory of the Banking Firm. In: Journal of Money, Credit and Banking 3(2): 205-218

Kriesler, Peter; Lavoie, Marc (2007): The New Consensus on Monetary Policy and its Post-Keynesian Critique. In: Review of Political Economy 19(3): 387-404

Krugman, Paul; Wells, Robin (2010): Volkswirtschaftslehre. Stuttgart: Schäffer Poeschel

Krugman, Paul (2013): Commercial Banks as the Creators of "Money". In: http://krugman. blogs.nytimes.com/2013/08/24/commercial-banks-as-creators-of-money

Luhmann, Niklas (1994): Die Wirtschaft der Gesellschaft. Frankfurt/M.: Suhrkamp

Luhmann, Niklas (2013): Kontingenz und Recht. Berlin: Suhrkamp

Mankiw, Gregory (2012): Principles of Economics. Mason: South-Western Cengage Learning

Mann, Geoff (2013): The Monetary Exception: Labour, Distribution and Money in Capitalism. In: Capital & Class 37 (2): 197-216

Minsky, Hyman P. (2008) [1986]: Stabilizing and Unstable Economy.New York: McGraw-Hill

Minsky, Hyman P. (2011a): Die Hypothese der finanziellen Instabilität: Kapitalistische Prozesse und das Verhalten der Wirtschaft. In: Vogl, Joseph (Hg.): Instabilität und Kapitalismus. Zürich: Diaphanes: 21-66

Minsky, Hyman P. (2011b): Finanzielle Instabilität: Die Ökonomie der Katastrophe. In: Vogl, Joseph (Hg.): Instabilität und Kapitalismus. Zürich: Diaphanes: 67-138

Mishkin, Frederic S. (2013): The Economics of Money, Banking, and Financial Markets. 10th Edition. Harlow: Pearson

Moore, Basil J. (1988): Horizontalists and Verticalists. The Macroeconomics of Credit Money. Cambridge: University Press

Patkin, Don (1961): Financial Intermediaries und the Logical Structure of Monetary Theory: A Review. In: The American Economic Review 51(1): 95-116

Paul, Axel T. (2012): Die Gesellschaft des Geldes. Entwurf einer monetären Theorie der Moderne. 2. Auflage. Wiesbaden: VS

Postberg, Christian (2013): Macht und Geld. Über die gesellschaftliche Bedeutung monetärer Verfassungen. Frankfurt/M.: Campus

Ryan-Collins, Josh; Greenham, Tony; Werner, Richard; Jackson, Andrew (2011): Where Does the Money Come From? A Guide to the UK Monetary and Banking System. London: New Economics Foundation

Sahr, Aaron (2013): Von Richard Nixon zur 1.000.000.000.000-$-Münze. Kreditgeld als politische Verknappungsaufgabe. In: Mittelweg 36 22 (3): 4-31

Swedberg, Richard (2010): The Structure of Confidence and the Collapse of Lehman Brothers. In: Lounsbury, Michael; Hirsch, Paul M. (Ed.): Markets on Trial: The Economic Sociology of the U.S. Financial Crisis. Bingley: Emerald: 69-112

Vogl, Joseph (2011): Vorbemerkung. In: Vogl, Joseph (Hg.): Instabilität und Kapitalismus. Zürich: Diaphanes: 7-20

Wingert, Lutz (2013): Die marktkonforme Demokratie. Alles halb so schlimm? In: Mittelweg 36 22 (1): 53-87

Wray, L. Randall (1998): Understanding Modern Money. Cheltenham/Northampton: Edward Elgar Publishing

Wray, L. Randall (2012): Modern Money Theory. A Primer on Macroeconomics for Sovereign Monetary Systems. New York: Palgrave Macmillan

Instabile Finanzmärkte und Freigeld
Was leistet eine Liquiditätsgebühr zur Reduktion sozial generierter Ungewissheit?

Tilo König

---

1 Einleitung

Vor dem Hintergrund der 2008 einsetzenden Finanzmarkt- und Wirtschaftskrise und den darin virulent gewordenen Problemen von Liquiditätsfalle und Nullzinsgrenze haben namhafte Ökonomen wie etwa Mankiw (2009) und Buiter (2009) sich für negative Leitzinsen bzw. Negativzinsen als Instrument zur Krisenüberwindung ausgesprochen und damit auf einen Geldreformansatz aufmerksam gemacht, der durch Einführung einer sogenannten Liquiditäts- oder Geldhaltegebühr Wirtschaftskrisen von Grund auf verhindern will. Die Rede ist von Freigeld. Angesichts historisch niedriger Leitzinsen von nur noch knapp über null Prozent und Überlegungen beispielsweise in der *Europäischen Zentralbank* (EZB), die Leitzinsen auch in den negativen Bereich abzusenken, sowie mittlerweile im Euroraum sogar einem *negativen* Einlagezins für Geschäftsbanken von derzeit minus 0,2 Prozent hat der auf den ersten Blick kurios anmutende Vorschlag einer Geldhaltegebühr eine bemerkenswerte geldpolitische Aktualität erlangt.

Aufgrund dieser Entwicklungen zielt dieser Beitrag darauf, Perspektiven des Freigelds auch im Hinblick auf eine stabile Finanzmarktarchitektur aus einer grundsätzlicheren soziologischen Perspektive auszuloten. Versteht man Geldhaltung im weiterführenden Anschluss an Keynes als individuelle Bearbeitung von „[s]ozial generierte[r] Ungewissheit" (Ganßmann 2012: 91), die aber die Ungewissheit aller anderen verstärkt, und interpretiert man darüber hinaus den vermehrten spekulativen Bestandshandel an den Finanzmärkten als eine moderne Form der Geldhortung, dann ist die Frage naheliegend, inwiefern Freigeld zur Entschärfung dieses Mikro-Makro-Konfliktes beitragen könnte. Damit stellen sich auch Fragen nach der Reichweite und den damit verbundenen gesellschaftlichen Auswirkungen einer Freigeldreform, die im Rahmen dieses Beitrages diskutiert werden sollen.

Der Beitrag gliedert sich wie folgt: Zunächst wird die ökonomische Perspektive des Freigeldansatzes erläutert. Anschließend wird in Abschnitt 3 der Zusammenhang von Marktökonomie, Ungewissheit und Geld aus einer soziologischen Perspektive herausgestellt: Geld spielt demnach eine zentrale Rolle für eine funktional differenzierte Gesellschaft (3.1), ermöglicht als Kommunikationsmedium über die systemische Reduktion von Ungewissheit erst die Ausdifferenzierung eines wirtschaftlichen Systems (3.2), eröffnet aus Akteurssicht jedoch über seine Rolle als Medium hinaus auch eine besondere Wahlfreiheit (3.3). Im folgenden Abschnitt 4 wird dann erörtert, wie individuelle Ungewissheitsbewältigungsversuche in ein Paradox der Ungewissheitsabsorption führen (4.1), was in die Frage mündet, inwiefern Freigeld dazu beitragen kann, dieses Paradox zu entschärfen (4.2).

2   Freigeld

Trotz seines programmatischen Marktliberalismus folgt der moderne, originär auf Gesell (1920) zurückgehende Freigeldansatz in der Geld, Kapital, Krisen- und Spekulationstheorie in weiten Teilen der monetären Keynesschen Theorie (Keynes 1936). Nach dem Freigeldansatz ist Geld aufgrund fehlender *carrying-costs* und seiner Allverwendbarkeit (Liquiditätsvorteil) den Waren – und daher die Geldvermögensbesitzer den Warenproduzenten – makroökonomisch überlegen. Aufgrund des Liquiditätsvorteils des Geldes verleiht in der Regel niemand Geld, wenn nicht mindestens dieser den einzelnen Geldhaltern zufallende Vorteil pekuniär kompensiert wird – durch Zins. Die Mindestverzinsung setzt der Realkapitalvermehrung eine untere Rentabilitätsgrenze. Die Akkumulation von Geld- und Realkapital wird nur solange fortgesetzt, wie die Verzinsungsraten in der Realwirtschaft signifikant über dieser Zinsuntergrenze liegen. Sinkt die Grenzleistungsfähigkeit des Kapitals infolge fortschreitender Kapitalakkumulation in die Nähe der Liquiditätsprämie ab, kommt es vermehrt zu Liquiditätshaltung bzw. zur Flucht in den spekulativen Handel mit Beständen (Spekulationsblasen). Dies führt, ohne geld- oder finanzpolitische Gegenmaßnahmen, tendenziell zu Nachfrageausfall, Arbeitslosigkeit und Wirtschaftskrisen, welche die Knappheit von Geld- und Realkapital aufrechterhalten bzw. wiederherstellen. Abgesehen davon, dass das Platzen von Spekulationsblasen die Realwirtschaft mit sich reißen kann, kann der Bestandshandel, sofern es sich um bloß spekulative Transaktionen in einer „finanziellen Zirkulation" (Keynes 1931: 201 ff.) zum Zwecke der reinen Bestandsumschichtungen handelt, durchaus als eine moderne Form der Hortung interpretiert werden.

Der Kern einer Freigeldreform, nicht zu verwechseln mit den gegenwärtigen Regionalgeld-Experimenten,[1] besteht darin, liquide gehaltenes Geld je nach Liquiditätsgrad mit einer sogenannten Umlaufsicherungs- bzw. Liquiditätsgebühr (*carrying-costs*, Negativzinsen im kurzfristigen Anlagebereich) zu belasten. Die Geldgebühr sollte zweckmäßigerweise kontinuierlich erhoben werden und bei etwa fünf Prozent p. a. für die liquideste Position (Bargeld) liegen (Gesell 1920: 245). Was die technische Umsetzung der Besteuerung der Barliquidität anbelangt, gibt es verschiedene Varianten (Stempel, Serien, Tabellengeld, alternativ auch eine höhere Zielinflation) mit je spezifischen Problemen (Löhr/Jenetzky 1996: 122 ff.). Freigeldreformer argumentieren, dass mit einer Liquiditätsgebühr der Umlauf des Geldes verstetigt wird, die Überlegenheit des Geldes über Waren neutralisiert ist oder, liquiditätstheoretisch formuliert, Nutzen und Kosten von Liquidität kongruent sind: Wer den Nutzen der Liquidität hat, hat dann auch entsprechende Kosten zu tragen (Suhr/Godschalk 1986). Liquiditätskosten werden aufgefasst als Gegenwert für einen Nutzen (Liquidität), der durch das Kredit- und Währungssystem, aber auch durch all jene geschaffen wird, die Geld als allgemeines Transaktionsmedium annehmen und weitergeben (ebd.: 130). Geld behält auch mit einer Liquiditätsgebühr seinen Liquiditätsvorteil, Geld fungiert nach wie vor wie ein „Joker" (Suhr 1989: 79), aber dieser „Jokervorteil" fällt den jeweiligen Geldinhabern nicht mehr ohne Gegenleistung zu. Die eingezogene Liquiditätsgebühr könnte pro Kopf rückverteilt werden, sodass alle eine durchschnittliche Liquiditätsnutzung praktisch kostenlos haben.

In der jüngsten Finanz- und Wirtschaftskrise hätten die Notenbanken angesichts drohender Liquiditätsfallen die Leitzinsen eigentlich noch weitaus mehr und in den negativen Bereich absenken müssen (nach der Taylor-Regel zeitweise auf minus fünf Prozent), was jedoch aufgrund der Nullzinsgrenze, die keine technologische Grenze darstellt, sondern aus der Null-Rentabilität von Bargeld im bestehenden Geldsystem resultiert, praktisch kaum möglich ist – die untere nominale Nullzinsgrenze kann nur überwunden werden, wenn Geldhaltung kostspielig ist.[2] Solche

---

1   Freigeld darf nicht mit Regionalgeldern verwechselt werden. Der wichtigste Unterschied besteht darin, dass Regionalgelder sich als „zinsfreie Gelder" verstehen. Dass Initiatoren von Regionalgeldwährungen sich damit auf Gesell und sein Freigeld berufen, hat sicher wesentlich zu einem der hartnäckigsten und folgenreichsten Missverständnisse in der Debatte um Gesells Freigeld beigetragen. Den Zins abzuschaffen ist marktwirtschaftlich abwegig und auch nicht im Sinne Gesells. Bei Freigeld bleibt der Zins als Knappheitspreis und damit seine Allokationsfunktion auf den Geld- und Kapitalmärkten erhalten.

2   Die seit der Finanzkrise angesichts von anhaltender Konjunkturschwäche und Deflationsgefahr im Euroraum auch beispielsweise von der EZB verfolgte Niedrig- bzw. Negativzinspolitik weist zwar in diese Richtung. Für eine konjunkturpolitisch zielführende Negativzinspolitik im Sinne Gesells (vgl. Löhr 2015: 62 f.) müsste allerdings

Negativzinsen im Sinne einer Liquiditätsbesteuerung (carrying-costs) haben einige namhafte Ökonomen im Zuge der jüngsten Finanzkrise als Alternative zu einer expansiven Geld- und Fiskalpolitik und als notenbankpolitisches Instrument zur Vermeidung von Liquiditätsfallen mit explizitem Bezug auf den Geldreformvorschlag von Silvio Gesell vorgeschlagen (beispielsweise Mankiw 2009, Buiter 2009, auch schon Goodfriend 2000).

Während sich Mankiw, Buiter und andere für temporäre Negativzinsen in Rezessionszeiten aussprechen, plädieren Freigeldreformer allerdings für eine Liquiditätsgebühr als dauerhafte Institution. Freigeldreformer versprechen sich von einer solchen Liquiditätsgebühr weitreichende Auswirkungen auf den Güter, Arbeits- und Kapitalmärkten, auf die Unternehmensverfassung sowie auf die gesamtwirtschaftliche Dynamik. Es geht um die ordnungspolitische Vision einer Marktwirtschaft ohne Kapitalismus, in der marktwirtschaftliche Prinzipien wie Gewinnstreben und Wettbewerb beibehalten werden, aber Kapital seine knappheitsbedingte Machtstellung verlieren kann. Für die Kapitalmärkte im Kontext der Krisenfrage bedeutet eine Liquiditätsgebühr, dass es für potenzielle Sparer vorteilhaft sein kann, Ersparnisse auch dann noch mittel- und langfristig zu verleihen, wenn keine Vermögensmehrung mehr zu erwarten ist. Erwartet wird, dass damit das allgemeine Zinsniveau marktmäßig ohne Krisen bis auf null absinken kann bzw. um null pendeln wird (siehe hierzu aber Fußnote 14), was freilich nicht bedeutet, dass der Zins als Knappheitspreis abgeschafft würde.

3   Marktökonomie, Ungewissheit und Geld – eine soziologische Perspektive

Geld ist nicht nur eine zentrale ökonomische Institution. Vielmehr hat sich mit der Herausbildung der Geldwirtschaft auch die Gesellschaft als Ganzes grundlegend gewandelt, sodass naheliegend ist, dass eine Reformierung des Geldes nicht nur wirtschaftssysteminterne, sondern auch gesamtgesellschaftliche Auswirkungen hat. Die These lautet, dass ein Freigeldsystem nicht etwa hinter eine moderne funktional differenzierte Gesellschaft zurückfällt, vielmehr eine funktional differenzierte Ge-

---

der Negativzins, mit dem die Sichteinlagen der Geschäftsbanken bei der Zentralbank belastet werden, deutlich negativer als minus 0,2 Prozent sein und auch die Sichteinlagen des Publikums bei den Geschäftsbanken erfassen. Dies aber ist nur möglich – da es andernfalls zu einem Ausweichen in Bargeld käme –, wenn auch Bargeld in die Geldhaltegebühr einbezogen wird. Außerdem muss verhindert werden, dass Geld dann verstärkt in Assetpreisblasen fließt (siehe Fußnote 14).

sellschaft mit einer auf das Wirtschaftssystem begrenzten Marktförmigkeit sogar befördert. Um diese These untermauern zu können, muss der Freigeldreformansatz zunächst gesellschaftstheoretisch fundiert werden. Ausgehend von Luhmanns Perspektive funktionaler gesellschaftlicher Differenzierung und der entgegenstehenden These einer Präponderanz der Ökonomie (3.1) wird das wirtschaftssoziologisch zentrale Problem der Ungewissheit zum Ausgangspunkt einer genuin soziologischen Analyse der Konstitutionsbedingungen von Marktökonomie gemacht (3.2), um dann im Anschluss an Simmel (1900) zu zeigen, dass Geld, ähnlich wie Keynes (1936) dies mit seinem Liquiditätskonzept gezeigt hat, den Geldbesitzern besondere Wahlfreiheiten eröffnet (3.3).

3.1 Funktionale Differenzierung und Primat der Marktökonomie

Die moderne Gesellschaft, wie sie sich in Europa seit der Frühen Neuzeit herausgebildet und spätestens Anfang des 20. Jahrhunderts weitgehend durchgesetzt hat, lässt sich als *funktional differenzierte Gesellschaft* charakterisieren (Luhmann 1997: 743 ff.). Luhmann zufolge zeichnet sich die moderne Gesellschaft gegenüber vormodernen, segmentär oder stratifikatorisch differenzierten Gesellschaftsformationen primär durch funktionale Differenzierung aus (ebd.: 776), das heißt durch eine teilsystemische Ausdifferenzierung in verschiedene autonome gesellschaftliche Funktionssysteme wie Politik, Wirtschaft, Intimbeziehung, Wissenschaft, Recht, Erziehung usw.[3] Diese gesellschaftlichen Teilsysteme erfüllen exklusiv je eine bestimmte *Funktion* für die Gesamtgesellschaft (ebd.: 746), so beispielsweise das Wirtschaftssystem, „unter der Bedingung von Knappheit künftige Versorgung sicherzustellen" (ebd.: 758). Nach Luhmann konstituieren sich Funktionssysteme evolutionär durch Differenzierungen im Gesellschaftssystem in Abgrenzung zu einer Umwelt entlang *binärer Codes* (in der Wirtschaft: Zahlung/Nichtzahlung) und reproduzieren sich, wie alle sozialen Systeme, autopoietisch auf Basis von Kommunikationen, das heißt, sie produzieren selbst die Kommunikationen, aus denen sie bestehen (in der Wirtschaft: Zahlungen). Funktionssysteme sind demnach operativ geschlossen. Zugleich sind sie aber auch offen für Informationen aus ihrer

---

3 Eine solche differenzierungstheoretische Perspektive ausgehend von Luhmanns Systemtheorie schließt nicht notwendigerweise eine kapitalismustheoretische Perspektive aus, die gesellschaftstheoretisch von einer Vormachtstellung der kapitalistischen Ökonomie ausgeht. Vielmehr ermöglicht es gerade auch, wie im Anschluss an Schimank (2009) argumentiert werden soll, die moderne Gesellschaft als funktional differenzierte kapitalistische Gesellschaft zu erfassen.

Umwelt, die indes ausschließlich funktionsspezifisch nach der jeweiligen binären Codierung verarbeitet werden. Konstitutiv für Ausdifferenzierung und Autopoiesis der Funktionssysteme sind *symbolisch generalisierte Kommunikationsmedien* (ebd.: 316 ff.) wie Geld (Wirtschaft), Macht (Politik), Liebe (Intimbeziehung) oder Wahrheit (Wissenschaft), die „die Annahme einer Kommunikation erwartbar […] machen in Fällen, in denen die Ablehnung wahrscheinlich ist" (ebd.: 316). Die verschiedenen Teilsysteme erbringen gegenseitig Leistungen füreinander, sind also trotz autonomer Eigenlogik durch wechselseitige Leistungsbezüge aufeinander bezogen: durch *strukturelle Kopplungen* (ebd.: 778 ff.). So sind etwa Politik und Wirtschaft strukturell gekoppelt über Steuern und Abgaben sowie die Zentralbank (ebd.: 781). Dabei gebe es im Verhältnis der Teilsysteme zueinander keine Rangfolge. Die Funktionssysteme der modernen Gesellschaft seien zwar ungleichartig, aber gleichrangig (ebd.: 746).

Auch wenn Luhmann dem Wirtschaftssystem letztlich keine Vorrangstellung gegenüber anderen Teilsystemen zubilligt, bestreitet auch Luhmann nicht die *Bedeutung der Geldwirtschaft* für die Entstehung der modernen, funktional differenzierten Gesellschaft (Luhmann 1988: 43). Mit zunehmender Arbeitsteilung, der Ausdehnung von Märkten und damit des Geldverkehrs hat sich ein eigenständiges wirtschaftliches Funktionssystem ausdifferenziert,[4] eine Markt- bzw. Geldwirtschaft, die, mehr als es bei Luhmann deutlich wird, auch die Ausdifferenzierung anderer gesellschaftlicher Teilsysteme entscheidend befördert und katalysatorisch verstärkt, ja erst ermöglicht hat (vgl. auch Paul 2004: 50, 239). Mit Ausbreitung der Geldwirtschaft kommt es auch zu einem Wandel der Sozialbeziehungen hin zu mehr individueller Freiheit, wie Simmel herausarbeitet. Simmels (1900: 392 ff.) Kernthese lautet, dass in der geldwirtschaftlichen Gesellschaft aufgrund der hochgradig arbeitsteiligen Differenzierung zwar faktisch alle in viel stärkerem Maße voneinander abhängig und damit scheinbar unfreier sind als in vormodernen Gesellschaften, dass aber diese Abhängigkeit des geldwirtschaftlichen Individuums von anderen tendenziell nicht mehr persönlicher Art wie in vorgeldwirtschaftlichen Gesellschaften, sondern funktionell ist. An die Stelle personaler, oft unentrinnbarer Abhängigkeiten treten mehr und mehr funktionale, auswechselbare Abhängigkeiten. Abhängigkeitsverhältnisse werden in der Marktgesellschaft gleichsam entpersonalisiert: „Die allgemeine Tendenz aber geht zweifellos dahin, das Subjekt zwar von den Leistungen immer

---

4   Wirtschaftliche Kommunikationen und Geld gab es auch schon in vormodernen Gesellschaften. Als ein autonomes Teilsystem ist die Wirtschaft indes erst dann ausdifferenziert und selbstreferenziell geschlossen, wenn, wie in Europa ab etwa Mitte des 18. Jahrhunderts mit der Erosion der Feudalordnung, „auch Boden (wie alle anderen Ressourcen) und Arbeit nur noch für Geld zu haben sind" (Luhmann 1988: 62).

mehrerer Menschen abhängig, von den dahinterstehenden Persönlichkeiten als solchen aber immer unabhängiger zu machen." (Ebd.: 394) Dies führe zu einem Zuwachs an individueller Freiheit.[5] Für Luhmann stellt funktionale Differenzierung auf der einen Seite eine epochale „evolutionäre Errungenschaft" (Luhmann 1997: 515) dar, nicht zuletzt aufgrund der „erhebliche[n] *Komplexitätsgewinne*" (ebd.: 761), die sich daraus ergeben, dass die Funktionssysteme durch ihre Monofunktionalität besonders leistungsfähig sind, auf der anderen Seite gingen damit aber auch eine „Vielzahl von Folgeproblemen" (ebd.) einher, etwa Übergriffe eines Funktionssystems auf andere[6] oder die Exklusion von Individuen aus Funktionssystemen (ebd.: 630 ff.).

Vor dem Hintergrund der Fragestellung, welche Perspektiven der Freigeldansatz für eine stabilere Wirtschafts- und Finanzmarktordnung bietet, stellt sich die Frage, inwieweit es vor allem das Wirtschaftssystem ist, das auf andere Funktionssysteme übergreift, und inwieweit dies einer funktional differenzierten Gesellschaft genuin inhärent ist oder vielmehr aus einer Suboptimalität der bestehenden Geldordnung resultiert. So oder so läuft dies darauf hinaus, dass die Wirtschaft, anders als Luhmann meint, nicht nur ein gleichrangiges Teilsystem einer funktional differenzierten Gesellschaft ist, sondern eine Vorrangstellung innehat. Der gesamtgesellschaftliche Primat der Wirtschaft ergibt sich daraus, dass die Wirtschaft eine „herausgehobene Position [...] im Gefüge der allseitigen Leistungsinterdependenzen" der Teilsysteme hat (Schimank 2009: 331), und zwar aufgrund der ubiquitären Geldabhängigkeit aller Teilsysteme und weil Geld weitaus „universeller einsetzbar ist" als andere

---

5 Auch Luhmann sieht einen Zuwachs an individueller Freiheit in der modernen Gesellschaft, was sich daraus ergebe, dass Menschen in der funktional differenzierten Gesellschaft keinem der funktionsspezifischen Teilsysteme wie Wirtschaft, Politik, Recht usw. ausschließlich zugehörig sind, sich also in der Umwelt der Gesellschaft befinden (Luhmann 1997: 744) und von diesem Exklusionsbereich aus als Individuen immer nur temporär und partiell in die verschiedenen Teilsysteme inkludiert sind, zugleich aber prinzipiell Zugang zu allen Teilsystemen haben (ebd.: 625), sodass es bei den Individuen liegt, an welchen der Teilsysteme sie partizipieren. Das verschafft individuelle Freiräume. Allerdings werfe es auch das Problem kumulativer Exklusionen auf (ebd.: 630).

6 Die Möglichkeit und Gefahr, dass ein Funktionssystem bzw. dessen Code auf andere Funktionssysteme übergreift und deren Code mehr oder minder einschränkt, ergibt sich daraus, dass die Funktionssysteme einerseits autonom und in „wechselseitige[r] Intransparenz" (Luhmann 1997: 106) ihre Autopoiesis vollziehen, zugleich aber über eine „Vielzahl struktureller und operativer Kopplungen" (ebd.: 618) verbunden und aufgrund ihrer Monofunktionalität voneinander abhängig sind, sodass Störungen bzw. „Schwankungen in der Leistungsfähigkeit" (ebd.: 762) in einem Teilsystem zu nicht vorhersehbaren oder gar steuerbaren „überproportionale[n] Irritationen" (ebd.) in anderen Teilsystemen führen und diese zu effektivitätsmindernden Anpassungen zwingen können, ohne dass „das Gesamtsystem" in der Lage wäre, „regulierend in dieses Geschehen einzugreifen" (ebd.: 618).

Kommunikationsmedien (ebd.; siehe auch 3.3). Schimank (2009: 332 ff.) argumentiert, dass eine solche „[i]ntersystemische Zentralität der Wirtschaft" (ebd.: 330) zu einem Ökonomisierungsdruck auf die anderen gesellschaftlichen Teilsysteme wie etwa dem Wissenschafts- oder Gesundheitssystem führe, mal stärker (wenn es der Ökonomie schlecht geht) und mal kaum merklich (wenn es der Ökonomie gut geht: etwa in Zeiten von Vollbeschäftigung und hohen Wachstumsraten), denn aufgrund der universellen Relevanz von Geld für die Leistungsproduktionen in allen Teilsystemen sind Kostengesichtspunkte vorrangig in die Programmstrukturen aller Teilsysteme implementiert und werden umso vorherrschender gegenüber den teilsystemeigenen Codes, je knapper die Geldzuflüsse je nach Wirtschaftslage sind. Ein solcher mehr oder minder ausgeprägter Übergriff der wirtschaftlichen Funktionslogik auf andere gesellschaftliche Teilsysteme (Vermarktlichung) aber bedeutet eine Gefährdung bzw. Einschränkung teilsystemischer Autonomie (ebd.: 335 f.) und damit letztlich von funktionaler Differenzierung überhaupt. Dabei führt laut Schimank der gesamtgesellschaftliche Primat der Wirtschaft als solcher noch nicht zu einem Übergriff der wirtschaftlichen Funktions- bzw. Handlungslogik auf andere Teilbereiche – dazu komme es erst aufgrund der „[i]ntrasystemische[n] Instabilität der Wirtschaft" (ebd.: 338), also ihrer Krisenanfälligkeit. Schimank sieht die Ursache dieser Instabilität und Krisenanfälligkeit der kapitalistischen Wirtschaft in deren Marktförmigkeit (ebd.: 338 ff.). Im Folgenden soll demgegenüber aufgezeigt werden, welch maßgebliche Rolle Geld für die Instabilität und inhärente Krisenneigung des Teilsystems Wirtschaft spielt.

3.2   Ungewissheit und Geld als Kommunikationsmedium

Vorangehend wurde die moderne Gesellschaft als eine funktional differenzierte Gesellschaft dargestellt, aber gegen Luhmanns Annahme einer Gleichrangigkeit der Funktionssysteme die These formuliert, dass die Ökonomie einen Primat innehat und andere Funktionssysteme dominiert. Nun ging Luhmann selbst davon aus, dass „das System mit der höchsten Versagensquote dominiert, weil der Ausfall von spezifischen Funktionsbedingungen nirgendwo kompensiert werden kann und überall zu gravierenden Anpassungen zwingt" (Luhmann 1997: 769). Soll die These von der Dominanz des Wirtschaftssystems zutreffen, müsste demnach gezeigt werden können, dass und warum das Teilsystem Wirtschaft unzureichend funktioniert. Die von Schimank ins Feld geführte Instabilität und Krisenanfälligkeit der kapitalistischen Wirtschaft verweist auf das Problem wirtschaftlicher Unsicherheit und damit auf ein zentrales Problem wirtschaftssoziologischer Forschung (Beckert 1996).

Wie die neuere Wirtschaftssoziologie in Kritik an der neoklassischen Orthodoxie herausarbeitet, ist wirtschaftliches Handeln in einer Marktökonomie inhärent von Ungewissheit geprägt. Anders als bei Risiko lassen sich bei Ungewissheit keine Eintrittswahrscheinlichkeiten von Ereignissen kalkulieren.[7] Demnach kann Markthandeln nicht das bloße Resultat rationaler, nutzenmaximierender Akteure sein, wie es das Handlungsmodell des Homo oeconomicus postuliert, sondern muss immer schon sozial eingebettet sein, da andernfalls auch „intentional rationale Akteure" gar nicht wissen, mit welchen Entscheidungen sie ihren Nutzen maximieren können (ebd.: 126). Die wirtschaftssoziologische Frage lautet, worin die Ungewissheit wirtschaftlicher Handlungssituationen gründet und wie Ungewissheit soweit reduziert werden kann, dass eine stabile wirtschaftliche Ordnung entsteht. Während eine marktsoziologisch orientierte Wirtschaftssoziologie marktgenuine Gründe für Ungewissheit ausmacht,[8] folge ich einem geldsoziologischen Problemzugriff, der den Zusammenhang von Ungewissheit und Geld betont.

Wie Ganßmann (2007) gegenüber der neoklassischen Orthodoxie herausstellt, ist wirtschaftliches Handeln genuin soziales Handeln, da es auch bei wirtschaftlichem Handeln um Interaktion von mindestens zwei aufeinander bezogenen Akteuren geht. Interaktion ist grundlegend geprägt durch doppelte Kontingenz, das heißt, dass die handelnden „Akteure nicht nur jeweils von sich selbst denken, dass sie ihre Handlungen frei wählen können, sodass das, was sie tun, kontingent ist, sondern dass sie auch ihrem Gegenüber die gleiche Wahlfreiheit zuschreiben (müssen), sodass beide um diese doppelte Offenheit der Handlungsmöglichkeiten wissen" (Ganßmann 2007: 63). Ereignisse können dann, müssen aber nicht eintreten. Doppelte Kontingenz der Ereignisse führt zu genuin sozialer Ungewissheit bei den Akteuren (ebd.: 69). Wie kann das Problem der doppelten (bzw. multiplen) Kontingenz gelöst bzw. die daraus hervorgehende Ungewissheit für die Akteure so

---

7   Diese Unterscheidung zwischen Risiko und Ungewissheit geht auf Knight (1921) zurück. Die neoklassische Orthodoxie blendet in ihren Modellen Ungewissheit aus. Auf innerökonomische Kritik durch spiel- und institutionentheoretische Ansätze kann hier nicht eingegangen werden. Beim Problem der Ungewissheit zeigen sich Parallelen zwischen Wirtschaftssoziologie und heterodoxer Ökonomik (siehe 4.1).

8   Beckert nennt drei Koordinationsprobleme als Quellen marktgenuiner Ungewissheit: das Wertproblem, das Wettbewerbsproblem und das Kooperationsproblem (Beckert 2007: 52 ff.). Die Relevanz marktgenuiner Ungewissheit für eine stabile wirtschaftliche Ordnung könnte sich freilich relativieren, wenn das bei allen Markttransaktionen verwendete Geld Beachtung fände. Die Marktsoziologie geht offenbar letztlich wie der neoklassische Mainstream von einer Tauschökonomie bzw. von einer Marktökonomie mit neutralem Geld aus.

weit reduziert werden, dass sich verlässliche Erwartungsstrukturen herausbilden
und damit soziale Ordnung überhaupt möglich ist?

Luhmanns Antwort lautet: durch Emergenz sozialer Systeme und Entwicklung
von Kommunikationsmedien. Luhmann (1984: 148 ff.) zufolge entstehen soziale Systeme, also autopoietische Systeme, deren elementare Operation Kommunikationen
sind, aufgrund doppelter Kontingenz. Soziale Systeme bleiben allerdings instabil,
solange die Kommunikationen allein über das Medium Sprache verlaufen, denn das
Verstehen einer Kommunikation lässt offen, ob sie angenommen oder abgelehnt
wird. Ablehnung ist bei „unbequemen Kommunikationen" (Luhmann 1997: 204)
wahrscheinlich. Auf diese Problemlage hin haben sich in der gesellschaftlichen
Evolution, und darüber haben sich soziale Systeme funktionssystemspezifisch
ausdifferenziert, symbolisch generalisierte Kommunikationsmedien herausgebildet,
die „die Schwelle der Nichtakzeptanz von Kommunikation" hinausschieben (ebd.),
die die Akzeptanz von Kommunikation auch dann wahrscheinlich machen, wenn
sie „über den Bereich der Interaktion unter Anwesenden hinausgreift" (ebd.) und
mit auch extremen „Annahmezumutungen" (Luhmann 1988: 235) verbunden ist
wie im Falle der Wirtschaft, in der *Geld als Kommunikationsmedium* fungiert (ebd.:
230 ff.), der Zugriff auf knappe Güter. Geldzahlung macht erwartbar, und damit
wird Knappheitsregulierung auf höherem sozialen Komplexitätsniveau möglich,
dass „jemand zur Abgabe von Gütern" bereit ist bzw. dass Dritte es „hinnehmen,
daß jemand auf knappe Ressourcen zugreift" (ebd.: 252 f.). Auf diese Weise *reduziert Geld* als Kommunikationsmedium *systemisch Ungewissheit*, die in einer
geldlosen Tauschwirtschaft bestünde.[9] Zahlung ist die elementare Operation im
Wirtschaftssystem, als autopoietisches System reproduziert sich die Wirtschaft
durch fortlaufend neue Zahlungen (ebd.: 52). Allerdings besteht das Wirtschaftssystem auch aus Nichtzahlungen, denn nur über die binäre Codierung von Zahlung
und Nichtzahlung kann sich das wirtschaftliche System ausdifferenzieren und
autopoietisch reproduzieren (ebd.: 53 f., 243 ff.). „Für das System sind Zahlungen
notwendig. Zugleich ist aber keine einzige Zahlung notwendig, weil jede Zahlung
erfolgen oder unterbleiben kann." (Luhmann 1988: 243) Die wirtschaftliche Au-

---

9   Spahn (2002: 56 ff.) weist zu Recht darauf hin, dass eine geldlose Tauschwirtschaft gegenüber einer geldvermittelten Marktökonomie weitaus unsicherer und wirtschaftlich
ineffizienter wäre. Denn ohne Geld als allgemeines Zahlungs- bzw. Kommunikationsmedium müssten sich die potenziellen Tauschakteure aufgrund der Schwierigkeit der
doppelten Koinzidenz ihrer Tauschwünsche auf ein „Netz intertemporaler und instabiler
Gläubiger-Schuldner-Beziehungen" (ebd.: 51) einlassen. Angesichts dieser Unsicherheit
blieben arbeitsteilige Spezialisierung und Tauschakte äußerst begrenzt und damit auch
das Wohlstandsniveau. Deshalb habe es auch „reine Tauschwirtschaften niemals gegeben"
(ebd.: 54).

topoiesis setzt sich fort, solange auf Zahlungen, die ihrerseits andere Zahlungen voraussetzen, kontinuierlich weitere Zahlungen folgen.

3.3   Geld als Wahlfreiheit

Aber Geld ist entgegen Luhmanns medientheoretischer Konzeption mehr als ein bloßes Kommunikationsmedium. Geld hat gegenüber anderen symbolisch generalisierten Medien, beispielsweise Wahrheit, Liebe oder Macht, eine Sonderstellung, die sich schon daraus ergibt, dass Geld nicht nur Medium der teilsystemspezifischen Ausdifferenzierung und autopoietischen Reproduktion der Wirtschaft ist, sondern wie keines der anderen Medien auch unabdingbare Voraussetzung für Ausdifferenzierung und Fortexistenz aller anderen Teilsysteme. Denn alle gesellschaftlichen Funktionssysteme sind auf Organisationen und diese auf Geldzuflüsse angewiesen, um überhaupt existieren und ihre Leistungen erbringen zu können, aber nicht gleichermaßen universell auf die auch sach-, zeit- und sozialdimensional nur begrenzter einsetzbaren anderen Kommunikationsmedien (vgl. Schimank 2009: 331 f.; Paul 2004: 239; Deutschmann 2009: 228 f.).

Dem Geld ist eine besondere „Wahlfreiheit" (Simmel 1900: 277) inhärent, eine sachliche, soziale und zeitliche Dispositionsfreiheit, die Geldinhabern und besonders Geldvermögensbesitzern außerordentliche Freiheits- und damit Handlungsoptionen eröffnet: nämlich was sie wann bei wem kaufen (ebd.: 267 ff.). Mit Geld „trägt […] jeder seinen Anspruch auf die Leistungen von Anderen in verdichteter, potenzieller Form mit sich herum" (ebd.: 463). Und man kann diesen anonymen Leistungsanspruch flexibel einsetzen: im Prinzip für fast jedes beliebige Gut, gegenüber jedem, ohne erst eine persönliche Bindung eingehen zu müssen, und zu jedem beliebigen Zeitpunkt. Damit haben Individuen mit Geld ein Medium in der Hand, das nicht nur unumgehbare Teilhabebedingung an der funktional differenzierten Gesellschaft ist, sondern ihnen auch einen hohen Grad an individueller Freiheit in dieser Gesellschaft ermöglicht (Deutschmann 2009: 227).

4   Perspektiven von Freigeld

Im Folgenden wird unter Einbezug der Keynesschen und der in Abschnitt 2 dargelegten freigeldtheoretischen Perspektive argumentiert, dass die vorangegangenen soziologischen Überlegungen auf einen Mikro-Makro-Konflikt hinauslaufen (4.1), um dann die Frage zu erörtern, inwiefern Freigeld diesen entschärfen kann und welche gesellschaftlichen Auswirkungen dies hätte (4.2).

4.1 Paradox der Ungewissheitsabsorption

Die geldsoziologischen Befunde zur Sonderstellung des Geldes lassen sich durch liquiditätstheoretische Analysen von Keynes (1936) und Suhr (1989) ökonomisch untermauern. Simmels Überlegungen zu der dem Geld inhärenten Wahlfreiheit können mit Keynes' Liquiditätspräferenztheorie liquiditätstheoretisch fundiert werden (Keynes 1936: Kap. 13 und 17). Was bei Simmel die Wahlfreiheit ist, ist bei Keynes der Liquiditätsvorteil bzw. die Liquiditätsprämie und bei Suhr der Jokervorteil. Das Besondere bei Geld gegenüber anderen Vermögensgegenständen (Assets) ist seine herausragende Liquiditätsprämie bei vergleichsweise geringen carrying-costs (ebd.: 190 f.). Keynes hat dabei die *zeitliche Dimension* der monetären Optionsfreiheit fokussiert und auch die ökonomischen Konsequenzen der Liquiditätspräferenz diskutiert und zum Kernstück einer monetären Theorie gesamtwirtschaftlicher Krisen gemacht.

Gesamtwirtschaftliche Konjunkturkrisen resultieren aus Keynesscher wie aus Freigeldsicht aus einer unzuverlässigen monetären Gesamtnachfrage aufgrund zunehmender Liquiditätshaltung in Abhängigkeit vom Stand der Kapitalakkumulation. Sinkt die Grenzleistungsfähigkeit des Kapitals im Zuge fortschreitender Kapitalakkumulation gegen den Geldzins ab, der wiederum in der Liquiditätsprämie seine Untergrenze hat, kommt es zu einer Zunahme von Kassenhaltung, der Keynesschen Liquiditätspräferenz, aufgrund des Vorsichts- und vor allem Spekulationsmotivs (ebd.: 144). Geld wird aus spekulativen Gründen in kurzfristigen Geldanlagen geparkt (Spekulationskasse), um bei dem erwarteten Zinsanstieg keine Kursverluste zu erleiden, zumal die Opportunitätskosten der Kassenhaltung aufgrund des niedrigen Zinsniveaus vergleichsweise gering sind. Dies hat ceteris paribus Nachfrageausfall und Wirtschaftskrisen zur Folge. Ähnlich kann auch der spekulative Bestandshandel an den Finanzmärkten als eine Form der Geldhortung verstanden werden. Auch hierbei wird der Realwirtschaft Liquidität entzogen. Diese (auch durch prozyklische Kreditgeldschöpfung alimentierte) „Überschussliquidität" (Walter 2014) bewegt sich in einer von der Realwirtschaft relativ abgekoppelten „finanziellen Zirkulation" (Keynes 1931: 201 ff.), kann dort zu Assetpreisinflationen (Finanzblasen) führen und macht die Finanzmärkte instabil. In diesem Sinne können die tieferen Ursachen der jüngsten Finanzkrise durchaus in einer weltweiten Kapitalfülle und der damit einhergehenden Abflachung der Zinsstrukturkurve gesehen werden.

Angesichts ubiquitärer Ungewissheit in der real existierenden Geldwirtschaft kommt es zu Prozessen der Ungewissheitsabsorption: Akteure versuchen sich gegen Ungewissheit abzusichern, und mit Geld steht ihnen ein Medium zur Verfügung, mit dem sich Ungewissheit individuell bändigen lässt. „Geld dient als Mittel der Unsicherheitsabsorption." (Ganßmann 2012: 99) Liquides Geldvermögen erscheint aus Akteursperspektive als probates Mittel, sich Handlungsoptionen in einer ungewissen Zukunft offenzuhalten. In diesem Sinne hatte Keynes Geld als *„ein Verbindungsglied zwischen der Gegenwart und der Zukunft"* (Keynes 1936: 248; Hervorh. im Original) aufgefasst. Geld verbindet die Gegenwart mit der stets ungewissen Zukunft, weil sich Geld (bei Preisniveaustabilität) als hervorragende Liquiditätsreserve eignet. Geld ist für die Marktakteure das Medium par excellence, um Zukunftsungewissheit zu mildern, das heißt Entscheidungen offenzuhalten.

Allerdings führen gerade diese individuellen Ungewissheitsbewältigungsstrategien qua Liquiditätshaltung gesamtwirtschaftlich zu umso mehr Ungewissheit. Geld als Zahlungs- und Kommunikationsmedium reduziert systemisch Ungewissheit, andererseits wird Geld auch selbst zu einem Ungewissheit generierenden Faktor: Durch die Möglichkeit der Geldhaltung bzw. von „Nichtzahlung" kann Geld auch zu einem Störfaktor werden.[10] Indem Wirtschaftsakteure Geld halten, können sie Zukunftsungewissheit individuell reduzieren, aber zugleich wird damit Ungewissheit systemisch verstärkt. „Geld absorbiert nicht nur, Geld produziert auch Unsicherheit." (Ganßmann 2012: 99) Man kann von einem *Paradox der Ungewissheitsabsorption* sprechen.

Nur über die binäre Codierung von Zahlung und Nichtzahlung kann sich ein wirtschaftliches Funktionssystem ausdifferenzieren. Allerdings kann das „Element des Nicht-Zahlen-Wollens" (Spahn 2002: 63), also Geldhortung, für die autopoietische Reproduktion des Wirtschaftssystems zum Problem werden, da sich diese nur fortsetzt, wenn Zahlungen kontinuierlich an Zahlungen anschließen. Nehmen hingegen Nichtzahlungen bzw. deren Dauer tendenziell zu, kommt es zu einem *Stocken der wirtschaftlichen Autopoiesis.* Dieses Problem der Krise stellt sich, wenn sich Zahlungen im Aggregateffekt verlangsamen, das heißt wenn die Geldumlaufgeschwindigkeit sinkt bzw. die Kassenhaltung zunimmt. Anders als Luhmann annimmt, ist das „Profitmotiv" (Luhmann 1988: 57), auch wenn man es im System selbst verankert sieht (ebd.: 55 ff.), allein nicht hinreichend, um die wirtschaftliche

---

10 Dass Geld systemisch Ungewissheit reduziert und somit die Existenz von Geld eine Marktökonomie überhaupt erst möglich macht (vgl. Fußnote 9), entkräftet noch nicht die These, dass Geld seinerseits eine neuartige und geldordnungspolitisch vermeidbare Ungewissheit generiert, nicht im Vergleich zu einer historisch nie existenten, hypothetischen geldlosen Tauschwirtschaft, aber zu einer Marktökonomie mit optimaler Liquidität, das heißt bei Kongruenz von Nutzen und Kosten der Geldhaltung (siehe 4.2).

Autopoiesis systemimmanent zu sichern. Denn wenn die erwartete Profitrate bzw. Grenzleistungsfähigkeit des Kapitals gegen den durch die Liquiditätspräferenz bestimmten minimalen Geldzins absinkt, führt Profitorientierung gerade nicht zu realwirtschaftlichen Zahlungen und damit zur „selbstreferentiellen Schließung" des Wirtschaftssystems (ebd.: 57), sondern zu tendenziell vermehrter Liquiditätshaltung. Der Anreiz für realwirtschaftliche Zahlungen ist dann unzureichend. Die (real)wirtschaftliche Autopoiesis kommt ins Stocken. Hierin zeigt sich auch der Grund, warum das wirtschaftliche System so instabil und krisenanfällig ist und daher alle anderen Teilsysteme dominiert.

Während geldbedingte Ungewissheit zumeist als notwendig mit einer Geldwirtschaft einhergehend verstanden wird, wird aus Freigeldperspektive dagegen geldbedingte als geldordnungsbedingte und damit vermeidbare Ungewissheit gedeutet. Aus dieser Perspektive lässt sich das Paradox, dass die zeitliche Optionsfreiheit, die mit Geld einhergeht, einerseits Ungewissheit beschwichtigt, andererseits Ungewissheit verschärft, folgendermaßen zusammenfassen: Vom kapitalistischen System geht eine übermäßige Ungewissheit aufgrund der Unzuverlässigkeit der gesamtwirtschaftlichen Nachfrage aus, die aus der Inkongruenz von Nutzen und Kosten der Geldhaltung (siehe 4.2) resultiert. Akkumulieren Akteure Geld bzw. liquide Mittel, so können sie ihre eigene Ungewissheit reduzieren, weil sie jederzeit ökonomisch handlungsfähig sind. Allerdings erhöhen jene Akteure durch Sparen in liquider Form die wirtschaftliche Ungewissheit aller anderen, was die einzelnen Akteure angesichts dieser unkalkulierbaren Ungewissheiten anhält, sich mit Geldhaltung individuell abzusichern, um damit jene Ungewissheiten und gesamtwirtschaftlichen Krisen wiederum zu erzeugen bzw. zu verschärfen – ein *circulus vitiosus*:[11] Erhalt und Vermehrung von Handlungsoptionen für die einen, Steigerung der Ungewissheit und Einschränkung von Handlungsoptionen aller anderen. Es besteht nicht nur eine asymmetrische Verteilung von Ungewissheit, sondern es findet auch eine dynamische Verschiebung von Ungewissheit von den einen auf die anderen statt. Dieses Paradox der Ungewissheitsabsorption lässt sich nur gesamtgesellschaftlich, nicht aus individueller Akteursperspektive auflösen.

---

11 Diese Argumentation, dass Geldhaltung eine Strategie darstellt, um Ungewissheit individuell zu bewältigen, scheint nur auf die Vorsichtskasse, nicht auf die für die kapitalistische Dynamik noch bedeutsamere und problematischere Keynessche Spekulationskasse abzustellen. Geht man allerdings davon aus, dass es bei der individuellen Bearbeitung von Ungewissheit nicht nur um Erhalt, sondern auch um *Steigerung* der Wahlfreiheit des Geldes geht, wäre die Spekulationskasse durchaus inbegriffen.

4.2 Kann Freigeld das Paradox der Ungewissheitsabsorption entschärfen?

Soll das Paradox der Ungewissheitsabsorption ordnungspolitisch überwunden werden, gilt es zunächst, die Geldvermögenshalterperspektive, wie sie letztlich von Keynes oder auch Simmel überwiegend eingenommen wird, zu relativieren. Suhr (1989) folgt den liquiditätspräferenztheoretischen Überlegungen von Keynes, bezieht darüber hinaus aber stärker auch eine transaktionskostentheoretische Perspektive mit ein und stellt dabei die Inkongruenz von Nutzen und Kosten der Liquiditätshaltung heraus (Suhr/Godschalk 1986). Demnach stehen in der heutigen Geldverfassung dem Nutzen von Liquidität (jederzeitige Zahlungsbereitschaft) einzelwirtschaftlich nicht entsprechende Kosten gegenüber.[12] Erst diese Inkongruenz in der Nutzen-Kosten-Struktur des Geldes führt zu einer Anreizstruktur, die in das Paradox der Ungewissheitsabsorption mündet.

Der Freigeldansatz geht nun davon aus, dass mit einer Liquiditäts- bzw. Umlaufsicherungsgebühr von etwa fünf Prozent p. a. die Nutzen-Kosten-Struktur von Liquiditätshaltung kongruent ausgestaltet ist.[13] Die Geldumlaufgeschwindigkeit wäre dann verstetigt und damit eine stets optimale Zinsstrukturkurve gegeben (Olah et al. 2010). Schon Keynes meinte: „Jene Reformatoren, die in der Erzeugung künstlicher Lagerhaltungskosten des Geldes ein Heilmittel gesucht haben […], sind […] auf der richtigen Spur gewesen; und der praktische Wert ihrer Vorschläge verdient, erwogen zu werden." (Keynes 1936: 197) Mit der Kongruenz von Nutzen und Kosten der Geldhaltung wird auch das Paradox der Ungewissheitsabsorption aufgehoben bzw. zumindest entschärft: Denn wenn die systemischen Kostenanreizstrukturen dahingehend geändert werden, dass auch bei gegen die Nullmarke absinkenden langfristigen Zinsen infolge zunehmender Kapitalsättigung die Zinsstruktur- bzw. Renditekurve (samt der carrying-costs betrachtet) nicht mehr

---

12 Geldhaltung verursacht zwar auch heute schon Kosten (Inflation, Opportunitätskosten aufgrund entgangener Zinseinkünfte). Auch wenn diese Kosten keine eigentlich nutznießergerechte Neutralisierung der Liquiditätsprämie bedeuten, stellen sie doch einen Anreiz zur Liquiditätsaufgabe dar. Allerdings ist eine Zielinflationsrate von zwei Prozent als Anreizstruktur, die Geld aus kürzerfristigen in längerfristige Geldanlagen drängt, nicht ausreichend. Und Opportunitätskosten entfallen zunehmend bei sinkender Grenzleistungsfähigkeit des Kapitals bzw. sinkenden Zinssätzen.

13 Gesell (1920: 245) spricht von 5,2 Prozent jährlich bezogen auf Bargeld. Es ist jedoch ein Schätzwert, der sich daran orientieren sollte, die Liquiditätsprämie abzuschöpfen (vgl. hierzu und zur Neutralisierung der Liquiditätsprämien auch bei Sicht, Termin- und Spareinlagen Löhr 2015: 62 ff.). Auch könnte die genaue Höhe, ähnlich wie heute bei den Leitzinsen, variabel gehalten werden, sodass die Notenbanken mit der Liquiditätsgebühr über ein weiteres geldpolitisches Instrumentarium verfügten.

abflacht, sondern sich insgesamt nach unten verschiebt, aber normal verläuft, entfällt für die Marktakteure der Anreiz zu vermehrter vorsichts- bzw. spekulationsbedingter Liquiditätshaltung, somit auch der daraus resultierende Mangel an effektiver Gesamtnachfrage und damit übermäßige, geldordnungsbedingte wirtschaftliche Ungewissheit, hierdurch wiederum das Motiv zu verstärkter Liquiditätshaltung usw. Auch Luhmann hat darauf hingewiesen, dass die Politik unter (Aufrechterhaltung der) Bedingungen funktionaler Differenzierung zwar nicht in die binäre Codierung des Wirtschaftssystems eingreifen kann, aber sie könne „Kosten schaffen, sie kann Nutzungen unter Bedingungen stellen" (Luhmann 1988: 346). Eine nutzen-kosten-kongruente Ausgestaltung von Liquiditätshaltung bzw. von „Nichtzahlung" würde in diesem Sinne gesamtwirtschaftlich betrachtet für eine Verstetigung von (realwirtschaftlichen) Zahlungen sorgen und so erst die wirtschaftliche Autopoiesis systemimmanent sichern, auch bei wünschenswerter Null-Inflation und wenn die Zinsen am „langen Ende" der Zinsstrukturkurve gegen null absinken. Mit einer Verstetigung der Geldumlaufgeschwindigkeit wären geldordnungs- bzw. kapitalismusbedingte Ungewissheit wie gesamtwirtschaftliche Konjunkturschwankungen, Wirtschaftskrisen und Keynessche Arbeitslosigkeit weitgehend beseitigt, so die Hoffnung der Freigeldreformer.[14] Dagegen blieben freilich branchenspezifische Marktpreisschwankungen und Absatzunsicherheiten auf Einzelmärkten (Branchenkonjunkturen) und auch die von Beckert (2007) herausgestellte marktgenuine Ungewissheit (vgl. Fußnote 8), was aber weniger problematisch sein dürfte, wenn geldordnungsbedingte Ungewissheit überwunden wäre.

---

14 Allerdings dürften die Effekte einer Liquiditätsgebühr auf die Finanzmärkte begrenzt und als isolierte Maßnahme sogar verheerend sein, denn es käme bei einem niedrigen bzw. gegen Null tendierenden Zinsniveau zu massiven Spekulationswellen auf den Finanzmärkten, wie sich ansatzweise in der derzeitigen Niedrigzinsphase beobachten lässt. Zwar würde eine Liquiditätsgebühr die Spekulationskassen austrocknen und damit die permanenten Schwankungen auf den Finanzmärkten reduzieren, was Spekulation erschwert, auch weil man für spekulative Operationen liquide Mittel braucht. Um die zu erwartende vermehrte Flucht in den spekulativen Handel mit Beständen und Blasenbildung auf den Finanzmärkten bei einem niedrigeren Marktzinsniveau marktkonform und an ordnungspolitisch primärer Stelle zu verhindern, wäre indes auch eine weitergehende Eigentumsreform generell bei solchen Vermögenswerten erforderlich, die sich nach Keynes (1936: 193 ff.) durch eine geringe Produktions- und Substitutionselastizität auszeichnen, das heißt schwer reproduzierbar und schwer substituierbar sind wie neben Geld auch Boden, natürliche Ressourcen, Patente etc. (Löhr 2015: 67). Solche „rententragenden Assets" (ebd.: 58) verhindern im Übrigen auch, dass das allgemeine Zinsniveau und damit die Grenzleistungsfähigkeit des Kapitals überhaupt auf null absinken kann (ebd.: 66 f.).

Soweit die Ursache der Instabilität der kapitalistischen Wirtschaft in erster Linie beim Geld bzw. in einem geldordnungsbedingten Paradox der Ungewissheitsabsorption zu verorten ist, das sich mit Freigeld geldordnungspolitisch entschärfen ließe, würde ein Freigeldsystem (unter Einschluss eigentumsrechtlicher Reformen bei weiteren „rententragenden Assets", vgl. Fußnote 14) funktionale Differenzierung nicht einschränken, vielmehr im Vergleich mit einer kapitalistischen Gesellschaft bzw. gemessen am Idealtypus der „Vollrealisierung funktionaler Differenzierung" (Luhmann 1997: 163) sogar einen höheren Realisierungsgrad funktionaler Differenzierung ermöglichen. Denn wenn mit Überwindung geldordnungsbedingter Stockungen der Autopoiesis der Wirtschaft wirtschaftliche Instabilität auf ein marktwirtschaftliches Maß reduziert werden kann, ohne den Markt als Ordnungsform in der Wirtschaft und als Vorausbedingung funktionaler Differenzierung abzuschaffen oder einzuschränken, so ist zu erwarten, dass der mehr oder weniger starke Ökonomisierungsdruck auf andere Teilsysteme zurückgeht. Und das führte, weil eben das wirtschaftliche System bzw. dessen Code dann nicht mehr so wie in der realexistierenden funktional differenzierten Gesellschaft auf andere Funktionssysteme übergreifen bzw. deren Code einschränken würde, zu einer Erweiterung teilsystemischer Autonomie und damit zu einer Steigerung teilsystemischer Leistungsproduktionen und folglich einer Förderung funktionaler Differenzierung.[15] Auch ist davon auszugehen, dass sich mit einem Freigeldsystem kumulative Exklusionen von Individuen aus gesellschaftlichen Funktionssystemen reduzierten: Denn weniger unfreiwillige, durch Stocken der wirtschaftlichen Autopoiesis bedingte (relative) Exklusion aus der Wirtschaft zieht auch weniger unfreiwillige Exklusion aus anderen Funktionssystemen nach sich. Ein solches Mehr an gleichen Inklusions- bzw. Teilhabechancen bedeutete indes auch eine Zunahme des Freiheitsgehalts der modernen Gesellschaft im Sinne gleicher Freiheit. Dabei würde auch die mit Geld mögliche Dispositionsfreiheit durch eine Liquiditätsge-

---

15 Diese Überlegungen folgen der Argumentation von Schimank (vgl. 3.1), dass die Wirtschaft einen gesellschaftsweiten Primat hat, aber nur deshalb einen solchen Ökonomisierungsdruck gegenüber anderen Teilsystemen ausübt – und damit nicht nur deren Autonomie, sondern tendenziell funktionale Differenzierung überhaupt einschränkt bzw. gefährdet –, weil sie so instabil und krisenanfällig ist. Anders aber als Schimank, der die Instabilität der Wirtschaft auf deren Marktförmigkeit zurückführt, sehe ich die vorrangige Ursache wirtschaftlicher Instabilität beim Geld, woraus sich Perspektiven jenseits einer kapitalistisch geprägten funktionalen Differenzierung ergeben könnten. Auffällig ist, dass Schimank die herausragende Rolle des Geldes bei der „[i]ntersystemische[n] Zentralität der Wirtschaft" (Schimank 2009: 330 ff.) ausführlich beachtet, hingegen bei der „[i]ntrasystemische[n] Instabilität der Wirtschaft" (ebd.: 338 ff.) dann allein auf die „schwache ordnungsbildende Kraft" des Marktes (ebd.: 338) abstellt und das alle Markttransaktionen vermittelnde Geld nicht weiter berücksichtigt.

bühr letztlich nicht eingeschränkt – die Akteure hätten nach wie vor die Wahl, für was, bei wem und wann sie ihr Geld ausgeben (vgl. 3.3) –, sondern lediglich nutznießergerecht kostspielig. Ganz aus individueller Perspektive der Geldhalter mag es zunächst als Einschränkung empfunden werden, wenn dann für etwas, was man bislang mehr oder minder gratis nutzen konnte, Kosten anfallen, die bisher diffus auf Dritte abgewälzt werden konnten, etwa in Form von Arbeitslosigkeit. Allein so gesehen könnte sich eine Geldnutzungs- bzw. Liquiditätsgebühr sogar als ein Zuwachs an gleicher individueller Freiheit erweisen.

5   Fazit

Die jüngste Finanzkrise hat eine Diskussion um Negativzinsen entfacht, was in die Richtung der von Freigeldreformern schon länger geforderten Liquiditätsbesteuerung weist. Da Geld nicht nur eine ökonomische Institution ist, sondern für die Herausbildung und Funktionsweise einer modernen, funktional differenzierten Gesellschaft zentrale Bedeutung hat, ist es erforderlich, den Freigeldansatz auch gesellschaftstheoretisch zu fundieren. Der hier unternommene Versuch läuft darauf hinaus, dass Geld eine Optionsfreiheit bietet, mit der Marktakteure Ungewissheit individuell bändigen und bearbeiten können. Allerdings geht dies zulasten verstärkter gesamtwirtschaftlicher Ungewissheit. Dem Paradox der Ungewissheitsabsorption, dass *alle sich angesichts von Ungewissheit absichern wollen, damit aber umso mehr Ungewissheit für alle anderen produzieren*, kann nur ordnungspolitisch entkommen werden. Dazu kann es vielversprechend sein, die Frage der Wahlfreiheit des Geldes nicht losgelöst von der Frage zu diskutieren, welche Nutzen-Kosten-Struktur die Geldhaltung heute hat und welche geldordnungspolitisch optimal wäre. Eine Liquiditätsgebühr könnte dazu beitragen, die Marktökonomie krisenresistenter zu machen und darüber auch funktionale Differenzierung befördern. Freigeld ist kein Allheilmittel. Der Freigeldansatz stellt aber eine vielversprechende, auch soziologisch noch zu wenig beachtete Forschungsperspektive dar.

Literatur

Beckert, Jens (1996): Was ist soziologisch an der Wirtschaftssoziologie? Ungewißheit und die Einbettung wirtschaftlichen Handelns. In: Zeitschrift für Soziologie 25 (2): 125-146

Beckert, Jens (2007): Die soziale Ordnung von Märkten. In: Beckert, Jens; Diaz-Bone, Rainer; Ganßmann; Heiner (Hg.): Märkte als soziale Strukturen. Frankfurt/M.: Campus: 43-62

Buiter, Willem H. (2009): Negative nominal interest rates: Three ways to overcome the zero lower bound. In: North American Journal of Economics and Finance 20 (3): 213-238

Deutschmann, Christoph (2009): Geld als universales Inklusionsmedium moderner Gesellschaften. In: Stichweh, Rudolf; Windolf, Paul (Hg.): Inklusion und Exklusion: Analysen zur Sozialstruktur und sozialen Ungleichheit. Wiesbaden: VS: 223-239

Ganßmann, Heiner (2007): Doppelte Kontingenz und wirtschaftliches Handeln. In: Beckert, Jens; Diaz-Bone, Rainer; Ganßmann, Heiner (Hg.): Märkte als soziale Strukturen. Frankfurt/M.: Campus: 63-77

Ganßmann, Heiner (2012): Geldillusion und Krise. In: Kraemer, Klaus; Nessel, Sebastian (Hg.): Entfesselte Finanzmärkte. Soziologische Analysen des modernen Kapitalismus. Frankfurt/Main: Campus: 83-102

Gesell, Silvio (1920): Die Natürliche Wirtschaftsordnung durch Freiland und Freigeld. In: Gesell, Silvio: Gesammelte Werke, Band 11, Lütjenburg (1991): Gauke

Goodfriend, Marvin (2000): Overcoming the Zero Bound on Interest Rate Policy. In: Journal of Money, Credit, and Banking 32 (4): 1007-1035

Keynes, John M. (1931): Vom Gelde (A Treatise on Money). Berlin (1955): Duncker & Humblot

Keynes, John M. (1936): Allgemeine Theorie der Beschäftigung, des Zinses und des Geldes. 10. Aufl. Berlin (2006): Duncker & Humblot

Knight, Frank H. (1921): Risk, Uncertainty and Profit. Chicago (1971): University of Chicago Press

Löhr, Dirk (2015): Negativzinspolitik: Die EZB als jene Kraft, die Gutes will und doch das Böse schafft? In: Zeitschrift für Sozialökonomie 52 (184/185): 57-69

Löhr, Dirk; Jenetzky, Johannes (1996): Neutrale Liquidität. Zur Theorie und praktischen Umsetzung. Frankfurt/M.: Lang

Luhmann, Niklas (1984): Soziale Systeme. Grundriß einer allgemeinen Theorie. Frankfurt/M.: Suhrkamp

Luhmann, Niklas (1988): Die Wirtschaft der Gesellschaft. Frankfurt/M.: Suhrkamp

Luhmann, Niklas (1997): Die Gesellschaft der Gesellschaft. 2 Bände. Frankfurt/M.: Suhrkamp

Mankiw, N. Gregory (2009): It May Be Time for the Fed to Go Negative. In: www.nytimes.com/2009/04/19/business/economy/19view.html

Olah, Norbert; Huth, Thomas; Löhr, Dirk (2010): Geldpolitik mit optimaler Zinsstruktur. In: Zeitschrift für Sozialökonomie 47 (164/165): 13-22

Paul, Alex T. (2004): Die Gesellschaft des Geldes. Entwurf einer monetären Theorie der Moderne. Wiesbaden: VS

Schimank, Uwe (2009): Die Moderne: eine funktional differenzierte kapitalistische Gesellschaft. In: Berliner Journal für Soziologie 19 (3): 327-351

Simmel, Georg (1900): Philosophie des Geldes. In: Simmel Gesamtausgabe, hg. von Rammstedt, Otthein, Bd. 6, Frankfurt/M. (1991): Suhrkamp

Spahn, Heinz-Peter (2002): Die Ordnung der Gesellschaft als Zahlungswirtschaft. In: Deutsch-mann, Christoph (Hg.): Die gesellschaftliche Macht des Geldes, Leviathan Sonderheft 21. Wiesbaden: Westdeutscher Verlag: 47-72

Suhr, Dieter (1989): The Capitalistic Cost-Benefit-Structure of Money. An Analysis of Money's Structural Nonneutrality and its Effects on the Economy. Berlin: Springer

Suhr, Dieter; Godschlak, Hugo (1986): Optimale Liquidität. Eine liquiditätstheoretische Analyse und ein kreditwirtschaftliches Wettbewerbskonzept. Frankfurt/M.: Knapp

Walter, Johanna (2014): Überschussliquidität: Ursachen, Folgen und mögliche Antworten der Geldpolitik. In: Zeitschrift für Sozialökonomie 51 (180/181): 6-14

Verzeichnis der Autorinnen und Autoren

Jürgen Beyer, Professor für Soziologie am Institut für Soziologie, Universität Hamburg. Lehr- und Forschungsschwerpunkte: Wirtschafts- und Organisationssoziologie.

Jan Fleck, ehemaliger wissenschaftlicher Mitarbeiter im Projekt „Genese und Persistenz des Bankenvertrauens", Universität Hamburg. Zur Zeit Senior Innovation Strategist bei Future Candy GmbH, Hamburg.

Stefanie Hiß, Professorin für Soziologie mit dem Schwerpunkt Märkte, Organisationen und Governance, Friedrich-Schiller-Universität Jena. Lehr- und Forschungsschwerpunkte: Wirtschafts- und Organisationssoziologie, internationale politische Ökonomie, Corporate Social Responsibility, Nachhaltiges Investieren.

Tilo König, Doktorand an der Universität Basel, Forschungsschwerpunkte: Wirtschafts- und Geldsoziologie, ökonomische Geldtheorie und Geldordnungspolitik.

Lisa Knoll, wissenschaftliche Mitarbeiterin (Post-doc) im Forschungsprojekt „Risikopraktiken im Finanzsektor und in der Politik" an der Universität Hamburg und an der Martin-Luther-Universität Halle-Wittenberg. Lehr- und Forschungsschwerpunkte: Wirtschafts- und Organisationssoziologie, Soziologie der Finanzmärkte, soziologischer Neo-Institutionalismus, Soziologie der Kritik und der Konventionen, qualitative Methoden der Sozialforschung.

Markus Lange, wissenschaftlicher Mitarbeiter am Institut für Soziologie, Freie Universität Berlin. Lehr- und Forschungsschwerpunkte: Wirtschaftssoziologie, qualitative Methoden der Sozialforschung.

Andreas Langenhohl, Professor für Soziologie am Institut für Soziologie, Justus-Liebig-Universität Gießen. Lehr- und Forschungsschwerpunkte: Wirtschafts- und Finanzsoziologie sowie Epistemologie der Sozialwissenschaften und allgemeiner Gesellschaftsvergleich.

Rolf von Lüde, Professor (em.) für Soziologie am Institut für Soziologie, Universität Hamburg. Lehr- und Forschungsschwerpunkte: Wirtschafts- und Finanzsoziologie, insbesondere individuelle Risikopräferenzen und Anlageverhalten auf Finanzmärkten, Emotionssoziologie, soziale Strukturen, Theorie und Politik des Arbeitsmarktes.

Sebastian Nagel, wissenschaftlicher Mitarbeiter am Lehrstuhl für Soziologie, Friedrich-Schiller-Universität Jena. Lehr- und Forschungsschwerpunkte: Wirtschaftssoziologie, Organisations- und Unternehmenssoziologie, Soziologie der Finanzmärkte, Nachhaltige Finanzmärkte, Soziologischer Neo-Institutionalismus.

Aaron Sahr, wissenschaftlicher Mitarbeiter am Hamburger Institut für Sozialforschung. Lehr- und Forschungsschwerpunkte: Wirtschafts- und Finanzsoziologie, insbesondere Geldtheorie, Kreditwirtschaft und Praxistheorie.

Christian von Scheve, Professor für Soziologie am Institut für Soziologie, Freie Universität Berlin. Lehr- und Forschungsschwerpunkte: Emotions-, Kultur- und Wirtschaftssoziologie.

Konstanze Senge, Professorin für Soziologie am Institut für Soziologie, Martin-Luther-Universität Halle-Wittenberg. Lehr- und Forschungsschwerpunkte: Wirtschafts- und Organisationssoziologie, Emotionssoziologie, insbesondere Neo-Institutionalismus, Finanzmärkte, Corporate Social Responsibility, Ungewissheit und Emotionen.

Uwe Vormbusch, Professor für Soziologie am Institut für Soziologie, Fernuniversität Hagen. Lehr- und Forschungsschwerpunkte: Soziologische Gegenwartsdiagnosen, Soziologie kalkulativer Praktiken, Wirtschafts- und Finanzsoziologie.

The manufacturer's authorised representative in the EU is Springer
Nature Customer Service Centre GmbH, Europaplatz 3, 69115 Heidelberg,
Germany. If you have any concerns regarding our products, please
contact ProductSafety@springernature.com

Printed and bound by CPI Group (UK) Ltd, Croydon, CR0 4YY

27/04/2026

02097603-0002